우리가 꼭 한번
만나야 하는 이순신

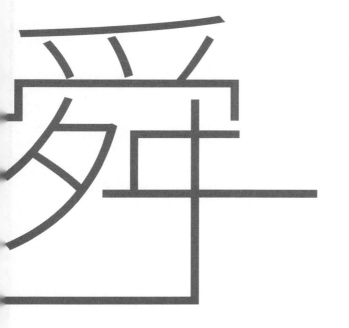

우리가
꼭 한번
만나야 하는
이순신

이순신 리더십 특강

김동철 지음

"이순신 장군은
시대가 도달해야 할 인격의 전형이다."

_작가 박경리(1926~2008)

사람이 미치도록 그리웠다. 진정 만나서 속내를 털어놓을 사람이 필
요했다. 그 사람이 보고 배울 점이 있어 존경심마저 드는 인성의 사표師
表라면 더할 나위가 없을 것 같았다. 우리나라 국민 인기도 조사에서 매
번 최고 순위에 오르는 위인은 광화문 광장에 있는 세종대왕과 이순신
장군이다. 나는 이순신을 택했다. 통영이 낳은 소설가 고 박경리 선생은
"이순신 장군은 시대가 도달해야 할 인격의 전형이다."라고 하지 않았나.
　　나의 선택은 참으로 옳은 방향이었다. 7년 전 어느 날 나는 배낭에
카메라 한 대를 넣고 아산 현충사를 찾았다. 그곳에는 이순신 생가와
묘소, 기념관 등 유적이 남아있다. 두 자루 칼에 새겨진 검명을 보는 순
간, '바로 이 분이다.'라는 생각에 전율마저 느꼈다.

일휘소탕혈염산하(一揮掃蕩血染山河)
삼척서천산하동색(三尺誓天山河動色)

한 번 휘둘러 쓸어버리니 피가 강산을 물들이도다
석 자 되는 칼로 하늘에 맹세하니 산과 물이 떨도다

아! 이 얼마나 장쾌한 서사인가. 그 후 나의 이순신 유적지 남해안 답사는 시작됐다. 비가 오나 눈이 오나, 더우나 추우나… 통영, 거제, 진해, 마산, 창원, 진주, 부산, 사천, 고성, 남해, 의령, 합천, 산청, 함양, 여수, 순천, 해남, 진도, 목포, 구례, 광양, 보성, 완도, 강진, 고흥 등이 순례지였다. 이렇듯 남해안 곳곳에 이순신의 발자취가 흠뻑 묻어있다. 답사는 1, 2, 3… 수차례씩 이어졌다. 순천 시외버스터미널에서 만난 한 촌로는 "돈 안 생기는 일을 한다."고 했고, 아산 이순신 가족^{부모와 형제}의 선영을 찾아 헤맬 때 묘소 관리인은 "종가 사람도 아닌데 왜 그런 일을 하느냐."며 뜨악하게 말했다. 또 세상물정에 밝다는 지인들 가운데는 "이순신을 (연구)하는 사람이 많지 않느냐."며 이구동성으로 말했다. 그들은 방관자였다.

영시^{永矢}! 그러나 활은 이미 활시위를 떠났다. 오로지 한 우물만 파겠다는 나의 일심^{一心}은 더욱 공고해졌다.

어느 여름날 남해 관음포 이락사를 답사하고 뙤약볕에 한 시간여를 걸어 도착한 바닷가 식당에서 여주인은 "좋은 일 한다."면서 덤으로 서더리탕을 푸짐하게 끓여 주었다. 마침 남해대교 아래 바다에 둥실 떠있는 거북선을 바라보며 나는 소주를 마셨다. 답사 갈 때 어떤 친구는 10만 원이 든 촌지봉투를 건넸고 또 기차표 할인혜택을 준 이도 있었다. 여수에서 만난 택시기사는 자신이 이순신 장군의 후손이라며 자랑스러워했다. 여수의 한 여성 공무원은 초면임에도 불구하고, 자신의 승용차로 나를 선소^{거북선 만든 곳}와 자당 기거지^{이순신 어머님 살던 곳}로 안내해줬다.

　우리나라 사람치고 이순신을 모르는 이가 어디 있겠는가. 하지만 이순신을 속속들이 잘 아는 사람은 드물다고 해도 지나친 말이 아닐 것이다. 장님이 코끼리 뒷다리만 만져보고 어찌 코끼리를 안다고 말할 수 있으랴.

　"왜 이순신을 공부하게 되었느냐."라는 질문을 많이 받는다. 그때마다 나는 "인생 2막에 할일이 없어서."라고 대답한다. 그러나 그게 나의 진정한 답은 아니다. 나는 공부하는 방법을 아는 편이다. 오랜 기자생활을 통해서 현장의 중요성을 잘 알고 있었고 무엇보다 기초가 튼튼해야 그 위에 근사한 집을 세울 수 있다는 사실도 알고 있었다.

　공자의 말대로 '지지자 불여호지자^{知之者 不如好之者}, 호지자 불여낙지자^{好之者 不如樂之者}' 즉 "그것을 아는 사람은 좋아하는 사람만 못하고, 또 그것을 즐기는 자를 당할 수 없다."는 뜻이다. 애초 생각한대로 순차적으로 이순신을 공부하면서 나는 참 행복했다. 허나 어찌 힘든 일이 없었겠는가. 나에게 공부할 대상이 있다는 사실에 아침에 눈을 뜨면 이왕 하는 것, '불광불급不狂不及, 미치지 않고는 도달할 수 없음'의 자세로 하루하루를 보냈다.

이순신은 문무겸전의 장수이다. 어려서 한양의 서당을 다닐 때는 '사서오경'을 공부했고, 20대 아산의 청년 시절에는 무과를 준비하느라 완력단련, 활쏘기, 말 타기 및 전략 병법서인 '무경칠서'를 외우다시피 했다. 이런 바탕으로 그는 나라사랑 충, 부모사랑 효, 백성과 부하사랑 애민, 거북선 창제의 창의 실용정신으로 무장됐다. 그 정신의 바탕위에 그는 초극超克 리더십선공후사, 솔선수범, 임전무퇴, 살신성인을 세웠다.

어렸을 때 나는 군인 아니면 시인이 되고 싶었다. 이순신을 뒤늦게 찾게 된 것도 아마 내가 이루지 못한 꿈을 이루고자 하는 내적인 대체욕구의 발현인지 모른다. 뒤늦게 출발한 만큼 해야 할 공부의 양이 많았다. 서점에 나온 이순신과 임진왜란 관련 도서는 무조건 사서 읽었다. 또 관련 논문도 놓치지 않았다. 입시생처럼 밑줄을 치면서 외웠고 몇 권의 책은 세 번 이상 반복해서 읽었다. 전국 답사를 수차례 하면서 세상 도처에는 내공이 충만한 숨어있는 인재들이 있다는 사실도 알게 되었다. 이제 겨우 '지피지기知彼知己, 상대를 알고 나를 앎'의 단계라면 앞으로 '백전불태百戰不殆, 백 번 싸워도 위태롭지 않음'의 단계를 경험해야 할 것 같다.

이순신이 남긴 7년 전장기록 『난중일기』, 선조에게 올린 전장보고서 『임진장초』, 친척에게 보낸 편지 『서간첩』^{이상은 국보 제76호} 및 시조, 행록, 행장을 공부하다 보면 그의 진면목을 확실하게 알 수 있다. 『난중일기』에는 어머니에 대한 근심 걱정이 100여 회 이상 언급되어 있다. 만행의 근본인 효를 행한 이순신이니 만큼 그의 사람됨, 인성을 믿어 의심치 않았다. 또 『임진장초』에 나타난 23전 23승 전략의 비결은 그가 뛰어난 전략가임을 증명하고 있다.

언제부터인가 '인간 이순신'에 대한 나름대로 재해석을 하고 싶은 생각이 들었다. 마침 인터넷 매체에 이순신 칼럼을 연재할 기회를 얻어 2년 동안 글을 썼다. 그것을 묶은 책이 『환생 이순신, 다시 쓰는 징비록』이다.

자나 깨나 한 우물만 파다보니 눈과 귀가 맑아짐을 느꼈다. 학교에서 젊은이들에게 이순신리더십을 강의하고, 지인의 소개로 기업과 대학, 단체 등에서 이순신 인성과 리더십을 말할 기회도 있었다. 또 광화문 부근 교육장을 빌어 일반 시민을 대상으로 하는 '이순신, 광화문에 상륙하다'라는 시민강좌를 개설하기도 했다. 그러던 어느 날 한 통의 전화를 받았다. 진주에 사는 40대 남성은 인터넷에서 내 칼럼을 보고 전화를 했다. 그는 자비를 들여 이순신 노래 CD를 만들어서 지방 문화행사에 참여하고 있었다. 나 또한 그의 이순신 사랑에 감동해서 의기투합했다. 그와 함께 고성 당항포와 사천 해전지, 의령 곽재우 정암진, 산청 조식 기거지, 진주성 박물관 등을 다녔다. 그리고 그와 함께 지리산 천왕봉에도 올랐다.

그러던 중 지방신문을 통해서 진해에 이순신리더십 국제센터가 생긴다는 보도를 접했다. 나는 남해안 답사차 가는 길에 창원시청 담당공무원을 만나 저서를 전해주었다. 그런 인연으로 진해 이순신리더십 국제센터와 진한 인연을 맺게 되었다. 나는 요즘 이순신리더십 국제센터의 오픈에 맞춰 '이순신 유적 답사기'를 집필중이다. 잠시도 쉴 틈이 없다. 그러나 누굴 탓하랴. 내가 좋아서 하는 일인데. 뜻이 있는 곳에 길이 있고, 하늘은 스스로 돕는 자를 돕는다는 평범한 진리를 믿게 됐다.

이런 일련의 과정을 되돌아보니 이순신 장군이 내게 어떤 계시를 해주는 것이 아닌가하는 생각마저 든다.

"역사는 과거와 현재와 끊임없는 대화이다."
_영국 역사학자 E. H. 카(1892~1982)

이순신을 공부하다 보면 그 시대적 배경인 임진왜란 7년의 역사를 봐야하고 무능하고 고약한 사람으로 알려진 선조와 당시 목릉성세를 이뤘던 인재들에 대한 정보도 수집해야 한다. 그리고 왜국과 명나라의 정세와 인물 등 주변 환경도 놓쳐서는 안 된다. 모든 역사는 사람들이 만들어가는 것이기 때문이다. 역설적이지만, 바람 앞의 촛불 신세 같았던 당시에 조선조를 대표하는 수많은 유수한 인물들이 나타났다는 사실! 이것을 두고 선조 치세기를 목릉성세라고 하는데, '난세에 영웅이 난다'는 말로 해석할 수 있을지는 모르겠다. 이들의 면면을 보더라도 이황, 조식, 이이, 이산해, 정철, 윤두수, 류성룡, 김성일, 정탁, 정언신, 조헌, 이원익, 이항복, 이덕형, 권율, 곽재우, 김시민, 서산대사, 사명당, 광해군 등 역사 교과서에 자주 나오는 사람들이다.

그리고 오늘날 정치권의 지긋지긋한 당쟁의 기원도 선조 때 등장한 사람이 자리다툼으로 동인과 서인으로 분열된 데서 찾아볼 수 있다. 이순신은 당색이 없는 무인이었지만 류성룡의 두호를 받다보니 자연히 동인 쪽 인물로 간주되었다. 그러니 윤두수 등 서인 세력은 이순신을 견제하기 위해 원균을 자기 쪽 사람으로 옭아맸다. 역사상 이순신과 원균의 대립 양상 배후에는 음험한 정치인들의 꼼수가 숨어 있었다는 이야기다.

이순신의 삶에서 빼놓을 수 없는 인물이 서애 류성룡이다. 류성룡은 이순신이 태어난 한양 건천동 마른내골. 오늘날 충무로 인현동 부근에 살았던 '동네 형'이었다. 『홍길동전』의 저자 허균에 따르면, 당시 그 동네에는 류성룡, 원균, 이순신이 함께 살았고 어린 시절 서당을 같이 다녔고 목멱산 남산에서 전쟁놀이를 했다. 그런데 이 세 사람의 운명은 기이하게도 엇갈려 류성룡은 이순신의 평생 멘토가 되고 이순신과 원균은 철천지원수로 갈라졌다.

이순신은 22년의 관직생활 동안 3번의 파직과 2번의 백의종군을 하는 등 숱한 우여곡절을 겪었다. 그 와중에도 나라사랑 충, 부모사랑 효, 백성과 부하사랑 애민, 그리고 거북선 창제의 창의 정신을 굳게 실천해 나갔다.

나는 이 책에서 이순신을 '군신軍神'이니 '성웅聖雄'이니 '영웅英雄'이니 하는 인간을 초월한 존재로 그리는 것을 삼가고, 우리와 같은 평범한 인간 이순신에 초점을 맞췄다. 개인적인 상상을 배제하고 순전히 역사적 기록에 근거했다는 이야기다. 그는 여느 사람과 마찬가지로 희로애락의 감성을 가졌고, 과음한 다음날에 설사를 하거나 토했고 속을 다스리느라 온백원위장약을 복용했다. 그런데 참으로 이상한 게, 그의 고단한 삶을 찬찬히 들여다보고 있노라면 보통 사람으로서 감히 흉내조차 낼 수 없는 그 무엇이 있었다. 바로 그 무엇이 우리와 다른 점이다. 그래서 그를 다 읽고 나면, 자연스럽게 이순신을 '신격화'의 경지로까지 끌어들이고 싶은 유혹이 들기도 한다. 뛰어난 전술 전략가적 지모와 목마구민의 경세가로서 면모가 확연히 드러나기 때문일 것이다. 후세의 우리들은 그의 이런 정신을 본받아 현실에 적용하고 자기계발의 요체로서 활용하면 그만일 것이다. 그의 수결사인이 일심一心인데 그의 삶도 변함없이 오로지 한결같은 마음으로 일관했다. 여기서 우리는 또 그의 인성에 대해 보고 배울 점이 수두룩함을 깨닫게 된다.

　오늘날 대한민국의 인성은 실종되어 '인성불모지'가 됐다는 탄식을 쉽게 들을 수 있다. 오죽했으면 세계에서 단 하나밖에 없는 인성교육진흥법이라는 것을 만들었을까. 그 인성교육진흥법의 핵심인성 8개 요소는 예, 효, 정직, 책임, 존중, 배려, 소통, 협력이다. 그런데 기이하게도 이 8개 핵심요소를 다 가지고 있는 사람이 바로 이순신이다. 그래서 나는 이순신을 인성교육의 전형이라고 주장한다. 나아가 '국민 멘토'라고 칭송하고 싶다. 입시 공부에 눌려서 인성교육이 위축된 현행 교육체계가 존속하는 한, 대한민국의 미래는 그리 밝지 않을 것 같다. 연일 매스컴을 통해서 나오는 고관대작들의 비리 행태를 보라. 실력은 갖췄을지 모르지만 '인간 됨됨이'의 기본 인성이 안 갖춰짐으로써 우리 사회는 수많은 기회비용을 잃어가고 있다. 그것은 곧 국민의 혈세 낭비로 이어진다. 사회 지도층의 노블레스 오블리주는 차치하더라도 자리이타自利利他의 진정한 배려와 상생의 인성을 가진 선진 국민으로서 도약하기엔 갈길이 멀다. 나아가 물질만능의 천민賤民 자본주의가 성행함에 따라 정신이 빈곤한 천박한 사회가 되고 탐관오리들의 부정부패는 나라를 좀먹고 있다. 이순신이 주장했던 공직관인 선공후사의 정신이 결여됐기 때문이다.

"역사를 잊은 민족에게 미래는 없다."

_민족 사학자 신채호(1880~1936)

　지금 대한민국은 안보불감증을 앓고 있다.

　한반도의 지도를 한번 보자. 우리는 대륙^{중국. 러시아}과 섬^{일본}에 둘러싸인 '외딴 섬'과 같은 외로운 형국이다. 한반도의 북쪽은 핵무장을 선언, 호시탐탐 적화야욕을 드러내고 있다. 지정학적 운명으로 우리는 대륙과 해양세력의 발판으로서 끊임없는 외침을 당해왔다. 단 한 번도 스스로의 힘으로 외세의 본진^{本陣}을 깨부순 적은 없다. 항상 수세적이고 방어적이었다. 그때마다 나라와 백성은 쪼개지고 콩가루가 됐다. 자강^{自強}하려는 철저한 의지가 없었기 때문이다. 나라의 존망이 걸린 지정학적 숙명을 타파하려는 이렇다 할 부국강병책도 없이 대한민국호는 마냥 표류하고 있는 실정이다.

　1592~1598년 임진왜란 7년 조선반도는 명나라와 왜국의 전장^{戰場}이 되었다. 조선이 배제된 강화협상도 벌어졌다. 도요토미 히데요시^{豊臣秀吉}가 주장한 강화조건 중 하나가 조선의 경기도와 하삼도^{충청. 경상. 전라도} 등 4개 도를 왜국에게 분할해 달라는 것이었다. 해방 후 미국과 소련에 의해 38선이 그어지고 6·25 한국전쟁 후 미국과 중공^{中共}에 의해 만들어진 휴전선으로 한반도는 두 동강이 났다. 임진왜란 전후 백성은 평상시에는 탐

관오리와 지방 향리인 아전들에게 가렴주구苛斂誅求를 당했고, 난이 일어났을 때는 외세의 말발굽 아래 짓눌려 곤죽이 되었다. 임진왜란 때 '전시재상' 겸 도체찰사로 조선 8도를 누빈 류성룡 대감은 7년 전쟁을 반성하는 회고록인 『징비록懲毖錄』에서 징비의 뜻을 다음과 같이 밝혔다.

예기징이비후환(予其懲而毖後患)
지행병진(知行竝進)
즉 유비무환(卽 有備無患)

미리 징계하여 후환을 경계하고
알면 행하여야 하며
그것이 곧 유비무환 정신이다

그러나 이 징비정신은 채 30년도 안 되어 잊혀졌고 후금청나라의 누르하치가 존명사대尊明事大, 명나라를 극진히 받드는 사상하는 조선을 공격해왔다. 곧이어 청나라 태종은 1636년 군신관계를 요구하면서 조선을 다시 짓밟았다. 남한산성에서 빠져나온 인조는 송파 삼전도에서 굴욕적인 항복의 예를 올렸다. 조급증과 함께 우리 민족의 특성인 급망증急忘症의 결과였다. 냄비처럼 들끓다가 이내 잊어버리는 급망증으로 나라의 안위는 무너졌고, 구한말에는 외세의 낚싯밥이 되는 처참한 신세로 전락했다. 급기야 일본은 쓰러져 가는 조선을 집어삼킴으로써 호시탐탐 노리던 정한征韓을 완결했다.

지금 우리는 400여 년 전과 마찬가지로 누란累卵의 위기를 맞고 있다. 선조 때 율곡 이이가 말한 대로 조선은 '기국비기국其國非其國' 나라도 아니었다. 왜구의 침입과 북방 여진족의 침탈은 수그러들지 않는데 채 2년치 식량도 확보되지 못했고, 국방의 방비는 허술하기 짝이 없었다. 이이는 목숨을 걸고 나라의 실정을 비판한 「만언봉사萬言封事」를 선조에게 올렸다.

"조선의 현재 상황은 '부부일심지대하栟腐日深之大廈', 대들보가 날로 심하게 썩어 하루가 다르게 붕괴되어 가는 한 채의 큰 집입니다. 기둥을 바꾸면 서까래가 내려앉고, 지붕을 고치면 벽이 무너지는, 어느 대목도 손을 댈 수 없는 집입니다."

이것이 어찌 당시의 상황만으로 해석될 것인가. 오늘날 우리의 현주소, 자화상과 무엇이 크게 다르다는 말인가. 이런 면에서 오늘은 당시의 '먼 미래'에 해당한다는 생각을 지울 수 없다.

"모든 시대에는 그 시대의 신(神)이 있다."

_독일 실증사학자 랑케(1795~1886)

1592년 4월 13일, 15만여 명의 왜군은 순차적으로 부산포에 상륙해 파죽지세로 조선강토를 유린했다. 신립, 이일 등 당대 육전의 명장들은 상주, 충주전투에서 왜군의 조총 공격에 어이없이 무너졌다. 선조는 '작전상 후퇴'인 파천을 감행했고, 왜군은 20일 만에 한성에 무혈 입성했다.

이렇듯 육전에서는 연전연패했지만 해전에서는 정반대 현상이 벌어졌다. 개전 초기 이순신 장군은 4차례 출전으로 일본 수군의 충각대선層閣大船인 아타케부네安宅船와 세키부네關船 등 수백 척의 군선을 총통으로 깨뜨리고 불화살로 분멸시켰다. '바다의 탱크'인 거북선은 적진 속에 들어가 종횡무진 전열을 흐트러뜨렸다.

1592년 6월 용인전투에서 불과 1천5백여 명으로 조선군 5만여 명을 격파시킨 와키자카 야스하루脇坂安治는 한산해전과 명량해전에서 이순신 장군에게 무참하게 패배당하는 수모를 겪었다. 이순신 장군의 선승구전先勝求戰 전략에 따라 23전 23승의 불패신화를 이룬 것은 선조와 조선 조정은 물론, 백성들에게는 가뭄에 단비 같은 낭보朗報가 아닐 수 없었다. 이 승전보를 들은 피난길의 선조와 조정대신들은 환호를 하며 감동의 눈물을 흘렸다. 백성들은 '이순신 장군님!'을 연호했다.

왜국의 태합太閤 도요토미 히데요시는 이후 조선 수군과 교전을 불허했고 남해안의 제해권은 여전히 이순신의 조선 수군이 가질 수 있었다. 왜군의 서해 진출, 한강, 임진강, 평양의 대동강으로의 침입을 막은 것은 실로 천행天幸이라 하지 않을 수 없다. 유비무환! 준비된 자에게 주어진 혜택이라는 말이 더 맞을 것 같다.

이순신을 공부하면서 그의 평생 멘토가 된 류성룡을 한시도 잊은 적이 없다. 시대의 영웅을 발굴한 류성룡의 지인지감知人之鑑, 즉 사람을 알아보는 통찰력과 혜안에 고개가 절로 숙여질 뿐이다. 이순신이 1598년 11월 19일 노량해전에서 순절하였고 바로 그날 류성룡은 주화오국主和誤國, 즉 '일본과 화의를 주도해서 나라를 망쳤다.'는 죄목으로 북인들의 탄핵을 받아 삭탈관직 당했다.

역사에 가정historical If 은 없지만, 자강파인 이순신과 류성룡이 살아남아서 재조산하再造山河, 나라를 다시 만듦 의 주역으로 활약했다면 조선의 운명은 달라지지 않았을까. 이순신이 그토록 외쳤던 필사즉생必死則生 의 유비무환과 류성룡이 강조한 망전필위忘戰必危, 전쟁을 잊으면 반드시 위태로움 의 진충보국은 오늘날에도 여전히 유효한 금과옥조 같은 말이다.

이 책은 '이순신리더십 특강'이라는 제목처럼 한 주제씩 강의를 할 수 있게끔 단편적으로 구성되었다. 따라서 순서대로 읽지 않고 관심 있는 주제를 먼저 골라서 읽어도 무방하다. 그러나 이순신의 인성과 리더십 전체를 살펴보려면 처음부터 차근차근 보는 게 마땅할 것이다. 역사를 공부하는 학생은 물론, 리더가 되려는 사람들 및 교사, 공직자, 군인, 직장인을 대상으로 했다. 또한 어려운 상황을 만나 앞길이 보이지 않을 때 이순신을 만남으로써 새로운 길을 찾고, 나아가 자신만의 맞춤형 생존 필살기必殺技를 찾는다면 다행이겠다.

이 책이 세상에 나오게 되는 데 결정적인 도움을 준 선출판사 김윤태 사장님과 편집진에게 진심으로 감사를 전한다. 진해 이순신리더십 국제 센터를 설립하는 데 열정을 쏟은 창원시 관계자박진열, 박정수 님의 성원에 감사드린다. 또 이순신인성리더십 회원인 사진작가 김일현 님과 이순신 노래를 부르는 청임, 의령의 김득수 님에게도 고마움을 표한다.

일본에서 응원을 아끼지 않았던 아내와 아들, 딸에게도 무한 감사를 전한다. 무엇보다 나의 나아갈 길을 일러주시고 지칠 때마다 붙잡아 주신 필사즉생必死則生의 이순신 장군님 영전에 이 책을 바치고자 한다.

2018년 3월 心象齋에서 김동철

우리가
꼭 한번
만나야 하는
이순신

이순신 리더십 특강

1

중국은 여전히 갑(甲)인가?

○
●
○

정유년인 2017년은 정유재란丁酉再亂 발발 7주갑을 맞은 해이다. 1주갑이 60년이니 420년 전 정유재란으로 조선반도는 1592년 임진왜란에 이어 산산조각이 났다. 조선 창업 후 200년 동안 이렇다 할 외침이 없어 태평한 시기였으므로 조정의 외침에 대한 방비책 또한 미약하기 짝이 없었다. 숭무崇武 정신은 사라졌고 성리학을 공부한 문신들 사이에서 훈구파와 사림파로 갈려 자파 세력 넓히기에 싸움이 그칠 날이 없었다. 또 왕권과 신권의 갈등, 기득권의 부패를 타파하려는 개혁가 정암靜菴 조광조趙光祖, 1482~1519는 끝내 그 뜻을 펼치지 못한 채 유배지에서 숨졌다.

오늘날 정치권의 당쟁 기원도 선조 때 붕당의 시작에서 찾아볼 수 있다. 선조는 명, 일본, 여진 등 주변국과의 외교에서 오로지 명나라를 향한 존명사대尊明事大에만 집착했고 일본과 여진은 글과 예법도 모르는 오랑캐로 치부했다. 이른바 북로남왜北虜南倭다. 그런 오랑캐 가운데 남쪽의 일본은 임진-정유재란을 일으켰고, 북쪽의 여진 오랑캐는 정묘-병자호란으로 왕인조의 항복을 받아냈다. 조선은 변화하는 주변국 정보에 안일했고 조정과 백성의 안위가 담보되는 안보를 경시하는 태도를 보였다. 북로남왜北虜南倭에 의한 처참한 병화兵禍는 무비유환으로 귀결되었다.

미증유의 7년 전쟁 임진-정유재란은 조선을 둘러싼 국제질서에도 많은 영향을 끼쳤다. 일본은 1600년 세키가하라전투關ケ原戰鬪에서 도요토미 히데요시豊臣秀吉 세력이 몰락하고 도쿠가와 이에야스德川家康가 승리함으로써 에도도쿄 막부幕府 시대가 열렸다. 명나라 또한 여진족이 세운 청나라의 끊임없는 공격을 받다가 1644년 이자성李自成. 1606~1645의 농민반란으로 무너질 때 청나라가 어부지리를 얻었다.

그러나 피해 당사국인 조선은 우여곡절 속에서 300년 동안 그 명맥을 유지하다 1910년 마침내 일본 정한론자征韓論者들에 의해 나라가 없어지는 참담함을 겪어야 했다. 일제의 강점으로 청나라의 속국이라는 오명에서는 벗어났지만, 중국은 여전히 한반도 운명을 좌지우지하려는 태도를 보였다. 1950년 한국전쟁에서 100만여 중공군이 압록강을 건너옴으로써 통일 한반도가 물 건너간 것이 대표적 사례이다.

2017년 최순실 국정농단이라는 희대의 사기극으로 나라는 또 한 번 쑥대밭이 되고 말았다. 대한민국의 역사를 통틀어 보면 끊임없는 내우외환內憂外患에 시달렸다. 왕조국가에서 백성은 변방의 언저리에 머물러 있었고 민주국가에서도 그 타성은 좀체 시정되지 않았다. 정경유착은 오래된 전통으로 권력과 돈이 만나 기득권의 배만 불렸고 백성의 불만은 하늘을 찔렀다.

국가 리더십이 제대로 작동되지 않은 것은 내로라할 영웅도 나타나지 않았지만, 그보다도 우리 국민이 뛰어난 리더십을 잘 선택해서 부국강병 富國强兵을 이루고자하는 데 뒷심이 부족하지 않았나 하는 의구심을 버릴 수 없다.

북핵으로 2018년 한반도는 누란 累卵의 위기를 맞이하고 있다. 국민들은 북핵을 놓고 서로의 입장이 갈렸다. 같은 민족끼리의 '설마주의'에 빠져 안보불감증을 보이는 세력까지 나타난 것이다. 나라의 존망이 걸린 풍전등화 상황에서 개인과 가정의 행복은 결코 보장받을 수 없다. 그나마 해방 이후 70년 동안 산업화, 민주화, 정보화를 이뤄 세계에서 '기적의 나라'라고 칭송을 받지만, 여전히 한반도의 안보는 일촉즉발의 위태한 상황이다.

임진왜란, 병자호란, 구한말의 시대상황을 상기할 때마다 당시의 '머나먼 미래'가 바로 지금이라는 자괴감이 들어 혼란스럽기 짝이 없다. 임진왜란이 끝난 지 채 30년도 안 돼 병자호란을 맞았고, 율곡 栗谷 이이 李珥, 1536~1584의 십만양병설도 선조와 조정은 그저 귓등으로 흘려버린 결과, 조선강토는 토붕와해의 잔해로 변했다. 우리 민족 특유의 급망증! 전쟁을 잊으면 반드시 위태롭다는 서애 西厓 류성룡 柳成龍, 1542~1607의 피맺힌 망전필위 忘戰必危 징비 懲毖 정신이 실종돼 버렸기 때문이었다.

북핵 위협으로 도래할 참담한 미래는 과거 여러 차례 병화 兵禍를 겪은 기시감 旣視感을 떠올리게 한다. 대한민국이 첨단의 재래식 무기를 가졌다한들 북한의 핵 EMP전자기파탄 한 방이면 대한민국의 모든 전자기기는

올 스톱된다. 전력망이 정지되면서 교통, 수도, 전기, 금융망 등은 물론
이고 군의 첨단무기도 고철덩어리가 된다. 이제 북한은 명실상부한 게임
체인저가 됐다. 그리고 초강대국인 미국에게 주한미군 철수를 주장하면
서 미 본토까지 핵으로 날려버리겠다고 호언하고 있다. 북한의 대륙간탄
도미사일ICBM이나 잠수함발사미사일SLBM은 도둑처럼 아무도 알 수 없는
시각에 어디에 떨어질지 모르는 공포의 무기가 됐다.

북한은 대한민국은 안중에도 없고 오로지 미국과 담판을 지으려 한
다. 이른바 통미봉남通美封南 정책으로 대한민국은 핵의 인질이 되고 말았
다. 이 와중에 대한민국은 미국의 사드THAAD, 고고도 미사일 방어체계 배치를 놓
고 심한 진통을 겪고 있다. 중국은 "중국과 미국 어느 한편에 붙으라."며
노골적인 협박을 가하면서 한한령限韓令, 한류 스타나 한국 드라마 영화 등 제한령과 경제
보복에 나섰다. 대한민국 정치권은 친중파, 친미파, 친일파, 친러파로 나
뉘어 나름대로 계파의 이해득실 계산을 하고 있다. 이것은 구한말 대한
제국의 운명을 청나라, 일본, 러시아, 독일, 미국, 영국 등에 맡기려 했던
것과 하나도 다를 게 없다.

냉혹한 국제질서에서 핵에는 핵으로 대응해야 하는 공포의 균형balance
of terror이 정답이다. 핵이 있는 북한과 핵이 없는 대한민국은 일단 심리전
에서 밀리게 되어 있다. 현란한 외교적 수사修辭도 힘이 뒷받침되지 않는
한, 시간 죽이기의 말 폭탄에 불과하다.

절체절명의 위기, 이 난국을 어떻게 풀어가야 할까. 난세에 영웅이 나
온다고 했는데, 아직까지 영웅의 그림자조차 보이지 않으니 아직은 난세
가 아닌가 보다.

여해汝諧 이순신李舜臣. 1545~1598 장군은 정유재란 때인 1597년 9월 16일 중과부적의 상황에서 명량해전을 치러야만 했다. 평중平仲 원균元均. 1540~1597의 지휘 아래 조선 수군이 왜 수군 함대에게 궤멸당한 지 꼭 2달 만에 다시 만난 대규모 전투였다. 13척의 판옥선과 133척의 왜선단과의 전투는 나라의 흥망성쇠가 걸린 건곤일척, 운명의 대회전이었다. 그때 이순신은 휘하 장졸들에게 '필사즉생必死則生 필생즉사必生則死'를 외쳤다. 반드시 죽고자 하면 살 것이요, 살고자 요령을 피우면 죽을 것이로다. 이 말은 지금도 여전히 유효하다. 예나 지금이나 대한민국은 지정학적으로 주변 열강에 포위된 외로운 섬의 형세이기 때문에 진충보국의 정신은 우리의 생존과 직결된다.

중국은 우리에게 미국이냐 중국이냐, 양자택일을 하라고 압박한다. 우리는 조만간 인도-태평양 전략을 추구하는 미국과 남중국해 획득과 일대일로一帶一路를 추진하는 중국 가운데서 양자택일을 해야 한다. 오늘날 시진핑習近平 주석이 꿈꾸는 중국몽中國夢은 중화사상을 현실화하겠다는 것이다. 그래서 옛날의 조공국朝貢國이었던 대한민국은 3불不을 이행하라고 강요하고 있다. 3불 주장 갑질 내용은 사드의 더 이상 배치 불가, 미국 MD미사일방어 체계 편입불가, 한미일 군사동맹 불가이다. 이런 상황에서 우리나라의 생존을 짊어질 탁월한 외교안보 전략가의 그림자조차 찾아볼 수 없다.

청나라 말기 조선에서 안하무인으로 행동했던 위안스카이, 즉 원세개袁世凱. 1859~1916라는 인물이 있었다. 원세개는 1882년 조선에서 임오군란이 일어나자 조선 정세를 안정시킨다는 빌미로 조선에 부임했다. 일본이 조선에 거주하는 자국민 보호를 위해 군대를 파병할 움직임을 보이자, 청나라는 신속히 군대를 파병했다. 청나라는 흥선 대원군興宣大院君 이하응李昰應, 1820~1898 을 군란의 책임자로 몰아 톈진으로 압송, 구금함으로써 일본의 무력 개입의 여지를 없애 버렸다. 청나라는 우세한 군사력을 바탕으로 구식 군인들과 민중의 반란을 진압했고, 민씨 일파를 중심으로 한 친청親淸 정권을 수립했다. 임오군란을 진압한 뒤에도 군대를 철수하지 않고 용산에 주둔시키며 자신들의 침략적 요구를 관철하여 나갔다. 위안스카이는 내정 고문으로 마건상馬建常 을, 외교 고문으로 한국 이름 목인덕穆麟德 이라는 독일인 묄렌도르프1848~1901 를 파견하여 조선의 내정에 간섭하기 시작했다. 묄렌도르프는 '조-청 상민수륙무역장정'이라는 불평등 통상조약을 체결하여 청나라 상인에게 통상의 특권을 제공했고, 조선에 대한 청나라의 영향력을 강화하려 했다.

20대 초반 혈기 방장한 위안스카이는 1884년 다시 천재일우의 기회를 잡게 된다. 김옥균金玉均 을 비롯한 급진개화파가 갑신정변을 일으키고 고종을 경복궁에 유폐시키자 경복궁에 침입해 일본군을 몰아내고 고종을 구출했다. 그럼으로써 민씨 정권의 구세주가 됐지만 결국은 조선의 주권을 유린한 셈이다.

위안스카이가 고종高宗 황제를 무시하고 사실상 왕 노릇을 했던 일은 기억되어야 한다. 『경향신문』이 2006년 11월 15일에 보도한 기사에 따르면, 청나라 보호국이던 조선 땅에 진주한 뒤 무능했던 고종 임금 면전에서 "너 같은 혼군昏君 은 임금 자리도 아깝다. 당장 폐위해도 시원찮다."라며 호되게 꾸짖었다. 그는 조선의 군주를 배알하는 자리에서도 기립하지 않으며 고종을 '혼군昏君'이라 칭하면서 폐위를 주장하고 나선 것이다. 조선관료 20명을 갈아치우고 그 자리에 자신의 측근들로 채웠다. 당시 미국 공사 포크는 이를 '무혈 정변'이라고 했다.

어디 위안스카이뿐이겠는가. 임진─정유재란 때 원군援軍으로 온 명군은 천군天軍입네 하면서 선조를 능멸했고, '전시재상' 류성룡의 무릎을 꿇렸으며, 조명연합 수군사령관 진린陳璘은 이순신에게 온갖 갑질을 해댔다.

사드를 둘러싼 중국 측 속내는 19세기 말 위안스카이가 조선 총독 행세를 한 추억에서 벗어나지 못하고 있는 듯하다. 자신들은 화華로 구분하고 중원 이외의 지역을 각각 북적北狄, 서융西戎, 남만南蠻, 동이東夷로 부르던 중화사상中華思想은 시대착오적 산물이다. 일찍이 공자가 말한, 화이부동和而不同의 지혜로 이웃과 더불어 잘 살아가는 선린우호의 관계가 이루어지길 바랄 뿐이다. 그리고 대한민국은 안보에 있어서 미일동맹을 적극 활용해야 한다. 이 대목에서 '평화는 공포의 자식'이라는 윈스턴 처칠1874~1965의 명언을 새삼 상기해 본다.

"전쟁을 확실하게 방지하는 방법은
전쟁을 두려워하지 않는 것이다.(The surest way to prevent war is not to fear it.)"

망징(亡徵)과 선공후사(先公後私)

○
●
○

"대한민국은 천민자본주의賤民資本主義 국가이다."

이 말이 과연 망발일까. 독일 사회학자 막스 베버1864~1920가 처음 사용한 사회학 용어인 천민자본주의PariaKapitalismus라는 말은 원론적으로는 비합리적이며 종교나 도덕적으로 비천하게 여겼던 생산 활동을 의미한다. 베버가 이 용어를 쓸 때 염두에 두었던 것은 유럽경제사에서 상인, 금융업자로서 특이한 지위를 누렸던 유대인들의 생활상이었다. 유대인은 스스로를 천민 민족으로 분리시켜 거의 상업과 금융업만을 영위하며 돈을 벌었다. 그들은 그야말로 돈만 아는 '수전노守錢奴'라는 주홍글씨가 달린 끝에 훗날 게르만 민족우월주의자인 히틀러1889~1945에 의해 아우슈비츠 수용소에서 인종대청소의 희생물이 되었다.

오늘날 우리나라에서도 돈에 눈이 멀어 패가망신하는 사회지도층들의 면면을 매스컴에서 쉽게 만나볼 수 있다. '10억을 준다면 감옥이라도 갔다 오겠다.'는 고교생 대상 조사결과가 말해 주듯 돈은 자신의 명예와 가문의 안위를 맞바꿀 수 있을 만큼 거대한 힘을 가진 권력임에 틀림없다. 그런데 그 돈이 자신들이 흘린 피와 땀의 결실이 아니고, 국민의 혈세여서 문제가 된다. 대한민국 정치, 경제계 지도층들에게 '나랏돈은 공돈'이라는 인식이 마약처럼 달콤하게 퍼져 있다.

부익부 빈익빈富益富貧益貧! 가진 자는 더 많이 가지려 애를 쓰고 없는 자는 송곳 꽂을 땅 뙈기 하나도 없다. 우리는 최순실 부정스캔들에서 인간 탐욕의 끝이 없음을 극명하게 관찰할 수 있었다. 이른바 '마태복음 효과Matthew effect'다.

마태복음 효과Matthew effect는 개인이나 집단 혹은 지역이 재산, 명예, 지위 등 어떤 한 곳에서 일단 성공을 이루면 그것이 동력이 되어 이후 더 많은 성공을 이룰 수 있다는 이론이다. "무릇 있는 자는 받아 더 풍족하게 되고 없는 자는 그 있는 것까지 다 빼앗기리라."는 『신약성경』 마태복음 제25장의 구절에 따라 미국의 사회학자 로버트 머턴이 그렇게 이름 지었다. 이익을 좋아하고 해로움을 싫어하는 인간의 호리오해好利惡害한 본성은 죽지 않는 이상 절대 바뀌지 않는다. 그 이기적 본성이 도를 넘어섰을 때 해악은 개인을 넘어서 집단, 사회, 국가에까지 미친다. 이른바 부승치구負乘致寇의 비극과 맥을 같이 한다. 깜냥이 못되면서 자리를 차지하는 바람에 개인의 재앙은 물론이고 나라까지 결딴내는 허망한 일은 과거에도 많이 있었다. 부승치구는 어느 날 어찌어찌하여 지체가 높아져 수레에는 올라탔지만, 등에 짐까지 메고 있으니 탐욕한 자임을 알아차린 도적들의 표적이 되고 만다는 뜻이다.

나랏돈을 훔치고도 '나는 모른다.'는 모르쇠로 일관하는 자들의 뻔뻔함은 후안무치 厚顔無恥일 테고 공부 많이 했다는 교수님들이 나라 망치기에 앞장선 것을 보면 곡학아세 曲學阿世라 말할 수 있다. 자신의 영달을 위해서 '땅에 묻어버리겠다.'는 조폭질도 서슴지 않았던 고위공직자들의 민낯을 보라. 비록 검은 속은 보이지 않지만, 말과 행동과 태도에서 이미 그의 인간성은 충분히 감지되고도 남는다. 그런 허접한 자들을 임명한 사람이나, 그런 자들을 소개한 강남 아줌마나 임명권자의 위세를 믿고 호가호위한 자들이나 모두들 100세 안팎으로 살다갈 유한한 생명들이다.

학창 시절 둘째가라면 서러워했을 소년등과 少年登科한 범생이, 금수저들이 줄줄이 굴비 엮이듯 묶여 법정을 드나드는 모습은 한때 떵떵 거리던 권력이 아침 이슬처럼 무상했음을 보여 준다.

중국 전국시대 말기 법가 法家 사상가인 한비 韓非, B.C. 약 280~B.C. 233는 자신의 저서 『한비자 韓非子』의 「망징 亡徵」 편에서 "나무가 부러지는 것은 반드시 벌레가 파먹었기 때문이고, 담장이 무너지는 것은 반드시 틈이 생겼기 때문이다."라고 말했다. 그러면서 나라가 망할 징조를 총 마흔일곱 가지로 나누어 설명했다.

한비가 말하는 마흔일곱 가지 망징은 크게 '분열' '부패' '무원칙' '안보의식 해이' '가치 혼돈'으로 정리할 수 있다. 예컨대 '다른 나라와의 동맹만 믿고 이웃 적을 가볍게 생각해 행동하면 그 나라는 망할 것'이라는 대목은 안보의식 해이라고 볼 수 있다. '세력가의 천거를 받은 사람은 등용되고, 나라에 공을 세운 지사의 국가 공헌은 무시돼 아는 사람만 등용되면 그 나라는 반드시 망할 것'이란 대목은 부패와 무원칙으로 풀이된다. 또 '나라의 창고는 텅 비어 빚더미에 있는데 권세자의 창고는 가득차고, 백성들은 가난한데 상공업에 종사하는 사람들은 서로 짜고 이득을 얻어 반역도가 득세해 권력을 잡으면 그 나라는 반드시 망할 것'이란 분석은 부패를 꼬집은 것이다. 먼 앞날을 내다본 혜안이 아닐 수 없다.

또 인도 건국의 아버지 간디 1869~1948 도 나라를 망하게 하는 일곱 가지 죄가 있다고 지적했다. 그 첫째는 '원칙 없는 정치'이고, 둘째는 '도덕이 빠진 상업', 셋째는 '노력 없는 부富', 넷째는 '인격이 빠진 교육', 다섯째는 '양심이 마비된 쾌락', 여섯째는 '인간성 없는 과학', 마지막으로 '희생이 빠진 종교'이다. 이 가운데 '원칙 없는 정치'를 으뜸가는 죄로 꼽았다. 간디가 설파한 망국론이 오늘날 우리나라를 빗대서 만든 '맞춤형 예언'처럼 보여 놀라울 따름이다.

이 대목에서 이순신李舜臣 장군의 공직관을 들여다본다.

1582년 이조판서 이율곡李栗谷이 류성룡柳成龍에게 "이순신李舜臣이 덕수 이씨로 같은 집안인데 한번 만나보고 싶다."고 말했다. 한평생 장군의 '멘토'였던 류성룡 대감이 이순신 장군에게 이조판서를 만나보기 권했을 때 장군은 다음과 같이 답했다.

"같은 문중으로서 만날 수는 있겠으나 인사권을 가진 이조판서에 있는 한 만날 수 없다."

일언지하에 거절했다. 이때 이순신의 상황은 어땠는가.

1579년 2월 인사업무를 관장하는 훈련원訓鍊院 봉사奉事, 종8품에 재직하고 있을 때35세 병조정랑 서익徐益이 편법으로 친분이 있는 자를 훈련원 참군參軍. 정7품으로 승진시키기를 요구하였다. 그러나 이순신은 상관의 인사청탁을 허락하지 않았다.

"아래에 있는 자를 등급을 뛰어넘어 올리면 응당히 승진할 사람이 승진하지 못할 것이니, 이는 공정하지 못한 일이며, 또한 법규도 고칠 수 없는 일입니다." 이분, 「충무공행록」

당시 훈련원 관원들은 이순신이 감히 본조에 대항한 일은 앞길을 생각하지 않은 것이라며 심히 우려를 표하였다. 그 후 1582년 이순신이 전라도 고흥의 발포만호종4품로 재직 중일 때 병조의 서익이 군기경차관軍器敬差官. 군검열단장으로 내려와 시찰한 결과, 이순신에게 무기 정비를 제대로 하지 않았다는 죄로 파직시켰다. 그것은 서익의 분풀이, 복수전이라고 할 수 있다. 파직된 이순신은 이조판서인 이이李珥를 만나서 자신의 억울함을 토로할 수도 있었을 텐데 장군은 만날 수 없다고 고집을 피웠던 것이다. 중간에 다리를 놓은 류성룡 또한 답답하기는 마찬가지였을 것이다. 오늘날 생각해 봐도 이순신은 참 '바보짓'을 한 것 같다. 오호 통재痛哉라!

이와 같은 이순신의 공직관은 다음의 글에서 엿볼 수 있다. 1576년32세 2월 식년 병과에 급제하고 그해 12월 최전방인 함경도 동구비보 권관종9품으로 발령 나기 전, 아산 생가에 있을 때 쓴 글이다.

장부출세(丈夫出世)

용즉효사이충(用則效死以忠)

불용즉경야족의(不用則耕野足矣)

약취미권귀(若取媚權貴)

이절일시지영(以竊一時之榮)

오심치지(吾甚恥之)

세상에 장부로 태어나

나라에 쓰이면 충성을 다할 것이며

쓰이지 않는다면 농사짓는 것으로 충분하다

권세와 부귀에 아첨하여

이(권세와 부귀)를 도둑질하여 일시적으로 영화 누리는 것은

내가 가장 부끄러워하는 것이다

　　32세의 늦은 나이에 출사를 앞둔 젊은이로서 당당한 면모를 보이고 있다. 이순신은 타고난 결벽증과 굽히지 않는 기개로 인해 임진왜란 7년 전쟁 내내, 아니 한평생 온갖 모함과 시기를 받았다. 3번의 파직과 2번의 백의종군처럼 파란만장, 우여곡절이 많았다. 그럼에도 불구하고 그는 죽어서도 오래 살고 있다. 공직자로서 사적인 것보다 공적인 것을 우선시했기 때문이었다. 그의 선공후사先公後私 정신은 공직자는 물론 후세인들에게도 귀감龜鑑이 되어 오래도록 빛나고 있다.

방산 비리는 이적행위다

○
●
○

망전위국忘戰危國! "전쟁을 잊으면 반드시 나라가 위태롭다."

임진-정유재란 7년 동안 영의정, 도체찰사 등을 지내면서 사실상 전장을 총괄 지휘했던 '전시재상戰時宰相' 서애 류성룡柳成龍은 번방藩邦의 소국小國이 당한 비애悲哀를 한마디로 '망전위국'이라고 표현했다. 조총 등 우세한 전력을 가진 왜군의 침탈과 만행은 물론, 구원군인 명군明軍의 갑질과 횡포로 거덜 난 강토는 더 이상 나라가 아니었다. 선조 임금과 조정은 나라의 운명을 스스로 해결할 능력이 없었고 오로지 천자天子의 나라인 명나라만을 우러러 바라보고 있었다.

류성룡은 1598년 파직된 후 고향안동으로 돌아와 7년 전쟁의 결산을 『징비록懲毖錄』이란 책에 담았다. 피에 젖고 눈물에 얼룩진 기록은 가장 처참했던 난리의 참상을 담은 전쟁의 증언록이자 반성문이다. 여기서

'징비'란 『시경』 「소비편小毖篇」에서 "미리 징계해서 후환을 경계한다 予其懲而毖後患."라는 구절에서 따온 말이다.

예기징이비후환(予其懲而毖後患)

지행병진(知行竝進)

즉 유비무환(卽 有備無患)

미리 징계하여 후환을 경계하고

알면 행하여야 하며

그것이 곧 유비무환 정신이다

이 징비의 유비무환 정신은 왜적이 침탈할 것을 예감하고 군기軍器와 군량과 군사를 스스로 자급해야 했던 적빈赤貧의 장군, 이순신의 고군분투孤軍奮鬪 상황을 떠올리게 한다.

류성룡의 피와 땀과 눈물의 기록인 『징비록』을 읽으면서 가슴을 치다가 먹먹한 나머지 책을 내던지며 눈물을 한 바가지라도 쏟아내지 않는 사람이 있다면 그건 '대한민국 국민이 아니다.'라고 감히 말하고 싶다.

임진-정유재란 이후 『징비록』이 나왔지만 나라 안에서 거들떠보는 사람이 거의 없었으므로 또다시 북방 오랑캐의 외침으로 난을 당했고 치욕의 역사를 되풀이했다. 1598년 왜란이 끝난 지 채 30년이 안 된 1627년 북방 여진족훗날 청나라에 의해 정묘호란과 1636년 병자호란이 잇달아 일어났다.

나라꼴은 하루가 다르게 주춧돌이 흔들리고 기왓장이 무너지는 토붕와해土崩瓦解 상황이었지만 조정대신들은 여전히 자기 파당派黨의 잇속 차리기에 골몰, 당쟁黨爭을 격화시켰다. 애당초 이들에게 민초인 백성은 안중에도 없었다. 이런 태도는 임진왜란 이후 줄곧 이어져온 폐해였다. 왕들은 왕권 강화를 위해 신하들이 패를 갈라 치고받는 당쟁을 적절히 이용, 밀고 당기면서 왕권 강화를 노렸다. 왜란 이후 300년 동안 왕실 외척들의 발호跋扈로 세도정치가 정점을 찍었을 무렵 나라는 온데간데없이 사라지고 말았다. 1910년 경술년 일본의 집요한 정한론征韓論은 마침내 8월 29일 대미의 마침표를 찍었다.

당시 조선은 서구열강의 서세동진을 맞아 동양의 지배질서를 유지하면서 서양기술을 받아들여 부국강병을 하려는 동도서기東道西器를 적극 활용하지 못했다. 또 위정척사파衛正斥邪派는 쇄국정책에 동조해 급변하는 국제정세를 읽는 외교적 탐망력도 없었다. 소중화小中華를 꿈꾸는 그저 '고요한 아침의 나라' 조선朝鮮일 뿐이었다. 나라를 부강하게 만들고 국방을 강화하려는 어떤 부국강병책도 찾아 볼 수 없었다. 대원군의 쇄국정책으로 그저 나라의 문을 꽁꽁 걸어 잠그고 서양 오랑캐인 양이洋夷를 쳐부수는 방책 수립에 급급했다. 외척의 발호로 나라의 기둥뿌리는 뽑혔으며 향리의 아전들 농간으로 백성의 삶은 내동댕이쳐졌다. 탐관오리가 판치는 썩어문드러진 나라였다. 1945년 8월 15일 35년 동안 일제 식민지가 끝나자 좌우 이념대립으로 한반도는 다시 남과 북의 두 조각으로 쪼개졌다. 1950년 동족상쟁同族相爭의 한국전쟁은 한국과 미국 및 16개국 참전연합국 대 북한과 소련-중국蘇中의 국제전 양상을 띠었다. 휴전 이후 60여 년 동안 대한민국, Korea는 여전히 3대 세습 봉건왕조 북한으로부터 끊임없이 도발과 책동에 휘말렸고 급기야 2017년 핵 공격의 공갈 협박을 받고 있다.

천방지축 북한의 공세 말고도 동북아는 어느새 세계의 외교안보와 경제협력체제의 중심축으로서 중국, 일본, 러시아, 미국 등 초강대국 열강들의 각축장角逐場이 되고 있다. 그것은 꼭 100여 년 전인 19세기 말 대한제국 시절을 보는 듯한 기시감既視感, 즉 데자뷔deja vu를 안겨주고 있다. 대한민국은 또다시 일그러진 역사를 반복할 것인가.

1973년 4월 '을지연습 73' 순시를 위해 국방부를 찾은 박정희 전 대통령은 합참으로부터 '국방지휘체계와 군사전략'이란 보고를 받았다. 그리고 다음과 같은 지시를 내렸다.

"1980년대에는 이 땅에 미군이 한 명도 없다고 가정하고 합참은 독자적인 군사전략 및 전력증강 계획을 발전시켜라."

이와 함께 "자주국방을 위해 중화학공업 발전에 따라 고성능 전투기와 미사일 등을 제외한 소요 무기 및 장비를 국산화해야 한다."는 지시도 내렸다. 1년 뒤 1974년 방위세법이 입안되면서 한국군의 전력증강 사업은 극대화되었다. 합참은 군 전력증강 8개년계획1974~1981을 박 전 대통령에게 보고해 재가를 받았다. 대한민국 국군 창군創軍 이래 최초의 자주국방계획이었다.

이 비밀계획은 1592년 임진왜란 전 십만양병론을 꺼냈던 율곡 이이李珥의 이름을 따서 '율곡사업栗谷事業'이라고 불렀다. 이런 비밀계획이 나온 것은 당시 급박한 시대상황에 따른 것이었다. 1968년 1월 21일 북한 무장공비 김신조 일당의 청와대 기습사건 등 북한의 고강도 도발과 1969년 주한 미 7사단의 철수를 담은 '닉슨 독트린' 등 미국 안보기조가 바뀌고 있었기 때문이었다.

베트남전쟁과 관련, 미국 내 반전反戰 사상이 팽배하던 때 제37대 대통령에 취임한 닉슨은 베트남전쟁을 조기에 종식시켜 군사적 부담을 줄이고 국민들의 심리적 공황을 다독이기 위해 1969년 7월 25일 괌에서 "아시아 방위의 1차적 책임은 자국이 스스로 져야 한다."는 소위 '닉슨 독트린'을 발표했다. 이에 따라 1971년 봄까지 베트남에 파병된 미군 50만 명 중 30만 명을 감축했고, 필리핀 주둔 6천 명, 태국 주둔 1만2천 명과 함께 주한미군 2만 명도 철수를 단행키로 했다.

우여곡절 끝에 큰 틀에서 미 7사단 철수에 따른 한–미간 합의가 끝난 것은 1971년 2월 6일이었다. 양국은 그해 6월 말까지 미 7사단을 철수시키는 등 주한미군 1만8천여 명을 감축한다는 것과 서부전선 최전방을 방어하던 미 2사단을 후방으로 이동시켜, 휴전선 방어 임무는 한국군이 전담하는 데 의견을 같이했다. 아울러 미국이 한국군 현대화 5개년 계획을 지원하고 그에 따라 최대 15억 달러의 군사원조와 차관을 제공한다는 데도 합의했다.

박정희 전 대통령은 합의가 이뤄진 지 이틀 후인 2월 8일 "스스로 돕고 스스로 일어서서 스스로를 지킬 줄 아는 자조, 자립, 자위의 정신이 박약한 민족은 언제나 남의 침략을 당해 수난을 면치 못했다는 것이 인류 역사의 기록이므로, 정부와 국민이 일치단결해 자주국방의 정신을 더욱 굳건히 살려나가자."는 특별담화문을 발표했다.

이 대목에서 자조, 자립, 자위의 정신은 바로 임진왜란 당시 이렇다 할 나라의 지원 없이 홀로서기에 나선 이순신 장군의 자급자족 정신과 궤를 같이 한다. 이순신 장군은 격물치지格物致知의 탐구 정신을 십분 발휘, 실사구시實事求是의 군영 행정을 펼쳐나갔다. 여기서 격물치지란? 사서 오경四書五經 중 하나인 『대학大學』의 팔조목八條目에 나오는 말로, '격물格物' '치지致知' '성의誠意' '정심正心' '수신修身' '제가齊家' '치국治國' '평천하平天下'를 뜻한다. 격물과 치지는 사물의 이치를 궁구하여 끝까지 가면 마침내 그 본뜻을 알 수 있다는 학설로 해석의 차이로 주자학파朱子學派는 이학理學, 양명학파陽明學派는 심학心學이라고 불렀다. 아무튼 이 격물치지 정신은 이순신 장군에 의해 실사구시의 실용적 행태로 나타나는데 이순신은 10대 때 유학을 공부한 경험에 따라 격물치지 정신을 십분 활용해서 없는 살림을 가까스로 꾸려나갔다.

미군이 철수하는 마당에 스스로 나라의 안위를 지켜야 하는 박정희 전 대통령은 1970년 8월 6일 국방과학연구소ADD 창설을 이끌었다. 그리고 1971년 국방과학연구소에 "소총과 박격포 탄약 등을 넉 달 안에 국산화하라."고 지시했다. 극비를 요하는 것이기 때문에 암호명 '번개사업'으로 통했다. 하명을 받은 연구원들은 당시 우리나라 과학기술이 열악했기 때문에 미군 소총과 박격포를 분해 조립해 보았고 청계천 공구상가를 샅샅이 뒤져서 매달린 끝에 5개월만인 1972년 4월 기본 화기 사격 시험에 성공할 수 있었다. 번갯불에 콩 구워먹듯 M1소총과 60㎜박격포, 수류탄과 기관총, 로켓발사기 등 8종류의 기본 병기 시사회를 경기도 포천 다락대 시험장에서 개최했다. 말이 국산 개발이지 실상은 미국제 무기들을 역설계한 복제품들이었다. 이때 미국으로부터 최신형 M16소총을 생산하는 공장설립을 허가받았는데 이는 국군의 베트남전 참전으로 얻은 피의 대가였다. 그때 얻은 자신감은 이후 '율곡사업'으로 불리는 국산 무기개발 대장정의 추진력이 됐다.

한국군 현대화계획은 제1차 율곡사업이 1974년부터 1981년에 완료되었고, 제2차 율곡사업 82~86년, 제3차 율곡사업 87~92년 등으로 계속 추진됐다. 제3차 율곡사업은 다시 3년 연장되어 전력정비사업 87~95년으로, 방위력개선사업 96~99년으로 발전되다가 2000년부터는 전력투자사업으로 추진되었고 2006년부터 방위력개선사업으로 추진되고 있다.

한국군은 1974년 제1차 율곡사업으로부터 1996년 사업 기간까지 약 23년 동안 해당 기간 국방비 중 31.8%인 약 34조 4,787억 원을 군사력 건설에 투입했다.

그런데 이런 율곡사업은 1993년 대대적인 '율곡비리' 감사와 수사로 얼룩져 버렸다. 당시 국민혈세를 빼먹는 '군피아'와 무기거래상 및 에이전트들이 활개를 쳤다는 이야기다.

방산 비리사건은 1980년대 초 전두환 전 대통령의 5공화국 당시 청와대 경호실장을 지낸 P씨가 F-20 전투기 판매를 추진하는 미국 노스롭 사로부터 수천억 원의 뇌물을 받은 사건으로 터졌다. 우리나라 무기 로비스트의 원조격인 P씨는 노스롭에 고용돼 정부 고위층과 노스롭사의 회동을 주선하는 등 전방위 로비를 펼쳤지만 시험비행 중 전투기가 추락하는 사고가 일어나 도입계획이 무산됐다. 1993년 '율곡비리' 사건은 군 현대화사업으로 F-16 등 최신예 전투기와 구축함이 도입되는 과정에서 L씨와 또 다른 L씨 등 전 국방부장관과 공군 참모총장 H씨 등 군 수뇌부가 수천억대의 뇌물을 받은 것으로 드러나 구속 기소되었다.

또 1996년 국방장관 L씨는 대우중공업으로부터 경전투헬기사업과 관련, 1억5천만 원의 뇌물을 받은 혐의로 구속됐다. 2000년, 전 국방장관 L씨는 린다 김한국명 김귀옥이라는 희대의 로비스트와도 부적절한 관계를 가진 것으로 알려져 국민들은 경악을 금치 못했다. 독자적인 대북 정보수집 능력을 갖추고자 추진된 '백두 금강정찰기 도입사업' 과정에서 L 전 장관은 린다 김과 애정 어린 '연애편지'를 주고받은 뒤 기종을 결정한 것으로 드러났다. 국가적 파장을 일으킨 린다 김은 L 전 장관으로부터 무인항공기 사업계획 등 군사기밀을 빼돌린 혐의로 기소돼 징역 1년 집행유예 2년을 선고받았다.

2000년대 후반부터는 군사기밀 유출사건이 끊이지 않았다. 2008년 예비역 공군 소장 K씨는 스웨덴 방산업체에 한국형전투기 사업계획 등 군사기밀을 넘겨 징역 2년 집행유예 3년을 선고받았다. 2009년, 전 한국국방연구원장 H씨는 군사기밀을 빼돌린 혐의로 항소심에서 징역 8년 집행유예 2년을 선고받았다. 2011년 K 전 공군 참모총장은 미국 군수업체 록히드마틴에 군사기밀을 넘긴 혐의로 징역 2년 집행유예 3년을 선고받았다.

그런데 여기서 이상한 점이 발견된다. 국민의 혈세를 빼먹은 방위산업 비리에 연루된 자들이 한결같이 집행유예형을 선고받았다는 점이다. 그 사안의 중대성에 비추어 유전무죄有錢無罪 무전유죄無錢有罪의 봐주기식 솜방망이 처벌이라는 의구심을 일으키고 있다.

박정희 전 대통령은 외국에서 무기 구입 시 중간 로비스트의 개입 여부를 원천적으로 차단했다. 오원철 전 제2경제수석의 증언이다.

"군 법무관이 판매 측 법무관계자를 만나 직접 계약서를 작성하도록 했다. 계약서에 만약 뇌물로 인한 문제가 발생할 경우 판매 측에서 모두 책임지는 조항이 있었기 때문에 무기를 구매할 때 뒷돈 문제가 전혀 일어나지 않았다. 한국 내에 있는 무기 로비스트도 모두 내쫓았다."

1974년부터 1993년까지 국산무기 현대화사업에 총 32조 원이 투입됐다. 그 결과 소총 하나 제대로 만들지 못하던 우리는 오늘날 K-9 자주포, K-2 차기전차, KT-1 기본훈련기, 한국형 헬기 수리온, 한국형 잠수함, 첨단 탄도미사일과 순항미사일 등 국산 '명품' 무기를 개발했고 일부는 수출까지 하고 있다. 하지만 일부 무기의 경우, 부품결함 발견 등으로 여전히 방위산업의 의혹은 현재진행형이다.

수십 년 동안 수십조 원의 방위산업 비용을 지출했지만 북한의 비대칭무기인 핵개발에 비해 전력은 여전히 열세한 상황이다. 방산 비리는 절체절명의 북핵 위협에서 적을 이롭게 하는 이적행위이다. 발본색원! 다시는 나랏돈을 쌈짓돈으로 허투루 쓸 수 없도록 해야 하고 뇌물수수자는 뇌물액수의 수십 배 보상벌칙과 더불어 일벌백계로 패가망신을 주어야 한다.

애초 싹도 트이지 않은 불모지에서 국가안보를 위해 시작된 박정희 전 대통령의 본뜻은 부국강병이었다. 음수사원飮水思源, 굴정지수掘井之水라 했다. 물을 마실 때는 그 근원을 생각하고 우물을 판 사람을 생각해야 하지 않을까.

덧붙여 방위산업 육성을 빙자해서 거액의 로비자금을 주고받는 군 고위직의 행태는 바로 이순신 장군이 그토록 강조해마지 않던 멸사봉공 滅私奉公의 정신에 정면으로 배치되는 것이다. 지금까지 심심치 않게 보도되는 방산 비리의 흑역사 黑歷史는 일벌백계로 다스릴 수밖에 없는 중대한 이적행위임에 틀림없다 할 것이다.

다음은 2015년 연말 뉴스 보도 내용이다.

"방위산업 비리 정부합동수사단(단장 김기동 검사장)은 1년여간 1조 규모의 비리를 밝혀내고 군 최고위직을 재판에 넘기는 등 성과를 남기고 사실상 활동을 마무리했다. 그런데 거물 무기중개상의 구속영장이 법원에서 잇달아 기각되면서 수사에 어려움을 겪었고, 기소된 군 지휘관(황기철 전 해군 참모총장)이 1심에서 무죄 선고를 받으면서 무리한 수사라는 비판이 일기도 했다. 합수단은 해상작전 헬기 와일드캣(AW-159) 도입 비리에 연루된 최윤희 전 합참의장을 뇌물수수 및 허위공문서 작성 등의 혐의로 불구속 기소했다. 와일드캣을 우리 군에 중개한 업체 S사 대표 함 모(59)씨도 뇌물공여와 배임증재 혐의로 불구속 기소됐다. 합수단 출범 이후 재판에 넘겨진 군인과 민간인은 총 74명이다. 구속 기소자는 51명이었다. 군인이 42명으로 가장 많았고 장성급 11명(현역 1명, 예비역 10명)과 영관급 30명(현역 13명, 예비역 17명)과 기타 1명이다. 군인 중에서는 해군이 31명으로 가장 많았고, 육군이 5명, 공군이 6명이었다. 방위사업청 공무원은 전현직이 1명씩이었으며, 정홍용 국방과학연구소장을 포함한 공무원이 5명, 일반인은 25명이었다."

1993년 감사원이 '율곡사업' 비리조사를 착수한 이래 22년 만에 합동수사단이 방위산업 비리 전반에 대한 대대적인 수사를 벌인 결과이다.

1993년 출범한 YS 문민정부는 30년 군사정권의 '성역聖域'인 방산 비리에 사정의 칼을 들이댔다. 그 결과 국방부장관 2명, 공군 참모총장, 해군 참모총장 각 1명씩이 뇌물수수 혐의로 구속 기소됐고 현역 장성 8명 등 총 53명이 징계를 받았다. 당시 돈 냄새 맡는 데 귀신같은 비리 장군들을 일컬어 세상 사람들은 '똥별'이라고 칭했다.

자칭 '충무공忠武公의 후예後裔'라는 해군이 비리에 가장 많이 연루됐다. 특히 해군 참모총장을 지낸 고위직 3명정옥근, 황기철, 최윤희이 들어 있다는 사실이 눈길을 끌었다.

정옥근 전 해군 참모총장은 차기 호위함을 수주, 납품하는 편의를 제공하는 대가로 STX에 금품을 요구하고 아들 회사를 통해 뇌물을 받은 사실이 드러나 1심에서 징역 10년이란 중형을 선고받았다. 그러나 정 전 총장은 2017년 대법원 재상고심에서 징역 4년이 확정됐다. 함께 기소돼 징역 2년에 집행유예 3년이 선고된 그의 아들도 상고기각으로 형이 확정됐다.

황 전 총장은 방위사업청 함정사업부장이던 2009년 통영함 음파탐지기 사업 과정에서 관련 문서를 조작하고 성능이 검증되지 않은 H사 제품이 납품되도록 해 38억 원의 국고를 낭비한 혐의특정경제범죄가중처벌법상 배임 허위공문서 작성 및 행사를 받았다. 통영함 소나는 40억 원을 주고 들여왔는데 알고 보니 참치잡이 어선에서 어군魚群 탐지용으로 쓰는 2억 원대 것이었다. 더욱이 2014년 4월 16일 세월호 침몰로 전 세계가 우리나라를 지켜

보고 있는 가운데 3,500톤급 통영함이 경남 거제시 옥포동 대우조선해양 특수선건조암벽에 방진포를 뒤집어 쓴 채 잠자고 있었다. 그러나 황기철 전 해군 참모총장은 1심 재판에서 "좀 더 다퉈볼 여지가 있다."는 법원의 판단 아래 무죄를 선고받았다. 황 전 총장은 2017년 대법원에서 무죄 확정 판결을 받았다.

또한 영국제 해상작전 헬기 와일드캣 도입과 관련 허위 공문서 작성을 지시하고 뇌물을 받은 혐의로 최윤희 전 합참의장이 불구속 기소됐다. 군 최고위직인 합참의장 출신이 법정에 서는 1996년 경전투헬기 사업 비리로 기소됐던 이양호 전 국방장관 이후 처음이다. 와일드캣은 천안함 폭침 이후 고성능 대잠 작전헬기가 필요하다고 해서 1조3천억 원을 들여 도입하기로 한 첨단무기다.

그러나 와일드캣은 실물이 완성되지 않아 성능 확인이 불가능했지만 2012년 최 전 의장은 해군 참모총장 시절 이런 보고를 묵살하고 해군 전력기획 참모부장 P소장에게 '통과시키라'고 지시한 것으로 밝혀졌다. 최 전 합참의장은 2017년 항소심에서 무죄를 선고받고 풀려났다.

이와 관련 합동수사단은 김양 전 보훈처장이 와일드캣을 제작한 영국－이탈리아 합작사㈜ '아구스타 웨스트랜드AW'로부터 수억 원대 금품을 받은 정황을 포착하고 구속 기소했다. 김 전 보훈처장은 2016년 대법원에서 징역 4년에 추징금 13억여 원의 판결을 받았다. 이명박 정부 때인 2008~2011년에 국가보훈처장을 지낸 김 전 처장은 백범白凡 김구金九. 1876~1949 선생의 손자이며, 부친은 김신93 전 공군 참모총장이다. 한평생 독립운동에 매진했던 김구 선생은 해방 후 충무공 이순신 장군의 유적지^{한산도, 진해}를 방문하고 친필휘호를 남긴 분이다. 그런 김구 선생이 지하에서 통곡할 일이다.

합동수사단은 군 수뇌부의 금품수수 의혹을 밝히는 데 핵심 인물로 꼽힌 무기 중개상을 구속 수사하지 못하면서 차질을 빚었다. 출범 초기부터 철저하게 보안을 유지하며 공들여 수사한 '1세대 무기중개상' J씨76 의 구속영장이 기각된 것이다. J씨는 방산 비리 혐의로 구속된 이규태66 일광공영 회장보다 훨씬 큰 대어^{大魚}로 꼽히는 인물이다.

1993년 율곡비리 수사 때 뇌물공여 혐의로 구속된 전력이 있는 J씨는 2000년대 중반부터 해군 차세대 잠수함 도입 과정에서 외국 업체에서 받은 1천억 원대 중개 수수료를 해외로 빼돌린 혐의로 합수단의 수사 대상에 올랐다. 합수단은 J씨가 빼돌린 돈이 로비자금으로 쓰였을 가능성을 의심하며 사전 구속영장을 청구했지만, 법원은 "구속의 사유와 필요성을 인정하기 어렵다."며 기각했다. 또 와일드캣 도입 사업에서 금품 로비를 한 혐의를 받은 S사 대표 함씨의 구속영장은 두 차례나 기각됐다.

발등에 불이 떨어진 정부는 부랴부랴 비리 방지 대책을 내놓았다. 각종 위원회에 참여하는 민간위원 비율도 현 25%에서 35%로 늘려 의사결정 과정에서 군인들의 결탁 가능성을 최대한 배제하기로 했다. 또한 인적 비리사슬 차단을 위해 직무회피 범위도 대폭 확대해 500만 원 이상의 금전 거래가 있거나 퇴직 전 5년간 같은 부서에 있었던 사람, 최근 2년 이내에 직무와 관련해 직접적인 이익을 준 사람하고는 같은 부서에 근무하지 못하도록 했다.

비리의 온상이자 '복마전^{伏魔殿}'으로 꼽힌 방사청에 대한 감시감독 대책으로는 현역 장군과 대령이 방사청으로 보임되는 순간부터 전역할 때까지 각 군으로 돌려보내지 않는 등 인사독립성을 강화할 계획이다. 그동안 장군과 대령이 방사청에 근무하면서도 인사권을 틀어쥐고 있는 자군自軍 총장의 눈치를 보거나 지시를 적극적으로 이행하는 방법으로 방위산업에 잘못을 저질러 온 관행을 타파하기 위한 조치이다.

국방부는 또 방사청 퇴직 공무원의 직무 관련 업체 취업 제한기간을 3년에서 5년으로 늘리고, 비리 연루업체 입찰 참가 제한기간을 최소 6개월, 최대 1년에서 아예 2년으로 연장할 계획이다. 또한 업체 수행 개발 시험평가를 민간 공인시험기관KOLAS 으로 교체하고 업체와 국방기술품질원, 시험기관 사이에 시험성적서 정보공유체계 구축을 논의했다.

그럼에도 불구하고 이와 같은 대책이 눈 가리고 아웅하는 미봉책彌縫策으로 끝나지 않을까 우려하는 시선이 많다. 어떤 방패도 뚫을 수 있다는 창과 어떤 창이라도 능히 막아낼 수 있다는 방패와의 싸움, 그 지리한 '모순矛盾 전쟁'이 예상된다.

항상 문제는 사람과 시스템에 있고 문제해결의 열쇠도 사람이 쥐고 있다. 사관학교 선후배끼리 오랫동안 상명하복의 문화 속에서 지내온 온정과 의리, 그것도 폐쇄된 울타리에서 어울려 일을 해야 하는 숙명은 참으로 깨뜨리기 어려운 숙제일 것이다.

그동안 군사 비리를 감시 감독하는 청와대와 국방부 조사본부, 기무사와 군검찰이 있었지만 제대로 된 사람을 걸러내는 인사검증시스템에서 모두 실패했다.

2010년 링스헬기가 바다에 추락해서 4명이 사망했다. 그때 결론은 방산 비리였다. 업체에서 교환해야 할 부품을 제때에 하지 않고 서류상으로만 작성해 놓고 거짓말을 했기 때문이다.

그때나 지금이나 탐관오리貪官汚吏들의 군기문란은 도를 지나쳤다.

1595년 10월 '전시재상' 류성룡柳成龍은 경기, 황해, 평안, 함경 4도 순찰사에게 내린 공문에서 맨 먼저 지적한 것이 기강불립紀綱不立이었다. 기강이 확립되지 않아 모든 폐단이 생겼기 때문이다. 그런데 시간이 흘러도 기강이 잡히지 않자 류성룡은 1596년 4월 같은 도 순찰사들에게 다시 공문을 보냈다.

"근래에 기강이 더 해이되고 온갖 법도가 폐지되었다. 안팎과 위아래 예절과 체면이 모두 없어지고 공경하고 신하하려는 마음도 사라졌다. 감사의 명령이 수령에 시행되지 않고 수령의 명령이 민간에 시행되지 않는다. 장수의 명령이 편비褊裨, 각 영문의 부장에 시행되지 않고 편비의 명령은 군졸에 시행되지 않는다. 참으로 한심한 일이다."

그러니 오합지졸烏合之卒의 조선군이 잘 훈련된 왜적과 맞서 싸워 이긴다는 것은 언감생심焉敢生心, 기대난망難望이었다.

국내 방위산업 시장 규모는 2015년 기준 10조 원 정도다. 국내에서 활동 중인 무기중개업체는 300여 개로 이 중 30여 개가 거의 대부분을 싹쓸이 하고 있다. 무기거래 사업은 흔히들 '로또'라고 한다. 거래품목의 가격이 천문학적이고 진입장벽이 높기 때문이다. 사업비가 수천억 원에 이르다 보니 수수료 대개 수주금액의 5%만으로도 수억 원에서 수백억 원이 되는 경우가 많다. 한번 납품이 성사되면 유지보수를 위한 부품 조달 등 안정적인 수입이 보장된다. 또 군사보안과 엮여 있어 로비스트로 활동하기에 이보다 더 좋은 놀이터가 없다는 게 업계 관계자들의 증언이다. 그래서 린다 김 같은 국제 로비스트들이 '미인계'를 써서 군 지휘부를 흔들었다. 고소득이 보장되고 군과 정치권에 영향력을 행사할 수 있는 로비스트는 전역 후 재취업을 바라는 고위 장교들에게 선망의 자리로 꼽히고 있다.

명과 일본 사이에 강화협상으로 전쟁이 소강상태이던 1594년 2월 16일 『난중일기』 기록이다.

수령즉엄악포계(守令則俺惡襃啓)

기망천청지어차극(欺罔天聽至於此極)

국사여시만무평정지리(國事如是萬無平定之理)

앙옥이이(仰屋而已)

수령들은 뇌물 받고 비리 덮어주고 포상받게 해 주었다.

국왕의 귀를 기망하니 이것이 극에 달했다.

국사가 이러니 나라가 결코 편안할 수 없다.

나는 그냥 천장만 바라볼 뿐이다.

이순신의 바다 경영

○

●

○

"바다를 지배하는 자 세상을 지배한다."

영국 군인이자 탐험가, 시인인 월터 롤리 Walter Raleigh, 1552?~1618 경卿의 말이다.

월터 롤리 경은 이순신 장군 1545~1598 과 마찬가지로 16세기에 활약했다. 그는 영국인 처음으로 북아메리카를 탐험, 플로리다 북부를 '버지니아'로 명명하고 식민殖民을 행했으나 실패했다. 감자와 담배를 유럽으로 가져오는 데 만족해야 했다. 영국은 그 후 1607년 북미 최초 상주 식민지를 얻는 데 성공했고 1763년 인도를 식민지배하면서 '해가 지지 않는 나라'라는 명성을 얻었다.

삼면이 바다인 한반도는 아시아대륙과 일본열도에 둘러싸인 '외딴 섬'이다. 북쪽이 가로막혀 대륙 진출이 제한되고, 태평양으로 나가려면 일본 대마도해협이나 제주도 남방루트를 통해야 한다. 세계로 뻗어가는 데 제약이 많은 닫힌 지형이다. 그 증거는 2006년 4월 위성 촬영한 동아시아 밤의 모습에서 찾을 수 있는데 북한 땅은 전기 부족으로 암흑천지이고 대한민국은 사방이 어두운 가운데 환하게 불 밝힌 '외딴 섬'으로 나타난다.

1988년 이한빈 부총리가 주장한 '한국의 지도를 거꾸로 놓고 보라'는 발상의 전환! 거꾸로 놓은 지도에서 우리가 중심이 되어 21세기 환태평양시대를 열어가는 것이다. '세계는 넓고 할 일은 많다.'는 어느 기업가의 말처럼 바다를 뚫고 나아가 5대양 6대주의 더 넓은 미지의 세계에서 생존 전략을 짜야 할 것이다.

미국과 중국, 일본, 러시아 등 주변 열강들이 한반도를 둘러싸고 동북아의 바다경영에 열을 올리는 것은 바로 한반도가 기회의 땅이자 전략적 요충지要衝地이기 때문이다. 대륙과 해양 세력이 만나는 교두보이기 때문에 수많은 외침에 시달렸지만, 반면 통일이 된다면 대륙횡단 철도의 시발점으로서 아시아—유럽을 잇는 물류의 중심기지가 될 가능성도 크다.

광화문 이순신李舜臣 장군의 시선은 정남향正南向이다. 그 시선은 멀리 적도 부근 말라카해협부터 난사군도南沙群島, 센카쿠열도 중국명 釣魚島, 다오위다오, 오키나와, 가까이는 제주도, 이어도, 그리고 남해안의 23전 23승의 격전지와 남해안 둔전屯田 경영의 땅으로 향한다.

아주 근거리에는 숭례문 남대문이 있다. 1592년 4월 13일 부산포를 상륙한 왜군의 제2선봉장 가토 기요마사加藤淸正 군대가 5월 3일 한성에 무혈 입성할 때 통과한 바로 그 대문이다.

영국의 월터 롤리 경이 '해가 지지 않는' 대양제국의 발판을 만들었다면, 이순신 장군은 명나라를 치러 가는데 길을 빌려달라는 정명가도征明假道의 일본군을 막는 데 우선 주력했다. 그 결과 남해의 제해권을 장악함으로써 일본군의 서해진출을 차단해 한강한양과 대동강평양으로 가는 길을 막았다.

장군은 1593년 7월 16일 그의 친척인 현덕승玄德升에게 보낸 편지에서 '약무호남若無湖南 시무국가是無國家'라는 표현을 썼다. 즉 "호남이 무너진다면 국가도 없어지는 형국"이라는 뜻을 밝혔다. 15만 이상의 대군大軍을 동원한 일본군은 곡창 지대인 호남을 손안에 넣어 군량을 확보하고 조선을 명나라와 인도를 치러 가는데 병참기지로 활용할 요량이었다. 일본에서 부산포를 통한 보급물자 수송은 이순신 함대 공격으로 여의치 않았다.

장군이 23전을 벌였던 격전지에는 세계적인 조선소여수. 광양. 목포. 통영. 거제. 진해. 부산와 대규모 임해 공업단지가 들어섰다. 장군은 먼 훗날 이와 같은 산업화 기지와 관광 명소名所가 될 만한 귀한 요충지要衝地를 지키기 위해서 그토록 치를 떨었고 노심초사했던 것은 아니었을까.

서해 고군산도와 전라도와 경상도 남해안 곳곳에는 이순신의 체취가 묻어나지 않는 곳이 없다. 우리는 이 간단한 사실 하나만이라도 자라나는 청소년들에게 이순신의 활약상을 가르쳐 줘야 할 의무를 지고 있다. 그 푸른 바다 너머 제주도는 조선 때까지만 해도 버려진 '유배流配의 땅'이었다. 왜구와 중국 해적들은 13세기부터 제주도와 남해, 충청 해안지역을 제집 드나들 듯이 헤집고 다니면서 약탈과 분탕질을 쳤다. 왜구는 산둥성, 장쑤성, 저장성, 푸젠성 등 명나라 동해 연안지역을 드나들면서 노략질도 서슴지 않았다.

9세기 '청해진淸海鎭 대사' 장보고張保皐, ?~846는 완도莞島 출신으로 중국에서 출세했다. 동포들이 노예로 팔려가서 고통받는 참상에 분개해 귀국한 뒤 완도 부속 장도 일대에 청해진을 개설하고 한-중-일 바다에 출몰하던 해적을 소탕했다. 동양 3국의 '해상왕'으로 군대와 무역도 관장했다. 그는 중국 산둥반도와 장쑤성, 절강성, 광둥성, 경항杭 대운하와 장안西安, 일본 하카다, 교토, 오사카를 비롯해 샴타일랜드, 페르시아아랍, 필리핀루송을 상대로 활발한 교역을 펼쳤다. 선제적인 바다 경영을 통해 해양상권을 장악했던 것이다.

주일 미국대사를 역임한 하버드대학 에드윈 라이샤워 교수는 한중일 정사正史에 영웅 장보고를 '해양 상업제국의 무역왕The Trade Prince of Maritime Commercial Empire'이라고 명명했다.

그 이후 한참만인 16세기 이순신李舜臣 장군이 남해를 지킨 수호신으로 등장했다. 역사적으로 한반도는 외세의 전장戰場 터전이었다.

왜란 당시 조선은 일본을 남쪽 오랑캐, 즉 '남왜南倭'라고 비하했다. 국제정세에 어두웠던 '은둔隱遁의 왕국' 조선은 1543년 오다 노부나가織田信長 막부 때 포르투갈 상인으로부터 전래된 화승총인 조총鳥銃을 앞세운 도요토미 히데요시豊臣秀吉 무력 앞에 무참하게 무릎을 꿇어야 했다. 왜란 후 피눈물을 흘리며 쓴 '반성문'인 류성룡의 『징비록懲毖錄』은 조선에서는 독자가 별로 없었던 반면, 오히려 일본에서는 1695년 교토에서 간행되는 등 지식인들 사이에서 베스트셀러가 됐다. 『징비록』이 남긴 교훈이 무색하게 왜란이 끝난 뒤 채 30년도 안 돼 북쪽 오랑캐인 북로北虜 여진족에게 두 번씩정묘호란, 병자호란이나 강토가 처참하게 밟혔다. 부국강병富國強兵은 고사하고 자기 밥그릇만 차지하기 위한 당파 싸움, 외척과 탐관오리의 득세로 민생은 거덜 나 버렸다. 후에 '개혁가'인 대원군이 등장했지만 척화비斥和碑를 세워 쇄국정책을 펴는 사이 일본과 구미열강들은 한반도 낚시질에 열중했다. 외척의 세도정치에 휘둘린 조선은 마치 '냄비 안의 개구리 신세'였다. 냄비 속의 물은 점차 끓어오르는데 개구리는 죽는 줄 모르고 있었던 것이다.

구한말인 1894년 7월 청일전쟁 때 일본 함대는 인천 근해 화성군 대부면 풍도豊島 앞바다에서 청나라 북양北洋 함대와 교전하여 격멸시켰다. 일본은 그해 9월 중국 장산열도 남쪽인 서해 해역에서 청국 북양 함대를 또 격파했다. 싸울 의지도 없고 부패한 관리들이 득세했던 청국의 해군은 일방적으로 도주함으로써 일본은 서해의 제해권을 쉽게 장악했다. 준비된 일본은 청일전쟁의 승리로 역사상 처음 중국의 코를 납작 눌렀다. 이 대목에서 이순신 장군이 임진왜란 7년 전쟁 때 남해의 제해권을 확보하고 왜 수군의 서해진출을 막았던 사실은 경이롭다.

청나라와 일본이 조선의 지배권을 놓고 다툰 청일전쟁1894년 6월~1895년 4월은 일본의 완승으로 끝났다. 그리고 또 한반도 인근에서 전쟁이 터졌다. 1905년 러일해전이 그것이다. 일본 해군은 러일해전 발발 3개월 전부터 거제시 취도를 적함으로 간주하여 함포 실사격 훈련을 했다. 도고東鄕 함대는 진해에서 대기하다가 5월 발진하여 러시아 발틱 함대를 대마해협 오키섬沖島 부근에서 수장水葬시켰다. 이때 일본 해군은 적전회두敵

前回頭 전법을 구사했다. 그것은 이순신 장군이 1592년 7월 한산도대첩 때 일본 수군을 격파했던 학익진鶴翼陣 전법을 응용한 '정자T字 진법'과 같았다. 발틱 함대의 선도 기함인 스와로프Swarov가 도고 함대의 미카사三笠 함정에 먼저 발포하자 미카사는 180도 회전하여 뒤로 돌아 도망가던 척 했고 추격하는 스와로프의 진행방향 앞에서 갑자기 90도 회전하여 일자一字로 진로를 차단했다. 서양 해군사에서 '도고 턴東鄕. TURN' 또는 'T자 전법'이라고 한다.

도고와 참모들은 진해에서 발진하기 전 한산도 제승당制勝堂에 가서 이순신 장군에게 진혼제鎭魂祭를 올린 뒤 동백나무를 식수하였다고 한다. 비록 한때 '적군敵軍'이었던 조선인 장수였지만 23전 23승의 기록을 남긴 '해전海戰의 신神'에게 승리를 염원하는 기도를 한 것이다.

러시아는 역사적으로 끊임없이 부동항不凍港을 찾아 남진南進 정책을 폈다. 그러나 이를 절대 용납하지 않는 영국은 동맹국인 일본에게 러시아 발틱 함대의 이동 정보를 건넸다. 그리고 영국이 관장하고 있던 이집트의 수에즈운하 통과를 막아 러시아 발틱 함대는 머나먼 남아프리카 희망봉으로 돌아가게 했고 기항지에서 물과 식량의 선적을 방해했다. 기나긴 항로에서 러시아수군들은 기진맥진했고 무엇보다 전쟁에 대한 염증厭症이 도져 싸워보기도 전에 전쟁 공포증war phobia으로 전의戰意를 상실했다.

1905년 2월 22일 일본 해군은 거제도 송진포를 강제로 점령하고 해군기지를 설치했다. 이날 일본의 시마네현은 슬그머니 독도를 현내 회람 문서를 통해 현에 편입시켜 버렸다. 당시 망조亡兆가 든 조선은 자구책을 강구할 힘도 없었고 서구 열강들의 낚시질 대상이었다. 그런데 1936년 일제강점기 일본제국 육군성이 발행한 조선지도에는 독도를 '죽도竹島. 다케시마'로 표기하고 조선 영역 안에 표시하였다. 그 후 이 지도는 숨겨졌고 독도가 일본 영토라는 주장이 강화되었다.

청일전쟁과 러일전쟁에서 연승한 일본은 이미 세계정세를 주무르는 제국주의 열강列强의 반열에 올라가 있었다. 그 여세를 몰아 1905년 11월 17일 이토 히로부미伊藤博文는 대한제국의 외교권을 빼앗는 을사조약乙巳條約을 체결했고 초대 통감으로 부임했다. 일본에서 도요토미 히데요시豊臣秀吉와 함께 최고의 영웅으로 추앙받는 이토 히로부미는 1909년 10월 26일 하얼빈 역에서 안중근安重根 의사에 의해 피살됐다.

구한말 나라의 대들보는 나날이 썩어갔고 망초亡草가 온 천지를 뒤덮었다. 이처럼 조선이 망국에 이르게 된 것은 일본의 요시다 쇼인吉田松陰. 1830~1859이 창시한 정한론征韓論이 뒷받침 됐기 때문이다.

"무력 준비를 서둘러 군함과 포대를 갖추고 즉시 홋카이도를 개척하여 제후를 봉건하여 감차카와 오호츠크를 빼앗고, 오키나와琉球를 빼앗고, 조선을 정벌하여 북으로는 만주를 점령하고 남으로는 타이완臺灣과 필리핀 루송 일대의 섬들을 노획하여 옛날의 영화를 되찾기 위한 진취적인 기세를 드러내야 한다."

2006년 아베 일본총리가 '정신적 지주'라고 공언해 온 요시다 쇼인은 1868년 메이지 유신明治維新의 정신적 지도자로 오늘날 일본 우익사상의 창시자다. 그의 저서 『유수록幽囚錄』과 그의 사설학원이던 쇼카손주쿠松下村塾에서 정한론征韓論을 포함한 대동아공영론을 만들어 낸 이후 태평양 전쟁의 발단이 된 씨앗을 뿌렸다. 그의 제자 가운데 조선 초대 통감이었던 이토 히로부미 伊藤博文, 야마가타 아리토모 山縣有朋 등 제국주의 강경파가 여럿 나왔다.

세월은 흘러흘러, 대국굴기 大國崛起를 꿈꾸는 중국 시진핑 習近平 주석은 2013년 일대일로 一帶一路의 실현 전략을 밝혔다. 중국은 태평양 쪽의 미국을 피해 육상 실크로드는 서쪽, 해상 실크로드는 남쪽으로 확대하기 위하여 600년 전 1405~1433년 명나라 정화 鄭和, 1371~1434의 남해 원정대가 7차에 걸쳐 개척한 남중국-인도양-아프리카를 잇는 바닷길 장악에 나선 것이다. 이를 위해 도련 島鍊, island chain, 즉 섬들로 이어진 사슬 전략도 구사하고 있다. 그 핵심이 난사군도 南沙群島, 스프래트리 제도 인공섬의 군사기지 건설이다. 국제법상 안전항해를 보장하라는 미국이 그냥 보고 있을 리 만무하다. 양측 모두 최첨단 무기를 동원한 무력시위로 용호상쟁 龍虎相爭의 형국을 보이고 있다.

중국은 2013년 일방적으로 제주 남방의 이어도 離於島를 자신의 방공식별구역에 편입시켰고 또 배타적 경제수역 확장으로 이어도를 해상 영유권 분쟁지역으로 끌어들이고 있다.

"세계는 평화롭지 않고 전쟁의 '다모클레스의 칼 Sword of Damocles'이 인류의 머리 위에 드리워져 있다."

2015년 9월 항일승전 70주년을 맞은 시진핑 주석의 호언장담이다.

그래서 뒤늦게 제주 해군기지를 만들기로 한 대한민국에서는 '해적기지 반대'라는 거센 데모대에게 몰려 수년 동안 시간과 국고를 낭비했다. 이제 제주 해군기지에는 우리의 이지스구축함 7천6백 톤이 정박하고 제7기동전대가 모항으로 이용할 수 있는 동북아 최대 전략요충지가 됐다. 난사군도의 일촉즉발 상황은 그저 '먼 바다 건너 불길'이 아니다. 우리의 생존권인 에너지 수입과 수출길이 그곳을 지나가고 있기 때문이다.

"사드를 비롯해 자기 나라 지키는 데 앞장서서 극구 반대하는 민족은 지구상에서 단 한 곳, 대한민국밖에 없을 것이다."

저마다 나라 경영하겠다는 사람들은 차고도 넘친다. 그러나 이런 격랑의 한반도 주변정세에 대해서 전략적인 대비책을 가진 사람은 많지 않다. 이순신 장군 이후 수군은 천역賤役. 천민의 노역 으로 분류돼 제대로 대접을 받지 못한 점도 사실이다. 그러나 뒤늦게나마 대한민국 해군이 대양해군의 기치를 내걸고 세계로 뻗어나가는 것을 보면서 '시작이 반'이라는 위안을 한다. 특히 삼면이 바다인 우리의 경우 해군력의 강화는 아무리 강조해도 지나침이 없을 것이다.

16세기 세계 최강 조선 수군

○
●
○

조선 수군은 16세기 세계 최강의 전력을 가졌다고 할 수 있다. 그것은 고려 말 최무선崔茂宣, 1325~1395 장군의 화약발명과 화포 제작기술로 왜구를 섬멸하는 200여 년 동안 수군전략의 진화가 있었기 때문이다. 또 임진왜란 발발 40년 전인 명종 10년1555년 을묘왜변으로 판옥선은 탄생되었다. 그때 정걸丁傑, 1514~1597 은 판옥선에 천자天字, 지자地字, 현자玄字, 황자총통黃字銃筒을 탑재해 왜구섬멸의 주도권을 잡았다. 정걸은 삼도수군통제사 이순신보다 나이가 31세나 많았음에도 불구하고, 이순신의 조방장助防將 권유를 기꺼이 받아들여 전투에 임한 명장이다.

이순신은 신묘년 1591년 2월 13일 전라좌도 수군절도사정3품로 부임하자마자 그해 3월부터 거북선 창제에 나섰다. 관하 5관순천, 낙안, 보성, 광양, 흥양 5포사도, 여도, 녹도, 발포, 방답의 군사와 군기 및 군량 점검을 하면서 신상필벌에 따라 군대를 강도 높게 조련해 나갔다. '용장勇將 밑에 약졸弱卒 없다.'는 말과 같이 당시 이순신의 전라좌도 수군은 잘 훈련된 병사들이었다.

이순신의 가장 빛나는 업적으로는 '돌격선'인 거북선을 창제했다는 것이다. 거북선을 뜻하는 귀선龜船은 조선의 세 번째 임금인 태종 때 대마도 정벌을 위하여 건조한 전선이었다. 『태종실록』에 따르면 태종이 임진강 나루에서 거북선과 왜선의 가상해전을 관전했다는 기록이 나온다. 이때의 거북선은 정원 80명 정도의 대맹선과 60명 정도의 중맹선을 기반으로 개발된 전선으로 세종 때 대마도 정벌에 참여해 큰 전공을 세우지는 못했을 것으로 보인다.

임진왜란 당시 이순신이 창제한 거북선은 판옥선板屋船에 기반한 것으로 150여 명활 쏘는 사부 15명과 총통 사수 24명, 노꾼 90여 명 등이 승선했다. 천자, 지자, 현자, 황자총통을 양현에 각각 4문씩, 선두 좌우에 각 1문씩 배치했고 등선백병전登船白兵戰에 능한 왜군을 막기 위해 배 위의 여장女墻, 성가퀴에 사방으로 상자 벽을 둘렀고 높은 위치에서 왜 수군의 아타케부네安宅船와 세키부네關船를 공격하는 데 용이하게끔 개조되었다. 또 배의 지붕에 개판蓋版, 덮개을 덮어 철침을 촘촘히 박아놓아 왜군의 등선을 불허했다. 여기에 사정거리 1km 정도의 총통 함포사격으로 사정거리 100m, 유효사거리 50m 정도의 왜군 조총은 당할 재간이 없었다. 이순신의 조선 수군이 23전 23승 연전연승할 수 있었던 비결이다.

적의 조총 사정거리 바깥에서 천자, 지자, 현자, 황자총통 등 각종 총포로 원거리 집중 포격을 한 뒤 적선에 접근했을 때는 조총보다 사거리가 긴 편전, 불화살 등을 마구 쏘아댔다. 즉 당파분멸撞破焚滅 작전이다.

당파撞破는 총통을 발사해서 적선을 깨트리는 것이고 분멸焚滅은 불화살을 쏘아 불을 질러 수장시키는 것이다. 1대1 단병전短兵戰에 약한 조선 수군의 약점을 장점으로 만드는 이 입체적인 화력전은 근대 해전에서나 볼 수 있는 것이다.

이순신 장군은 임진왜란 발발 바로 하루 전인 4월 12일 새로 건조된 거북선을 바다에 띄워 총통발사 시험을 했다. 거북선은 5척 정도 운용됐는데 돌격장으로는 이언량, 이기남, 이여념, 박이량 등이 활약했다. 이순신 장군은 거북선의 건조를 감조군관 나대용羅大用에게 맡겨 훗날 세계 해전사에 기록되는 영광을 안았다.

이순신 장군은 임진년 1592년 5월 29일 사천해전에 처음으로 거북선을 출전시켰다. 그리고 7월 8일 한산대첩에서 거북선을 앞세운 학익진鶴翼陣 전법을 구사해서 와키자카 야스하루脇坂安治. 1554~1626의 일본 수군 함대에 집중 포격술을 펼쳐 크게 이겼다. 조선 수군은 판옥선 55척, 거북선 3척을 동원해 일본 수군 73척대선 36척. 중선 24척. 소선 13척과 대적한 결과, 59척을 분멸시켰다. 이순신 장군은 이 해전의 승리로 선조 임금으로부터 정헌대부정2품 상계의 품계를 받았다.

조선 수군이 16세기 최강의 전력을 가질 수 있었던 것은 이처럼 총통과 판옥선의 개발 및 화력을 집중시키는 총통 포격전술을 구사했기 때문이다. 참고로 비슷한 시기인 1571년 레판토해전에스파냐-베네치아-로마교황청 연합함대 vs 오스만제국과 1588년 칼레해전영국 vs 스페인 무적함대, 1805년 넬슨의 트라팔가해전프랑스-에스파냐 vs 영국에서도 소규모의 함포전은 있었다.

13세기부터 왜구의 침입이 빈번해짐에 따라 조선 수군은 화약무기인 총통의 개발에 진력했다. 특히 세종대왕 때 화약무기인 총통의 개발과 진화가 크게 이뤄졌다. 이처럼 면면히 이어진 수군 전통과 진화된 전력자산은 1592년 임진왜란 발발 때 이순신의 승리를 뒷받침해 준 천혜의 자산이 됐다.

거북선 창제, 판옥선 건조 및 총통발사 훈련 등 이순신의 유비무환有備無患 정신은 1592년 한산해전에서 육상의 전술인 학익진鶴翼陣을 해전에 응용함으로써 그 진가를 발휘했다. 학익진은 포위전술로서 적 함대에게 집중포격술을 펼칠 수 있는 진법이다. 이순신은 1597년 명량해전에서 13대 133척이라는 중과부적 상황에서 필사즉생必死則生, 필히 죽고자 하면 살 것이다, 일부당경족구천부一夫當逕足懼千夫, 한 사람이 좁은 길목을 지키면 천 명도 두렵게 할 수 있다를 주창하며 선봉에 서서 솔선수범을 했고 임전무퇴臨戰無退의 용맹한 리더십을 발휘했다. 또 1598년 노량해전에서 '편범불반片帆不返' 즉 "단 한 척의 배도 돌려보내지 않겠다."는 신념에 따라 최후의 일각까지 자신을 불사른 진충보국盡忠報國의 살신성인殺身成仁 정신을 보여 주었다.

현대전에서 아무리 첨단무기가 개발되고 있다고 해도 결국 그것을 운영하는 주체는 사람이다. 포호빙하暴虎馮河, 맨손으로 호랑이를 때려잡고 배 없이도 황허를 건넌다의 만용 리더십을 가진 원균元均은 1597년 칠천량해전에서 조선 수군이 궤멸되는 참극을 지켜보고 왜군에 의해 참살당했다. 이에 반해 이순신은 싸울 장소와 시기를 스스로 택해 주도권을 확보하는 선승구전의 호모이성好謨而成, 계책을 꾀함 리더십으로 임진왜란 7년 동안 23전 23승이라는 불패의 신화를 만들었다.

이 불멸의 전승무패 기록은 이순신의 문무겸전 리더십이 뒷받침됐기 때문이다. 이순신은 10대 때 한양에서 '동네 형' 류성룡 柳成龍과 함께 서당을 다니면서 사서 四書, 『논어』 『맹자』 『중용』 『대학』와 오경 五經, 『시경』 『서경』 『주역』 『예기』 『춘추』을 공부했고, 20대 때는 무과 준비를 위해 '무경칠서 武經七書, 『손자』 『오자』 『사마법』 『위료자』 『이위공문대』 『삼략』 『육도』'를 공부함으로써 명실상부한 문무겸전의 장수가되었다. 그런 연유로 임진왜란 발발 1년 2개월 전 전라좌수사로 부임하자마자 『태종실록』에서 귀선 龜船의 존재를 확인했고, 『세종실록』에서 총통과 화약의 운용법을 공부하는 등 학인의 면모를 보였다. 곧 옛것을 본받아 새로운 것을 창조한다는 법고창신 法古創新 정신에 따라 거북선을 창제하고 화약을 자체 제작하고 조총에 대항하기 위한 정철총통을 발명하기에 이르렀다. 이는 격물치지 格物致知, 실제 사물의 이치를 연구하여 지식을 완전하게 얻는 것 정신을 살린 실사구시의 창의 구현이라 할 수 있다.

이순신의 멸사봉공 滅私奉公, 선공후사 先公後私, 솔선수범 率先垂範, 임전무퇴 臨戰無退, 위국헌신 爲國獻身의 살신성인 殺身成仁 정신은 앞으로 청소년은 물론, 각 군 사관생도 및 군인, 공무원, 일반인들에게도 보다 널리 전파되어야할 '국민정신'이라고 생각한다. 7년 동안의 시산혈해의 임진왜란은 조선창업 이후 200년 동안 태평세월이 지속되면서 상무 尙武 정신이 거의 사라진 상황에서 비롯되었다. 지금 한반도의 안보는 시각을 다투는 누란 累卵의 상황이다. 이에 이순신의 나라사랑 충 忠에 대한 인식을 우리 국민 모두가 가슴에 새기는 구체적인 방안이 필요할 것이다.

16세기 이순신 장군의 전략전술은 가까운 나라 일본에서 응용 발전되었다. 1868년 메이지 유신 明治維新을 단행한 일본 해군은 영국에서 군함을 도입하고 하드웨어 임진왜란 때 23전 23승의 전승무패를 기록한 이순신 장군의 전략소프트웨어을 집중적으로 연구했다. 그렇게 해서 일본 해군은 거북선과 판옥선의 합동으로 쌍학익진雙鶴翼陣을 펼쳐 포위한 뒤 일시 집중타를 가하는 소위 '살보Salvo 타법'을 청일전쟁과 러일전쟁에서 구사했다. 일본 해군은 그야말로 선조들의 뼈아픈 실패에서 배우는 체험적 교훈을 얻었다. 또한 이순신의 쌍학익진雙鶴翼陣 전술을 더욱 발전시켜, 적의 함대를 빙 둘러 에워싸고 일제히 포사격을 하는 원진법圓陣法이라는 신개념의 전술을 개발했다. 일본에서 '전쟁의 신'으로 불리는 도고 헤이하치로東鄕平八郎 제독은 청일해전1894~1895년과 러일전쟁1904~1905년에서 학익전을 응용한 T자 진법으로 청나라 북양 함대와 러시아 발틱 함대를 모두 궤멸시켰다.

거북선의 직충直衝 전법은 적의 배에 돌진해서 포격을 퍼부음으로써 깨트리는 당파撞破 전술이다. 오늘날 현대전에서 래밍Ramming 전법과 비슷하다.

장군의 창의성은 정철총통의 개발에서도 빛났다. '필요는 발명의 어머니' 정신이다. 장군은 왜란 초기 조선 육군이 왜군의 조총鳥銃, 뎃포 공격에 '무無뎃포'로 대응하다 모두 당하고 도망치는 것에 착안, 1593년 8월 화승총인 정철총통을 개발했다. 군관 정사준鄭思竣에게 중책을 맡겼다. 정군관은 대장장이와 노비 등 천민들과 함께 기어코 정철총통을 만들어냈다. 아랫사람에게 묻기를 부끄러워하지 않는 장군의 불치하문不恥下問 정신의 발현이다. 물론 이 총통을 만드는 데는 항왜抗倭, 투항 후 전투에 참가한 왜군인 사야가沙也可, 1571~1642, 한국명 김충선金忠善의 도움도 한몫했다. 그러나 이 정철총통은 선조에게까지 진상되었지만 흐지부지 그 존재가 없어졌다. 선조는 대신 "왜군으로부터 노획한 조총을 보내라."는 명을 내렸다.

일본 수군의 함선은 대선인 아타케부네安宅船와 중선인 세키부네關船, 통신선인 하야부네快速船 등이 주류를 이뤘다. 그런데 천만다행인 것이 일본 수군에는 총통이 없었다. 총통을 탑재할 수 없었던 이유는 일본 함선은 재질이 약한 삼나무로 만들어졌기 때문에 화포를 발사했을 때 반동을 이길 수 없었다. 또 속도를 높이기 위해서 배 밑을 뾰족하게 만든 첨저선尖底船이었다.

눈썰미가 예사롭지 않았던 이순신 장군은 머릿속에서 특정 지역의 지형지물을 그대로 그려낼 정도였다. 1597년 5월 백의종군 시절 도원수 권율權慄이 있는 초계陜川를 향해 전라도 구례의 섬진강 땅에 발을 디뎠을 때였다. 4도체찰사總司令官 이원익李元翼이 이순신 앞으로 편지를 보냈다.

1597년 5월 24일 『난중일기』 기록이다.

"체찰사가 군관 이지각을 보내어 안부를 묻고 경상우도 연해안 지도(낙동강 하구에서 노량에 이르는 한려수도 해역)를 그리고 싶으나 그릴 방도가 없다고 하니 본 대로 그려서 보내주면 고맙겠다고 했다. 그래서 나는 거절할 수가 없어서 그려서 보내주었다."

이런 장군의 뛰어난 관찰력은 1597년 9월 16일 명량대첩을 앞두고 해남과 진도 사이에 있는 울돌목이라는 천혜天惠의 지형을 발견해내고 그 지세와 물길을 적극 활용했다. 13대 133이란 중과부적衆寡不敵의 불가능 상황을 가능하게 만들었다. 이것을 어디 하늘이 공짜로 내려준 행운, 천행이라고만 생각할 수 있을까.

1597년 7월 원균元均의 칠천량 패전으로 궁지에 몰린 선조는 다급하게 백의종군 중인 이순신을 불러 8월 3일 삼도수군통제사로 재임명했다. 그리고 곧 이어 8월 15일에는 수군전력이 소멸되었으니 권율의 육군 진영에 합류하라는 수군 폐지령을 내렸을 때 이순신 장군은 화급히 다음과 같은 장계를 올렸다.

이 장계는 『이충무공전서』 중 조카인 이분李芬이 기록한 『충무공행록』에 있다.

금신전선 상유십이(今臣戰船 尙有十二)
전선수과(戰船雖寡)
미신불사즉(微臣不死則)
불감모아의(不敢侮我矣)

지금 신에게는 아직 열두 척의 배가 있사옵니다
전선의 수가 비록 부족하지만
보잘 것 없는 신이 살아 있는 한
적들은 감히 우리를 업신여기지 못할 것입니다

이순신 장군은 당시 고립무원孤立無援의 절박한 상황이었지만 그 특유의 불굴의 투지로 끝까지 물러서지 않고 당당히 맞서 13대 133척의 중과부적 상황을 극복해 명량대첩이라는 불가사의한 승리를 이끌어냈다. 명

량해전이 끝난 뒤 이순신은 『난중일기』에 천행이라고 기록했지만, 그것
은 준비된 자의 치밀한 전략전술에서 나온 인고의 노력 결과였다.

주적(主敵)은 누구인가?

○
●
○

대한민국의 주적은 북한정권이다. 대한민국의 자유민주주의와 시장경제를 무너뜨리고 국민의 생존과 재산권을 허물어뜨리려는 적대세력은 당연히 주적이다. 주적을 주적이라 말하지 못하는 사람들의 안보관은 지극히 위험천만할 따름이다. 특히 군통수권자인 대통령은 무엇보다 국가 안보의식이 투철해야 하고 안보에는 여야, 좌우가 따로 없다는 총력전 태세를 보여야 함은 당연하다.

「국방백서」에 따르면 주적의 개념은 북한 노동당을 중심으로 한 북한 공산정권과 북한군, 준군사조직, 그리고 그에 동조하는 국내의 지원－동조세력, 해외의 북한정권 지원세력을 지칭하고 있다. 다만 북한의 양민 및 동포는 주적 대상에서 제외되었기 때문에 해당되지 않는다.

한반도는 휴전休戰 상황이다. 1953년 7월 27일 유엔미국과 중공중국공산

^당, 북한 등 휴전협정 당사자들은 "일단 적대행위를 멈춘다."고 공동 선 언했기 때문이다. 그래서 155마일의 휴전선^{DMZ}이 그어진 것이다. 이로 말 미암아 수많은 남북한 이산가족과 고아 등이 발생하는 민족적 비극이 생겼다.

휴전 이후 60여 년의 세월이 흘렀다. 그동안 1968년 1·21사태^{북한 124군} ^{게릴라의 청와대 습격}, 1976년 판문점 도끼만행사건, 1983년 아웅산 테러사건, 1987년 KAL기 폭파사건 등과 근래 들어 NLL 천안함 폭침도발, 연평 도 포격, DMZ 목함지뢰사건 등 북한의 끊임없는 공격으로 수많은 군인 과 경찰 및 무고한 국민들이 희생당했다. 그동안 DJ, 노무현 정권은 북 한 세력을 달래려고 햇볕정책이라는 유화책을 썼지만 허사였다. 북한은 대북송금을 밑천삼아 핵개발을 했다. 그런데 아직도 북한 당국자를 한 민족, 한겨레라고 생각하고 동정론을 펼치는 순진무구한 사람들이 많은 것도 사실이다.

역사적으로 보면 휴전 이후 60여 년이란 시점은 매우 중요한 의미를 가진다. 1592년 임진왜란이 일어나기 전까지 조선은 북방 여진족과 남방 왜구들의 소규모 침탈행위로 골치를 앓았지만 이렇다 할 이민족과의 전 쟁은 없었다. 그야말로 1392년 태조 이성계^{李成桂}의 조선 창업 이후 200 년 동안은 그런대로 태평성대가 지속됐다. 그러나 상무^{尙武} 의식이 느슨 해졌고 이렇다 할 나라 방비책이 거의 없었다. 그 결과 15만8천여 명 일 본군의 기습공격으로 20일 만에 선조는 한성을 내어주고 피난길에 올랐 다. 이후 사색당파의 당쟁, 19세기 세도가들의 탐욕정치로 1910년 대한 제국은 일본 정한론^{征韓論}의 희생이 되고 말았다. 임진왜란 7년 이후 류성룡柳成龍이 피와 눈물로 쓴 징비 정신은 깡그리 잊어버리고 만 것이다. 이 징비 정신은 오늘날 국가 지도자가 되려는 사람들에게 반드시 필요한 교훈이 아닐 수 없다.

일제강점기 35년을 거쳐 1945년 해방된 대한민국은 좌우左右 둘로 쪼개져 심한 사회적 혼란과 갈등을 빚었고 급기야 1950년 남북한과 미군－유엔군, 중공군 등이 참전하는 국제전을 치르게 된다.

미군정 시절1945~1948년 좌익과 우익 간의 대립이 격화되어 제주 4·3 항쟁과 여수－순천 14연대 반란사건이 연달아 일어났고, 그에 따른 혼란은 지속되었다. 이승만 정부는 좌우 갈등을 극복하고 사회 질서를 확립한다는 명분으로 국가보안법 제정, 반공주의 정책을 실시했다.

1950년 3년간의 한국전쟁으로 나라에 성한 건물이 거의 없었고 전 국토는 초토화됐다. 준비된 북한군은 파죽지세로 몰아붙여 3일 만에 수도 서울을 함락시켰다. 이어 국군은 낙동강 부근까지 밀렸다. 이 풍전등화의 위기 속에서 그 해 9월 15일 미국의 맥아더 원수는 인천 상륙작전을 통해 전세를 역전시켜 압록강까지 올라갔다. 그러나 중공군이 꽹과리를 치고 피리를 불면서 압록강을 건너왔다. 자그마치 연인원 100만 대군에 달했다. 중공군의 개입으로 전세는 뒤집어져 서울을 다시 빼앗겼다. 이른바 1·4후퇴다.

1960년대 초 대한민국은 국민소득 70달러 수준으로 아프리카 나이지리아보다 못한, 세계 최빈국이었다. 부국강병富國强兵 을 내세운 박정희 전 대통령의 등장으로 국시國是 는 반공反共 으로 정해졌다. 한국전쟁 중 중공군 100만 대군을 보내 통일을 방해한 중국공산당과 북한은 1961년 조중

朝中 상호방위조약을 맺었다.

북한이 주적이라는 사실은 핵무기 위협과 대륙간 탄도유도탄ICBM, 잠수함발사 탄도미사일SLBM 개발 등으로 대한민국은 물론, 일본과 미국 본토까지 공격 대상으로 넣으려는 데서 여지없이 확인된다. 연일 떠들어대는 그들의 선전을 보고도 한반도의 안보가 위중하다는 사실을 못 느낀다면 그것은 참으로 어리석거나 무지하다고 할 수밖에 없다. 현존하는 핵 공격 위협은 물론, 보이지 않는 첩보전과 심리전 및 사이버 전자전은 여전히 현재진행형이다. 그런데 주적이 아니라고 할 수 있을까. 드넓은 하늘을 손바닥으로 가리려는 애처로운 처사다.

북한은 2016년 지진 규모 4.8 정도의 위력 6~7kt 1kt은 TNT 폭약 1천의 위력 핵폭탄 실험을 다 마쳤다며 전 세계에 공표했다. 그것도 첫 수소탄 시험이라고 주장했다.

6kt이면 1945년 8월 미국이 일본 히로시마에 투하한 원자폭탄15kt의 절반 위력이다. 당시 일본은 히로시마, 나가사키에 두 발의 핵폭탄을 맞고 미국에 대해 무조건 항복을 했다. 수십만 명의 사람이 한 순간에 죽었고 도시 전체가 사라지는 가공할만한 폭격이었기 때문이었다. 그런데 북한은 최근에는 50kt짜리니 수소폭탄이니 하는 가공할 무기개발을 성공시켰다고 만방에 공표했다.

북한은 1990년대 중반 이전까지 6~8개의 핵무기를 만들 수 있는 플루토늄을 확보했고 2000년대 초반 이후 원심분리기 가동을 통해 또 다른 핵무기 원료인 고농축 우라늄을 매년 생산하고 있다. 한미 정보당국에 따르면 현재 50개 정도의 핵무기를 확보한 것으로 알려져 있다. 2020

년에는 100여 개의 업그레이드된 핵무기가 개발될 것으로 보고 있다. 또한 북한은 그동안 130여 차례의 고폭高爆 실험을 해서 대륙간 탄도유도탄용 핵무기 소형화 기술을 계속 발전시키고 있다.

목표는 ICBM대륙간 탄도미사일과 SLBM잠수함발사 탄도미사일에 탑재한 다음 미국 본토는 물론 대한민국, 일본 등을 향해서 쏘겠다는 속셈이다. 한 손에는 핵을 쥐고 또 다른 한 손에는 미국의 경제제재 해제 및 대한민국 길들이기를 하겠다는 꿍꿍이속이다.

전문가들에 따르면 50kt 핵폭탄 한 개가 서울 도심에 떨어진다면 투하지점 반경 수 킬로미터 이내는 초토화되고 100만 명 이상의 인구가 죽거나 중상을 입는 대재앙을 맞을 것이라고 한다.

북한 핵 공갈위협을 놓고 사람들 가운데는 "정말 쏘겠느냐. 그저 위협용이지"라고 태평하게 말하는 사람도 있고, "미국이 북한에게 경제제재를 하기 때문에 자위권 차원에서 확보한 것"이라는 종북 좌파적 시각을 보이는 이도 있다. 이러한 주장은 이른바 내재적 접근법이다. 절체절명의 국가 안보 위기 상황임에도 불구하고 일부는 "당장 먹고사는 게 문제지 북핵이 나와 무슨 상관이냐"며 딴전을 피우는 사람들까지 있어 안보불감증이 만연되고 있다.

국가 안보를 강조하면 호전好戰주의자로 몰리기도 한다. "같은 민족끼리 다 같이 잘 살아야 되지 않느냐"는 동포애를 강조해야 휴머니스트 지성인으로 인정받는 풍토이다.

이들 가운데는 국제정세를 몰라도 너무나 모르는 무지한 사람이 분명히 있다. 자기가 믿고 싶은 대로 믿으려는 주관적인 소망사고所望思考에 기대려는 사람들도 있다. 더욱 가관인 것은 프랑스산 포도주에 캐비어를 즐기면서 북한 인민들의 인권과 기아를 이야기하는 '강남 좌파'들이 여전히 많다는 사실이다.

북한이 핵실험을 하고 핵공격을 운운하며 위협하면 우리가 빼들 수 있는 유일한 대응 수단은 확성기와 탈북단체의 삐라 날리기밖에 없다. 핵과 확성기의 싸움, 정말 기가 막히는 비대칭 구도이다.

제2의 한국전쟁을 막기 위해서는 공포의 균형balance of terror 이론에 따라, 대한민국도 북핵에 상응하는 핵을 보유하는 것이 해답이다. 따라서 대한민국의 생존 차원에서 대북 레버리지leverage를 확보하지 않으면 안 된다. 그렇지 않으면 언제든지 북핵의 공갈위협에 질질 끌려다닐 것이다.

그 대응 지렛대로는 다음 몇 가지 특단의 방안을 고려해 볼 수 있다.

첫째, 정당방위적 핵무장 선택권Nuclear Option의 확보이다. 비핵화선언 폐기와 핵확산금지조약NPT 탈퇴인데 이것은 국제적 압력과 제재가 뒤따르는 부담이 있지만 언젠가 한번은 넘어야 할 산이다. 1960년대 초 프랑스나 중국 그 이후 인도, 파키스탄, 이스라엘 등도 국제사회의 비난을 감수하면서 국가생존을 위한 핵을 확보한 나라들이다.

둘째, 미국의 핵을 다시 들여와서 핵우산Nuclear Umbrella 아래로 들어가야 한다. 북핵 위협에는 핵으로 맞대응을 할 수 있다는 메시지를 강력하게 보내야 한다. 1991년 주한 미군 기지에 배치된 핵무기가 철수됐다. '핵에는 핵으로' 대응한다는 비례원칙에 의해서 다시 핵무기를 들여오는 것이다. 또는 미국 핵잠수함이 한반도 기지를 모항母港으로 전진 배치되는 상황을 고려해 볼만하다.

셋째, 고고도미사일방어체제 사드THAAD의 증강배치가 시급하다. 북핵위협 속에서 우리에게 사드배치는 중요한 의미를 지닌다. 300~3,500km 고공高空 지역을 방위하는 미사일이기 때문이다. 중국은 아직도 대한민국이 자신들의 속국인 줄 알고 겁박하고 있다. 한반도의 사드배치를 노골적으로 반대하는 이유는 미사일탄도보다 '사드의 눈'으로 불리는 X밴드 레이더 때문이다. 이 레이더는 탐지거리가 2,000km로 중국의 주요 군사시설을 한눈에 들여다 볼 수 있다. 그래서 우리는 탐지 범위도 중국 쪽 방향을 피하고 탐지거리도 600km로 짧은 레이더를 설치하겠다 하지만 도저히 믿을 수 없다며 펄펄 뛰고 있다. 만주에 설치한 자신들의 레이더는 대한민국은 물론, 일본까지 훤히 들여다보고 있다. 전형적인 내로남불내가 하면 로맨스, 남이 하면 불륜이다. 후안무치厚顔無恥를 다룬 후흑학厚黑學의 전형이다. 얼굴이 두꺼워 부끄러움을 모르고 살아남기 위해서라면 더 철면피가 되라는 후흑학厚黑學의 가르침은 청말淸末 교수 출신인 이종오李宗五, 1879~1944가 1911년 『공론일보』에 발표하면서 중국인 사이에 널리 퍼졌다. 중국의 처세학 책으로 동양의 마키아벨리즘이라고 불린다.

국공國共 내전1946~1949년 당시인 1948년 소련의 스탈린은 중국공산당 마오쩌둥毛澤東에게 "장제스蔣介石와 중국을 분할 통치하라. 난징 아래 지역은 장제스에게 넘겨주고 양쯔강을 넘지 마라."는 말을 들어야 했다. 그러나 '권력은 총구銃口에서 나온다.'는 신념을 가진 마오쩌둥은 이를 거절했고 마침내 장제스를 대만으로 몰아내고 중국공산당이 중국을 통일했다. 수단과 방법을 가리지 않고 목적을 달성하려는 후흑학의 승리였다.

넷째, 우리 국방부는 북한이 장거리 미사일로 우리 영공이나 영토를 침범할 경우 요격하겠다고 발표하지만 실제 요격능력이 있는지는 불분명하다. 현재 우리 군이 보유한 탄도미사일 요격용 미사일은 패트리어트 PAC-2형이다. 이 PAC-2는 항공기 요격용으로 요격고도가 32km에 한정되어 있다. 따라서 2011년 4월 북한의 은하3호가 발사 직후 135초 만에 151km의 고도에서 공중폭발, 그 잔해가 백령도 부근에 떨어진 적이 있음을 고려하면 상대가 되지 않는다. 따라서 요격거리가 더 높은 사드미사일의 배치가 필요하고 나아가 요격고도 70~500km 이상인 SM-3미사일을 도입해 3척의 이지스함에 장착할 필요성이 제기된다. 우리 이지스함은 1,000km 밖에서 날아오는 북한 미사일을 탐지할 수는 있으나 요격 능력은 없다. 일본의 경우 동해와 동중국해에 배치된 3척의 이지스함에 SM-3미사일을 이미 장착해 놓은 상태다.

다섯째, 일본의 전략을 벤치마킹해 볼 필요가 있다. 일본은 농축우라늄에서 핵실험 시뮬레이션, 운반수단 등을 모두 준비해 놓고 일단 유사시에는 결합해서 핵무기를 만들 수 있는 수준이다. 일본처럼 마음만 먹으면 언제든지 핵무기를 만들 수 있는 능력의 배양이 절대 필요하다.

독일의 히틀러를 맞아 제2차 세계대전을 승리로 이끈 영국 수상 처칠은 말했다.

"평화는 공포의 자식이다."

이 말을 이순신 장군의 버전으로 바꾸어본다면 "유비무환有備無患이요 필사즉생必死則生이다." 즉 미리 대비하고 반드시 죽기를 각오하면 살 방도가 생긴다는 뜻일 것이다.

효자(孝子) 이순신

○
●
○

　부모를 공경하는 '효孝' 자를 파자하면 '노인耂'을 '아들子'이 업고 있는 형상이다. 또 혈연관계의 부모를 뜻하는 '친親' 자는 어버이가 나무木에 올라가 서서立 자식들이 언제 오나 목을 길게 빼고 바라보는見 모습으로 구성되어 있다. 조, 보리 섞인 고봉밥에 구수한 된장찌개라도 뜨끈하게 끓여놓고 자식들이 어디쯤 오는지 동구 밖을 뚫어지게 쳐다보는 모습은 아련하고 정겹다.

　부모자식 간을 하늘이 맺어준 인연, 천륜天倫으로 부른다. 이순신 장군은 임진왜란 7년 난리 중 쓴 일기에 어머니에 대한 언급을 107회나 한 효자였다. 나라에 대한 충忠을 보여 주었던 장수로서 그의 따뜻한 인간성을 찾아볼 수 있는 대목이다. 그는 어머니를 천지天只, 오로지 하늘같으신 분 라고 기술했다. 『난중일기』 첫날 기록에는 어머니에 대한 회한을 담고 있다.

1592년 정월 초하루, 맑음.

"새벽에 아우 여필(汝弼. 우신禹臣의 자)과 조카 봉, 맏아들 회가 와서 얘기했다. 다만 어머니를 떠나 두 번이나 남쪽에서 설을 쇠니 간절한 회한을 이길 수 없다."

명절 때가 되면 아무리 힘들고, 가는 길이 멀어도 부모형제 피붙이를 찾아 나서는 것은 사람으로서 할 도리일 것이다.

1593년 5월 4일, 맑음.

"오늘이 어머니 생신날인데 적을 토벌하는 일 때문에 찾아뵙고 축수(祝壽)의 잔을 올리지 못하니 평생 한이 될 것이다. 홀로 멀리 바다에 앉았으니 가슴에 품은 생각을 어찌 말로 다하랴."

5월 4일은 어머니 초계 변씨1515~1597의 생신날이다. 임진년 1592년 마침 그날, 장군은 군관 송희립宋希立, 광양현감 어영담魚泳潭, 녹도만호 정운鄭運, 방답첨사 이순신李純信. 장군과 동명이인, 흥양현감 배흥립裵興立 등 제장들과 함께 옥포에 웅거하고 있던 일본군을 토벌하기 위해 1차 출정하는 날이었다. 장군은 판옥선 24척, 협선 15척, 포작선 46척 등 함대를 이끌고 먼동이 틀 무렵 여수 좌수영을 출발, 경상도 거제 지역으로 향했다. 또 1592년 5월 4일은 일본군 15만 대군이 파죽지세破竹之勢로 북상해 한성에 무혈 입성한 즈음이다. 선조는 4월 30일 이미 도성을 빠져나가 북쪽을 향해 쫓겨 가는 신세였다. 이런 급박한 상황이다 보니 어머니의 생일상을 제대로 차려드릴 수가 없었다.

장군은 한산도로 통제영을 옮기기 전인 1593년 5월 일흔아홉 살 노모를 전라좌수영 가까운 여수 고음천웅천 송현마을 정대수丁大水 장군의 집으로 모셔왔다. 5년 동안 모신 그곳에는 〈이충무공자당기거지李忠武公慈堂寄居地〉라는 비석이 서 있어 초계 변씨의 흔적을 찾아볼 수 있다.

1594년 1월 11일, 흐리나 비가 오지 않음.

"아침에 어머님을 뵈려고 배를 타고 바람을 따라 고음천에 도착했다. 남의길, 윤사행, 조카 분과 함께 갔다. 어머님께 배알하려 하니 어머님은 주무시고 계셨다. 큰 소리로 부르니 놀라 깨어 일어나셨다. 숨을 가쁘게 쉬시어 살아 계실 날이 얼마 남지 않으신 듯하여 감춰진 눈물이 흘러내렸다. 그러나 말씀을 하시는 데는 착오가 없으셨다. 적을 토벌하는 일이 급하여 오래 머물 수가 없었다. 다음 날 어머님께 하직을 고하니 '잘 가거라. 부디 나라의 치욕을 크게 씻어야 한다(大雪國辱)'라고 분부하여 두세 번 타이르시고 조금도 헤어지는 심정으로 탄식을 하지 않으셨다."

어머니는 아들에게 나라에 대한 충忠을 주문하고 아들은 효孝로써 어머니를 극진하게 대했다. 효는 만행萬行의 근본이다. 장군의 효심은 곧 충심으로 이어졌다.

'군자행기효 필선이충君子行其孝 必先以忠' 즉 군자는 효도를 행함에 있어 반드시 먼저 나라에 대한 충을 행한다는 충경忠經의 말씀대로다.

기축년 1589년 10월 류성룡柳成龍은 이조판서가 되었고, 그로부터 두 달 후 이순신은 정읍현감종6품이 되었다. 과거급제 후 14년 만에 현감이

된 장군은 평소 마음의 빚을 갚기로 마음먹었다. 일찍 세상을 떠난 두 형 희신羲臣과 요신堯臣의 아들인 조카들 일이었다. 그는 어머니 초계 변씨와 두 형수 및 조카와 아들, 종 등 모두 합쳐서 24명의 가솔家率을 데리고 갔다. 그러자 너무 많은 식솔을 데려간다며 '남솔濫率' 즉 가속家屬을 많이 데려가는 것에 대한 비난이 일었다.

당시 상황을 기록한 이분李芬의 『충무공행록』이다.

"장군이 눈물을 흘리며, '내가 차라리 남솔의 죄를 지을지언정 이 의지할 데 없는 어린 것들을 차마 버리지 못하겠습니다.'라고 말하자 듣는 이들이 의롭게 여겼다."

진나라 말기 병법가 황석공黃石公의 말을 빌리자면 '측은지심 인지발야惻隱之心 仁之發也'다. 즉 측은히 여기는 마음은 곧 어질 인仁의 나타냄이다.

다음은 류성룡의 『징비록』 내용이다.

"이순신의 두 형 희신과 요신은 다 그보다 일찍 죽었다. 이순신은 두 형의 어린 자녀들을 자기 친자식같이 어루만져 길렀다. 출가시키고 장가보내는 일도 반드시 조카들이 먼저 하게 해 주고 친 자녀는 나중에 하게 했다."

큰형님 희신의 아들 뇌, 분, 번, 완과 둘째 형님 요신의 아들 봉, 해를 친아들 회, 열, 면보다 먼저 장가를 보냈다. 모두 어머니를 향한 효심일 터이다.

1576년 32세 늦은 나이로 무과에 급제한 후 22년 동안 북로남왜北虜南倭 오랑캐를 방비하느라 변방생활을 했던 장군은 어머님에 대한 그리움을 『난중일기』에 100여 차례나 절절하게 술회했다. 어머니 초계 변씨는 일찍 두 아들을 잃고 남편마저 먼저 보낸 뒤 의지할 곳이라곤 실질적 가장인 셋째 순신舜臣뿐이었을 것이다.

1595년 1월 1일, 맑음.
"촛불을 밝히고 홀로 앉았다. 나랏일을 생각하니 나도 모르게 눈물이 주르르 흘렀다. 또 80세의 편찮은 어머니 걱정에 애태우며 밤을 새웠다."

오매불망寤寐不忘, 자나 깨나 어머님을 잊지 못하던 장군은 어머님을 위로해 드릴 좋은 기회를 맞았다. 82세 된 노모를 위한 수연壽宴 잔치를 여수 본영에서 차려드리게 된 것이다.

1596년 10월 7일, 맑음.
"아침 일찍 수연을 베풀어 온종일 매우 즐거워하니 참으로 다행스러웠다."

1596년 10월 8일, 맑음.
"어머님의 체후가 평안하시니 참으로 다행이다."

1596년 10월 9일, 맑음.
"하루 종일 어머님을 모셨다. 내일 진영(한산도)에 들어갈 일로 어머니께서는 다소 서운해 하는 빛을 띠었다."

1596년 10월 10일, 맑음.

"오시(오전 11시~오후 1시)에 어머님께 떠날 것을 고하고 미시(오후 1시~3시)에 배를 타고 바람에 따라 돛을 달고 밤새도록 노를 재촉하며 갔다."

그 이듬해 초인 1597년 2월 일본군이 재침하는 정유재란이 일어났다. 장군은 먼저 부산포 앞으로 나가서 선봉장인 가토 기요마사加藤清正를 대비하라는 선조의 명을 이중간첩 요시라要時羅의 반간계라고 여기고 출전을 거부했다. 선조는 이순신을 '무군지죄 부국지죄無君之罪 負國之罪'의 죄목으로 한성 의금부에 투옥시키고 죽이려 했다. 이순신의 목숨이 경각頃刻에 달려 있을 때 판중추부사 약포藥圃 정탁鄭琢, 1526~1605은 목숨을 걸고 '대역죄인' 이순신을 위한 구명 탄원서인 신구차伸救箚 상소문 1,298자을 올렸다.

"(상략) 바라옵건대 은혜로운 하명으로써 문초를 덜어주셔서 그로 하여금 공로를 세워 스스로 보람 있게 하시오면 성상의 은혜를 천지 부모와 같이 받들어 목숨을 걸고 싶은 마음이 있을 것이므로 성상 앞에서 나라를 다시 일으켜 공신각에 초상이 걸릴 만한 일을 하는 신하들이 어찌 오늘 죄수 속에서 일어나지 않으리라고 하오리까."

이 일로 이순신은 가까스로 목숨을 건질 수 있었다. 그야말로 '조선 최고 인권 변호사'에 의한 명변론은 곧 천우신조의 행운으로 이어졌다.

4월 1일, 의금부 옥사에서 풀려나 백의종군 길에 오른 장군은 경상도 합천초계에 있는 도원수 권율權慄의 진영으로 향했다. 만신창이가 된 몸을 말 한 필에 의지하여 남대문을 나서 과천, 인덕원을 거쳐 생가가 있는 아산에 당도한 후 청천벽력 같은 소리를 들어야 했다.

1597년 4월 13일, 맑음.
"일찍 식사 후 어머님을 마중하려고 바닷길로 나갔다. 아들 열이 종 애수를 보냈을 때는 배가 왔다는 소식이 없었다. 얼마 후 종 순화가 배에서 와서 어머님의 부고를 전했다. 달려 나가 가슴을 치고 뛰며 슬퍼하니 하늘의 해조차 캄캄해 보였다. 바로 해암(蟹巖, 게 바위)으로 달려가니 배는 벌써 와 있었다. 길에서 바라보며 가슴이 찢어지는 슬픔을 이루 다 적을 수 없다."

아들이 옥에 갇혔다는 소식을 들은 노모는 아들을 만나기 위해 여수에서 배를 타고 서해로 오던 길이었다.

1597년 4월 16일, 궂은 비.
"집에 도착하여 빈소를 차렸다. 비가 크게 내렸다. 나는 기력이 빠진데다가 남쪽으로 갈 일이 또한 급박하니 울부짖으며 곡을 하였다. 오직 어서 죽기만을 기다릴 뿐이다."

1597년 4월 17일, 맑음.
"금오랑 서리 이수영이 공주에서 와서 갈 길을 재촉했다."

1597년 4월 18일, 비.

"몸이 몹시 불편하여 고개도 내밀지 못하고 다만 빈소 앞에서 곡만 하다가 종 금수의 집으로 물러 왔다."

1597년 4월 19일, 맑음.

"일찍 나와서 길을 떠나며 어머님 영전에 하직을 고하고 울부짖으며 곡하였다. 어찌하랴, 어찌하랴. 천지 사이에 어찌 나와 같은 사정이 있겠는가. 어서 죽는 것만 같지 못하구나. 조카 뇌의 집에 이르러 조상의 사당 앞에 하직을 아뢰었 다. 아들 회, 열, 면과 조카 해, 분, 완 및 변주부가 함께 천안까지 따라 왔다."

차마 어머니의 영전을 떠나지 못하다가 19일 길을 떠나며 비통한 심 정을 토로한 기록이다. 당시 부모상을 당하면 3년 동안 시묘살이를 하 는 게 관례였지만, 백의종군의 몸으로서 그러하지 못했다. 어머니의 장 례를 제대로 치르지도 못하고 떠나야 했던 장군의 백의종군 천리길은 회한과 피눈물로 뒤범벅이 된 천형天刑의 가시밭길이었다.

정유년 '통곡(慟哭)'

○

●

○

마른하늘에 날벼락, 청천벽력 같은 소리였다. 자식을 먼저 앞세워 가슴에 묻어야 하는 일. 천지사방 누굴 붙잡고 무슨 말을 해야 할지 모를 일이었다. 하늘도 무심코 땅도 무심코 바다도 무심코 갈매기만 끼룩끼룩 울어댔다. 장군은 그저 찢어지는 가슴을 부여잡고 피눈물을 흘렸다.

통곡慟哭! 목놓아 소리 높여 울지도 못하고 차라리 목구멍으로 꺼억꺼억 오열嗚咽을 삼킬 뿐이었다.

이순신 장군의 막내아들 면葂이 전사했다. 스물한 살, 혈기방장한 나이에 왜군의 예리한 칼날에 숨통이 꺾인 것이다. 장군은 자신을 닮아 가장 아끼고 사랑했던 셋째아들의 죽음을 멍하니 목도目睹하고 있었다.

1597년 9월 16일 명량해전에서 크게 패한 왜군은 충남 아산 염치읍 백암리 장군의 생가를 찾아가 분풀이를 했다. 왜군이 선량한 여염집에

난입해 불 지르고 베어죽이고 마구 분탕질한다는 소식을 들은 분기탱천한 청년은 바깥으로 뛰쳐나갔다. 평소 활쏘기와 말타기 등 무예에 능했지만 수많은 왜적을 상대하기엔 무리였다.

면은 1592년 4월 임진왜란이 일어나자 16세의 나이로 아버지를 따라 전장에서 살았다. 남해안 수군 진영과 고향을 오가며 할머니와 어머니, 형, 사촌 등 가솔家率의 안부를 전하는 전령사로서 역할을 했다. 또 오며 가며 왜적의 동태動態도 소상히 보고해 정탐병의 역할에도 충실했다.

막내 면이 남해 진영에서 아산 집으로 갔을 때, 장군은 아들이 무사히 도착했는지 걱정되어 전전긍긍하였다. 한번은 면이 피까지 토하는 중병에 걸렸다는 소식에 매우 걱정하여 점占을 쳐보았다. 그 결과 '임금을 만나 보는 것과 같다는 괘'가 나왔다. 다시 해 보니 이번엔 '밤에 등불을 얻은 것과 같다는 괘'가 나왔다. 역시 좋은 괘였다. 그리고 며칠 후 면의 병세가 호전되었다는 소식을 듣고 매우 기뻐하였다. 그런 아들이 비명횡사非命橫死한 것이다.

1597년 10월 14일, 맑음.

"사경(새벽 1시~3시)에 꿈을 꾸니 내가 말을 타고 언덕 위를 가다가 말이 발을 헛디디서 냇가로 떨어졌는데 거꾸러지지는 않았다. 막내아들 면이 붙잡고 안는 듯한 형상이 있는 듯하다가 깨었다. 이 꿈이 무슨 징조인지 알 수는 없다. 저녁에 천안에서 어떤 사람이 와서 집안 편지를 전했다. 아직 열어보기도 전에 몸이 먼저 떨리고 정신이 어지러워졌다. 정신없이 뜯어보니 겉봉에 '통곡(慟哭)' 두 글자가 씌어 있는 것을 보고 면이 전사한 것을 알았다. 나도 모르게 간담이 떨어져 목놓아 통곡했다. 하늘은 어찌 이렇게 어질지 않단 말인가. 간담이 타고 찢어지는 듯하다. 내가 죽고 네가 살아야 마땅한 이치거늘 네가 죽고 내가 살다니 어찌 이렇게도 어그러진 이치가 있겠는가. 천지가 캄캄하고 밝은 해도 빛을 잃었다. 슬프다. 내 아들아. 나를 버리고 어디로 갔느냐. 남달리 영특해 하늘이 이 세상에 머물러 두지 않은 것이냐. 내가 지은 죄 때문에 화가 네몸에 미친 것이냐. 이제 내가 살아있은들 장차 누구에게 의지한단 말인가. 너를 따라 죽어 지하에서 같이 지내고 함께 울고 싶건마는 네 형과 네 누이, 네어머니가 의지할 곳이 없으니 아직은 참고 연명해야 한다마는 마음은 죽고 형상만 남아 있어 울부짖을 따름이다. 하룻밤을 보내기가 한 해 같다."

천륜天倫이 끊어지는 아픔은 그토록 아리고 쓰리고 고통스러웠다.
셋째아들 면은 1577년 아산에서 태어났지만 장군은 그 옆에 없었다. 당시 함경도 변방에서 여진족과 대치하던 하급 군관이었다. 변방의 아버지는 막내를 늘 그리워했고 막내는 무럭무럭 커가면서 아버지를 자주 볼 수 없음에 매우 서운해 했다.

1597년 10월 16일, 맑음.
"나는 내일이 막내아들의 죽음을 들은 지 나흘이 되는 날인데도 마음놓고 통곡하지도 못했다. 소금 굽는 강막지 집으로 갔다."

1597년 10월 17일, 맑으나 바람.
"새벽에 향을 피우고 곡(哭)을 하는데, 하얀 띠를 두르고 있으니 비통함을 어찌 견딜 수 있으랴."

1597년 10월 19일, 맑음.

"새벽꿈에 고향집 종이 내려왔는데 내 죽은 아들 생각이 나서 통곡하였다. 날이 어두워질 무렵에는 코피를 한 되 남짓 흘렸다. 밤에 앉아 생각하니 다시 눈물이 났다. 어찌 말로 다하리오. 금세에 영령(英靈, 죽은 혼령)이 되었으니 끝내 불효가 이 지경에 이르게 된 것을 어찌 알랴. 비통한 마음은 꺾이고 찢어지는 듯하여 억누르기 어렵다."

이순신 장군은 어머니 상중喪中인데다가 아들까지 잃어 그 슬픔이 더할 수밖에 없었다.

막내아들 면의 전사에 대한 이야기는 다음과 같은 기록에서도 찾아볼 수 있다. 조카 이분李芬이 기록한 『충무공행록』에도 이면李葂의 죽음에 관한 장면이 나온다.

"이면의 전사 4개월 후 이순신의 꿈에 이면이 나타나서 '날 죽인 적을 아버지께서 죽여주십시오.'라고 울면서 말하였다. 그러자 이순신이 '네가 살아 있을 때는 장사였는데, 죽어서는 그 적을 죽이지 못 하겠다는 말이냐.'라고 하니, 이면은 '제가 그놈의 손에 죽었기 때문에 겁이 나서 그놈을 못 죽이겠습니다.'고 하였다. 그리고 '아버지로서 자식의 원수를 갚는 일에 저승과 이승이 무슨 간격이 있을 것입니까.'라고 말하고는 슬피 울면서 사라졌다. 잠에서 깬 이순신이 잡혀온 일본 포로들을 조사하니, 그 중에 이면을 죽인 장본인이 있었다. 그래서 이순신은 그 일본군을 죽임으로 이면의 복수를 하였다."

또한 광해군 때 어우당於于堂 유몽인柳夢寅, 1559~1623이 지은 한국 최초의 야담집野談集인 『어우야담於于野談』에 전해지는 설화다.

"임진왜란 때 통제사 이순신 군대가 한산도에 주둔하고 있었다. 이순신 아들은 충청도에서 싸우다가 말에서 떨어져 죽었다. 이순신은 아들의 죽음을 모르고 있는데, 충청도 방어사가 왜적을 사로잡아 한산도로 압송해 왔다. 이날 밤 이순신의 꿈에 아들이 피투성이가 되어 나타나 '잡아온 왜적 13명 속에 나를 죽인 적이 끼어 있다.'고 말했다. 이어 아들 죽음의 부고가 왔다. 이순신이 잡혀온 왜적들에게, '어느 날 충청도 어디에서 흰 무늬가 있는 붉은 말을 탄 사람을 너희들이 죽이고 그 말을 빼앗았는데, 지금 그 말이 어디에 있느냐.'고 추궁했다. 그러자 왜적 중 한 명이 '어느 날 흰 무늬 있는 붉은 말 탄 소년이 우리 군중으로 돌진해 서너 명을 죽이기에 풀숲에 복병해 있다가 습격해 죽이고 그 말은 진장(陳將)에게 바쳤다.'고 대답했다. 이순신은 통곡하고 그 왜적을 죽이라 명하고는 아들 혼백을 불러 글을 지어 제사했다."

이렇듯 면의 죽음은 사후에 이야깃거리로 만들어져 인구에 회자膾炙되었다.

1597년 정유년은 장군에게 가장 서럽고 고통스런 한 해였다. 막내아들의 죽음을 알리는 비보悲報를 접해야 했고, 또 4월 13일에는 어머니의 죽음을 전하는 부음訃音을 들어야 했다.

그보다 앞선 2월 26일 선조에 대한 항명죄抗命罪로 한산도 진영에서 한성으로 압송되어 3월 4일 투옥되었다. 4월 1일 특사로 풀려나 바로 백의종군 길에 올랐는데 모친이 돌아가셨다. 그 후 7월 16일 원균元均의 칠천량해전 패전 소식을 들어야 했고, 선조는 8월 3일 이순신을 다시 삼도수군통제사로 재임명한다는 「기복수직교서起復授職敎書」와 「유서諭書」를 내렸다.

기복起復이란 상중에는 벼슬을 하지 않는 게 관례이지만 나라의 필요에 따라서 상복을 벗고 '어버이 상중에 벼슬자리에 나아간다.'는 의미이다. 또 수직授職은 '통제사직을 내려준다.'는 뜻으로 원균이 칠천량해전에서 조선 수군을 궤멸시키고 참살당하자, 백의종군 중인 이순신을 부랴부랴 찾아 통제사로 재임명한다는 것이었다.

선조는 「기복수직교서」에서 "그대의 직함을 갈고 그대로 하여금 백의종군하도록 하였던 것은 역시 이 사람의 모책이 어질지 못함에서 생긴 일이었거니와 그리하여 오늘 이같이 패전의 욕됨을 만나게 된 것이라 무슨 할 말이 있으리오尙何言哉."라고 자신의 심경을 밝혔다. 여기서 상하언재尙何言哉! '무슨 할 말이 있으리오'에서 볼 수 있듯이 선조는 전쟁 중 장수를 말에서 끌어내리게 한 자신의 실책에 대한 회한을 토로했다.

12월 5일 도원수 권율權慄의 군관이 왕의 명령서有旨를 가지고 왔다. 장군이 모친의 상중喪中에 소식素食만 하여 기력을 잃을까 걱정이 된다며 기력 회복을 위해서 권도權道를 따르라는 명령이었다. 붉은 살코기도 함께 보내왔다. 권도는 임시방편, 변통의 의미다. 즉 육식을 먹음으로써 기력을 회복해야 장수로서 전장에 나설 것이 아니냐는 뜻이다. 효孝를 따르다가 자칫 충忠을 놓쳐서 안 되는 것이었다. 한 해에 어머니와 아들과의 천륜을 끊는 고통을 겪은 장군의 마음을 어찌 말과 글로 다 할 수 있으랴. 오호 애재哀哉라!

번뜩이는 검명(劍名)

○

●

○

　이순신 장군의 54년 일생은 천신만고, 우여곡절의 연속이었다. 그의 일생을 보면 한시라도 바람 잘 날 없는 날이 전개되었다. 특히 1592년 임진왜란, 1597년 정유재란 등 두 차례의 왜란을 맞은 절체절명의 상황에서 나라와 백성의 운명을 두 어깨에 고스란히 짊어져야 했던 고단한 삶이었다. 그러니 보통 범부凡夫와 감히 비교할 수 없는 간난艱難, 신고辛苦의 궤적이라 아니 할 수 없다. 세 차례의 파직과 두 차례의 백의종군으로 그의 삶은 갈가리 찢겼고 선조와 조정대신서인 세력과 원균元均 등 반대파의 세 치 혀에 휘둘렸다.

　삼도수군통제사 자리에서 쫓겨나 한양으로 압송되었다가 원균元均이 칠천량해전에서 대패하자 다시 수군통제사로 재임명됐을 때 그는 선조에 대해서 한 마디 서운한 원망도 표시하지 않았다. 쓰러지고 또 쓰러졌지만 다시 비틀거리며 일어섰다. 그리고 늙은 어머니에 대한 효를 행하였고 먼저 가신 두 형님의 가족들을 포함한 식솔 20여 명을 거두었다. 이 대목에서 그의 갸륵한 어진 인성을 확인할 수 있다. 일본 수군과의 23전에서 모두 전승하는 미증유 未曾有의 기록을 세우고, 1598년 노량해전에서 장렬하게 순국할 때까지 그 파란만장한 삶을 버틸 수 있었던 저력은 과연 무엇이었을까.

어느 한 순간이라도 숨을 제대로 쉴 수 없는 격랑의 파도가 달려들어 그의 삶을 파괴시키려 했지만 그에게는 남모르게 힘을 얻는 것이 있었다. 바로 좌우명座右銘과도 같은 검명劍名이었다. 수년 전 아산 현충사를 찾았을 때 번득이는 두 자루의 장검에 새겨진 검명을 보는 순간, 나는 놀랐고 이내 숙연해지지 않을 수 없었다. 그 검명은 그의 인생방향을 가리키는 방향타였고 나침반과 같았다. 그때부터 나는 그의 행적을 찾아나섰다. 전라도, 경상도 남해안 곳곳의 격전지에서 그가 느꼈을 법한 생각의 흔적을 발견하고 무언의 대화를 나눌 수 있었다.

〈검명(劍名) 1〉

삼척서천산하동색(三尺誓天山河動色)

일휘소탕혈염산하(一揮掃蕩血染山河)

세 척 길이 칼로 하늘에 맹세하니 산과 강도 빛이 변하도다

크게 한번 휩쓰니 피로써 산과 강을 물들인다

당시 북로남왜北虜南倭, 북방의 여진 오랑캐와 남쪽의 일본군을 맞아 싸워야 했던 장군의 정신은 이 두 검명劍名을 되새기면서 마음을 다 잡았을 것이다. 조선의 강토를 한 치라도 침범한 원수怨讐들을 가만두지 않겠다는 맹서이다.

'삼척서천산하동색三尺誓天山河動色' 즉 "칼을 들어 하늘에 알리니 천지산하가 그 기운에 움직이며 감응했다."고 표현했다. 또 '일휘소탕혈염산하一揮掃蕩血染山河' 즉 "크게 한번 휘두르니 피로써 산과 강을 물들인다."는 뜻이다. 무단 침입한 오랑캐들에 대한 나라와 백성의 한을 풀어주고야 말겠다는 결연한 의기가 담겨져 있다. 무장武將으로서 호연지기를 담은 그의 좌우명은 오로지 나라의 안위를 걱정하는 위국헌신爲國獻身과 진충보국盡忠保國으로 귀결됐다.

아산 현충사에 보관된 장검은 한산도 시절인 1594년 4월 대장장이 태귀련과 이무생이 만들어 장군에게 바친 것이다. 장군은 그 칼에 각각의 좌우명을 새겨 넣었다. 칼의 길이가 전장 197.5cm에 칼날만 137cm이고 무게는 4kg이 넘는다. 실제 이런 긴 칼을 휘두른 것은 아니고 좌우명座右銘으로 삼아 곁에 두고서 마음을 갈고 닦았을 것이다.

1594년 장군은 통영 앞바다 한산도에서 운주당運籌堂과 수루戍樓, 활터인 한산정閑山亭 등을 지어 삼도수군통제영을 운영했다. 일본 수군은 그리 멀지 않은 부산포에 본영을 갖추고 웅천진해, 사천, 고성, 거제 등지를 맘대로 드나들며 백성을 약탈하고 있었다. 장군은 외로울 때나 원균의 모함을 받아 화가 치밀었을 때나 조정에서 시기, 질투를 할 때마다 검명을 의연히 바라다보았다. 자칫 흩뜨려지려는 마음이 들 때에 그 검명을 다소곳이 바라보면 다시 초심初心으로 돌아갈 수 있었기 때문이었다.

　　임진왜란 당시 두 자루의 칼이 보관된 곳은 한산도 운주당運籌堂이었다. 이 운주당은 1593년 7월 15일 장군이 한산도로 진을 옮기고 이어 8월 15일 삼도수군통제사로 임명되었을 때 지은 통제영 본영이다. 지금의 제승당制勝堂 자리에 세워진 것으로 막료 장수들과 작전 회의 및 병사를 운영하는 곳이었다. 운주당運籌堂의 운주運籌는 사마천司馬遷의 『사기史記』에 나오는 '운주유악運籌帷幄'에서 따온 말이다. 천막 안에서 주판알을 튕기듯 계책을 강구한다는 뜻이다. 정유재란 후에 불탄 운주당은 그 후 제승당制勝堂으로 다시 세워졌다. 제승制勝은 『손자병법』에서 따온 말로, '수인지이제류水因地而制流' 물은 앞에 놓여 있는 지형에 따라 물줄기를 바꾼다. '병인적이제승兵因敵而制勝' 군대도 상대방의 형세에 따라 승리의 전술을 바꾸어야 한다. 장군이 이곳 한산도로 진영을 옮긴 것도 왜적을 상대하는 데 전라도 여수에서 출발해서 오는 거리와 시간의 단축을 위해서였다. 적의 예상 기동로견내량를 막고 아군의 기동성을 최대한 발휘할 수 있는 최전방의 요충지에 진영을 설치한 것이다.

　　다음은 류성룡柳成龍의 『징비록』 내용이다.

"이순신이 한산도에 운주당(運籌堂)이란 집을 짓고 밤낮을 그 안에서 지내면서 여러 장수들과 함께 전쟁에 대한 일을 의논하였는데 비록 졸병이라도 군사에 관한 일을 말하고자 하는 사람이면 와서 말하게 하여 군사적인 사정에 통하게 하였으며, 늘 싸움을 하려 할 때 장수들을 모두 불러서 계교를 묻고 전략이 결정된 다음에 싸운 까닭으로 싸움에 패한 일이 없었다."

이때 두 자루의 장검은 운주당 한켠을 굳게 지켰다. 장군의 주특기로 구분되는 선승구전先勝求戰, 즉 이기는 싸움은 시간과 장소를 정하고 유리한 환경을 만들어 싸움을 하는 주동권主動權을 가리킴이다.

1593년 가을, 장군은 한산도 진영의 수루에 올라 「한산도야음閑山島夜吟」이란 진중음陣中吟을 읊었다. 이 시조는 제승당 네 기둥의 주련에 걸려 있다.

수국추광모(水國秋光暮) / 경한안진고(驚寒雁陣高)
우심전전야(憂心輾轉夜) / 잔월조궁도(殘月照弓刀)

남쪽 바다에 가을빛 저물었는데 / 찬바람에 놀란 기러기 높이 떴구나
가슴에 근심 가득해 잠 못 이루는 밤 / 새벽달이 칼과 활을 비추네

남해안 곳곳 요충지에 진을 친 일본 수군은 물러갈 기미를 보이지 않고 언제 또 불시에 기습을 해올지 모를 때였다. 조선 팔도는 일본군의 수중으로 떨어지고 바다에서나마 제해권을 장악한 장군의 어지러운 심사는 새벽달에 비친 두 자루의 칼날이 뿜어내는 섬광閃光으로 나타났다.

이 우국충정의 시조에 삼가현감 고상안高尙顔, 1553~1623이 맞장구를 쳐주었다. 고상안은 이순신과 같은 해1576년 문과에 급제해 각별한 인연을 가졌던 사람이다. 그의 문집인『태촌집泰村集』에 따르면 충무공 원운原韻에 보태어附忠武公原韻 운을 밟은 시조들이 잇달아 나왔다. 지금 말로 화답시和答詩가 이어진 것이다.

갑오년인 1594년 4월 통제영에서 실시된 무과 별시 시관試官으로 무사를 뽑는 과거시험을 마친 통제사 이순신李舜臣은 도원수 권율權慄, 전라좌수사 이억기李億祺, 충청수사 구사직具思稷, 장흥부사 황세득黃世得, 고성군수 조응도趙凝道, 웅천현감 이운룡李雲龍 등과 함께 자리를 했다. 참석한 사람들은 이 통제사의 「한산도야음」 한 수에 화답하여 통제사에게 각각 시조를 지어 바쳤다. 여기서는 장군과 친분이 깊은 고상안의 시조를 소개하려 한다.

충렬추상름(忠烈秋霜凜)
성명북두고(聲名北斗高)
성진소미진(腥塵掃未盡)
야야무용도(夜夜撫龍刀)

충성과 절의는 가을 찬 서리에 늠름하고
명성은 북두성에 드높은데
더러운 먼지 아직 다 쓸어버리지 못해
밤마다 용검을 어루만지네

장군의 진중음에 대해 고상안은 '더러운 먼지왜적를 다 쓸어버리지 못해서 밤마다 용검을 어루만진다.'며 장군의 분함과 애통함을 에둘러 표현했다.

이순신 장군은 조선 팔도 강토가 왜적에 짓밟혀 쑥대밭이 됐을 때에도 전투에 나가기 전날 밤에 일기를 쓰면서도 그 검명을 바라보면 어디에선가 오는 힘을 얻을 수 있었다. 아침에 눈을 떴을 때에도 맨 먼저 검명을 읊음으로써 하루가 시작되었다. 두 자루의 칼은 장군에게는 수호신守護神이자 보검寶劍이었다. 그런 장검은 박정희朴正熙 전 대통령 시절인 1963년 1월 보물 제326-1호로 지정되었다.

또 다른 칼 쌍룡검이 있었다.

〈검명(劍名) 2〉

주득쌍룡검(鑄得雙龍劍)

천추기상웅(千秋氣尙雄)

맹산서해의(盟山誓海意)

충분고금동(忠憤古今同)

쌍룡검을 만드니

천추에 기상이 웅장하도다

산과 바다에 맹세한 뜻이 있으니

충성스런 의분은 옛날이나 지금이나 같도다

이순신 장군이 실제 전투에서 사용했던 쌍룡검에 새겨져 있는 문구이다. 역시 장군의 기백이 천지산하에 닿아있음을 확인할 수 있다.

쌍룡검에 대한 최초의 기록은 1825년 조선 후기의 무신이자 학자인 박종경순조 임금의 외삼촌의 시문집인 『돈암집』에 나온다. 이후 1910년 『조선미술대관』이라는 우리나라 최초의 근대적 미술개론서에 똑같은 칼이 그 사진과 함께 기록되어 있다. 그 소장처는 바로 궁내부^{대한제국 황실} 박물관이었다. 이후 쌍룡검은 실종되었다. 일제에 의해서 분실됐을 가능성을 배제할 수 없다. 또 6·25 한국전쟁의 혼란 속에서 미군 병사에 의해 미국으로 반출되었다는 의심도 든다. 문화재 제자리 찾기 운동의 혜문 스님은 미 국무부의 문화재담당 고문인 아델리아 홀의 기록을 추적중이다. 아델리아 홀은 미 국무부 관리로 한국전쟁 당시 미군 병사가 약탈한 문화재를 한국에 되돌려주는 일에 앞장선 사람이다.

이순신 장군의 칼은 모두 여섯 자루인데 이중 명나라 황제에게서 받은 통영 충렬사의 귀도^{鬼刀}와 참도^{斬刀} 두 자루와 현충사의 장검 두 자루, 그리고 나머지 쌍룡검 두 자루이다. 그런데 쌍룡검은 오리무중, 아직 그 소식조차 알지 못해 서글프기 짝이 없다.

오늘날 나라 안팎이 내우외환^{內憂外患}으로 위험천만하게 돌아가고 있다. 나라와 백성을 위해서 한몸 바친 이순신 장군의 살신성인이 급하게 생각나는 때이다. 그의 사상을 지배했고 그를 그답게 만들어 주었던 것은 바로 검명에 나타난 그의 좌우명이 말해 준다.

이순신 시조(時調)에 나타난 인성

○
●
○

이순신이 문무겸전의 지식과 지혜를 갖출 수 있었던 것은 10대 때 한양 건천동 시절 '동네 형'인 류성룡柳成龍과 함께 서당에 다니면서 『논어論語』 『대학大學』 『중용中庸』 『맹자孟子』 등 사서와 『역경易經』 『서경書經』 『시경詩經』 『예기禮記』 『춘추春秋』 등 오경을 공부했기 때문이다. 또 10대 중반 모친 고향인 아산으로 이주한 뒤, 21세에 아산 토호인 전 보성군수 방진方震의 데릴사위가 되면서 장인으로부터 무예를 배웠다. 그 무렵 이순신은 완력단련, 말타기, 활쏘기 외에 병법서인 '무경칠서武經七書'를 열심히 공부했다. '무경칠서'는 주나라 손무孫武가 쓴 『손자孫子』, 전국시대 위나라 오기吳起의 『오자吳子』, 제나라 사마양저司馬穰苴의 『사마법司馬法』, 주나라 위료尉繚의 『위료자尉繚子』, 당나라 이정李靖의 『이위공문대李衛公問對』, 한나라 황석공黃石公의 『삼략三略』, 주나라 여망呂望의 『육도六韜』를 일컫는다.

이런 문무겸전의 공부가 바탕이 되어 그가 남긴 『난중일기』『임진장초』『서간첩』 등은 국보 제76호로 기록되었고, 후세에 그의 성정과 전략을 연구하는 데 크게 기여하고 있다.

이순신은 사물과 현상을 끊임없이 연구하고 실용화하려는 학인學人의 자세를 가졌다. 오늘날로 말하자면 '창의적 벤처연구가'였다. 이순신은 1591년 2월 13일, 임진왜란이 일어나기 꼭 1년 2개월 전에 전라좌도 수군절도사正3品로 부임한 후 곧바로 휘하 5관순천. 광양. 흥양. 보성. 낙안 5포녹도. 사도. 여도. 발포. 방답의 진영 관리와 거북선의 건조에 매달렸다. 적을 일거에 제압할 새로운 무기를 구상하면서 거북이 모양의 배, 즉 귀선龜船을 『태종실록』에서 찾아냈다. 또 1448년 세종 30년에 간행된 『총통등록銃筒騰錄』을 살펴 총통제조와 화약의 사용법 또한 익혔다.

이와 같은 탐구 행위는 그가 단순한 무인이 아니라, 사물의 이치를 깨닫고 실용화하려는 창의적 작업에 매진한 연구자이자 학인임을 증명한다. 대개의 무인들이 호방함과 용맹을 미덕으로 삼았던 것에 비하면 이순신의 탐구 정신은 특별하고 놀라울 따름이다. 그 탐구 정신의 모체는 격물치지格物致知, 즉 사물의 이치를 탐구하여 지식을 완전하게 하는 것이었다. 좀더 부연 설명하면, 어떤 현상의 인과관계를 현장에서 실제로 조사하고 연구하여 그 이치를 온전히 파악하는 것이다. 이는 법고창신法古創新 정신, 즉 옛 것을 본받아 새로운 것을 창조하는 것으로 귀결됐다. 그 결과 거북선이라는 '바다의 탱크'가 개발됐고 조총에 맞서는 정철총통을 만들었으며 진영에서 화약을 자체 제조했다. 또 둔전屯田을 개발하고 소금 제조, 고기잡이, 도자기 굽기 등 자족자급으로 피난민을 구제했고 군영의 재원을 조달했다. 이런 면에서 보면 그는 경세가였다.

무인 이순신은 이렇듯 한쪽 손에는 칼을 잡고, 또 다른 손에는 붓을 쥐어 그가 붓을 들어 글을 쓰면 곧바로 문장이 되는 하필성장下筆成章의 문재文才를 발휘했다. 7년 동안의『난중일기』나 조정에 올린 장계인『임진장초』및『서간첩』등은 그렇게 탄생한 것이다. 이순신의 감성은 여느 문사文士 못잖았다. 그는 유독 달을 좋아했는데, 보름달이 뜨는 날이면 잠을 이루지 못하고 붓을 잡곤 했다. 또 술을 한잔 걸치고 가슴에 품은 회한悔恨을 녹이는 방편으로 글을 썼다. 이순신이 문재文才를 유감없이 발휘해 남긴 시조는 27수로 알려졌다.

북로남왜北虜南倭, 북쪽 오랑캐와 남쪽 왜구를 방비하느라 변방으로만 떠돌던 그는 나라의 안위를 걱정하는 우국충정의 정신을 진중음陣中吟으로 읊었다. 전라좌수사로 부임한 이후 남쪽 바닷가에 근무할 때 전선, 달, 갈매기, 동백나무, 매화 등 주변 지역의 특색이 담긴 자연적 소재를 주로 다루었다. 또 피난 간 임금에 대한 걱정, 누란累卵의 나라 근심 및 홀로 남겨진 80세의 노모와 아산에 남겨둔 가솔들에 대한 애틋한 그리움도 절절이 배어 있다. 게다가 일개 군졸이나 승병, 공사 노비의 이름까지 일일이 거론해 전공을 기록했으니 그의 애민 정신은 가히 높다할 것이다.

이순신은 1593년 7월부터 1597년 2월까지 거제도 견내량 부근의 한산도閑山島에서 근무를 했는데 그가 사색했던 장소인 수루戍樓에는 그의 대표 시조인「한산도가閑山島歌」현판이 걸려 있다. 뱃전에 달빛이 가득 내려앉는 날이면 어김없이 지필묵紙筆墨을 준비해 가슴속 회한悔恨을 글로 써 내려 간 증좌를 확연히 느낄 수 있다. 그 차고도 넘치는 회한悔恨은 곧 진중음陣中吟으로 승화되었는데 당시 이순신의 심경을 헤아리는 데 중요한 사료가 된다. 우국충정憂國衷情을 절절이 담은 진중음陣中吟은 '오언율시' 또는 '칠언절구' 형식으로『청구영언』『고금가곡』『가곡원류』등에서 호국시護國詩로 발견된다.

중국 서한 양웅揚雄, B.C. 53~A.D.18의 법언法言에 따르면 말은 마음의 소리, 즉 언위심성言爲心聲이고 글은 마음의 그림, 곧 서심화야書心畵也라 했다. 이 말에 따라 이순신의 글과 명언을 꼼꼼히 살펴보면 '글은 곧 사람'이라는 말에 곧 수긍하게 된다.

시조는 정좌식심靜坐息心, 즉 조용히 앉아서 지난 일을 되돌아보고 오늘을 반추함으로써 비로소 그 싹이 튼다. 달이 뜨는 밤이면 정안靜安. 책상에 앉아 일기를 썼고 조정에 올릴 장계狀啓를 만들었고 파도소리에 흥을 담아 시조를 읊었다. 온갖 번민에 새벽닭이 울 때까지 뒤척인 적도 많았다. 그럴 때면 동헌東軒 한켠에 놓아둔 두 자루 칼에서 어슴푸레 푸른 달빛이 휘돌아 주위를 밝혔다.

7년 전장기록『난중일기』7권는 1962년 12월 20일 편지 모음인『서간첩』1권, 61편의 장계狀啓와 장달狀達을 담은『임진장초』壬辰狀草 1권와 함께 국보 제76호로 지정됐다.『난중일기』는 2013년 6월 18일 유네스코 세계기록문화유산에도 등재됐다. 전장에서 장군의 일상과 서정을 담은 글을 세계인들이 알아준 것이다.

시조시인 가람 이병기李秉岐 선생은 1950년『충무공의 문학』에서 "이순신의 시와 서간문,『난중일기』는 그 간곡한 충정이 주옥같이 그려져 있어 무문농묵舞文弄墨하는 여간의 문필가 따위로는 도저히 흉내 낼 수 없는 고고한 문학"이라고 평했다. 영국의 전 수상 처칠은 제2차 세계대전 회고록으로 1953년 노벨문학상을 수상했다. 분명 장군의 동북아 7년 전장기록이 그보다 사료적 가치가 못하다고 할 수는 없을 것이다.

이순신은 1598년 노량해전에서 전몰한 직후 우의정으로 추증되었고, 1604년^{선조 37} 7월 12일에는 좌의정, 1793년^{정조 17} 7월 21일에는 '일인지하 만인지상'의 영의정으로 품계가 올랐다.

그의 사후 여수에는 충민사^{忠愍祠}라는 사당이 세워졌는데 이는 선조 34년¹⁶⁰¹ 체찰사 이항복^{李恒福, 1556~1618}이 왕명을 받아 임진왜란이 끝난 뒤의 민심을 살펴본 후 통제사 이시언^{李時彦, ?~1624}에게 명하여 건립한 것이다. 충민사를 세우자 우부승지 김상용이 임금께 이 사우^{祠宇}의 이름을 지어달라고 간청하여 선조가 직접 이름을 짓고 그것을 새긴 현판을 받음으로써 이 충무공과 관련된 최초의 사당이 되었다. 이와 함께 충무공을 기리는 통영의 충렬사보다는 62년, 숙종 30년¹⁷⁰⁴에 세워진 아산의 현충사보다는 103년 전의 일이다.

1643년^{인조 21}에는 '충무^{忠武}'의 시호를 받았고, 1659년^{효종 10}에는 남해의 전적지에 그의 비석이 세워졌다. 1707년^{숙종 33} 충청도 아산^{牙山}에 세워진 그의 사당에 '현충^{顯忠}'이란 시호가 내려졌다.

이제 문무겸전 충무공 이순신이 남긴 진중음^{陣中吟}과 한시를 살펴본다.

다음은 우리가 익히 알고 있는 '대한민국의 국민 시조' 진중음인 「한산도가」이다.

1. 한산도가(閑山島歌)

한산도월명야(寒山島月明夜)

상수루(上戍樓)

무대도(撫大刀)

탐수시(探愁時)

하처일성강적(何處一聲羌笛)

경첨수(更添愁)

한산 섬 달 밝은 밤에

수루에 홀로 앉아

큰 칼 옆에 차고

깊은 시름 하던 차에

어디서 일성 호가는

남의 애를 끊나니

1795년^{정조 19} 규장각 검서 유득공^{柳得恭}에 의해 편찬된 『이충무공전서』에 수록된 작품이다. 이 시조는 작자의 우국충정과 고독한 심회가 비장해 전장시의 백미^{白眉}로 꼽힌다.

국문학자 양주동^{梁柱東}은 이 시조를 "그 깊디깊은 인간적 비애와 상념, 그 위대한 인간성의 표현으로 (중략) 우리나라 역대 시조 근 천 수 가운데 최고작"이라고 극찬을 아끼지 않았다. 시조시인 가람 이병기^{李秉岐}도 이 시조를 비롯해 "충무공의 시문은 비록 무인의 그것이라 하지만 (중략)

문학뿐만 아니라 성경聖經, 성인이 지은 책으로도 볼 수 있다."라고 평했다.

이 진중음은 「한산도가」라는 제목에 따라 한산도 진영에서 쓰여진 것으로 알려져 왔다. 그러나 서지학자인 고 이종학李鍾學 독도박물관장이 이순신 장군의 친필로 추정되는 초서체의 '한산도가' 유묵 한 점을 공개하면서 "정유년 1597년 8월 15일 전남 보성 관아의 열선루洌仙樓에서 지은 것"이라고 주장했다. 또 공개된 한시의 원본 끝에 정유丁酉, 1597년 중추仲秋, 8월 15일로 그 시기가 밝혀져 있어 이순신 장군이 보성 열선루에서 한산도 방면을 바라보며 지은 것이라고 볼 수 있다.

1597년 8월 15일, 비온 후 갬.

"식후에 열선루에 나가 집무를 보니 선전관 박천봉이 선조의 유지(有旨, 왕의 명령서)를 가지고 왔다. 그것은 8월 7일 성첩(成帖, 문서에 관인 찍음)한 것이었다. 영상(領相, 영의정 류성룡)은 경기지방으로 순행 중이라고 하니 곧바로 잘 받았다는 장계를 작성하였다. 보성의 군기를 검열하여 네 마리 말에 나누어 실었다. 저녁에 밝은 달이 비치는 누대 위에서 마음이 매우 편치 않았다."

1597년 8월 15일이면 이순신 장군이 백의종군 끝에 8월 3일 삼도수군통제사로 재임명돼 전라도 남해안을 돌면서 수군재건길에 나섰을 때이다. 그런데 선조는 8월 15일 선전관 박천봉朴天鳳을 보내 수군을 폐지하라는 명을 내렸다. 이에 놀란 이순신 장군은 '금신전선 상유십이今臣戰船 尙有十二' 즉 "신에게는 아직 12척의 배가 있사옵니다."라고 시작하는 장계를 올렸다. 그때 장군의 심정은, 마음은 죽고 오로지 형체만 남은 몰골이었을 것이다. 1805년 트라팔가해전의 영웅인 영국의 넬슨 제독^{Horatio Nelson,} ^{1758~1805}과 러일전쟁^{1904~1905}의 군신軍神인 일본의 도고 헤이하치로^{東鄕平} ^{八郞, 1848~1934} 등 세계 최고 해군의 제독들은 국가의 전폭적인 지원 아래 전투에 임했지만, 이순신은 선조의 견제와 간섭, 서인 세력과 원균의 시기와 모함으로 점철된 상황에서 오로지 구국일념의 신념으로 거친 가시밭길을 헤쳐 나갔기에 그 의미가 다른 군신들과는 사뭇 다르다고 말할 수 있다.

이순신 장군의 한산도 진영 근무 기간은 1593년 7월 15일부터 1597년 2월 26일 한성 의금부로 끌려올 때까지 3년 7개월 동안이었다. 당연히 한산도 진영에서의 추억은 잊으려야 잊을 수 없는 상황이었다. 여기서 제목 「한산도가」의 한자명은 '한가閒暇하다'라는 뜻의 '한閒'이다. 그런데 이순신은 시조의 첫 글자는 '춥다' '쓸쓸하다'는 뜻의 '한寒' 자로 썼다. 아마도 7월 16일 원균元均의 칠천량 패전으로 조선 수군이 궤멸되었고 막 백의종군을 마치고 노심초사, 다시 수군을 일으키려 하는데 선조로부터 수군 폐지령이 내려오는 등 답답하고 쓸쓸했던 당시 심정을 나타낸 것이 아닐까 추측한다.

다음은 1597년^{선조 30} 9월 이순신이 선조에게 올린 장계이다.

오늘날 곤경에 처한 정치인이나 사업가 등이 말끝마다 입에 올리는 '금신전선 상유십이~'의 원문은 다음과 같다.

자임진지우오륙년간(自壬辰至于五六年間)

적불감직돌어양호자(賊不敢直突於兩湖者)

이주사지액기로야(以舟師之扼其路也)

금신전선상유십이(今臣戰船尙有十二)

출사력거전(出死力拒戰)

즉유가위야(則猶可爲也)

저 임진년부터 오륙년 동안

감히 충청과 전라도를 바로 찌르지 못한 것은

수군이 길목을 누르고 있었기 때문입니다

지금 신에게 아직 열두 척 전선이 남았나이다

나아가 죽기로 싸운다면

오히려 해 볼만 합니다

금약전폐주사(今若全廢舟師)

즉시적지소이위행(則是賊之所以爲幸)

이유호충우달어한수(而由湖忠右達於漢水)

차신지소공야(此臣之所恐也)

지금 수군을 전폐한다면

이는 적이 바라는 바이며

충청을 지나 한강까지 갈 터인데

신은 그것을 걱정하옵니다

전선수과(戰船雖寡)

미신불사즉(微臣不死則)

적불감모아의(賊不敢侮我矣)

비록 전선의 수는 부족하오나

신이 죽지 않는 한

적은 감히 우리를 업신여기지 못할 것입니다

이순신이 백의종군하고 있을 때인 1597년 7월 16일 삼도수군통제사 원균은 거제도 칠천량해전에서 와키자카 야스하루, 도도 다카토라 등 일본 수군에 의해 거의 전멸되다시피했다. 이순신 장군이 그동안 만들어 놓은 조선 수군은 궤멸된 상황이었다. 다시 통제사로 임명된 이순신은 경상우수사 배설裵楔이 가지고 달아난 판옥선 12척을 장흥의 회령포에서 찾아냈고 녹도만호 송여종宋汝宗이 가져온 1척을 모아 모두 13척의 판옥선을 가지고 명량해전을 치르게 된다. 300여 척의 왜 수군을 맞아 싸워야 하는 중과부적의 상황에서 이순신은 '금신전선 상유십이'로 자신의 의지를 밝히고 있다. 절체절명이었지만 그는 선조에게 자신의 결연한 의지를 논리정연하게 펼쳤다. 오호 통재痛哉 라! 누가 감히 이렇게 흉내를 낼 수 있단 말인가.

다음 진중음도 한산도를 소재로 한 것이다.

2. 한산도야음(閑山島夜吟)

수국추광모(水國秋光暮)

경한안진고(驚寒雁陣高)

우심전전야(憂心輾轉夜)

잔월조궁도(殘月照弓刀)

남쪽 바다에 가을빛 저물었는데

찬바람에 놀란 기러기 높이 떴구나

근심 가득한 마음에 잠 못 이루는 밤

새벽 달이 칼과 활을 비추네

계사년 1593년 가을, 장군은 한산도 진영의 수루에 올라 「한산도야음
閑山島夜吟」이란 진중음陣中吟을 읊었다. 찬바람 부는 해거름 녘 어둑한 산
그림자가 한산도 앞바다를 가득 메울 때면 을씨년스런 풍경이 보인다.
고립된 섬에 남겨진 이의 야음夜吟이라, 비명과 탄식이 절로 나온다. 소
슬한 만추晩秋 늦가을 하늘에 기러기들도 무리지어 집으로 돌아가는데
나의 고향은 어디쯤인가. 몇날 며칠 불면의 밤에 희미한 새벽 달빛마저
어슴푸레 비쳐 두 자루의 칼은 섬광閃光처럼 번득인다. 외로운 독수공방
신세로다.

부산포에 본진을 둔 왜군은 남해안 곳곳 요충지에 성을 쌓은 채 물러
갈 기미가 없었다. 언제 어디서 또 다시 불시에 기습을 해올지 모를 일이
다. 조선 팔도는 왜군의 수중으로 떨어지고 바다에서나마 제해권을 장

악한 장군의 고뇌는 잠시도 멈출 줄 모른다.

이순신 장군을 '달빛 시인'이라고 할 수 있는 것은 그가 달빛이 비치는 날이면 어김없이 신음을 하며 가슴아파했다는 것이다.

이 진중음은 승지承旨 최유해崔有海, 1588~1641가 쓴 「충무공행장行狀」 끝부분에도 수록되어 있다. "진陣에 있을 때 시를 지은 일이 있다在海鎭有詩曰."고 하면서 "이 시를 읽는 이는 누구나 다 그의 충성을 칭찬하였다觀者賞其忠云."라고 서술했다.

또한 이 시조는 한산도 제승당 주련柱聯에도 새겨져 있어서 방문객들의 심금을 울려주고 있다.

다음은 을미년 추석 때 『난중일기』이다.

1595년 8월 15일, 흐림.

"이날 밤 희미한 달빛이 수루에 비쳐 잠을 이루지 못하고 밤새도록 시를 읊었다."

호국충정에 잠 못 이루는 밤, 우국憂國의 오언절구 「한산도야음」 역시 달빛 아래 탄생했다. 1592년선조 25 7월 8일 장군은 한산도 앞바다에서 견내량을 통해 들어오는 왜군 전함 59척을 물리쳤다. 이른바 남해의 제해권을 장악한 한산해전이었다. 이로써 왜군은 남해를 거쳐 한강이나, 금강, 임진강, 대동강으로 진입할 수 없게 됐다. 한산도대첩大捷은 진주성대첩, 행주성대첩과 함께 임진란 3대 대첩으로서 거북선을 동원, 학익진鶴翼陣 전법을 펼쳐 왜군을 격퇴한 전투로 세계 해전사에 기록되었다.

3. 진중음(陣中吟)

천보서문원 군저북지위(天步西門遠 君儲北地危)
고신우국일 장사수훈시(孤臣憂國日 壯士樹勳時)
서해어룡동 맹산초목지(誓海魚龍動 盟山草木知)
수이여진멸 수사불위사(讐夷如盡滅 雖死不爲辭)

임금의 수레 서쪽으로 멀리 가시고 왕자들은 북쪽에 위태로운데
나라를 근심하는 외로운 신하 장수들은 공로를 세울 때로다
바다에 서약하니 어룡이 감동하고 산에다 맹세하니 초목이 아는구나
이 원수들을 모조리 무찌른다면 이 한 몸 죽을지라도 마다하지 않으리

이런 비장한 글을 본 적이 있는가. 하나뿐인 목숨을 바쳐서 나라를 구하겠다니. 장군은 임진년 1592년 6월 2일 1차 출전 중 고성 땅인 적진포에서 해전을 끝내고 여수 본영으로 돌아왔을 때 전라도사 최철견으로부터 선조가 의주로 파천했다는 소식을 들었다. 이 참담한 소식을 접하고 통분한 마음을 달랠 길이 없었다. 4월 30일 한양을 떠나 몽진蒙塵 길에 오른 선조는 5월 7일 이순신이 옥포해전에서 승리한 바로 그날 평양에 도착했다. 그리고 제1군장 고니시 유키나가小西行長의 추격이 있자 6월 11일 평양성을 떠나 6월 22일 의주에 당도했다. 그야말로 국왕의 쫓기는 신세가 가련하기만 하다. 조선은 무주공산無主空山의 무인지경이 되었다. 그나마 위안을 삼는다면 이순신이 남해바다에서 연전연승을 하고 있었다는 점이다.

왕은 도성과 백성을 버리고 피난 갔지만 이순신은 군신유의君臣有義, 군위신강君爲臣綱의 자세로 임금을 대하는 일편단심一片丹心으로 대했다. 이 오언율시는 전8구 4연으로 구성된 정형시다.

나라사랑 우국충정을 담은 진중음으로 특히 3연 5~6구 '서해어룡동 맹산초목지誓海魚龍動 盟山草木知'는 장군의 결연한 의지를 나타낸 유명한 시구다. "바다에 맹서하니 물고기와 용이 감동하고, 산에 서약을 하니 풀과 나무가 그 뜻을 알아차렸다."는 뜻이다. 한 사람의 간절한 비원悲願을 무심한 동물이나 자연마저도 알아들어 응답을 했다는 것이다.

이 '서해어룡동 맹산초목지' 시구는 백범 김구金九 선생이 해방 후 진해 해군기지를 찾았을 때 비문으로 남겨 현재 진해 남원로터리에 시비로 우뚝 세워져 있다.

장군은 진영에서도 초하루와 보름에는 어김없이 북쪽 임금을 향해서 망궐례望闕禮를 올렸고 임금이 보낸 교서를 받을 때도 반드시 궁궐을 향해 숙배肅拜의 예를 올렸다. 활을 쏠 때도 임금이 계신 북쪽으로는 절대 쏘지 않았다. 그의 님을 향한 일편단심은 충직했건만, 선조는 변방 장수의 충성을 아는지 모르는지 무심하기만 했다. 아니 오히려 시기와 의심을 품었으니 나라꼴이 말이 아니었다.

맨 끝 연, '수이여진멸 수사불위사讐夷如盡滅 雖死不爲辭' 즉 "이 원수들을 모조리 무찌른다면 이 한 몸 죽을지라도 마다하지 않으리."라는 뜻이다. 이순신 장군은 1598년 11월 19일 노량해전을 앞두고 그 전날 밤 자정에 손을 깨끗이 씻고 뱃전에 올라가 간절히 기도를 했다. 그때도 '수이여진멸 수사불위사讐夷如盡滅 雖死不爲辭'를 읊조렸다. 그리고 "단 한 척의 배도 돌려보내지 않겠다."는 '편범불반^{片帆不返}'의 정신으로 투혼을 불사르다가 그만 조총에 희생당했다. 오호 통재라! 영웅의 삶에는 해피엔딩이 없는 것인가.

4. 무제(無題)

북래소식묘무인(北來消息杳無因) / 백발고신한불신(白髮孤臣恨不辰)
수리유도최경적(袖裡有韜摧勁敵) / 흉중무책제생민(胸中無策濟生民)
건곤암참상응갑(乾坤黯慘霜凝甲) / 관해성전혈읍진(關海腥膻血浥塵)
대득화양귀마후(待得華陽歸馬後) / 폭건환작침계인(幅巾還作枕溪人)

북쪽 소식 아득히 들을 길 없어 / 외로운 신하 시절을 한탄하네
소매 속엔 적 꺾을 병법 있건만 / 가슴속엔 백성 구할 방책이 없네
천지는 캄캄한데 서리 엉기고 / 산하에 비린 피가 티끌 적시네
말 풀어 목장으로 돌려보낸 뒤 / 두건 쓴 처사 되어 살아가리라

조선 8도 삼천리강토가 왜군과 명군에 짓밟혀 시산혈해^{屍山血海}의 무인지경^{無人之境}이 되고 말았다. 조선은 그들의 전장이었다. 백성을 구할 방도가 없다는 데서 애민 정신을 찾아볼 수 있다. 길어지는 전쟁에 농사짓는 사람이 없음으로써 당연히 흉년이요 초근목피 하던 백성들은 급기야 인상식^{人相食}, 사람을 잡아먹는 지옥도를 펼쳤다. 전염병마저 돌아 나라는 콩가루가 됐다. 예나 지금이나 전쟁은 본질적으로 비극^{悲劇}이다.

훗날 고향에 돌아가 두건 쓴 처사로 계곡에 발 담그고 음풍농월^{吟風弄}

月하며 조용히 살고 싶은 마음이 간절하다. 전장에서 무거운 짐을 진 이순신도 평화로운 여생을 마다하지 않고 있다. 모두가 갈망하는 평화는 결국 힘센 국력이 있음으로써 비로소 이뤄지는 것이다. 말로만 하는 평화는 공허한 외침이다. 영국 전 수상 처칠의 말대로 '평화는 공포의 자식이다.'

5. 진중음(陣中吟)

수국추풍야(水國秋風夜) / 초연독좌위(愀然獨坐危)

대란속자시(大亂屬玆時) / 태평복하일(太平復何日)

업시천인폄(業是天人貶) / 명유사해지(名猶四海知)

변우여가정(邊優如可定) / 응부거래사(應賦去來辭)

드넓은 바다 가을바람 불어오는 밤 / 홀로 앉아 수심에 잠겼는데

심히 나라가 위기에 처했나니 / 언제쯤 평화로운 날 올 것인가

임금은 나의 공을 알아주지 않건만 / 세상은 나의 이름을 기억해 주리라

변방을 넉넉히 다스린 뒤에는 / 도연명의 귀거래사 나도 읊으리

이순신은 우리네와 같이 희로애락애오욕喜怒哀樂愛惡欲을 느끼는 보통 사람이다. 사서오경을 공부한 이순신이기에 이런 감정을 풀어쓸 수 있었다. 맹자 성선설의 근거가 되는 '사단'은 '측은지심惻隱之心' '수오지심羞惡之心' '사양지심辭讓之心' '시비지심是非之心'을 말하는데, 각각 인, 의, 예, 지의 실마리가 된다. '칠정'은 『예기禮記』의 「예운禮運」 편에 나오는 희喜, 노怒, 애哀,

구懼, 애愛, 오惡, 욕慾 등 사람이 가진 일곱 가지 감정을 말한다.

이순신이 보통 사람의 감정을 가졌지만 대의를 위해 자신을 버리는 살신성인殺身成仁 하나를 더 택했기 때문에 보통 사람과는 구분되어 영원히 기억되는 것이다. 이 시조에서 그 역시 도연명陶淵明, 365~427처럼 고향으로 돌아가고자 하는 귀거래사의 꿈을 꾸고 있다. 마지막 연의 귀거래사와 관련, 동진시대 도연명陶淵明은 스스로 호를 지어 오류선생五柳先生이라고 지었다. 젊은 시절에 몇 차례 군부의 말직을 역임하다가 41세에 팽택彭澤의 현령縣令을 마지막으로 관직을 떠나 고향의 전원으로 돌아왔다. 그는 전원생활을 바탕으로 평범하면서도 뜻이 깊은 시를 지어 전원시田園詩의 창시자가 되었다. 송대宋代 구양수歐陽修는 귀거래사에 대하여, "서진西晉과 동진東晉에는 문장이 없는데, 다행히 이 한 편이 있을 뿐이다兩晉無文章 幸獨有此篇耳."라고 극찬하였다.

6. 진중음(陣中吟)

이백년종사(二百年宗社) / 영기일석위(寧期一夕危)

등주격즙일(登舟擊楫日) / 발검의천시(拔劍倚天時)

노명기능구(虜命豈能久) / 군정역가지(軍情亦可知)

비시희문사(非是喜文辭) / 개연음단구(慨然吟短句)

이백 년 누려온 이 나라 종묘사직이 / 하룻밤 사이에 위급해질 줄 어찌 알았겠는가

배에 올라 노를 두드리며 맹세하던 날 / 칼 뽑아 저 하늘에 의지하나니

놈들의 목숨 어찌 길겠느냐 / 군부 또한 나에게 맡겼나니
흥겨운 문장 어울리지 않아 / 비장한 시구를 읊어 보노라

갑오년 1594년 "강화협상 중에는 전쟁 행위를 일절 중단한다."는 왜군 측의 요청을 받아들인 명나라 군은 조선 수군에게 전투금지령을 내렸다.

1594년 9월 3일, 비가 왔다.

"새벽에 밀지(密旨. 왕이 몰래 내리는 명령)가 왔는데 '바다와 육지의 여러 장수들은 팔짱을 끼고 서로 바라보기만 하고 한 가지라도 계책을 세워서 적을 치는 일이 없다.'고 하였다. 3년 동안이나 바다 위에 있었는데 그럴 리 만무하다. 여러 장수들과 함께 죽음으로써 원수를 갚자고 맹세하고 날을 보내고 있지만 험한 곳에 소굴을 파놓고 그 속에 들어가 있는 적들을 경솔하게 나가 칠 수는 없는 노릇이다. 더구나 (병법에서도) 나를 알고 적을 알아야만 백 번 싸워도 위태롭지 않다고 하지 않았던가. 초저녁에 불을 밝히고 혼자 앉아 나라 일을 생각하는 데 (지금의 상황은) 엎어지고 자빠지고 위태롭기 그지없건만 구제할 대책이 없으니 이 일을 어찌하랴, 어찌하랴."

7. 소망(蕭望)

소소풍우야(蕭蕭風雨夜) / 경경불매시(耿耿不寐時)
회통여최담(懷痛如摧膽) / 상심사할기(傷心似割肌)
산하유대참(山河猶帶慘) / 어조역음비(魚鳥亦吟悲)
국유창황세(國有蒼黃勢) / 인무임전위(人無任轉危)

회복사제갈(恢復思諸葛) / 장구모자의(長驅慕子儀)
경년방비책(經年防備策) / 금작성군기(今作聖君欺)

비바람 부슬부슬 흩뿌리는 밤 / 생각만 아물아물 잠 못 이루고
간담이 찢어질 듯 아픈 이 가슴 / 살이 에이듯 쓰라린 이 마음
강산은 참혹한 모습 그대로이고 / 물고기와 새들도 슬피 우네
나라는 허둥지둥 어지럽건만 / 바로잡아 세울 이 아무도 없네
제갈량 중원 회복 어찌했던고 / 말 달리던 곽자의 그립구나
원수 막으려 여러 해 했던 일들이 / 이제 와 돌아보니 임금만 속였네

제목이 「소망蕭望」이다. 쓸쓸히 바라본다는 뜻이다. 이순신은 전략적 차원에서 부산포의 왜군이 한려수도를 통과하지 못하도록 견내량 방어선을 틀어쥐고 있었다. 그런데 위와 같이 선조로부터 질책성 밀지를 받자 황망하고 답답했다.

'이제 와 돌아보니 임금만 속였네.'라는 구절은 자신의 전략적 의지와는 달리 '팔짱만 끼고 바라보기만 하고…'라는 선조의 지적에 결과적으로는 임금을 속인 것이라는 자책과 한탄을 토로했다.

이때 도요토미 히데요시豊臣秀吉는 왜 수군이 연전연패하자 조선 수군과 교전금지령을 내렸다. 그러자 왜 수군은 남해안 왜성에서 농성籠城하며 이순신 수군과 접전을 피했다. 그래서 이순신은 도원수 권율權慄에게 수륙양동작전을 펼 것을 여러 차례 건의했지만 육군의 공격력은 태부족이었으므로 수포로 돌아갔다.

이 오언율시를 지은 때는 전쟁이 소강상태로 접어든 갑오년 1594년 9

월 4일이다. 그해 3월 6일 조선 함대가 제2차 당항포해전을 마치고 흉도에 이르렀을 때 명나라 선유도사 담종인譚宗仁은 이순신 앞으로 「금토패문禁討牌文」을 보내왔다. 즉 왜적에게 시비를 걸지 말고 진영을 폐한 뒤 병사들 모두 고향으로 돌려보내라는 것이었다. 이순신은 너무나 황당해 아연실색했다.

선조는 (명군 몰래) 조선 수륙군 장수들에게 거제도 일대에 주둔해 있는 왜적을 공격하라는 밀지密旨를 내렸다. 이러지도 저러지도 못하는 장군의 가슴은 찢어졌다. 이순신은 그해 9월 체찰사 윤두수尹斗壽의 명에 따라 곽재우郭再祐, 김덕령金德齡 등 의병장과 함께 수륙양동작전에 투입됐는데, 거제 장문포왜성에서 꼭꼭 숨어 응전을 하지 않는 적군을 물리치지 못하고 왜함선 두 척만 분멸시킨 채 돌아왔다. 이 작전의 실패(?)로 선조는 이순신의 실책에 대해 대로大怒했다.

이순신은 평소 제갈량諸葛亮, 181~234과 곽자의郭子儀, 697~781 등을 존경했기 때문에 그의 병법을 익히 알았고 시조9, 10연에서 그들을 표현했다. 우리가 제갈공명으로 알고 있는 제갈량諸葛亮은 삼국시대 촉한의 정치가이자 전략가로 시호는 충무후忠武侯이다. 명성이 높아 와룡선생臥龍先生이라 불렸다. 유비劉備를 도와 오吳나라의 손권孫權과 연합하여 남하하는 조조曹操의 대군을 적벽赤壁의 싸움에서 대파하고, 형주荊州와 익주益州를 점령하였다. 221년 한나라의 멸망을 계기로 유비가 제위에 오르자 승상이 되었다. 이순신은 제갈공명의 전술과 전법을 외울 정도로 그를 흠모했다.

곽자의郭子儀는 당唐나라 때 명장이다. 안사의 난에서 큰 공을 세우고 잇따른 이민족의 침입을 막아냈다. 시호는 충무공 이순신과 같은 충무忠

武다. 곽자의 역시 이순신의 정신적 멘토였다.

8. 무제(無題)

불독용도과반생(不讀龍韜過半生) / 시위무로전규성(時危無路展葵誠)
아관증차치연참(羈冠曾此治鉛槧) / 대검여금사전쟁(大劍如今事戰爭)
허락만연인하루(墟落晚烟人下淚) / 원문효각객상정(轅門曉角客傷情)
개가타일환산급(凱歌他日還山急) / 긍향연연륵성명(肯向燕然勒姓名)

병서도 못 읽고 반생 지내느라 / 위태한 때 충성 바칠 길 없네
지난날엔 큰 갓 쓰고 글 읽다가 / 오늘은 큰 칼 들고 싸움을 하네
마을의 저녁연기에 눈물 흘리고 / 진중의 새벽 호각 마음 아프다
개선의 그 날 산으로 바삐 가서 / 감히 자랑스럽게 이름을 새겨 보리라

첫 구절에서 '용도龍韜'란 우리가 흔히 강태공이라고 아는 태공망太公望. B.C. 1156~B.C. 1017이 지었다고 전해지는 병법책 『육도六韜』를 가리킨다. 태공망의 본명은 강상姜尙이고 별칭은 여상呂尙이다.

마지막 줄 '연연륵성명燕然勒姓名'이란 말의 유래가 있다. 『후한서後漢書』에 다음과 같은 이야기가 전한다. 두헌竇憲이 북흉노의 왕과 계락산稽落山에서 싸워 크게 이겼다. 흉노는 대부분이 전멸했고, 흉노왕은 도망갔다. 두헌竇憲과 병秉은 곧 연연산燕然山에 올라, 돌에 전공을 새기면서 한漢나라의 위엄과 덕德을 기록했다.

이순신 장군은 시에서 이 전고典故를 인용, 자신을 한나라의 장수 두

헌에 비유하여 오랑캐를 물리치고 조선의 위엄을 빛낼 수 있도록 큰 전공을 세우겠다는 강한 포부를 드러냈다.

포연 자욱한 아비규환의 전장에서 벗어나고 싶은 마음, 장군에게도 왜 없었을까. 지루한 전쟁이 끝나기를 바라는 마음이 굴뚝같다.

9. 무제(無題)

해월만선(海月滿船) / 독좌전전(獨坐轉輾)
백우공중(百憂攻中) / 침불능매(寢不能寐)
계명가매(鷄鳴假寐)

달빛은 배에 가득 차고 / 홀로 앉아 이리저리 뒤척이니
온갖 시름 가슴에 치밀어 / 잠을 이룰 수 없네
새벽닭이 울고야 선잠이 들었다

1593년 5월 13일, 맑음.
"이날 저녁 바다의 달빛이 배에 가득하고 홀로 앉아 이리저리 뒤척이니 온갖 근심이 가슴에 치밀어 올랐다. 자려고 해도 좀처럼 잠을 이루지 못하다 새벽 닭이 울고서야 선잠이 들었다."

이즈음이면 2월의 웅천진해 해전을 마치고 여수 본영으로 돌아와 있을 때이다. 남해의 봄철, 달빛 머금은 바다를 보고 어찌 시조 한 수가 나오지 않으랴.

10. 무제(無題)

추기입해(秋氣入海) / 객회료난(客懷撩亂)

독좌봉하(獨坐蓬下) / 심서극번(心緒極煩)

월입선현(月入船舷) / 신기청랭(神氣清冷)

침불능매(寢不能寐) / 계이명의(鷄已鳴矣)

가을 기운 바다에 드니 / 나그네 회포 심란하네

홀로 배 뜸 밑에 앉아 있으니 / 마음이 몹시 번거롭구나

달빛이 뱃전에 들자 / 정신이 맑아지는구나

잠은 이루지 못했는데 / 벌써 닭이 울었구나

1593년 7월 15일, 맑음.

"늦게 사량의 수색선과 여도만호 김인영 및 순천 지휘선을 타고 다니는 김대복이 들어왔다. 가을 기운 바다에 드니 나그네 회포가 심란해지고 홀로 배의 뜸 밑에 앉았으니 마음이 몹시 번거롭다. 달빛이 뱃전에 들자 정신이 맑아져 잠도 이루지 못했거늘 벌써 닭이 울었구나."

이순신을 잠 못 들게 하는 것이 과연 무엇일까? 그의 마음을 심란하게 만드는 게 대체 무엇이란 말인가.

11. 무제(無題)

염국세위여조로(念國勢危如朝露)

내무결책지동량(內務決策之棟樑)

외무광국지석주(外務匡國之石柱)

미지종사지종지(未知宗社之終至)

나라의 정세를 생각하니 아침 이슬처럼 위태롭기만 한데

안으로는 정책을 결정할 동량 같은 인재가 없고

밖으로는 나라를 바로잡을 주춧돌 같은 인물이 없으니

종묘사직이 마침내 어떻게 될 것인가

1595년 7월 1일, 비 후 갬.

"잠깐 비가 내렸다. 나라 제삿날(인종의 제사)이라 출근하지 않고 홀로 누대에 기대고 있었다. 내일은 돌아가신 부친의 생신인데 슬프고 그리워하는 생각에 나도 모르게 눈물이 흘렀다. 나라의 정세를 생각하니 위태롭기가 아침 이슬과 같다. 안으로는 계책을 결정할 동량이 없고 밖으로는 나라를 바로잡을 주춧돌이 없으니 종묘사직이 마침내 어떻게 될 것인지 알지 못하겠다."

장군은 일기 말미에 "마음이 어지러워 하루 종일 뒤척였다心思煩亂 終日反側."고 썼다. 아, 마침내 그의 마음을 종잡을 수 없게 만든 번민의 단서가 무엇인지 알 것만 같다.

12. 증별선수사거이(贈別宣水使居怡)

북거동근고(北去同勤苦)

남래공사생(南來共死生)

일배금야월(一杯今夜月)

명일별리정(明日別離情)

북쪽에 갔을 때 고생하며 힘써 일했고

남쪽에 와서도 생사를 함께 했었네

한잔 술 오늘 밤 달빛 아래 나누면

내일은 이별의 슬픈 정만 남으리

1595년 9월 14일, 맑음.

"충청수사 선거이(宣居怡)와 두 조방장(박종남. 신호)과 함께 아침밥을 먹고 늦게 나가 집무를 보았다. 전라우수사 이억기(李億祺), 경상우수사 권준이 와서 이별주를 같이 나누고 밤이 깊어서야 헤어졌다. 선 수사와 이별할 때 짧은 시 한 수를 지어 주었다."

황해병사로 전출 가는 선거이宣居怡, 1550~1598는 이순신이 1586년 조산보만호 시절 녹둔도전투에서 북병사 이일李鎰의 무고로 첫 번째 백의종군할 때 이일의 군관으로서 이순신을 옹호해 주었다. 의리와 우정을 안타까워하는 마음을 시로써 표현했다. 선거이는 1592년 한산대첩 때 진도군수로서 이순신 함대를 따라 왜군 섬멸에 나섰고 이듬해 행주산성전투

때 도원수 권율權慄을 도와 참전해 공을 세웠다. 1597년 2월 이순신이 파직되어 감옥에 갇히자 이순신을 위로하기 위해 군관 송희립宋希立을 통해 서신을 보내기도 했다. 그리고 무술년 1598년 경주慶州에서 왜군과 전투를 벌이다가 전사했다. 우정과 옛 보은에 감사하는 이순신의 따뜻한 인성이 돋보이는 시조이다.

다음은 2006년 처음으로 공개된 한시이다.

13. 무제(無題)

만리강산필하화(萬里江山筆下華)
공림적적조무영(空林寂寂鳥無影)
도화의구년년재(桃花依舊年年在)
운불행혜초우중(雲不行兮草雨重)

만리강산이 붓 아래 화려한데
적막한 숲 속에 새의 그림자마저 없구나
복숭아꽃은 여전히 옛 모습 그대로인데
구름은 멈춘 채 풀 위로 무겁게 비를 뿌리네

이 한시는 임진왜란 때 이순신 장군이 일본군 제2선봉대장 가토 기요마사加藤淸正에게 항복을 권유하는 문서로서 현재 일본에서 보관중이다.

"가토, 너희가 일으킨 병화兵禍로 인해 만리강산은 적막하다. 복숭아꽃은 여전하지만 내 마음은 비를 뿌리는 것같이 무겁기만 하구나. 너에게도 고향산천에 가족들이 기다리고 있을 터, 헛된 야망을 접고 어서 떠날 것을 권한다."는 은유적인 시조이다. 2006년 10월 6일에 충주박물관에서 충주문화원과 일본 규슈의 구마모토 국제문화교류회가 국제학술대회를 가졌는데 거기서 이순신 장군의 친필 한시가 처음으로 확인 공개된 것이다.

다음은 2009년에 발견된 한시이다.

14. 무제(無題)

궁통지재피창천(窮通只在彼蒼天)

만사료수임자연(萬事聊須任自然)

부귀유시난독천(富貴有時難獨擅)

공명무주체상전(功名無主遞相傳)

종당원도의서보(終當遠到宜徐步)

초약선등공지전(初若先登恐躓顚)

구맥황진전거로(九陌黃塵前去路)

차수인후막가편(且隨人後莫加鞭)

가난과 부귀영화는 오직 하늘에 달렸으니

모든 일은 모름지기 자연에 맡길 일이오

부귀함에는 때가 있나니 어찌 뜻대로 되겠는가

명성에는 주인이 없어 왔다가도 가는 법이니

마땅히 멀리 가고자 한다면 천천히 걸을 것이오

시작이 빨랐다면 먼저 넘어질 것 염려하라

앞서 나아갈 때 누런 티끌 일으키지 말고

또한 뒤처진 사람에게 채찍을 가하지 말라

이순신 장군이 후배들에게 어떻게 살아가야 할 것인가 하는 처세의 교훈을 밝힌 한시이다.

이 시와 관련, 비슷한 맥락의 교훈을 전하는 서산대사 휴정1520~1604의 계송偈頌. 불교시인 「해탈시解脫詩」와 「야설夜雪」을 소개한다. 서산대사는 임진왜란 때 승군의 총대장으로 호국불교의 기치를 높였고, 그 제자로는 역시 임진왜란 때 맹활약한 사명대사 유정四溟大師 惟政. 1544~1610이 있다.

「해탈시(解脫詩)」

생야일편부운기(生也一片浮雲起) / 사야일편부운멸(死也一片浮雲滅)

부운자체본무실(浮雲自體本無實) / 생사거래역여연(生死去來亦如然)

삶이란 한 조각 구름이 일어남이오 / 죽음이란 한 조각 구름이 스러짐이다

구름은 본시 실체가 없는 것 / 죽고 살고 오고 감이 모두 그와 같도다

「야설(夜雪)」

답설야중거(踏雪夜中去) / 불수호란행(不須胡亂行)

금일아행적(今日我行蹟) / 수작후인정(遂作後人程)

눈을 밟으며 들길을 갈 때에는 / 모름지기 함부로 걷지 마라
오늘 내가 남긴 발자취는 / 후세들에게 이정표가 될 것이니

후배나 후학을 위해서 지금 내가 어떻게 살아가야 하는지 옷깃을 여미게 하는 게송이다.
다음은 2009년에 발견된 또 다른 이순신의 시이다.

15. 젊은이들에게 권하는 글

거향하필이경화(居鄕何必異京華)

수처화평재자가(隨處和平在自家)

소우여금심화동(所遇如今心火動)

기방막약이풍과(其方莫若耳風過)

악장제무비초거(惡將除無非草去)

호취간래총시화(好取看來摠是花)

고조아양산수외(古調峨洋山水外)

창랑일곡위군가(滄浪一曲爲君歌)

시골에 산다 해서 어찌 호화로운 한성과 다르랴
곳곳의 화평이 제 집마다 있거늘
만나는 곳곳마다 마음의 불길이 일어나니
그곳에선 귓전에 바람 스치듯 하는 게 제일이지
악을 제거하려면 반드시 풀 뽑아 버리듯 하고

아름다움을 취해 보면 모두가 꽃이로세

옛 곡조 높고 출렁거리는 산수 바깥에서

바다의 푸른 물결 한 가락 그대들 위해 노래하네

어지러운 세상을 살아가면서 부귀와 공명에 연연하지 말고 정진하되 지나치지는 말라는 교훈적인 내용이다. 또한 자신을 좀처럼 알아주지 않는 세상에 대한 아쉬움을 딛고 '나는 나의 길을 가겠다.'는 일심一心의 고독함과 강직함이 느껴진다.

이 한시의 마지막 '창랑滄浪'은 중국 전국시대 시인 굴원屈原 의 「어부사漁父辭」에 나오는 "창랑의 물이 맑으면 내 갓끈을 씻고 창랑의 물이 흐리면 내 발을 씻으리."라는 구절에서 유래한 것이다. 자신이 처한 세상의 상황에 따라 적절히 대처하려는 몸가짐을 말한다.

16. 증김중군사명(贈金中軍士明, 중군 김사명에게 주다)

여보간관향수촌(驢步間關向水邨) / 누대은영근황혼(樓臺隱映近黃昏)

천장대설이전경(天將大雪移全境) / 월방청광작일흔(月放淸光作一痕)

가동난연생백옥(加動煖煙生白屋) / 하증한기도주문(何曾寒氣到朱門)

매화불부산인약(梅花不負山人約) / 수점분명방주준(數點分明傍酒樽)

나귀 걸음으로 거닐며 강촌을 향하니 / 누대는 보일락 말락 황혼에 가깝네

하늘에 큰 눈 내려 온 세상이 바뀌는데 / 달은 맑은 빛 발하여 한 흔적 남기네

따스한 연기 초가집에 피울 수 있건만 / 찬 기운은 부호한 집에 이른 적 없다네

매화는 산중 은자와 약속 저버리지 않으니 / 몇 떨기가 뚜렷이 술동이 옆에 있다네

경인십이월 망일(庚寅十二月 望日) 이순신(李舜臣) 배고(拜稿)

경인년 1590년 12월이면 이순신이 정읍현감으로 있을 때이다. 이 칠언율시는 핵심참모장인 중군中軍 김사명金士明에게 지어준 것이다. 경남대학교 박물관에 소장된 것이다.

겨울 황혼녘 눈 내린 설경 속에 피어난 매화의 정취를 노래하였다. 온 세상이 새하얗게 눈으로 덮였는데 달빛은 하얀 대지 위에 한 가닥 빛을 비치고 있다. 가난한 초가집은 추위에 고생하겠지만 부유한 대갓집은 추위조차 모르고 지낼 것이다. 겨울에 핀 매화는 은자隱者와 약속을 저버리지 않고 항상 추위 속에서도 절의節義를 지켜 꽃을 피웠다. 그 자태는 산중 술동이와도 걸맞으니 은자의 진정한 벗이다. 가난한 초가집 추위를 걱정하는 이순신의 마음 또한 애민으로 귀결된다.

다음의 「화진도독린운 和陳都督璘韻」이라는 제목의 두 시조는 명나라 수군 도독 진린陳璘, 1543~1607의 시조에 이순신 장군이 화답의 형식을 빌어 지은 것이다. 둘째 연의 맨 끝 위危, 넷째 연의 맨 끝 시時, 여섯째 연의 맨 끝 지知, 여덟째 연의 맨 끝 사辭라는 운韻에 따라 지은 오언율시이다.

명나라 수군 도독 진린陳璘은 1598년 7월 16일 5천여 명의 수군을 이끌고 전라도 완도의 고금도로 왔다. 이곳에는 이미 2월 19일 이순신 장군이 통제영의 자리를 잡고 있었다. 진린이 오자 명실상부한 조명연합

수군함대가 구성됐다.

먼저 진린 도독의 시조이다.

「차운(次韻)」

당당우규규(堂堂又赳赳) / 미자국응위(微子國應**危**)

제갈칠금일(諸葛七擒日) / 진평육출시(陳平六出**時**)

위풍만리진(威風萬里振) / 훈업사유지(勳業四維**知**)

차아환무용(嗟我還無用) / 지휘차막사(指揮且莫**辭**)

당당하고 용감하신 그대 없었으면 / 이 나라 운명은 위험하였으리

제갈량처럼 일곱 번 사로잡고 / 진평처럼 여섯 번 계책을 내놓자

위풍은 만 리에 떨쳤고 / 공적은 세상에 두루 알려졌소

아, 나는 더 이상 쓸모없으니 돌아가겠소 / 지휘권 돌려드릴 테니 사양 마시오

제목이 「차운次韻」이다. 차운은 운자韻字를 따서 시를 짓는다는 뜻이다. 진린은 '위危' '시時' '지知' '사辭'라는 운韻을 떼어 시를 지었고, 이순신 장군은 그에 화답하는 형식으로 운율에 맞춰 시조를 지었다. 두 사람이 화합하는 모습을 보이고 있다.

위 시조에서 셋째 행의 '칠금七擒'은 촉나라 제갈공명이 남만의 군주 맹획猛獲을 일곱 번 놓아주고 일곱 번 사로잡는다는 말에서 나온 것으로 자유자재로운 전술을 펼친다는 뜻이다. 넷째 행의 '진평陳平의 육출'은 진평이 한漢 고조高祖 유방劉邦을 도와 천하를 평정하는 데 내놓은

여섯 가지 기이한 묘책을 말한다 _{爲漢高邦 六次出奇謀以定天下} . 육출기계 _{六出奇計} 라
고도 한다.

　진린은 처음엔 이순신에게 갑질을 자행하는 등 포악하게 대했다. 그
러나 차차 이순신의 전략구사 능력과 인품을 알아보고 이순신에게 동조
하게 된다.

　진린의 시조에 이순신이 화답했다.

17. 화진도독린운(和陳都督璘韻)

뇌천자근휼(賴天子勤恤) / 견대장부위(遣大將扶危)
만리장정일(萬里長征日) / 삼한재조시(三韓再造時)
부군원유용(夫君元有勇) / 이아본무지(伊我本無知)
지의사어국(只擬死於國) / 하수경비사(何須更費辭)

다행히도 천자께서 불쌍히 여기시어 / 장군을 보내 구원하게 하시었소
만 리 먼 길 정벌 나온 바로 그날이 / 이 나라 삼한이 다시 살아난 때라오
장군께선 본래부터 용감하시지만 / 나는 본래 아는 것이 없고
다만 나라 위해 죽으려는 각오뿐이니 / 다시 무슨 긴 말이 필요하리까

이에 진린이 또 한 수로 응답했다.

불유장군재(不有將軍在) / 수부국세위(誰扶國勢危)
역호구낭일(逆胡驅囊日) / 요분권금시(妖氛捲今時)

대절천인앙(大節千人仰) / 고명만국지(高名萬國知)
성황구여절(聖皇求如切) / 초거기종사(超去豈終辭)

만약 장군이 없었다면 / 누가 이 나라 운명을 감당했겠소
지난날엔 오랑캐 몰아내었고 / 오늘에는 요망한 기운 거두시는데
그대 큰 절개 모든 이 우러러보고 / 그대 높은 이름 만국이 두루 안다오
우리 황제 간절히 그대 보자 하시거늘 / 뛰어가지 않고 왜 끝내 사양하시오

이순신이 또 화답했다.

18. 화진도독린운(和陳都督璘韻)

악향중조거(若向中朝去) / 기어외국위(其於外國危)
남만경사일(南蠻更射日) / 북적우승시(北狄又乘時)
전절종수보(全節終須報) / 성공기가지(成功豈可知)
평생심이정(平生心已定) / 차외유하사(此外有何辭)

그대 만약 중원으로 가시고 나면 / 중원 밖의 이 나라 위태로워질 거요
남쪽의 왜적들 또다시 설칠 테고 / 북쪽의 오랑캐도 그 틈을 노릴 때
절개 지켜 끝내 나라 은혜 보답할 뿐 / 성공 여부야 내 어찌 알 수 있으리오
평생의 마음 이미 정해졌으니 / 무슨 말을 또 하리오

낭중지추囊中之錐, 주머니 속의 송곳처럼 이순신의 능력과 인품은 자연

스럽게 밖으로 튀어나와 진린의 마음을 사로잡았다.

진린은 명 황제에게 편지를 써서 "조선에 이러한 능력 있는 장수가 있고, 전란이 끝나면 우리의 골칫거리인 여진족을 막는 데 그를 쓰면 명나라의 근심은 없어질 것"이라고 고했다. 이에 명 황제는 이순신을 '명나라 수군 도독'으로 임명한다는 도장인 도독인都督印과 칼 등 팔사품을 하사했다. 이 진품은 통영 충렬사에 보관되어 있다.

이순신과 점술

○
●
○

일반적으로 점占은 팔괘, 오행, 육효 따위로 앞날의 운수, 길흉, 화복 등을 미리 판단하는 것이라고 정의한다. 자연 앞에 한없이 약하디 약한 인간은 미래가 불안하기 때문에 점을 보는 것이다. 점을 통해서 피흉추길避凶推吉, 즉 재난을 피하고 길함을 찾는다는 바람이 숨어 있다. 국가 안위가 불안하고 미래가 불투명할 때 점술은 더욱 기승을 부리는데, 취업난에 시달리는 젊은이나 선거철에 정치인, 불황에 사업가들이 점집을 찾는 이유도 바로 여기에 있다.

이순신李舜臣 장군도 왜적을 눈앞에 두고 있는 일촉즉발의 상황에서 불안한 심정을 달래려 점을 즐겨본 것으로 추정된다. 7년의 전장기록, 『난중일기』에는 이순신이 직접 '척자점擲字占'을 친 대목이 17회 나온다. 이 중 14회는 직접 점을 쳤고, 2회는 맹인 점술가 임춘경任春景이 장군에 대해 점을 친 경우이고, 점쟁이 신홍수申弘壽가 원균元均의 주역점을 본 경우가 1회이다.

척자점은 사면에 각 1, 2, 3, 4를 새긴 나무 막대인 윤목輪木을 던져 괘를 만들고 괘를 찾아 길흉을 확인하는 것으로 오늘날 '윷점'과 비슷하다. 당시 점은 양반가는 물론 서민층에서도 널리 퍼져있는 사회적 풍습이었다. 한치 앞을 내다볼 수 없는 전장터에서 고독과 불안을 달래려는 이순신의 모습은 자못 인간적이어서 흥미를 끌고 있다.

공자의 사상을 담은 사서삼경四書三經에 『역경易經』이 포함된 것으로 보아 공자도 점을 쳤는데, 그의 『백서帛書주역』 「요편要篇」에서 100번 점을 쳐 70번이 맞았다고 했으니 확률이 70% 정도였다.

제자들이 점을 치는 공자를 비난했다.

"주역 점이나 무당이나 점쟁이의 점이나 마찬가지입니다."

공자가 답했다.

"후대에 나를 의심한다면 주역 점 때문일 것이다. 가는 길이 무당, 점쟁이와 비슷해서다. 그러나 그 귀결점은 다르다. 나는 주역을 통해 '덕德'과 '의義'를 살필 뿐이다."

조선 왕실에서도 천문, 지리, 기후 등을 살피는 관상감觀象監을 두고 별점을 쳤다. 사대부는 육효와 사주 명리학으로, 백성은 토정비결로 점을 봤다.

세조는 1458년 "녹명서綠命書는 유학자가 궁리하는 하나의 일"이라며 서거정徐居正. 1420~1488에게 사주풀이 책을 쓰라고 하명했다. 그래서 한국의 첫 명리서命理書 『오행총괄』이 나왔지만 저자는 "사주는 못 믿을 것"이라고 술회했다.

　이순신의 경우 자신의 영달, 입신양명, 부귀영화를 위해서가 아니라, 왜군과의 큰 전투를 앞두었을 때나 자신의 후원자인 '전시재상' 류성룡(柳成龍)의 안위가 궁금할 때, 또 고향에 있는 아내와 막내아들이 걱정될 때 점을 쳤다.

　필자도 조간신문을 받아들면, 먼저 오늘의 운세를 보게 되는데 좋은 괘가 나오면 기분이 좋아져 더 겸손해지려고 하고, 나쁜 괘가 나오면 조심하는 정도에 맞추고 있다.

1594년 7월 13일, 비.

"비가 계속 내렸다. 홀로 앉아 아들 면의 병세가 어떠한지 염려하였다. 척자점을 치니 '군왕을 만나보는 것과 같다(如見君王).'는 괘가 나왔다. 매우 길하다. 다시 쳐보니 '밤에 등불을 얻은 것과 같다(如夜得燈).'는 괘가 나왔다. 두 괘가 모두 길하여 마음이 조금 놓였다. 또 유상(柳相, 류성룡)의 점을 쳐보니 '바다에서 배를 얻은 것과 같다(如海得船).'는 괘를 얻었다. 또 다시 점을 치니 '의심하다가 기쁨을 얻은 것과 같다(如疑得喜).'는 괘가 나왔다. 매우 길한 것이다. 저녁 내내 비가 내리는데 홀로 앉아 마음을 스스로 가누지 못했다. 비가 올 것인가 개일 것인가를 점쳤더니 점은 '뱀이 독을 토하는 것과 같다(如蛇吐毒).'는 괘를 얻었다. 앞으로 큰비가 내릴 것이니 농사일이 염려된다. 밤에 비가 퍼붓듯이 내렸다."

　이순신은 막내아들 면의 병 증세와 영의정 류성룡이 죽었다는 소문에 답답한 마음을 이기려고 점을 쳐보았던 것이다. 당시 '전시재상' 류성룡은 4월과 5월에 건강이 악화되어 사직서를 여러 번 냈다. 전장을 누비고 다니며 명군과 조선군의 군량을 공급해야 했기 때문에 피로가 누적되어 위독한 상태까지 갔다. 그래서 류성룡이 죽었다는 소문이 퍼졌다. 이순신은 이날 막내아들과 '멘토'인 류성룡 대감에 관한 점을 쳐서 마음의 안정을 찾았다. 또 비가 날씨와 관련, 앞으로 큰비가 내릴 것 같다며 농사일이 걱정된다고 말했다. 당시 이순신 장군은 여수 앞 돌산도와 한산도를 비롯해서 남해안 곳곳의 요처에서 둔전을 일구고 있었다. 이순신 진영을 따라다니는 피난민을 동원해서 수확은 피난민과 진영의 군사 양식으로 반반씩 나눴다.

1594년 9월 1일, 맑음.

"앉았다 누웠다 하면서 잠들지 못하여 촛불을 밝힌 채 뒤척거렸다. 이른 아침에 손을 씻고 조용히 앉았다. 아내의 병세를 점쳐보니 '승려가 환속하는 것 같다(如僧還俗).' 다시 쳤더니 '의심했다가 기쁜 일이 생긴 것 같다(如疑得喜).'는 괘가 나왔다. 매우 길하다. 또한 병세가 좋아질지 또 누가 와서 고할지를 점쳤더니 '귀양 간 곳에서 친척을 만난 것과 같다(如謫見親).'는 괘를 얻었다. 이 역시 오늘 안에 좋은 소식을 들을 징조였다."

1594년 9월 28일, 흐림.

"날씨가 흐렸다. 새벽에 촛불을 밝히고 홀로 앉아 왜적을 칠 일이 길한지 점을 쳤다. 첫 점은 '활이 화살을 얻은 것과 같다(如弓得箭).'였다. 다시 점을 치니 '산이 움직이지 않는 것과 같았다(如山不動).'는 것이었다. 바람이 순조롭지 못했다. 흉도(胸島) 안바다에 진을 치고 잤다."

이때 체찰사 윤두수尹斗壽가 기획하고 도원수 권율權慄이 지원한 거제
도 장문포 수륙합동작전이 있었다. 권율의 명에 의해 의병장 곽재우郭再
祐, 김덕령金德齡 등이 이순신의 판옥선을 타고 장문포에 상륙해 적을 치
려했지만 여의치 않았다. 왜군들은 성문을 굳게 닫은 채 농성籠城을 하
면서 일절 대응을 하지 않았다.

1594년 9월 29일, 맑음.

"배를 출발하여 장문포 앞바다로 돌진해 들어가니 적의 무리는 험요한 곳에
자리 잡고서 나오지 않았다. 누각을 높이 설치하고 양쪽 봉우리에 보루를 쌓
고는 조금도 나와서 항전하지 않았다. 선봉의 적선 두 척을 격파하니 육지로
올라가 달아났다. 빈 배만 쳐부수고 불태웠다. 칠천량(漆川梁)에서 밤을 지새웠
다."

이 수륙합동작전은 왜군이 호응하지 않고 진영에 머무르는 바람에
왜선 두 척을 격파하는 등 이렇다 할 큰 전과戰果가 없었다. 그래서 선조
와 조정에서는 이 전투의 결과를 놓고 윤두수, 권율, 이순신 등에게 책
임을 물어야 한다고 목청을 높였다.
이순신이 친 척자점에 따르면 '산이 움직이지 않는 것'은 아마도 적이
꽁꽁 숨어서 대적하려 하지 않았음을 나타낸 것이 아니었을까.

1594년 11월 8일, 비 후 갬.

"새벽에 잠깐 비가 내리더니 늦게 갰다. 배 만들 목재를 운반해왔다. 새벽꿈에
영의정(류성룡)이 이상한 모습을 하고 있는 것 같고 나는 관을 벗고 있었는데 함
께 민종각의 집으로 가서 이야기하다가 깼다. 이게 무슨 징조인지 모르겠다."

영의정이 이상한 모양을 하고 있다는 것은 류성룡에게 어떤 문제가
발생했다는 것을 의미한다. 이순신도 관을 벗었다는 것은 좋지 않은 징
조이다. 이순신은 그 꿈을 꾼 뒤 나흘 만인 11월 12일 이순신과 원균의
갈등이 선조에게 보고되었고 조정에서 논란이 벌어졌다. 그때 선조는 원
균을 옹호했다. 조정에서도 이순신은 공로를 과장한 비겁한 장수이나
원균은 공로를 제대로 인정받지 못했다는 의견이 나왔다.

13일에는 류성룡이 질병을 이유로 사직서를 제출했다. 이순신과 원균
의 갈등에 이어 9월에 있었던 장문포해전의 결과에 대해 비판이 일었다.
경상도 관찰사 홍이상洪履祥이 당시 작전을 추진한 체찰사 윤두수, 도원
수 권율, 통제사 이순신이 서로 패전 사실을 감추고 허위보고를 했다고
보고한 것이다.

1596년 1월 10일, 맑으나 서풍.

"이른 아침에 적이 다시 나올지를 점쳤더니 '수레에 바퀴가 없는 것과 같다(如車
無輪).'였다. 다시 점을 쳤더니 '임금을 만난 것과 같다(如見君王).'는 것이었다. 모두
좋고 길한 괘여서 기뻤다."

1596년 1월 12일, 맑으나 서풍이 크게 붊.

"사경(새벽 1시~3시)에 꿈을 꾸었는데 어느 한 곳에 이르러 영의정 류성룡과 함께 이야기를 나누었다. 한동안 둘 다 의관을 벗어놓고 앉았다 누웠다 하며 서로 나라를 걱정하는 생각을 털어놓다가 끝내는 억울한 사정까지 쏟아놓았다. 얼마 후 비바람이 억세게 퍼붓는데도 꼼짝 않고 조용히 이야기하는 동안, 만일 서쪽의 적이 급히 들어오고 남쪽의 적까지 덤빈다면 임금이 어디로 가시겠는가를 되풀이 하며 걱정하다가 말할 바를 알지 못했다. 일찍이 들으니 영의정이 천식에 심하게 걸렸다고 했는데 잘 나았는지 모르겠다. 척자점을 쳐 보니 '바람이 물결을 일으키는 것과 같다(如風起浪).'라는 괘가 나왔다. 또 오늘 어떤 길흉의 조짐을 들을지 점쳤더니 '가난한 사람이 보배를 얻은 것과 같다(如貧得寶)'고 했다. 이 괘는 매우 길하다."

둘 다 의관을 벗었고 비바람까지 심하니 좋지 않은 상황이 생겼다는 것을 암시한다. 류성룡은 건강상 문제로 사직서를 몇 번 썼고 선조는 이순신에게 왜군 본영인 부산포를 치지 않는다는 불만을 토로했다. 이때는 명일간의 강화협상 중이어서 조선군 단독으로 왜군을 치지 말라는 명 황제 선유도사宣諭都司 담종인譚宗仁의 「금토패문禁討牌文」이 이순신에게 전달된 상황이었다. 이순신과 류성룡 두 사람은 꿈에서도 북로남왜北虜南倭, 즉 북쪽 여진 오랑캐와 남쪽 왜적의 공격을 걱정하는 모습이 평생 멘토와 멘티답다. 경세가와 전략가로서 이 둘이 전후 조선을 다시 만드는 재조산하再造山河의 주인공이 되었다면 조선의 운명은 어떻게 됐을까.

1596년 7월 10일, 맑음.

"새벽꿈에 어떤 사람이 멀리 화살을 쏘았고 다른 이는 갓을 발로 차서 부수는 것이었다. 스스로 이것을 점쳐 보니 '화살을 멀리 쏜 것(射遠)'은 적들이 멀리 도망가는 것이요, 또 '삿갓을 발로 차서 부순 것(蹴破笠)'은 삿갓이 머리에 써야 할 것이나 발로 걷어 채였으니, 적의 괴수(魁首)에 대한 것으로서 왜적을 모두 초멸할 점이다."

1597년 5월 10일, 비.

"장님 임춘경(任春景)이 내 운수를 추수(推數, 미래운수를 따짐)하러 왔다."

1597년 5월 11일, 맑음.

"장님 임춘경이 와서 운수를 따지는 것에 대해 말했다."

1597년 5월 12일, 맑음.

"몸이 불편하여 종일 신음했다. 신홍수가 와서 원공(원균)의 점을 쳤는데, 첫 괘인 수뢰둔괘(水雷屯卦)가 변하여 천풍구괘(天風姤卦)가 되니, 용(用)이 체(體)를 극(克)하는 것이라 크게 흉하였다."

이때는 이순신이 백의종군 상태로 도원수 권율의 진영에 머물고 있을 때이다. 이순신 대신 수군통제사가 된 원균은 그해 7월 16일 칠천량해전에서 왜 수군의 기습공격을 받아 조선 함대를 거의 잃었다. 전라우수사 이억기李億祺, 충청수사 최호崔湖 및 1만여 명의 조선 수군이 몰살당했다.

그리고 원균 자신은 뭍에 올랐다가 왜군에 의해 참살당했다.

장님 임춘경이 어떤 운수를 말했는지는 전해지지 않지만 점을 친 뒤 2개월 후 원균의 칠천량 패전이 있었고 또 3개월 후 이순신이 통제사로 재임명됐고 4개월 후 명량해전이 벌어졌다.

명량해전에서 승리한 이순신 장군은 1598년 2월 19일 완도의 고금도로 통제영을 옮겼다. 그해 7월 16일 명나라 수군 도독 진린陳璘은 이순신 진영의 바로 옆에 진을 설치해 조명연합 수군함대가 결성됐다. 그리고 11월 19일 노량해전에서 공동작전을 펼쳤다.

"저진린는 밤에는 천문을 보았고 낮에는 사람의 일을 살폈습니다. 그런데 동방의 대장별이 희미해져 가고 있습니다. 머지않아 공이순신에게 화가 미칠 것 같습니다. 공께서 어찌 그것을 모르시겠습니까? 왜 무후武候제갈공명의 예방법을 쓰지 않으십니까?"

"저이순신는 충성이 무후만 못합니다. 덕망도 무후만 못합니다. 재주도 무후만 못합니다. 세 가지 모두 다 무후만 못하니 제가 비록 무후의 법을 써도 어떻게 하늘이 들어주겠습니까?"

진린의 말대로 이순신은 11월 19일 노량해전에서 왜군의 조총을 맞고 순절했다. 이순신의 사생관은 인생필유사人生必有死, 사생필유명死生必有命이다. 즉 삶에는 반드시 죽음이 있고, 죽고 사는 일은 천명天命에 따른다고 믿었다.

이순신의 꿈 이야기

○
●
○

이순신李舜臣은 7년 기록 『난중일기』에 38회 정도 꿈 이야기를 남겨놓았다. 한 치 앞을 내다볼 수 없는 전시상황에서 불안한 잠재의식이 꿈으로 발현된 것이리라. 그것은 때론 예시豫示로, 때론 계시啓示로 나타났다.

1591년 2월 13일 전라좌수사로 부임한 이순신은 바닷가에 거북이들이 많이 있는 꿈을 꾸었다. 이순신은 이 꿈을 통해 이전에 있던 귀선龜船을 찾아내서 새로운 거북선으로 만드는 법고창신法古創新, 즉 옛 것을 본받아 새로운 것을 창조하는 정신을 발휘했는지 모른다.

이순신은 '전시재상' 류성룡柳成龍을 걱정하며 점을 치기도 했지만 꿈을 꾸기도 했다. 『난중일기』에는 전체 꿈 기록 40회 중 류성룡 관련 꿈 이야기가 몇 차례 나온다. 이전에 기술한 바와 같이 1594년 7월 13일, 1594년 11월 8일, 1596년 1월 12일의 상황이다.

1593년 8월 1일, 맑음.

"새벽꿈에 커다란 궁궐에 도착했는데 서울인 것 같았고 이상한 일이 많았다.
영의정(최흥원)이 와서 인사를 하기에 나도 답례를 했다. 임금이 파천(播遷)하신 일
을 이야기하다가 눈물을 흘리며 탄식하다가 '왜군의 형세는 이미 끝났다.'라고
말했다. 서로 일을 의논할 즈음, 좌우의 사람들이 구름같이 모여들었다."

선조는 류성룡을 영의정에 임명했다가 파천길인 개성에서 사직시키고
최흥원崔興源을 영의정으로 임명, 의주까지 수행토록 했다. 최흥원은 나
중에 호성공신 2등으로 책록됐다.

이순신은 그해 7월 15일 전라좌수영의 진을 한산도로 옮기고 8월 15
일에 삼도수군통제사從2품로 임명되었다. 이전까지 경상우수사 원균과 이
순신의 갈등으로 조선 수군은 효율적인 작전을 수행하는 데 걸림돌이
많았다. 따라서 선조와 조정에서는 이순신을 경상, 전라, 충청수군을 모
두 통합 관리하는 수군 총사령관으로 임명한 것이다.

정유년 1597년 2월 26일 선조의 부산포 공격을 거역했다는 무군지죄
無君之罪로 한성 의금부로 끌려가 고문을 받은 이순신李舜臣은 4월 1일 풀
려났지만 몸과 마음은 피폐해졌다.

1597년 4월 11일, 맑음.

"새벽꿈이 매우 심란하여 이루 다 말할 수 없었다. 종(덕이)을 불러서 대강 이야
기하고 또 아들 열에게도 말했다. 마음이 몹시 침울하여 취한 듯 미친 듯 마
음을 가눌 수 없으니 이것이 무슨 징조인가. 병드신 어머니를 그리워하는 생

각에 나도 모르게 눈물이 흐른다. 종을 보내어 어머니의 소식을 듣고 오게 했다. 금부도사는 온양으로 돌아갔다."

'권율 진영에 가서 백의종군하라.'는 선조의 명을 받은 이순신은 경상도 합천초계의 도원수 권율權慄 진영으로 가기 전, 어머니에 대한 불길한 꿈을 꿨다. 그런데 며칠 후 어머니가 돌아가셨다는 비보悲報를 듣게 됐다.

4월 13일 온양 땅에 당도하고 나서 어머니초계 변씨의 부음을 들었다. 어머니는 여수 고음천에서 아들이 잡혀갔다는 소식을 듣고 서해를 통해 고향 아산 땅에 당도하기 전에 숨을 거뒀다. 향년 83세로 당시로서는 꽤 장수한 편이었다. 어머니의 부음訃音을 들은 이순신은 해암蟹岩, 게 바위으로 부리나케 달려가 시신을 수습했다.

어머니 장례도 못 치르고 떠났으니 꿈자리가 편할 리 없었다.

1597년 5월 6일, 맑음.
"꿈에 돌아가신 두 형님을 만났는데 서로 붙들고 통곡하면서 말씀하시길, '장사를 지내지도 못하고 천리 밖에서 종군하고 있으니 누가 그것을 주관한단 말인가. 통곡한들 어찌하리오.'라고 하셨다. 아침저녁으로 그립고 설운 마음에 눈물이 엉기어 피가 되건마는 아득한 저 하늘은 어째서 내 사정을 살펴 주지 못하는가. 어찌하여 어서 죽지 못하는가."

1597년 7월 14일, 맑음.

"새벽꿈에 내가 체찰사 이원익(李元翼)과 함께 어느 한 곳에 이르니 송장들이 널려 있어 혹은 밟고 혹은 목을 베기도 했다."

체찰사 이원익은 이순신의 현장 지도력이 뛰어난 것을 본 뒤 조정에서 이순신의 후원자가 되었다. 이 꿈은 백의종군하는 자신의 괴롭고 심란한 정서를 반영한 내용이라고 할 수 있다.

이 괴이한 꿈을 꾼 뒤 이틀 뒤 7월 16일 원균(元均)이 이끄는 조선 수군이 칠천량해전에서 왜 수군의 기습공격을 받아 궤멸됐다는 소식을 접하게 됐다.

1597년 8월 2일, 비 후 갬.

"홀로 병영 마루에 앉았으니 그리운 마음이 어떠하랴. 비통함이 그치지 않는다. 이날 밤 꿈에 임금의 명령을 받을 징조가 있었다."

아니나 다를까 그 다음 날인 8월 3일 이순신은 진주 손경례(孫景禮)의 집에서 선전관 양호(梁護)가 가져온 선조의 교서를 받았다. 이 교서는 「기복수직교서(起復授職敎書)」를 말하는데, 기복(起復)이란 기복출사(起復出仕)의 준말로, 상중(喪中)에는 3년(최소 24개월) 동안 벼슬을 하지 않는 것이 관례인데 나라의 필요에 의하여 상제의 몸으로 상복을 벗고 벼슬자리에 나오게 하는 일을 말한다. 다시 삼도수군통제사가 되었지만 그의 수중에는 군사, 군량, 군기 등 아무것도 없었다.

1597년 9월 15일, 맑음.

"조수의 흐름에 따라 여러 배를 거느리고 우수영 앞바다로 진을 옮겼다. 벽파정 뒤에 명량이 있는데 수가 적은 수군이 명량을 등지고 진을 칠 수 없었기 때문이다. 이날 밤 꿈에 신인(神人)이 나타나 '이렇게 하면 크게 이기고, 저렇게 하면 지게 된다.'고 가르쳐 주었다."

명량해전 바로 전날의 꿈이었다. 13대 133척의 중과부적衆寡不敵 상황, 절체절명의 위기였지만 이순신은 필사즉생必死則生의 각오로 휘하 수군들과 혼신을 다해 적을 물리쳤다. 해전을 마친 뒤 이순신은 '천행天幸'이라고 술회했다.

명량해전을 마친 뒤 어느 날 당시 본가인 충남 아산에 머물고 있던 막내아들 면이 꿈에 나타났다.

1597년 10월 14일, 맑음.

"사경(새벽 2시쯤)에 꿈을 꾸니 내가 말을 타고 언덕 위로 올라가는데 말이 발을 헛디뎌서 냇물 속에 떨어지기는 했으나 쓰러지지 않았다. 막내아들 면이 나를 끌어안고 있는 듯한 모습을 보고 깼다. 무슨 징조인지 모르겠다."

명량에서 패한 왜적이 이를 복수하기 위해 본가로 쳐들어가 아들 면을 죽였다. 이순신은 10월 14일 '통곡慟哭'이란 편지를 받았는데 막내아들 면이 죽었다는 비보였다.

1597년 정유년은 장군에게 가장 서럽고 고통스런 한 해였다. 막내아들의 죽음을 알리는 비보悲報를 접해야 했고 4월 13일에는 어머니의 죽음을 전하는 부음訃音을 들어야 했다.

10월 17일에 새벽에 향을 피우고 곡哭을 하는데, 하얀 띠를 두르고 있으니 비통함을 정말 참을 수가 없을 지경이었다. 19일에는 고향집 종이 내려오니 그걸 보고 아들 생각이 나서 다시 통곡하였다. 날이 어두워질 무렵에는 코피를 한 되 남짓 흘리고, 밤에 앉아 생각하니 다시 눈물이 났다.

가족사 이외의 여러 꿈도 꾸었다.

1594년 2월 3일, 맑음.

"새벽꿈에 한쪽 눈이 먼 말을 보았다. 무슨 징조인지 모르겠다."

1594년 2월 5일, 맑음.

"새벽꿈 속에서 명마를 타고 바위 산 꼭대기를 단숨에 뛰어 올랐다. 산꼭대기에 오르니 아름다운 산맥과 봉우리들이 동서로 뻗쳐진 모습이 그림처럼 펼쳐졌다. 어떤 미인이 혼자 앉아 손짓을 하는데 나는 소매를 뿌리치고 응하지 않았으니 우스운 꿈이다."

이순신은 또 "한밤중에 꿈을 꾸었는데, 나의 첩妾안 사람이 아들을 낳았다. 달수로 따져 보니 낳을 달이 아니었다. 꿈이지만 내쫓아 버렸다."는 기록도 남겨놓았다.

1594년 9월 20일, 바람 불고 비 옴.

"혼자 앉아서 간밤의 꿈을 생각해 보았다. 바다 가운데 외따로 떨어져 있는 섬 (일본)이 달려오더니 내 눈앞에 와서 멈추어 섰는데, 그 달려오는 소리가 마치 우레와 같아서 사방에서는 모두들 놀라 날아났으나, 나 혼자 서서 처음부터 끝까지 그것을 구경하였다. 너무나 즐겁고 장한 꿈이었다."

이순신의 조카 이분李芬이 지은 『충무공행록』에 이순신의 출생과 관련된 꿈 이야기가 전해진다. 어머니 초계 변씨가 이순신을 낳을 때 시아버지인 이백록李百祿이 꿈에 나타나 "그 아이는 반드시 귀하게 될 것이니 이름을 순신이라고 하라."고 일렀다는 것이다. 또 그가 태어났을 때 점쟁이가 찾아와 "이 아이는 50세가 되면 북방의 대장이 될 것이다."라고 예견했다고 한다.

할아버지 이백록이 1519년 조광조의 기묘사화에 연루돼 '역적' 집안으로 몰리자, 이순신의 아버지 이정李貞은 은인자중, 세월을 낚는 한량으로 살았다. 이정은 첫째아들을 이희신李羲臣이라 이름지었다. 고대 중국의 삼황오제三皇五帝의 첫머리에 꼽히는 전설상의 제왕인 복희씨伏羲氏에서 따왔다. 복희씨는 그물을 만들어 사람들에게 고기잡이를 가르치고 팔괘八卦를 만들었다고 전한다. 둘째아들은 이요신李堯臣이고, 셋째가 바로 이순신李舜臣이다. 태평천하의 요순堯舜시대를 만드는 데 일조하는 신하가 되라는 아버지 이정의 꿈과 기대를 읽을 수 있는 대목이다. 막내의 이름은 치수治水에 능한 우왕禹王에서 따와 이우신李禹臣. 자는 여필이다.

『충무공행록』에 이순신 친구의 꿈 이야기가 나온다.

"꿈에 큰 나무를 보았는데 그 높이는 하늘을 찌를 듯하고 가지는 양편으로 가득 퍼져 있었다. 그 위에 올라가 몸을 가지에 기대고 있는 자들이 몇 천 몇 만 명인지 모를 정도였다. 그런데 그 나무가 뿌리째 뽑혀 쓰러지려고 하자 한 사람이 몸으로 그것을 떠받들고 있었다. 자세히 보니 그가 바로 공(公)이었다."

이순신은 죽어서도 나라를 지키는 군신軍神이 되었다.

이수광李睟光, 1563~1628의 『지봉유설芝峰類說』에 전해 오는 이야기다. 순천의 옥형玉洞이란 노승은 승병으로, 이순신을 모시고 왜적과 싸웠다. 이순신이 전사하자 그는 충민사忠愍祠, 전남 여수시에 눌러앉아 평생 동안 제사를 모셨다. 옥형 스님은 바다에 변고가 일어날 때마다 "이순신이 미리 꿈에 나타난다."고 증언했다. 남도 백성들에게 이순신은 '바다의 신'이 된 것이다.

청렴(淸廉) 장군

○

●

○

우리나라 정치인과 고위층 관리들의 부정부패는 나라살림을 좀 먹는 고질병이다. 국제투명성기구TI에 따르면 2016년 우리나라의 부패인식지수CPI는 100점 만점에 56점으로 조사 대상 168개국 중 37위를 기록했다. 세계 주요국 모임인 경제협력개발기구OECD 회원국에 한정하면 한국의 CPI는 34개국 중 27위로 최하위권이다. OECD 회원국 중 한국보다 CPI가 낮은 나라는 헝가리와 터키, 멕시코 등 6개국에 불과하다.

'저항시인' 김지하金芝河는 1970년 5월 『사상계』에 「오적五賊」을 발표해 필화사건을 겪었다. 그가 지목한 오적은 재벌, 국회의원, 고급공무원, 장성, 장차관을 말함인데 담시譚詩. 풍자시 형식을 빌어 당시의 부정부패를 신랄하게 풍자했다. 그 결과 『사상계』는 폐간되고 작가는 북한을 이롭게 한다는 명목 아래 국가보안법위반혐의로 구속됐다.

인간의 속성이 이익을 탐하고 해로움을 피하려는 호리오해好利惡害한 존재이기는 하나, 국민의 돈세금을 마치 자기 쌈짓돈처럼 허투루 쓰는 탐관오리들의 부정부패 보도 장면은 차마 눈뜨고 볼 수가 없다.

'견리사의見利思義' 즉 "눈앞에 이익이 보일 때 먼저 옳은 것인가를 생각하라."는 공자님 말씀은 그저 옛날의 고리타분한 잔소리로 치부되어 버리기 십상인 게 사실이다. 옳은 '의義' 자를 파자해 보면 '양羊'과 나를 의미하는 '아我'가 합쳐진 글자이다. '아我' 자는 손 '수手'와 창 '과戈'를 합친 것이다. 따라서 '의義' 자는 창을 든 나를 순한 양처럼 행동하게 만드는 도덕적 가치를 의미한다는 해석이 있다. 또한 '양羊'을 사냥한 뒤 분배할 때 참여한 사람들이 공평하게 고기를 나눠가지는 것을 의미하기도 한다.

맹자에 따르면 나라를 다스리는 사람은 먼저 인仁과 의義를 생각한다. 맹자는 이 중에서 의義에 무게를 더 두었던 사상가이다. 반면에 공자는 인仁에 무게를 두었다고 할 수 있다. 인仁이 사람을 사랑하는 개인적인 인간관계라면, 의義는 더불어 잘 사는 인간관계, 즉 사회 정의를 의미한다고 할 수 있다. 따라서 맹자는 의義가 국민이 주인이라는 민본사상에서 비롯된다고 말한다.

병법가였던 주나라 강태공姜太公은 다음과 같이 일갈했다.

'의승욕즉창 욕승의즉망義勝欲則昌 欲勝義則亡' 즉 "의리가 욕심을 이기면 번창하고 욕심이 의리에 앞서면 망한다."고 했다. 또 전국시대 병법가 위료자尉繚子도 '화재어호리 해재어친소인禍在於好利 害在於親小人' 즉 "화는 이익을 좋아하는 데 있고 피해는 간사한 소인 모리배謀利輩를 가까이 하는 데 있다."고 했다. 가만히 생각해 보니 옛말 그른 것 하나도 없다.

1598년 10월 순천 예교성曳橋城에 주둔해 있던 고니시 유키나가小西行長를 협공하기 위해서 명나라 유정劉綎 제독과 바다의 진린陳璘 제독은 수륙연합작전을 계획하였다. 그런데 유정은 어쩐 일인지 약속을 어기고 작전 실행에 미적거렸다. 고니시가 유정에게 뇌물로 금은보화를 보냈기 때문이었다. 진린에게도 재화를 보내 탈출구를 열어달라고 애걸했다. 고니시는 8월 18일 도요토미 히데요시豊臣秀吉가 사망하자 철군하기 위해서 애가 타들어가는 상황이었다.

진린은 '궁서물박窮鼠勿迫' 즉 "쫓기는 쥐는 추적하지 않는다."면서 "퇴각하는 적장의 퇴로를 열어주면 어떻겠소?"라며 이순신李舜臣에게 물었다. 그러나 이순신은 '편범불반片帆不返' 즉 "단 한 척의 왜 수군을 그대로 돌려보내지 않겠다."면서 진린에게 강력히 반발했다. 그러자 고니시는 이순신의 환심을 사기 위해 조총과 칼 등 뇌물을 보냈다. 이순신은 "나는 임진년1592 이후 적을 수없이 죽이고 노획한 총과 칼을 산더미처럼 가지고 있다. 이것을 다 무엇에 쓰겠느냐."고 하자 고니시가 보낸 사자使者는 머쓱해져서 돌아갔다. 선공후사의 초극超克 정신으로 무장된 장군은 뇌물을 '포말풍등泡沫風燈' 즉 물거품과 바람 앞의 등잔과 같이 대했다.

진린은 "이미 적의 뇌물을 받았으니 (고니시를 놔주고) 남해의 적이나 토벌하러 가자."며 다시 이순신을 설득했다. 이순신은 "남해의 적은 포로로 잡힌 우리 백성이므로 눈앞의 적을 놔두고 우리 백성을 죽일 수는 없다."면서 "명나라 황제께서 장수를 명하여 보낸 것은 우리 소국의 인명을 구해 주기 위한 것인데 어찌 남해의 우리 백성을 베어 죽이겠다는 말인가. 그것은 황상皇上의 본의가 아닐 것이다."며 논리정연하게 진린에게 답했다.

진린은 대국의 장수로서 이순신의 명쾌한 논리에 그만 부끄러운 마음이 들었던지 조명연합 수군함대를 결성한 뒤 11월 19일 노량해전에 참전하게 된다. 이순신 장군이 왜 수군의 조총을 맞아 최후를 맞이한 바로 그 해전이다. 큰 별이 바다로 떨어진 대성운해大星隕海의 현장은 남해 관음포 이락사李落祠 앞바다에 있다.

일찍이 율곡 이이李珥가 선조에게 올린 「만언봉사萬言封事」 가운데 '기국비국其國非國 부부일심지대하枔腐日深之大厦'라는 말이 나온다. 곧 "이건 나라가 아닙니다. 나라가 나날이 썩어가는 큰 집의 대들보와 같습니다."라는 뜻이다.

「만언봉사」는 1574년 선조 7년 왕명의 출납을 맡는 우부승지였던 율곡이 선조에게 목숨을 걸고 올린 상소문이다.

재이災異, 하늘과 땅에서 일어나는 괴이한 재앙가 발생하여 당황한 선조가 제언을 구하는 교지를 내렸고, 이에 율곡은 난국을 타개하는 상소를 올리게 된다. 이 글에서 율곡은 조선 조정과 사회의 문제점을 조목조목 지적하면서 목숨을 내걸고 왕에게 직언을 서슴지 않았다.

"기묘사화와 을사사화 때 이루어진 나쁜 습성과 규칙을 개혁해야 한다."면서 당대 정치가 실질적인 공功을 얻지 못하고 있다고 비판하였다. 특히 상하上下의 신뢰, 관리들의 책임 소재와 책임감, 경연經筵의 운영, 인재 등용, 재해 대책, 백성의 복리 증진, 인심의 교화에 있어 실實이 없음을 밝혔다.

이어서 수신修身의 요체로 분발, 학문, 공정, 어진 선비를 가까이 함

등을 들었다. 또 안민^{安民}의 요체로 개방적인 의견 수렴, 공안^{貢案}의 개혁, 사치풍조 개혁, 선상제도^{選上制度}의 개선, 군정^{軍政} 개혁 등 조목을 현황과 개선책으로 논술했다.

그러나 역성혁명의 주역, 이성계^{李成桂}의 조선 창업 이후 200년 간 태평성대를 거치면서 쌓였던 적폐^{積弊}는 쉽사리 고쳐지지 않았다. 숭무^{崇武} 정신이 실종된 가운데 얼마 안 있어 미증유^{未曾有}의 난리가 일어났으니 바로 1592년의 임진왜란이다.

매사 원리원칙을 강조했던 이순신 장군의 일생은 파란만장^{波瀾萬丈}과 우여곡절^{迂餘曲折}의 연속이었다. '관행'이란 명목으로 부패를 스스럼없이 저지르는 수많은 부패 관료들로부터 시기와 모함을 받았다.

1579년 훈련원 봉사^{종8품} 때 병조정랑^{정5품}인 서익^{徐益}이 자기와 친한 사람을 차례를 뛰어넘어 참군^{參軍, 정7품}으로 올리려 하자 이순신은 담당관으로서 허락하지 않았다. 병조정랑은 병조의 인사권을 쥐고 있는 실력자였지만 이순신은 부당한 지시를 받지 않았다. 그래서 복수를 당했다. 1582년 1월 이순신이 발포만호^{종4품}로 근무하고 있을 때 서익이 군기경차관^{국방부 군기검열단장}으로 발포 진영^{고흥}을 찾았다. '군기보수불량'이란 무고^{誣告}로 이순신을 파직시켰다. 3년 전 이순신에게 인사 청탁을 부탁했다가 거절당한 분풀이를 한 셈이다.

또 전라좌수사 성박^{成鎛}이 발포 객사 뜰의 오동나무를 베다가 거문고를 만들겠다며 사람을 보냈다. "이것은 관가의 물건이라 함부로 벨 수 없다."며 직속상관의 부탁을 거절했다. 이 '괘씸죄'는 근무평점을 매기는 후임 수사에게 인계됐고 나중에 또 화를 당했다.

그의 꼿꼿한 일화는 끝이 없다.

1579년 훈련원 봉사로 있을 때 병조판서 김귀영金貴榮이 자기의 서녀庶女를 첩으로 주려고 했다. 그러나 "이제 갓 벼슬길에 올랐는데 어찌 권세가의 집을 드나들 수 있느냐."며 거절했다. 1582년 발포만호에서 파직되고 다시 훈련원에서 근무하게 됐다. 정승 유전柳㙉은 이순신에게 좋은 화살통箭筒이 있다는 말을 듣고 그것을 자기에게 달라고 했다. 하지만 이순신은 "자칫 뇌물이 될 수 있다."며 정중하게 거절했다. 당시 서익의 무고로 파직당한 뒤 훈련원 말단으로 복직한 상황이었다. 그래서 정승에게 억울함을 호소할 기회가 있었지만 장군은 원칙을 고수했다.

어릴 적 한성 건천동마른내골에서 함께 자랐던 류성룡柳成龍 대감이 이순신에게 다음과 같이 귀띔했다. "이조판서 율곡 이이李珥가 같은 성씨덕수이씨인 자네를 한번 만나보길 원한다."는 것이었다. 이순신은 이마저도 거절했다. "같은 성씨여서 만날 수는 있지만 공직의 인사권을 가진 이조판서를 만날 수는 없다."는 이유였다. 오늘날 세상 상식으로 보면 참으로 이상한(?) 처신이 아닐 수 없었다.

수지청즉무어(水至淸卽無魚)
인지찰즉무도(人至察卽無徒)

물이 너무 맑으면 고기가 없고
사람이 너무 따지고 살피면 동지가 없느니라

'그런 동지가 없어도 된다.'는 소신을 가진 이순신은 22년 동안 무인으로서 이렇듯 원리원칙을 지켰다. 그렇다고 그가 벽창호처럼 고집이 세고 세상물정에 어두운 '깜깜이'라는 뜻은 아니다.

다음은 이순신이 1572년28세 가을 훈련원 별과시험에서 낙방한 뒤 4년 후 1576년32세 봄에 식년 병과에 합격된 후 아산 생가에서 출사 전에 쓴 글이다. 그해 12월 함경도 동구비보의 권관종9품으로 발령 나기 전에 강직한 공직관을 밝힌 것이다.

　　장부출세(丈夫出世)
　　용즉효사이충(用則效死以忠)
　　불용즉경야족의(不用則耕野足矣)
　　약취미권귀(若取媚權貴)
　　이절일시지영(以竊一時之榮)
　　오심치지(吾甚恥之)

　　세상에 장부로 태어나
　　나라에 쓰이면 충성을 다할 것이며
　　쓰이지 않는다면 농사짓는 것으로 충분하다
　　권세와 부귀에 아첨하여
　　이(권세와 부귀)를 도둑질하여 일시적으로 영화를 누리는 것은
　　내가 가장 부끄러워하는 것이다

당나라 오긍吳兢. 670~749이 정리한 리더십 개요인 『정요政要』에서는 "벼슬살이에는 석 자의 오묘한 비결이 있으니, 첫째는 '청淸. 맑음'이고 둘째는 '신愼. 삼가함'이며 셋째는 '근勤. 부지런함'이다."라고 하였다. 이순신의 청렴 공직관은 극기복례克己復禮에서 찾을 수 있다. 온갖 미혹에서 자신을 이기고, 길이 아니면 가지 않고 말이 아니면 듣지 않는, 인간 본연에 다가가려는 진실함이 그에게는 있었다. 그랬기에 옳은 일에 자기 한 몸을 선뜻 바쳐 죽을 수 있는 살신성인殺身成仁에 도달할 수 있었을 것이다.

2

이순신의 애민(愛民) 정신

○
●
○

갑오년 1594년선조 27 은 흉작으로 기근饑饉이 심해졌고 전염병의 창궐이 기세를 올렸다. 곡물이 귀한 나머지 소 한 마리 값이 쌀 3말에 불과했고 고급 무명베 한 필이 쌀 서너 되밖에 안 될 정도였다. 백성들 사이에서는 사람을 서로 잡아먹는 인상식人相食의 지옥도가 펼쳐졌다. 급기야 사헌부 는 선조에게 식인食人의 풍조를 단속해 달라고 상소를 올렸다. 1594년 봄 에도 한성漢城을 비롯 백성들은 십중팔구는 기아와 전염병으로 죽어갔 다. 뾰족한 처방이 없자, 국가 최고기관인 비변사에서는 여제厲祭라도 지 내어 역질疫疾의 기세를 꺾어보자고 했을 정도다. 여제는 조선시대 제사 를 받지 못하여 원한을 품은 귀신들을 위로하기 위해 국가에서 지낸 제 사를 말한다.

기아와 전염병이 극심했던 1594년 초겨울 사간원에서 올린 상소는 수군이 처한 처절한 상황을 말해 준다. 『선조실록』 10월의 기록이다.

> "호남에서는 주사(舟師. 수군)에 소속된 지방 수군은 모두 흩어지고 없어 수령이 결복(結卜. 토지)에 따라 인부를 차출해 스스로 식량을 준비하도록 하여 격군(格軍. 노 젓는 수부)에 충당하고 있습니다. 그런데 한 번 배에 오르기만 하면 교대할 기약도 없고, 계속 지탱할 군량도 없어 굶어죽도록 내버려 두고 시체를 바다에 던져 한산도에는 백골이 쌓여 보기에 참혹하다 합니다."

1594년은 명나라와 왜와의 강화교섭으로 휴전상황이었다. 장군은 전쟁이 잠시 소강상태에 접어든 때 전장에서 고생하는 부하들을 위한 위로잔치를 베풀었다.

1594년 1월 21일, 맑음.

"아침에 본영의 격군 742명에게 잔치를 베풀어 술을 먹였다. 이날 저녁에는 녹도만호 송여종(宋汝悰)이 와서 전염병으로 죽은 병사 214명의 시체를 거두어 묻어 주었다는 보고를 했다."

판옥선과 거북선의 대형 노를 저어야 하는 격군들은 고생이 무척 심했다. 갑판 위에서 전투를 하는 병사들과 달리 이들은 선장의 명령에 따라 동서남북, 전후좌우로 방향을 틀면서 노를 계속 저어가야 했다.

1594년 4월 3일, 맑음.

"오늘 여제(厲祭. 떠도는 넋을 위로하는 제사)를 지냈다. 삼도의 쟁쟁한 군사들에게 술 천
팔십 동이를 먹였다. 우수사와 충청수사도 같이 앉아 군사들에게 먹였다."

『선조실록』 4월 20일 기록에 따르면 조선 수군이 전염병에 의해 궤멸
될 처참한 상황에 놓여 있음을 알 수 있다.

"3도 수군 1만7천 명 가운데 사망자가 1,904명, 감염자는 3,759명으로 도합
5,663명의 전력손실이 있었다."

이렇게 상황이 심각하게 돌아가자 장군은 의원醫員을 보내어 전염병을
구호해 주기를 청하는 장계를 올렸다.
4월 24일자 「청송의구려장請送醫救癘狀」이다.

"3도 수군이 한 진에 모여 있는 상태에서 봄부터 여름까지 전염병이 크게 돌
았는데 약품을 많이 준비하여 백방으로 치료해 보았지만 병이 나은 자는 적
고 사망자는 극히 많습니다. 무고한 군사들과 백성들이 나날이 줄어들어 많
은 전선을 움직이기 어렵게 되었는데 위태롭고 급한 때를 당하여 참으로 답답
하고 걱정됩니다. 조정에서는 사정을 십분 참작하시어 유능한 의원을 특명으
로 내려보내어 구호하도록 해 주시기를 바라나이다."

장군 역시 전염병으로 사경을 헤맸다. 1594년 3월 6일부터 27일까지

거의 20일 동안 전염병에 감염된 증상을 보였다. 『난중일기』에는 종일 신음했고 땀이 비 오듯 쏟아져 자다가 옷을 갈아입었다고 기록되어 있다. 전란 초기에 경상도 해역으로 출전할 때 해로를 잘 알아 장군 곁을 지켰던 어영담魚泳潭도 1594년 4월 10일 전염병으로 결국 세상을 떴다.

4월 25일, 맑음.

"새벽부터 몸이 몹시 불편하여 하루 종일 앓았다. 보성군수 안홍국이 와서 만났다. 밤새도록 앉은 채 앓았다."

4월 26일, 맑음.

"통증이 극히 심하여 거의 정신을 차릴 수 없었다. 곤양군수 이광악(李光岳)이 아뢰고 돌아갔다."

4월 27일, 맑음.

"통증이 잠시 그쳤다. 숙소로 내려갔다."

4월 28일, 맑음.

"기력을 차려 아픈 증세가 많이 덜했다. 경상수사(원균)와 좌랑 이유함이 와서 만났다. 아들 열이 들어왔다."

4월 29일, 맑음.

"몸이 나아진 것 같다. 아들 면이 들어왔다. 오늘 우도(右道)에서 3도의 쟁쟁한 군사들에게 술을 먹였다."

5월 1일, 맑음.
"하루 종일 땀을 물 쏟듯이 흘렸더니 몸이 좀 나아진 듯하다. 아침에 아들 면과 계집종 4명, 관의 계집종 4명이 병중에 심부름할 일로 들어왔다. 덕이는 남겨두고 나머지는 내일 돌려보내도록 지시했다."

5월 7일, 맑음.
"기운이 편안한 것 같다. 침 16군데를 맞았다."

5월 9일, 비.
"비가 계속 내렸다. 하루 종일 홀로 빈 정자에 앉아 있으니 온갖 생각이 가슴에 치밀어 올라 마음이 어지러웠다. 어찌 이루 다 말할 수 있으랴. 정신이 혼미하기가 꿈에 취한 듯하니, 멍청한 것도 같고 미친 것도 같았다."

7월 29일, 종일 가랑비.
"종일 실비가 왔으나 바람은 불지 않았다. 순천부사(권준)와 충청수사(李純信)가 바둑 두는 것을 구경했는데 몸이 몹시 불편했다. 이날 밤 신음으로 날을 새웠다."

이같이 몸이 불편하다는 내용을 기록한 것은 7년의 『난중일기』 가운데 180여 회나 나온다.

조선강토는 치열한 공방전으로 인해 시산혈해屍山血海가 되어 버렸다. 백성과 군사들의 시체와 말의 사체가 여기저기서 썩어갔고 마땅한 소독약이 있을 리 없었던 상황에서 전염병은 급속도로 빨리 퍼져나갔다. 게다가 피죽도 못 먹어 영양실조에 걸린 백성들은 전염병에 약할 수밖에 없었다.

임진왜란이 일어나기 훨씬 전인 1577년선조 10에는 백성이 462만 명으로 호적수에 나왔는데 임진왜란이 끝나고 조사를 하였을 때는 153만 명으로 엄청 줄었다. 전사자와 병사자들이 부지기수不知其數였음을 알 수 있는 자료다.

1595년 7월 14일, 맑음.

"늦게 개었다. 군사들에게 휴가를 주었다. 녹도만호 송여종(宋汝宗)을 시켜 죽은 군졸들에게 제사를 지내주도록 하고 쌀 두 섬을 내어주었다."

이날 장군은 죽은 군졸들에게 제사지낼 제문祭文을 지었다.

친상사장(親上事長) / 이진기직(爾盡其職)
투료연저(投醪吮疽) / 아핍기덕(我乏其德)
초혼동탑(招魂同榻) / 설전공향(設奠共享)

윗사람을 따르고 상관을 섬기며 / 그대들은 맡은 직책 다하였건만
부하를 위로하고 사랑하는 일 / 나는 그런 덕이 모자랐노라

여기서 '투료연저投醪吮疽'는 "술을 강물에 쏟아 붓고 종기를 빨았다."는 뜻이다. '투료投醪'는 적은 양의 술을 많은 군사와 백성들이 다 같이 마시기 위해서 강의 상류에 쏟아서 같이 마시게 했다는 춘추전국시대 월왕越王 구천勾踐이 오왕吳王 부차夫差에게 패한 후 와신상담臥薪嘗膽 과정에서 나온 고사故事다. 또 '연저吮疽'는 부하 병사들의 종기를 자기 입으로 직접 빨아줌으로써 부하들이 목숨을 아끼지 않고 싸우게 했다는 중국 장수 오기吳起의 고사에서 나온 말이다. 장군은 제문을 지을 때 이 두 가지 고사를 빌려와 인용했다.

그중에 장군이 술을 강물에 쏟았다는 '투료投醪'의 일화가 전해진다. 조선 야사野史를 기록한 이긍익李肯翊, 1736~1806의 『연려실기술燃藜室記述』이다.

1597년 9월 16일 정유재란 때 해남과 진도 사이 울돌목에서 명량해전이 벌어졌다.

조선은 군선 13척으로 왜함선 133척을 맞아 싸워야 했다. 명량해전 직전까지 장군이 고민한 것은 조선 수군의 군사력이 왜군에 비해 턱없이 열세하다는 점이었다. 반면 조선 수군의 세력이 거의 없다고 판단한 왜 수군은 명량해협에 도착했을 때 조선 군선 200여 척이 전투태세를 갖추고 있는 것에 당황했다. 왜군이 조선 군선으로 오인誤認한 선박이 바로 피난선避亂船이었다. 피난선의 일반적인 행동은 혼란스러운 것이었으나 장군의 지시에 따라 "배후에서 질서 정연히 바다를 오감으로써 왜군은 그들을 조선 군선으로 오인했다."고 『연려실기술燃藜室記述』은 밝히고 있다.

피난선을 지휘한 사람은 오익창 吳益昌이라는 보성의 촌로였다. 그와 장군 간의 굳건한 인간관계가 맺어진 사연은 다음과 같다.

"이순신이 병사들을 집합시켜 훈시하고 있을 때였다. 한 노인이 다가와 '감사합니다. 장군님이 오신 이후 왜적의 약탈이 없어져 고마움의 표시로 겨우 술 한 통을 마련해 왔으니 작은 정성으로 여겨 받아주십시오.'라고 간청했다. 노인의 청에 이순신은 훈시를 중단하고 '오늘은 술 마시는 날이다. 모두 술잔을 들고 다시 모여라.'라고 외쳤다. 이순신은 냇가로 내려가 병사들이 보는 앞에서 술통의 술을 냇물에 부었다. 병사들은 냇물에 흘러가는 술을 보고 못내 아쉬워했다. 침묵의 시간이 흘렀다. 이순신이 술잔에 냇물을 채운 후 잔을 들어 올리며 크게 외쳤다. '모두 술잔에 냇물을 채워라. 이 물은 맹물이 아니라 노인이 우리를 믿고 승리를 당부하는 술이다. 자, 모두 술을 마시자.' 병사들 모두 술잔에 냇물을 채웠다. 그때 누가 먼저 시작했는지 잔을 쳐든 병사들은 모두 '승리! 승리!'를 목이 터져라 외쳤다."

다음 날 벌어진 명량해전에서 기적奇蹟 같은 승리는 장군과 휘하 장졸들과의 끈끈한 인간관계가 뒷받침됐기 때문이었다.
장군은 또 고생하는 군사들에게 잔치를 베풀었다.

1595년 8월 27일, 맑음.

"군사 5,480명에게 음식을 먹였다. 저녁에 상봉(上峯)으로 올라가서 적진과 적선들의 왕래하는 길을 체찰사 이원익(李元翼) 일행에게 가리켜 주었다. 바람이 몹시 사나워 저녁이 되기에 도로 내려왔다."

5,480명의 군사들에게 음식을 먹인 일에 대해서 좀더 살펴본다.

한산도 삼도수군통제영으로 찾아온 체찰사^{합참의장} 이원익李元翼이 진중에 들렀을 때 장군이 체찰사에게 "여기까지 오셨다가 그냥 가시면 군사들이 많이 실망하게 될 터이니 음식을 내려 사기를 올려주십시오."라고 청했다. 그러자 체찰사는 "내가 미처 준비를 해 오지 못했으니 어쩌겠소."라며 난처해했다. 그때 장군이 "음식은 제가 준비해 놓았으니 체찰사 대감의 이름으로 주시면 되지 않습니까."라고 했다.

체찰사 이원익은 장군의 세심한 배려에 너무나 고마워했다. 장군과 체찰사 이원익과의 인간관계는 왜란 내내 끈끈해졌다.

1595년 8월 28일, 맑음.
"이른 아침에 체찰사와 부사, 종사관과 함께 수루(戍樓) 위에 앉아서 여러 가지 폐단과 백성을 괴롭히는 점들을 의논하였다. 식전에 배에 올라 행선하여 떠나갔다."

장군은 또 병사들의 노고를 풀어주었다.

1596년 5월 5일, 맑음.
"이날 새벽에 여제(厲祭)를 지냈다. 일찍 아침밥을 먹고 나가 공무를 보았다. 회령포만호가 교서(教書)에 숙배(肅拜)한 뒤에 여러 장수들이 와서 모이고 그대로 들어가 앉아서 위로주(慰勞酒)를 네 순배 돌렸다. 경상수사는 술잔 돌리기가 한 창일 때쯤 씨름을 시켰는데 낙안군수 임계형이 일등이었다. 밤이 깊도록 이들을 즐겁게 뛰놀게 한 것은 군이 즐겁게만 하려는 것이 아니라, 다만 오랫동안 고생하는 장병들에게 노고를 풀어주고자 한 계획이었다."

장군의 자는 여해(汝諧)다. '너 여(汝)' 자에 화합하여 조화롭게 하라는 '해(諧)' 자가 들어 있다. '동네 형' 류성룡(柳成龍)이 지어준 이름답게 장군은 화합과 조화를 끊임없이 실천했다. 지휘관의 솔선수범, 선공후사, 임전무퇴 정신 등은 모두 애민(愛民) 정신의 발로다. 23전 23승의 불패의 기록은 이 같은 애민 정신의 바탕 위에서 세워진 것이다.

이순신의 대민관은 '적을 막아 백성을 지킨다.'는 어적보민(禦敵保民)이었다. 장수로서 백성을 지키는 것뿐 아니라 전란 극복의 동반자로 생각했다.

장수로서 평소 가꿔온 자기수양은 사후에도 백성들의 신망으로 이어졌다. 장군은 전장에서 피난민을 만나면 으레 말에서 내려 노약자나 노인들의 손을 잡고 개유(開諭, 타이르는 말)를 아끼지 않았다. 그런 장군이 사망한 뒤 영구(靈柩)를 아산(牙山)으로 모셔올 때 백성들과 선비들이 울부짖으면서 제사를 올렸는데, 천 리 길에 끊어지지 않았다.

이순신의 자급자족(自給自足)

○
●
○

이순신李舜臣 장군은 '농사꾼'으로서 둔전屯田을 일궈 수하 장졸과 피난민의 생계를 보장하는가 하면 해로통행첩海路通行帖을 발행해 군자금軍資金을 마련했고 염전鹽田을 일궈 소금을 생산했다. 또 바다에서 물고기를 잡아 시장에서 내다파는 상거래를 활성화시켰다.

이러한 경제 활동은 그가 사물의 이치를 치열하게 궁리한 끝에 나온 실사구시實事求是의 실용적 사고에서 나온 것이다.

1597년 9월 16일 13대 133이라는 중과부적, 격전의 명량대첩을 끝낸 다음 날 『난중일기』다.

1597년 9월 17일, 맑음.

"어외도(於外島, 신안군 지도읍)에 이르니 피난선이 무려 300여 척이나 먼저 와 있었다. 나주진사 임선(林愃), 임환(林懽), 임업 등이 와서 만났다. 우리 수군이 크게 승리한 것을 알고 서로 다투어 치하하며 또 많은 양식을 말(斗)과 섬(斛)으로 가져와 군사들에게 주었다. 임치첨사(홍견)는 배에 격군이 없어서 나오지 못한다고 했다."

여기서 임환林懽, 1561~1608 은 호남의병장 김천일金千鎰 의 종사관으로 중흥의 업을 도모했다. 이순신이 10월 29일 목포 보화도寶花島, 고하도 로 진영을 옮겼을 때 집의 곡식 수백 석을 바쳤다.

이순신 장군은 늘 부족한 군량미를 채울 방책에 고민하고 있었다. 그러던 차에 장군의 막하에서 군량을 관리하던 이의온李宜溫, 1577~1636 이란 스무 살 청년이 꾀주머니를 풀어놓았다. 해로통행첩海路通行帖 의 발행인데 오늘날 선박운항증이나 마찬가지다. 피난선으로부터 곡물을 받아 군량으로 쓰자는 이 혁신적인 제안은 장군이 평소 생각하지 못했던 것이었다. 한 청년의 제안으로 군량미가 쏠쏠하게 모아졌다.

다음은 류성룡柳成龍 의 『징비록』이다.

"이순신이 해로통행첩을 만들고 명령하기를 '3도(경상. 전라. 충청) 연해를 통행하는 모든 배는 공사선(公私船)을 막론하고 통행첩이 없으면 모두 간첩선으로 인정하여 처벌할 것이다.'라고 하였다. 그리고 선박이나 선주의 신원을 조사하여 간첩과 해적행위의 우려가 없는 자에게는 선박의 대소에 따라 큰 배 3섬, 중간 배 2섬, 작은 배 1섬의 곡식을 바치도록 하였다. 이때 피난민들은 모두 재물과 곡식을 배에 싣고 다녔기 때문에 쌀 바치는 것을 어렵게 여기지 않았고 또한 이순신 수군을 따라다녔기 때문에 아무런 불평 없이 갖다 바쳤으니 10여 일 동안에 무려 군량미 1만여 섬을 얻었다."

명량해전을 치른 뒤 장군은 왜군의 보복을 염두에 두고 서해바다 고군산도까지 올라갔다 내려오는 등 병영 없이 떠돌아다니고 있었다. 한산도 본영을 포함해 전라도 땅끝 마을인 해남과 진도까지 왜군이 쳐들어왔으므로 마땅히 안전하게 정착할 곳을 찾고 있는 중이었다.

그래서 당사도, 어외도, 칠산도, 법성포, 고참도, 고군산도 등을 40여 일 동안 떠돌아다녔다. 그때 피난선들은 장군의 뒤를 졸졸 따라다녔는데 그것은 안전을 보장받고 싶었기 때문이었다.

장군은 피난민들의 안전을 보장해 주고 생업둔전 및 염전 관리, 고기잡이을 할 수 있는 여건을 마련해 주는 대신, 그들로부터 일종의 '안전세安全稅'를 거둬 군량미로 충당한 것이다. 주고받는 거래로 서로의 편의가 충족되는 승勝-승勝의 구조로, '누이 좋고 매부 좋은' 윈-윈win-win의 상생相生 시스템 그 자체였다.

1597년 10월 29일 장군이 목포 고하도高下島, 보화도에 진을 치고 107일 동안 머물 때 군사 수가 급격하게 늘어났다. 하지만 그만큼 춥고 배고픈 군사들 또한 많았다. 이어 1598년 2월 17일 완도 고금도古今島로 본영을 옮기자 군사 수가 1천여 명에서 무려 8천여 명까지 늘었다. 병선도 13척에서 70여 척까지 늘어났다. 고금도에 사람이 많이 몰린 것은 1598년 7월 16일 명나라 제독 진린陳璘의 수군 5천 명이 이순신 진영 옆에 진을 치고 있었기 때문이었다.

『징비록』기록이다.

"이순신은 또 백성들이 가지고 있는 구리와 쇠를 모아다 대포를 주조하고 나무를 베어다 배를 만들어서 모든 일이 순조롭게 추진되었다. 이때 병화(兵禍)를 피하려는 사람들이 모두 이순신에게로 와서 의지하여 집을 짓고 막사를 만들고 장사를 하며 살아가니 온 섬이 이를 다 수용할 수가 없었다."

훗날 성리학자인 윤휴尹鑴. 1617~1680에 따르면 "섬 안이 시장이 됐다島中成市."고 할 정도로 거래가 활성화됐다. 또 신경申炅. 1613~1653은 『재조번방지再造藩邦志』에서 "(이순신이) 집을 지어 피난민들에게 팔아 살게 하니, 섬 안에서는 피난민들을 다 수용할 수 없을 정도"라고 번성한 광경을 묘사했다. 또한 이순신의 조카 이분李芬이 쓴 『충무공행록』에도 고금도 진영에 대해 "군대의 위세가 강성해져 남도 백성들 중 공公에게 의지해 사는 자가 수만 호에 이르렀고 군대의 장엄함도 한산진보다 열 배나 더했다."고 기록했다.

장군의 시장경제적 CEO 경영 기질은 이미 검증된 바가 있었다. '전시 재상' 류성룡柳成龍이 명나라 원군의 군량을 조달하기 위해 평양도 압록강 상류인 중강진에서 국제무역을 제안할 즈음인 1593년 장군은 이미 섬진강 기슭에서 시장을 열어 재화가 유통되게 했다.

장군은 또 장졸들을 시켜 물고기를 잡거나 바닷가에 염전을 만들어서 소금을 생산했다. 이 또한 시장에 내다팔아서 군량을 조달했다. 왜란 7년 동안 초기 2년1592~1593과 후기 2년1597~1598을 빼면 나머지는 명과

왜의 강화협상기간으로 전쟁이 다소 소강상태였기 때문에 이러한 경제
활동이 가능했던 것 같다.

1595년 2월 19일, 맑음.
"송한련이 와서 말하기를, '고기를 잡아 군량을 산다.'고 했다."

1596년 1월 4일, 맑음.
"송한련과 송한이 말하기를, '청어 천여 두름을 잡아다 넣었는데 통제사께서
행차하신 뒤에 잡은 것이 1,800여 두름이나 된다.'고 했다."

1596년 1월 6일, 비.
"오수가 청어 1,310 두름을, 박춘양은 787 두름을 바쳤는데 하천수가 받아다가
말리기로 했다. 황득중은 202 두름을 바쳤다. 종일 비가 내렸다. 사도첨사가
술을 가지고 와서 '군량 500여 섬을 마련해 놓았다.'고 했다."

1597년 10월 20일, 맑고 바람 잔잔.
"김종려를 소음도 등 13개 섬의 염전에 감자도감검(監煮都監檢. 감독관)으로 정하여
보냈다."

당시 조선의 상황을 좀더 살펴보자. 조선은 병화兵禍와 더불어 엎친
데 덮친 격으로 가뭄에 따른 흉년으로 극심한 기아飢餓가 발생했고 전염
병마저 나돌아 황폐화됐다. 임진왜란이 일어난 다음 해인 1593년 봄부

터 아사자 餓死者가 속출했다.

명나라 장군 사대수査大受는 길가에서 죽은 어미의 젖을 빨고 있던 어린아이를 보고 "하늘도 땅도 탄식할 것이다."라고 슬퍼했다.

7년 동안 지속된 전쟁으로 인구와 토지가 급격하게 줄었다. 나라는 더 이상 농자천하지대본 農者天下之大本의 땅이 아니었다. 농지가 사막화된 것은 물론이고 농사지을 사람마저 구하기 힘들었다. 장정들은 산으로 피난갔고 전란에 끌려가 죽고 그나마 살아남은 장정과 아낙들은 노예로 팔려갔다. 콩가루 나라가 된 것이다. 당시 전체 인구 400여만 명에서 전사, 살육, 실종, 노예 강제이주 등으로 150여만 명으로 격감하였다. 그리고 왜란 전 150만 결의 농지는 30만 결로 줄어들었다. 당연히 백성들은 굶주림에 아사餓死자가 속출했고 급기야 가족끼리 잡아먹거나 길거리에 죽어나자빠진 타인의 인육을 먹을 수밖에 없었다.

길거리엔 하얀 해골이 조그만 산을 이루거나 나뒹굴었고 썩은 말의 시체 또한 역병疫病을 일으키기에 충분했다. 중세 유럽에서 흑사병黑死病, 페스트으로 수천만 명의 사람들이 검게 타서 죽어갔듯이 조선에서도 전란 후 전염병으로 전국토가 유린됐다. 특히 곳곳에서는 어린아이를 잃어버린 가족들이 속출했고 길거리에 갓 죽어 쓰러진 시체들은 남아나질 않았다. 솥에 물만 끓이고 있어도 놀라 도망가는 처지였다. 전쟁은 아비규환 阿鼻叫喚과 아수라장 阿修羅場의 지옥도를 만들어냈다.

이순신의 둔전(屯田) 경영

○
●
○

　곤궁한 처지에서 헤쳐 나오려 치열한 몸부림을 치는 도전 정신을 우리는 궁즉통窮則通이라고 부른다. 궁즉통은 궁즉변窮則變 변즉통變則通 통즉구通則久의 준말이다. 즉 궁하면 변해야 하고 그 변한 것이 통하면 그것은 오래 간다는 뜻이다. 유학의 시조始祖 공자가 일곱 번이나 읽어 책을 묶은 끈이 닳아 없어졌다는『주역周易』에 나오는 말이다.

　왜군 15만여 명의 기습공격으로 임진왜란이란 미증유未曾有의 난리를 맞이한 장군에게 당장 휘하 군사들을 먹일 양식이 필요했지만 여의치 않았다. 그래서 수많은 병사들은 굶주림에 시달렸고 영양실조로 누렇게 뜨는 황달기를 보였다. 또 저항력이 약해진 탓에 전염병에도 쉽게 감염됐다. 당시 조선의 식량사정은 최악이었고 백성들은 급기야 먹을 것이 없어 사람을 잡아먹는 인상식人相食을 거림낌 없이 자행했다.

찢어지게 가난한 병영의 책임자인 장군은 궁리 끝에 둔전屯田을 경영할 생각을 해냈다. 사정이 곤궁하므로 온갖 궁리를 해서 변통하는 길은 바로 실사구시實事求是의 격물치지格物致知를 활용하는 방안이었다.

장군이 둔전을 머릿속에 떠올린 것은 지난 초급장교 시절 함경도에 근무할 때 둔전경영의 경험이 있었기 때문이었다. 장군이 직접적으로 둔전屯田과 인연을 맺은 것은 조산보만호從4品 시절인 1587년 8월 녹둔도 둔전관을 겸하면서부터다. 그러나 그 자리에 오래 머무를 수 없었다. 9월 추수기에 오랑캐 여진족이 녹둔도에 침입했고 그들을 물리쳤음에도 불구하고 함경북병사 이일李鎰의 무고로 파직되어 백의종군을 당했기 때문이다.

장군은 1576년 2월 무과급제 후 1598년 11월 노량해전에서 전사할 때까지 22년 군복무 기간 중 전반부 12년 동안에 함경도 변경邊境에서 근무한 기간이 무려 67개월, 5년 반이나 되었다. 근무했던 함경도 북방의 동구비보, 건원보, 조산보는 험준한 산악지역으로 쌀을 경작할 논이 없는 곳이었다. 따라서 군사들의 식량을 해결하기 위해서 군둔전軍屯田을 일궈야 했다.

이러한 북방에서의 둔전 관리 경험은 이후 여수의 전라좌수영, 한산도의 삼도수군통제영을 운영하고 관리하는 데 요긴하게 활용되었다. 여기서 신경과학자 다니엘 레비틴Daniel Levitin이 말한 '1만 시간의 법칙'이 떠오른다. 어느 분야든 관심을 갖고 최소 1만 시간만 투자하면 그 분야에서 성공할 수 있고 전문가가 될 수 있다는 이론이다. 1만 시간이란 하루에 3시간씩 투자했을 때 10년이면 가능한 일이다.

고 정주영 회장이 "이봐, 해 보기는 해봤어."라고 물었던 그 말도 '해 보지도 않고 어렵다, 안 된다.'고 생각하는 나약한 마음을 경계한 것이다.

임진왜란 발발 후 조선은 절대열세의 상황에서 호남을 제외하고는 전 국토가 왜군에게 유린당해 전투에 나서는 군사들의 군량이 절대적으로 부족했다. 게다가 명나라 원군과 말마저 와서 식량은 태부족한 상태였다.

1593월 1월 26일 장군은 피난민에게 여수 돌산도에서 농사를 짓도록 명령해 주기를 청하는 장계請令流民入接突山島耕種狀 를 올렸다. '공과 사, 모두에게 편리하다.'는 공사양편公私兩便의 실용주의를 택한 것이다.

"당장 눈앞에서 피난민들이 굶어 죽어가는 참상을 차마 눈 뜨고 볼 수 없습니다. 전일 풍원부원군 류성룡(柳成龍) 대감에게 보낸 편지로 인하여 비변사에서 내려온 공문 중에, '여러 섬 중에서 피난하여 머물며 농사지을 만한 땅이 있거든 피난민을 들여보내 살 수 있도록 하되 그 가부(可否)는 참작해서 시행하라.'고 하였기에, 신이 생각해 본바 피난민들이 거접(居接)할만한 곳은 돌산도(突山島)만한 데가 없습니다. 이 섬은 여수 본영과 방답 사이에 있는데 겹산으로 둘러싸여 적이 들어올 길이 사방에 막혔으며, 지세가 넓고 편평하고 땅도 기름지므로 피난민을 타일러 차츰 들어가서 살게 하여 방금 봄갈이를 시켰습니다."

장계에 따르면 1593년 이순신 휘하 수군은 굶주림과 전염병으로 10% 가까이 사망했다. 살아남은 수군들조차 하루에 불과 2~3홉밖에 먹지 못해 병사들은 굶주려 활을 당기고 노를 저을 힘조차 없다고 한탄했다.

당시 사람들은 한 끼니에 보통 5홉^{한 줌}, 많게는 7홉을 먹었다. 아침과 저녁 두 끼를 먹는 조선시대의 관습으로 보면, 하루에 10홉의 곡식을 먹어야 했는데 수군들은 그저 죽지 않을 정도인 2~3홉으로 버티고 있었다.

장군은 이어 1593년 윤11월 17일 삼도수군통제사 자격으로 둔전을 설치할 수 있도록 청하는 장계請設屯田狀를 올렸다. 여기에는 이전보다 더 상세한 둔전경영의 방법이 들어 있었다. 즉 조선 수군의 생존을 지키기 위한 내용으로 둔전을 설치할 장소, 농군을 동원할 방법, 소득을 분배할 방법까지도 세밀하게 건의했다.

"여러 섬 중에 비어 있는 목장에 명년 봄부터 밭이나 논을 개간하여 농사를 짓되, 농군은 순천, 홍양(고흥)의 유방군(留防軍)들을 동원하고, 그들이 전시에는 나가서 싸우고 평시에는 들어와 농사를 짓게 하자는 내용으로 올렸던 장계는 이미 승낙해 주셨고, 그 내용을 하나 하나 들어 감사와 병사에게 공문을 보냈습니다. (중략) 순천(여수)의 돌산도 뿐만 아니라 홍양의 도양장, 고흥의 절이도, 강진의 고이도(완도군 고금면), 해남의 황원목장 등은 토지가 비옥하고 농사지을 만한 땅도 넓어서 무려 1천여 섬의 종자를 뿌릴만한 면적이니, 갈고 씨 뿌리기를 철만 맞추어 한다면 그 소득이 무궁할 것입니다. 다만 농군을 동원할 길이 없으니 백성들에게 나누어 주어 경작하게 하고, 그 절반만 거두어들이더라도 군량에 큰 도움이 될 것입니다. (중략) 그리고 20섬의 종자를 뿌릴만한 면적의 본영 소유 둔전에 늙은 군사들을 뽑아내어 경작시켜 그 토질을 시험해 보았더니, 수확한 것이 정조(正租. 벼)로 500섬이나 되었습니다. 앞으로 종자로 쓰려고 본영 성내 순천 창고에 들여놓았습니다."

장군의 치밀한 둔전경영 계획은 순조롭게 진행됐지만 이전에 여타 지역에서 둔전경영의 폐해도 만만치 않았다. 예를 들어 토지는 지급하지 않고 종자만 지급한 채 몇 배에 해당하는 둔조屯租를 수취했고, 풍년과 흉년에 관계없이 조세를 갈취하여 농민들의 반발현상까지 있었던 것이다. 게다가 농민 노동력의 강제동원과 영아문營衙門, 지방관청과 경작자 간의 대립관계가 형성되었다. 그러니 둔전의 수확물을 국가와 경작자가 나누어 갖는다고 해도 농민들이 마냥 좋아할 상황이 아니었던 것이다.

　　그래서 조정에서는 둔전경영에 대한 찬반양론이 팽팽했다.

『선조실록』1593년 10월 22일 기록이다.

　　"심충겸(沈忠謙)이 '옛날 제갈량도 싸움을 하려면 반드시 둔전을 경영하여 군량을 보충하였는데, 지금 우리나라에서는 모든 것이 거덜 난 뒤여서 군량을 마련할 길이 없으니 반드시 둔전을 경영해야만 군량을 공급할 수 있습니다.' 하니, 선조가 '둔전에 관한 의견은 훌륭하나 우리나라는 중국과 달라서 병사나 수사들이 단지 수백 명의 죽다 남은 군사들을 거느리고 있으니 무슨 군사로 둔전을 경영하겠는가.' 하였다. 이에 이시언(李時言)이 '심충겸이 제의한 문제는 옳지 않습니다. 황해도에서 인심을 잃은 것이 둔전 때문이었는데 이제 또다시 둔전을 설치해서는 안 될 것입니다.'라고 했다."

　　둔전을 놓고 아옹다옹하는 이들이 누구인가? 심충겸은 문과 장원급제자로 바로 몇 달 뒤 병조판서에 오르고, 이시언은 무과급제자로 이순신의 뒤를 이어 전라좌수사 겸 삼도수군통제사에 올랐던 인물이었다.

당장 군졸들의 민생고民生苦를 해결해야 할 이순신으로서는 조정에서 갑론을박甲論乙駁하는 탁상공론이 한심해 보였을 것이다.

장군은 1594년 1월 10일 흥양목관 차덕령車德齡을 교체해 줄 것을 요청하는 장계請改差興陽牧官狀를 올렸다.

"흥양감목관 차덕령(車德齡)은 도임한 지 벌써 오래되었는데, 이루 말할 수 없이 제멋대로 하면서 목자(牧子, 말과 소를 기르는 사람)들을 괴롭히고 학대하여 그들이 편히 붙어 살 수 없게 하기 때문에, 그곳 경내의 백성들로서 탄식하지 않는 자가 없다고 합니다. 신도 그리 멀지 않은 곳에 있기 때문에 벌써 그런 소문을 들었습니다. 그러므로 농사짓는 일을 이 사람에게 맡겼다가는 그것을 빌미로 폐단을 일으켜서 백성들의 원성이 더욱 높아질 것이니 하루 속히 차덕령을 갈아치우고 다른 청렴하고 능력 있는 사람을 골라 임명하여 빠른 시일 안에 내려 보냄으로써 힘을 합쳐 농사일을 감독하게 하여 시기를 놓치지 않도록 해 주시기를 바라나이다."

1594년 6월 15일, 맑은 뒤 비.
"이날 밤 소나기가 흡족하게 내리니 이 어찌 하늘이 백성을 가엾게 여긴 것이 아니겠는가."

1595년 6월 6일, 비.
"송희립이 들어왔다. 도양장(道陽場)의 농사 형편을 들으니 흥양현감(홍유의)이 심력을 다했기에 추수가 잘 될 것이라고 했다. 계원유사 임영도 애를 쓴다고 했다."

이순신 장군은 피난민 구제 양식인 구휼미救恤米 만큼은 꼭 남겨 빈민을 구제했다. 경상도 지역의 경우 직접적으로 왜군의 침략을 당한 지역이기 때문에 군량 확보가 더욱 어려웠다. 경상우수사 원균元均은 매년 장군에게 군량을 빌릴 수밖에 없었다.

1595년 7월 8일, 맑음.
"경상우수사의 군관 배영수가 그 대장의 명령을 가지고 와서 군량 20섬을 빌려갔다."

1596년 윤8월 20일 장군은 체찰사 이원익李元翼, 부체찰사 한효순韓孝純과 함께 하루 종일 배를 타고 득량도得糧島를 거쳐 보성군 명교마을 백사정으로 향하고 있었다. 득량도는 보성과 고흥 바다 사이로 정찰 활동을 위해서 꼭 들렀던 해상전투길이었다. 해상전투를 자유롭게 전개하기 위해서는 화살과 화약 이외에도 식량과 물, 땔감이 필요했다. 득량得糧이란 장군이 이곳에서 식량을 구하게 되면서 '얻을 득得, 곡식 량糧'이라 이름을 붙였다.

당시 고흥 도양 둔전에서 벼 300석을 거두어들였다. 이곳에서 경영이 원활했던 것은 보성과 고흥 육상의병이 연합작전으로 후방을 사수하고 있었기 때문이었다. 전투를 하면서 휘하 장졸들과 피난민의 양식을 책임진 장군은 목민관牧民官으로서 사람과 마소馬牛를 위한 목마구민牧馬救民의 정신을 충실히 실천했다.

거북선 창제(創製)

○
●
○

임진년 1592년 5월 29일 사천해전에서 '바다의 탱크' 거북선이 첫 출전했다. 돌격 임무를 맡은 거북선은 적진 깊숙이 들어가 종횡무진 전열을 흩트려 놓았다. 좌우 뱃전에 각 6개, 용머리에 1개, 선미에 1개 등 모두 14개의 천자, 지자, 현자, 황자총통이 불을 뿜었다. 사천해전에서 왜선 15척을 격파 또는 분멸시켰다.

거북선은 판옥선 구조에 지붕 덮개인 개판蓋板 을 얹었고 그곳에 칼, 송곳, 쇠못 등 철침을 꽂아서 등선백병전登船白兵戰 에 능숙한 왜군의 도선渡船 을 불허했다. 거북선 안의 조선 수군水軍 격군은 노출이 안 되므로 안전을 보장받을 수 있었다.

1593년 9월 이순신李舜臣 장군이 조정에 올린 장계 조진수륙전사장條陳水陸戰事狀 에는 다음과 같이 거북선의 위력이 기록되어 있다.

"거북선이 먼저 돌진하고 판옥선이 뒤따라 진격하여 연이어 지자(地字), 현자(玄字) 총통을 쏘고, 포환과 화살과 돌을 빗발치듯 우박 퍼붓듯 하면 적의 사기가 쉽게 꺾이어 물에 빠져 죽기에 바쁘니 이것이 해전의 쉬운 점입니다."

다음은 임진년 1592년 6월 14일에 올린 당포파왜병장唐浦破倭兵狀 가운데 사천해전 관련 대목이다.

"신이 일찍부터 섬 오랑캐가 침노할 것을 염려하여 특별히 귀선을 만들었사옵니다(別制龜船). 앞에는 용머리(龍頭)를 설치하여 입으로 대포를 쏘게 하고(口放大砲), 등에는 쇠 송곳을 심었으며(背植鐵尖), 안에서는 밖을 내다볼 수 있으나, 밖에서는 안을 엿볼 수 없게 되어, 비록 적선 수백 척이 있다 하더라도 그 속으로 돌입하여 대포를 쏠 수 있게 된 것입니다. 이번 싸움에 돌격장 이기남(李奇男)으로 하여금 이 귀선을 타고 적선 속으로 먼저 달려 들어가 천자포(天字砲), 지자포(地字砲), 현자포(玄字砲), 황자포(黃字砲) 등의 각종 총통을 쏘게 한즉 산 위와 언덕 아래와 배를 지키는 세 군데의 왜적도 또한 비 오듯이 철환을 함부로 쏘았습니다."

또 당포해전 대목에서는 "왜선은 판옥선板屋船만큼 큰 배 9척과 아울러 중소선 12척이 선창에 나누어 묶고 있는데, 그 가운데 한 큰 배 위에는 층루가 우뚝 솟고 높이는 서너 길이나 되며 밖에는 붉은 비단휘장을 쳤고, 사면에 '황자 黃字'를 크게 썼으며 그 속에는 왜장 가메이 고레노리

龜井玆矩 가 있는데 앞에는 붉은 일산日傘 을 세우고 조금도 겁내지 아니하였습니다. 먼저 거북선으로 곧장 충루선層樓船 밑으로 돌격한 후 용의 입으로 현자철환을 위쪽으로 쏘고仰放, 또 천자, 지자포와 대장군전을 쏘아 그 배를 깨뜨렸습니다撞破其船. 중위장 권준權俊 이 돌진하여 왜장이란 놈을 쏘아 맞히자 쿵 하는 소리를 내며 떨어지므로 사도첨사 김완金完 과 군관 홍양 보인 진무성陣武晟 이 그 왜장의 머리를 베었습니다."라고 보고했다.

거북선과 판옥선을 앞세운 조선 수군은 함포 포격술과 당파전술로 공격한 결과, 왜군은 혼비백산, 산으로 도망쳤고 나머지는 꼼짝없이 당포 앞바다의 물귀신이 되고 말았다.

장군은 1591년 2월 13일 전라좌도 수군절도사로 부임하자마자 거북선의 건조를 시작했다. 선박 건조 기술자인 군관 나대용羅大用 의 건의를 받아들여 5척을 여수 선소와 돌산도의 방답진에서 제작한 것으로 알려졌다.

1592년 2월 8일, 맑으나 바람 많음.

"이날 거북선에 사용할 범포(帆布. 돛을 만드는 데 쓰는 베) 29필을 받았다."

1952년 3월 27일, 맑고 바람 없음.

"일찍 아침을 먹은 뒤 배를 타고 소포에 갔다. 쇠사슬을 가로질러 매는 것을 감독하고 종일 기둥나무 세우는 것을 보았다. 겸하여 거북선에서 대포 쏘는 것을 시험하였다."

1952년 4월 11일, 아침에 흐리더니 늦게 갬.

"공무를 본 뒤 활을 쏘았다. 순찰사(이광)의 편지와 별록을 그의 군관 남한(南僴)이 가져왔다. 비로소 배의 포범(布帆. 돛)을 달았다."

1952년 4월 12일, 맑음.

"식후에 배를 타고 거북선에서 지자포(地字砲)와 현자포(玄字砲)를 쏘았다. 순찰사의 군관 남한이 살펴보고 갔다."

아, 4월 13일 임진왜란이 일어나기 바로 전날 이순신은 완성된 거북선에서 각종 총통을 시험 발사했다. 그 선견지명先見之明은 바로 유비무환 정신이 아닐 수 없다.

『선조실록』 1596년 11월 7일자 기록이다.

"상이 이르기를 '귀선의 제도는 어떠한가?' 하니 남이공(南以恭. 후에 북인의 영수)이 아뢰기를 '사면을 판옥(板屋)으로 꾸미고 형상은 거북 등 같으며 쇠못을 옆과 양 머리에 꽂았는데, 왜선과 만나면 부딪치는 것은 다 부서지니 수전(水戰)에 쓰는 것으로는 이보다 좋은 것이 없습니다.' 하니 상이 이르기를 '어찌하여 많이 만들지 않는가.' 하니 '전선은 가볍고 빠른 것이 상책입니다. 지금은 군사가 없는 것이 걱정이지 배가 없는 것은 걱정이 아니니 바닷가에 사는 공천(公賤. 공노비)과 사천(私賤. 사노비)을 오로지 수군에 충당하면 국가의 계책에 좋을 것입니다.'라고 말했다."

사천해전에 처녀 출전한 거북선은 그 특유의 돌격선으로서 왜 수군을 상대로 혁혁한 공을 세웠다. 그러나 1597년 7월 16일 원균元均의 칠천량 패전으로 모두 바닷속으로 수장되었다. 1980년대 중반 해군과 2007년 경상남도가 칠천도 부근에서 거북선 잔해를 찾기 위한 노력을 펼쳤으나 별무소득이었다. 아마도 왜군과 전투 중 분멸焚滅, 불에 타 없어짐된 것이 아닌가 추측하지만, 그래도 한 조각의 흔적 찾기에 우리 모두가 혼신의 노력을 기울여야 할 것이다.

거북선에 관한 기록은 조선 초기 『태종실록』에 처음 보인다.

1413년태종 13 2월 5일자 기록이다.

"왕이 임진강 나루를 지나다가 귀선(龜船)과 왜선으로 꾸민 배들이 해전 연습을 하는 것을 보았다."

1415년태종 15 좌대언左代言, 좌승지 탁신卓愼이 "귀선의 전법은 많은 적에 충돌하더라도 적이 해칠 수가 없으니, 결승의 양책良策이라 할 수 있으며, 거듭 견고하고 정교하게 만들게 하여 전승의 도구로 갖추어야 합니다."는 상소를 했다.

귀선 출현의 역사를 개략적으로 살펴보면 다음과 같다.

고려 초 왜구가 서남해안에서 득세하자 제8대 현종 원년1009부터 과선戈船 75척이 건조되어 근 100년 동안 고려의 주력 전선으로 역할을 했다. 그때 과선은 배의 좌우에 창과 칼을 꽂아 적병이 배에 뛰어오르는 것을 막고 머리에는 쇠로 만든 뿔을 달아 적선을 충파衝破했다.

태종조와 세종조 때 외교관이었던 충숙공 이예李藝. 1373~1445는 조선 최초의 통신사로서 1401년 이후 40여 차례 일본에 파견되어 왜구에게 납치되었던 667명의 백성을 쇄환한 인물이다. '일본통'인 이예는 세종에게 상소하기를, 기존의 맹선猛船에 칼과 창을 꽂아 왜군의 접근을 차단하는 창선槍船의 개발을 건의했다. 이렇게 귀선은 과선과 창선의 기능과 구조가 한 단계씩 발전되면서 태종 때 거북선 모양의 형체가 완성되었다. 그러나 그때 귀선은 1592년 임진왜란 때 이순신이 창제한 거북선과는 기능과 구조에서 많은 차이가 있었을 것이다.

1592년선조 25 이순신에 의하여 재탄생한 거북선을 '창제귀선創制龜船'이라고 한다. 즉 이미 있었던 귀선이지만 전투력을 더 높이기 위하여 창의적으로 발전시킨 모델이라는 뜻이다. 이른바 법고창신法古創新의 정신을 적극 활용한 작품이 이순신의 귀선이었다. 이 귀선은 등선백병전과 단병접근전에 능한 왜군을 막기 위한 비책으로 조선 수군이 개발한 비장의 무기였다.

23전 23승 전승무패, 이순신 승리의 비법을 조카 이분李芬은 다음과 같이 『충무공행록』에 기록했다. 이분은 1597년 7월 16일 원균元均의 칠천량 패전으로 귀선이 모두 상실된 뒤 본영에 근무하면서 행록을 썼다.

"공(충무공)이 수영에 있을 때 왜구가 반드시 쳐들어올 것을 알고, 본영 및 소속 포구의 무기와 기계들을 수리, 정비하고 또 쇠사슬을 만들어 앞바다를 가로 막았다. 그리고 또 전선을 창작하니(創作戰船), 크기는 판옥선만한데(大如板屋), 위에는 판자로 덮고, 판자 위에 십자 모양의 좁은 길을 내어 사람이 다닐 수 있게 하고, 나머지 부분은 모두 칼과 송곳(刀錐)을 꽂아 사방으로 발붙일 곳이 없도록 했으며, 앞에는 용머리를 만들어 입은 총혈(銃穴)이 되게 하고, 뒤는 거북 꼬리처럼 되었는데 그 밑에도 총혈이 있으며, 좌우에 각각 여섯 개의 총혈이 있다. 대개 그 모양이 거북의 형상과 같아 이름을 '귀선(龜船)'이라 하였다. 뒷날 싸울 때에는 거적으로 송곳과 칼(錐刀) 위를 덮고 선봉이 되어 나아가는데, 적이 배에 올라와 덤비려 들다가는 칼과 송곳 끝에 찔려 죽고, 또 적선이 포위하려 하면 좌우 앞뒤에서 일제히 총을 쏘아 적선이 아무리 바다를 덮어 구름같이 모여들어도 이 배는 그 속을 마음대로 드나들어 가는 곳마다 쓰러지지 않는 자가 없기 때문에 전후 크고 작은 싸움에서 이것으로 항상 승리한 것이었다."

거북선은 철갑선인가? 결론은 이분의 『충무공행록』에 기록된 것에서 알 수 있듯이, 덮개에 칼과 송곳을 꽂은 것이지 철갑을 두른 것은 아니었다. 최유해崔有海의 「충무공행장」에서도 송곳錐과 칼刀을 꽂았다고 밝히고 있다.

거북선의 철갑鐵甲과 관련, 현존하는 자료로는 왜군 장수인 도노오카 진자에몬外岡甚左衛門이 임진년 1592년에 남긴 『고려선전기高麗船戰記』가 가장 오래된 것이다. 당시 69세의 도노오카는 왜 수군에 종군했는데 1592년 7월 28일 부산포에서 전황기록문서인 『고려선전기高麗船戰記』를 썼다. 7월 8일 한산대첩에 이어 7월 10일에 있었던 안골포해전安骨浦海戰의 실전상황을 목격한 대로 충실하게 기술했다.

"구키 요시타카(九鬼嘉隆)와 가토 요시아키(加藤嘉明)는 와키자카 야스하루(脇坂安治)

가 한산해전에서 패했다는 소식을 듣고 6일에 부산포로부터 나와 바로 해협 입구에 이르러 8일에는 안골포의 오도(烏島)라는 항(港)에 들어갔다. 9일(朝鮮曆. 10 일)의 진시(辰時. 오전 8시경)부터 적의 대선 58척과 소선 50척 가량이 공격해 왔다. 대선 중의 3척은 맹선(盲船. 장님배·거북선)이며, 철(鐵)로 요해(要害)하여 석화시(石火矢), 봉화시(棒火矢), 오가리마따(大狩鉢) 등을 쏘면서 유시(酉時. 오후 6시경)까지 번갈아 달려들어 쏘아대어 다락에서 복도, 테두리 밑의 방패에 이르기까지 모두 격파되고 말았다. 석화시라고 하는 것은 길이가 5척 6촌(약 117.6cm)의 견목(堅木)이며, 봉화시의 끝은 철로 둥글게 튼튼히 붙인 것이다. 이와 같은 큰 화살(大箭)로 다섯 칸(1칸은 약 1.25m), 또는 세 칸 이내까지 다가와 쏘아대는 것이다."

이로부터 240년 뒤인 1831년에 일본의 천구장유 川口長孺 는 『정한위략征 韓偉略』에서 거북선에 관하여 『고려선전기』를 인용, "적선 중에는 온통 철로 장비한 배가 있어, 우리의 포로써는 상하게 할 수가 없었다."고 서술하고 있다.

이와 같은 기록에 따라 영국해군에서는 1883년 "고려 전선은 철판으로 선체를 싸고 마치 거북이 껍질 모양으로 만들어 당시 일본의 목조병선을 깨트렸으니 세계 최초의 철갑선은 진실로 조선인이 발명한 것이다."라고 기록했다. 이에 따라 『대영백과사전』에서는 "거북선은 세계 최초의 철갑선"이라고 기재되었다가 어떤 이유에서인지 삭제되어 버렸다.

노산 이은상 선생도 1945년 『이충무공일대기』를 저술하면서 "우리의 철갑 거북선은 불침전함 이상의 불가사의가 아닐 수 없다."고 주장했다.

조선의 『인갑기록鱗甲記錄』은 1748년영조 24 경상좌도 수군절도사 이언섭

李彦燮의 장계 초본에 나온다. 거북선의 철갑을 뜻하는 내용이 국내 처음으로 등장한다. 장계는 거북선에 대한 건의문인데, 거북선과 누선樓船을 비교하여 거북선이 전술적으로 뛰어남을 거듭 지적하고, 임진왜란 때 이순신의 공적을 높이 칭송하면서 누선을 거북선으로 대치할 것을 극구 주청하고 있다.

"인갑으로 덮개를 하고(鱗甲爲蓋) 그 안을 넓혔으며, 굽은 나무로 가슴을 꾸미고, 가파르고 뾰족하여 가볍고 날래니, 외양은 신령한 거북이 물 위를 달려가는 것과 비슷합니다. 이것을 누선과 비교한다면 그 빠르고 둔함이 하늘과 땅의 판이함으로나 비할 수 있겠습니다. 위에 인갑이 있어서 시석(矢石)을 두려워하지 않고 그 속에 군사와 기계(무기)를 감추어서 재주를 떨치며 부딪쳐 나아감에 빠르기가 육군의 갑마(甲馬)와 같으니, 그것으로 선봉을 삼아 파도가 도도한 가운데로 달리어 공격하며 나는 듯이 쳐들어간다면 실로 막강한 이기(利器)이온 바, 수군이 믿는 바는 오로지 이 전함입니다."

여기서 거북선에 입혀진 철갑의 종류는 바로 '인갑鱗甲'이다. 즉 쇠 조각을 비늘 모양으로 장착한 것으로 대장간에서 단조鍛造된 철엽이다. 그 두께는 부력과 복원력 등을 고려하면 조선 철갑의 전형에 따라 2~3㎜ 정도일 것으로 추정된다. 오늘날 궁궐 대문이나 산성 대문에 박힌 쇠철갑을 떠올리면 이해가 쉽다.

철갑 거북선은 영어로는 Iron-clad Turtle-boats이다. 일부 학자들은 쇠판을 씌웠을 경우 철갑 위에 쇠 송곳을 부착하기가 어려울 뿐만 아니라, 바다 위에서 운용하면 녹이 잘 슬어 별로 실용성이 없었을 것이라는 주장을 하기도 한다.

1795년정조 19에 간행된 『이충무공전서』 속에는 거북선전라좌수영. 통제영의 제도를 기술한 내용이 있어, 비록 후대의 거북선에 관한 기록이지만, 거북선의 제원諸元을 알 수 있는 귀중한 사료가 된다.

오늘날 알려진 거북선 종류는 세 종류가 있다. 가장 널리 알려진 것이 『이충무공전서』에 실린 통제영 거북선과 전라좌수영 거북선이다. 또 이순신 종가에도 거북선 그림 두 장이 전해져 오는데, 판옥선처럼 장대將臺가 있는 것과 거북머리가 없는 '머리 없는 거북선'이 그것이다.

『이충무공전서』에서는 통제영 거북선이 이순신이 만든 거북선과 유사하다고 설명하고 있다.

현재 10여 종이 남아 있는 조선 후기 수군 훈련도에 묘사된 거북선 중 상당수가 장대가 있는 거북선이다. 적어도 19세기 이후에는 장대가 있는 거북선이 일반화되었던 것 같다.

거북선의 척 수는 임진왜란 당시 을미년1595에 5척, 난 후 8년이 지난 1606년선조 39에도 5척, 그리고 1716년숙종 42에도 그대로 5척이나, 1746년영조 22에는 14척『續大典』, 1808년순조 8에는 30척『萬機要覽』 등으로 점차 증가되었다.

『이충무공전서』에 의하면 선체 길이雙葉尾를 제외한 상장 부분 26~28m, 선체 너비 9~10m, 선체 높이 6~6.5m 정도로 추정되고 있다. 1866년 병인양요 때 흥선대원군이 "거북선과 같은 철갑선을 만들라."고 명령한 것은 시대에는 부합되었으나 기술의 공백으로 실패하고 말았다.

조선 주력함선 판옥선

○

●

○

　임진왜란 때 조선 수군의 주력함선은 판옥선板屋船이었다. 판옥선의 판옥板屋은 '판자로 만든 집'이란 뜻이다. 판옥선 이전의 주력군함인 맹선猛船은 갑판 위가 평평한 평선형平船型인데 판옥선은 갑판 위에 다시 상갑판이 추가되어 장대將臺, 지휘소가 설치되어 있었다.

　왜적 침입 초기에는 조운漕運 겸용선인 맹선猛船으로 대처하여 어느 정도 효과를 보았다. 그러나 왜구들이 중국의 조선술과 화포를 들여와 전력이 크게 강화되자 조선에서도 이에 대응하기 위한 새로운 전함을 개발할 필요성이 생겼다.

　1521년중종 16 『중종실록』에서 서후徐厚는 "지금 수준에서는 소선만을 쓰고 있지만 소선은 아무리 민첩하더라도 접전에서는 쓸모가 없고 적이 칼을 빼어들고 뛰어들 수 없는 고준高峻한 대함大艦을 가지고 적을 내려다보며 제압해야 합니다."라고 말했다.

또 1544년^{중종 39} 병조판서를 지낸 판중추부사 송흠^{宋欽}은 "전라도 지역에 침입하는 중국 해적선이 백여 명이 탑승할 수 있을 정도로 매우 크고, 판자를 사용하여 배 위에 집을 만들었으며^{以板爲屋}, 나무판자로써 방패를 세웠다^{用板爲障}."며 우리도 이렇게 만들어야 한다고 주장했다.

중종 때 판옥선의 개발이 중점적으로 논의된 것은 왜구의 침탈이 유독 심했기 때문이었다.

1510년^{중종 5} 삼포왜란이 일어났다. 삼포는 부산포^{동래}, 제포^{창원}, 염포^{울산}인데 왜인과 대마도주가 합세하여 병선 수백 척을 몰고 들어와 부산포첨사를 살해하고, 제포를 점령했다. 당시 조선 군선인 맹선은 이렇다 할 역할을 하지 못했고 1512년 임신조약이 체결돼 제포를 개방했다. 1522~23년^{중종 17~18}에는 왜구들이 전라도와 황해도에 왜선 10여 척으로 침입했다. 이어 1544년^{중종 39} 4월 사량왜변이 일어났다. 화포로 무장한 왜선 20여 척이 통영 사량진에 침입했다.

그 결과 1547년^{명종 2}에 정미약조가 체결되고 일본과 국교를 재개했다. 1555년^{명종 10} 을묘왜변이 일어나, 왜선 70여 척이 해남군 달량포에 침입, 전라병사와 장흥병사를 살해하고 영암까지 상륙했다. 이때부터 왜구의 침탈을 물리치기 위한 판옥선의 개발은 속도를 냈다.

판옥선은 명장 정걸^{丁傑, 1514~1597}이 만든 것으로 알려졌다. 경상우도, 전라좌우도 수군절도사를 지낸 백전노장 정걸은 1591년 이순신이 전라좌수사가 되자 77세의 노령임에도 불구하고 '까마득한 후배' 이순신의 청을 흔쾌히 받아들여 그 휘하 조방장으로 임명되었다.

1799년 정조 때 편찬된 『호남절의록 湖南節義錄』 기록에 판옥선 건조와 관련된 기록이 나온다.

"훗날 암행어사 이이장(李彛章)이 판옥선은 그 운용이 어려우니 폐하자고 장계하자 영조가 '그것은 명장 정걸이 창제한 것'이니 폐할 수 없다."

『호남절의록』은 호남 의병장 고경명 高敬命, 1533~1592의 7대손인 고정헌 高廷憲이 임진왜란, 갑자란 甲子亂, 이괄의 난, 정묘호란, 병자호란, 1728년 무신란 戊申亂, 이인좌의 난 등 5란의 사적事蹟 중 호남의 충의열사 忠義烈士들만을 가려 엮은 책이다.

흥양고흥 출신 정걸은 1555년 을묘왜변 때 달량성 達梁城, 영암에서 왜군을 무찌른 공으로 남도포 南桃浦만호가 되었다. 이듬해 부안현감을 거쳐 1561년 온성도호부사, 1568년선조 1 종성부사로 있으면서 여진 정벌과 국경 수비에 공을 세웠다. 그 뒤 1572년 경상우도 수군절도사, 1577년 전라좌도 수군절도사, 1578년 경상우도 수군절도사, 1581년 절충장군, 1583년 전라도 병마절도사, 1584년 창원부사, 1587년 전라우도 수군절도사 등 수군의 요직을 두루 역임하였다.

1591년에는 이순신 휘하의 전라좌수영 경장 조방장으로 임명받고 조선 수군의 주력 전선인 판옥선을 각 진영별로 나누어 건조를 서둘렀다. 또 화전 火箭 불화살, 철령전 등 여러 가지 무기도 만들었다. 이듬해 4월 임진왜란이 일어나자 이순신과 함께 각종 해전에 참가해 많은 공을 세웠다. 특히 1592년 5월 7일 이순신 함대의 첫 해전인 옥포해전에서 전공을 세웠고

7월 8일 한산도대첩에 이어, 9월 1일의 부산포해전에서도 큰 공을 세웠다.

2층 구조의 판옥선은 1층에는 노를 젓는 격군格軍이 탑승하고 2층 갑판에 전투요원사부, 포수, 화포장이 탑승한다. 활을 쏘는 사부射夫 15명, 화약병기인 총통을 다루는 포수炮手 24명, 화포장火砲匠 10명, 키와 닻을 다루는 타료정수舵繚碇手 9명, 노를 젓는 능노군能櫓軍 42명, 포도관捕盜官 2명 등 168명이 승선했다.

임진왜란 종전 직후인 광해군 때1608~1623 판옥선의 배밑판저판, 본판 크기 기록이 남아있다. 배밑판 길이는 대선이 70척1척 0.303m, 19.7~21.2m이다. 배의 구조상 배밑판 길이는 배 전체 길이보다는 짧다. 이러한 구조를 고려한다면 배밑판 70척의 대선을 기준으로 선체 길이는 대략 80~90척, 전체 배 길이는 대략 90~110척약 28~34m 탑승인원 160명, 노 16자루 정도로 추정된다.

이 정도 크기는 임진왜란 당시 이순신 이하 수사급 지휘관이 탑승한 판옥선이라고 보면 될 것이다. 기타 수군장이 탑승한 판옥선은 조금 작은데, 저판장 50~55척15.2~16.6m, 탑승인원 125명, 노 12~14자루로 추정된다.

또 판옥선은 바닥이 평평한 평저선平底船으로 끝이 뾰족한 첨저선尖底船인 아타케부네安宅船나 세키부네關船 등 왜 수군의 군선보다 속력은 느렸으나 조수간만의 차가 큰 연안지역에 적합하게 만들어졌다. 또한 천자, 지자, 현자, 황자총통 20문을 탑재해서 쏘고 난 뒤 그 반동을 흡수할 수 있었다. 하지만 첨저선인 왜 수군 함선은 총통은 없었지만 있다 해도 그 반동을 흡수할 만큼 견고하지 못했다.

판옥선은 뱃머리가 평평하고 가로목인 버팀목을 사용하여 흘수가 낮고 조류가 심한 곳이나 수심이 얕은 갯벌, 모래톱에서 그대로 정박할 수 있다. 운항속도는 느리지만 회전반경이 작아 그만큼 활동성이 뛰어나 한쪽에서 총통을 방포하고 배를 돌려 다른 쪽의 총통을 발사하기에 적합한 구조였다. 하지만 끝이 뾰족한 첨저선인 왜 함선은 운항속도는 빠르나 회전반경이 크다. 그리고 모래톱이나 뻘에 박히면 그대로 좌초된다. 첨저선은 수심이 깊은 곳이나 먼 바다의 외양작전에 유리하게 설계된 배다. 또한 판옥선은 참나무 못을 사용하여 물에 젖으면 불어나 더욱 조이게 되지만, 쇠못으로 고정한 왜 함선은 소금물에 삭아서 결국 녹슬거나 부서지는 취약점을 가졌다.

1592년 4월 13일 왜 수군은 총 1천여 척의 군선을 동원, 순차적으로 15만8천여 명의 병력을 실어 날랐다. 당시 조선 수군의 판옥선 수는 왜 수군에 비해 훨씬 적었다.

경상우수사였던 원균元均이 1593년 7월 15일 올린 장계에서 "3도의 판옥선은 120여 척뿐"이라고 했다.

이순신은 판옥선 건조를 서둘렀다. 전라좌수사 겸 삼도수군통제사 임무를 맡은 뒤 1593년 9월 10일 올린 장계를 보면, "전라우수영 90척, 전라좌수영 60척, 충청수영 60척, 경상우수영 40척 등 모두 250척을 만들겠다."고 보고했다. 3개월 후 윤11월 17일 올린 보고서에는 최종적으로 180여 척이 만들어졌다고 밝히고 있다.

일본 수군함선보다 능력이 뛰어난 판옥선의 개발은 아이러니컬하게도 13~14세기 초 왜구들이 득세하면서 그 방비책으로 개발된 신형 전함이 모델이었다.

1567년 『명종실록』에 판옥선의 존재가 나타났다.

"옛날 왜적은 모두 상장이 없는 평선을 타고 왔기 때문에 우리도 평선을 가지고 적을 제압했으나 지금은 왜적이 모두 상장이 있는 옥선(屋船)을 타고 오기 때문에 우리도 부득이 판옥선(板屋船)을 쓰지 않을 수 없다."

을묘왜변 직후인 1555년 9월 16일 『명종실록』에서 "임금이 조정대신 여럿을 데리고 한강이 바라보이는 망원정望遠亭에 올랐다. 새로 만들었다는 배를 직접 보기 위해서였다."라고 기록하고 있다. 드디어 판옥선이 개발된 것이다.

견후장대堅厚壯大한 판옥선은 소나무 재질로 만들어져 삼나무로 만들어진 아타케부네나 세키부네 등 왜 수군의 전선과 부딪혀도 끄떡없었다. 오히려 왜 전선은 용골龍骨이 없어 선체를 지탱하는 힘이 모자랐기 때문에 판옥선과 부딪히면 그대로 박살이 났다. 일본 전통 선박은 주로 삼나무杉木나 전나무檜木로 만들어져 있다. 삼나무나 전나무는 소나무에 비하여 더욱 가볍고 가공하기 쉬운 특징을 가지고 있다.

필자가 3년 전 대마도를 탐방했을 때 섬 전체가 거의 삼나무로 뒤덮여 있는 모습을 볼 수 있었다. 그곳 사람의 이야기에 따르면 "대마도의 삼나무를 모두 베어 팔면 일본 본토를 다 살 수 있다."는 다소 과장된 말이 나올 정도로 대마도는 온천지가 삼나무 밭이었다.

한편 거북선 창제의 일등공신인 조선차관造船差官 나대용羅大用은 임진

왜란 이후 새로운 전선인 창선槍船 개발에 대한 자신의 의견을 삼도수군
통제사 이운룡李雲龍에게 전했다. 이에 이운룡은 선조에게 치계한 내용에
그의 의견을 반영했다.

1606년선조 39 『선조실록』의 내용이다.

"이운룡은 '전 현령 나대용이 거북선은 전쟁에 쓰기는 좋지만 사수와 격군의
숫자가 판옥선의 125명보다 적게 수용되지 않고 활을 쏘기에도 불편하기 때
문에 각 영에 한 척씩만을 배치하고 더 이상 만들지 않고 있다. 신이 판옥선도
아니고 거북선도 아닌 다른 모양의 배를 건조했는데 칼과 창을 빽빽이 꽂았으
므로 이름을 창선(槍船)이라 하였다. 격군 42명을 나누어 태우고 바다에 나아가
노를 젓게 하였더니 빠르기가 나는 듯했고, 활쏘기의 편리함도 판옥선보다 나
왔다. 만일 다시 이 배를 만들도록 하여 높고 낮은 여러 장수에게 각기 1척씩
맡긴다면 배 숫자는 전보다 배나 되지만 사수와 격군은 더 늘지 않아도 저절
로 충분할 것이다.'라고 상소하였다."

당시 수군은 배에 태울 격군格軍을 확보하지 못해 전선의 수를 늘리기
어려운 상황이었는데, 나대용은 125명 정도의 인원이 필요한 판옥선板屋
船이나 거북선과는 달리 42명의 격군만으로도 운항할 수 있는 창선을 개
발하자고 주장한 것이다.

나대용이란 존재를 알아본 이순신의 지인지감知人之鑑도 뛰어나지만,
그 뜻을 훌륭히 받들어 거북선 창제에 온힘을 쏟은 나대용은 이순신 사
후에도 또 다른 전선인 창선槍船의 개발에 주력했다.

아타케부네, 세키부네, 명나라 군선

○
●
○

임진왜란 당시 왜군은 대형선인 아타케부네安宅船를 운영했다. 유명 다이묘大名들이 타는 배로 안택선安宅船이란 한자 그대로 매우 튼튼하고 안전한 집과 같다는 뜻이다. 일본 전통 배의 권위자인 석정겸치石井謙治에 의하면, 아타케란 '적을 두려워하지 않고 마구 날뛰는 배'라고 설명한다.

갑판에 3층 기와집인 천수각天守閣이 있고 배에는 청라장靑羅帳을 두르고 새털휘장인 우보羽葆와 홍기紅旗와 가문의 깃발인 가문치家紋幟를 화려하게 꽂아놓았다. 노櫓는 50개이고 약 300명이 승선했다. 최고 수장의 지휘선으로 임진왜란 때 부산포 왜성의 일본호日本丸, 안골포 왜성의 삼국호三國丸, 순천왜성의 소사환小寺丸 등 소수에 불과했다.

1592년 6월 2일, 맑음.

"아침에 출발하여 곧장 당포(唐浦. 통영) 앞 선창에 이르니 왜선 20여 척이 줄지어 정박해 있었다. 우리 배가 둘러싸고 싸우는데 적선 중에 큰 배 1척은 우리의 판옥선만 하였다. 배 위에는 누각을 꾸몄는데 높이가 두 길(丈. 약 6m)이고, 누각 위에는 왜장이 우뚝 앉아서 끄덕도 하지 않았다. 편전(片箭)과 대중 승자총통을 비 오듯이 난사하니, 왜장이 화살에 맞고 떨어졌다. 그러자 모든 왜적들이 동시에 놀라 흩어졌다."

아타케에는 크게 두 종류가 있는데 첫 번째는 이른바 이세선형伊勢船型이며, 두 번째는 후다나리선형二成船型이다. 이세형은 이물船首이 우리나라 전통 배인 평저선平底船처럼 평평한 것Blunted Stem이 특징이다. 이세형 아타케의 평평한 이물船首을 일본에서는 도다데쯔구리戶立造, 상조箱造, 오처표吾處表 등 여러 가지 명칭으로 부른다. 일본에서도 그 실체를 두고 논란이 많은 니혼마루日本丸도 이세형 아타케이며, 악명 높은 가토 기요마사加藤清正의 배나, 명량해전에 참전한 하치스카 이에마사蜂須賀家政의 배도 이세형 아타케였다.

후다나리형은 다른 일본 전통 배와 마찬가지로 이물船首이 뾰족한 구조Pointed Stem의 첨저선尖底船 형태로 되어 있다. 이세형의 상조箱造에 대비되는 구조로 상치箱置라고 부른다. 후다나리형은 주로 세토내해瀨戶內海나 규슈 지역에서 발전된 양식이다. 방패판楯板 중에 일부는 경첩이 달린 특수 구조拨垣로 되어 있어, 밖으로 넘어뜨리면 다른 배로 건너갈 수 있는 다리 역할을 한다.

일반적인 아타케라 하면 30명의 조총병을 포함해서 대략 60명 정도의 전투요원이 승선했던 것 같다. 비전투요원인 수부水夫는 80개의 노櫓를 가진 후다나리형 아타케라면 수부水夫도 80여 명 정도가 승선하게 된다. 이 정도 인원이라면 소형 판옥선과 거의 비슷하다고 할 수 있다. 크기도 저판 길이가 43자尺부터 큰 것은 93자까지 되는 것이 있었다. 『이충무공전서』의 거북선 저판 길이는 64.8자이고, 광해군 7년경의 판옥선 저판 길이가 47.5~70자 정도, 조선 후기의 통영상선統營商船 기함의 저판 길이가 90자 정도이므로 아타케와 판옥선의 크기는 거의 비슷하다고 할 수 있다.

아타케는 일본에서 흔히 야마토형 군선大和型 軍船의 대표적 존재로 간주하고 있다. 1609년 도쿠가와 바쿠후德川幕府에서 제후들의 아타케 소유를 금지했기 때문에, 17세기에는 제후들의 어좌선御座船도 아타케 대신 세키부네로 만들게 되었다. 이 때문에 17세기 이후 세키부네의 크기가 조금씩 커졌다.

왜 수군의 주력 함대는 세키부네關船였다. 노는 20~40개이고 약 100여 명이 승선했다. 또 소형군선인 고바야부네小早船는 36개의 노를 가진 급행 파발선으로 히갸쿠센飛脚船이라고 불렀다. 세키부네를 관선關船이라 부르는 것은 중세 해적들이 수로의 요소에 관소關所를 설치하고 통행세를 받은 데서 비롯된다.

세키부네는 뾰족한 선수Pointed Stem를 가지고 있다. 배 길이를 폭으로 나눈 값을 장폭비長幅比, L/B라고 하는데 세키부네는 아타케에 비해 장폭비가 커, 길고 폭이 좁은 날렵한 선체 모형이다. 첨저선인 세키부네關船는 속도가 빠르고 흘수가 높아 복원력이 크므로 파도가 센 대한해협 등

원양항해에 유리하다. 기동력은 있지만 쇠못을 사용하고 가로목이 따로 없어 함포적재는 불가능하다. 물론 당시 왜 수군은 함포를 확보하지 못해서 천자, 지자, 현자, 황자총통을 탑재한 조선 수군에 비해서 전력상 크게 뒤처졌다.

세키부네의 크기는 여러 종류가 있으나 임진왜란 당시에는 길이 36~46자尺, 폭 12~16자 정도였다. 노櫓가 40개 정도라면 비전투요원인 수부水夫가 40명 정도 타게 되며, 조총병 20명을 포함해서 대략 30명 정도의 전투요원이 승선하게 된다. 경우에 따라 대포大筒 1문 정도를 탑재하는 경우도 있었으나, 대부분의 세키부네에는 대포를 탑재하지 않았다.

세키부네의 노를 젓는 요원들은 하층갑판에 있고 전투요원은 상층갑판矢倉. 아구라에 위치하게 된다. 그러나 세키부네는 판옥선처럼 하층갑판 위에 같은 크기의 상층갑판을 덮은 구조가 아니라, 높이가 다른 몇 개의 상층갑판을 복합적으로 설치해 놓은 구조이다. 판옥선이나 아타케처럼 세키부네에도 좌우에 참나무 방패판楯板. 筒壁이 있는 것처럼 그려 놓았다. 하지만 이런 구조는 임진왜란 이후의 양식이며 임진왜란 당시의 세키부네에는 단순히 대나무 다발竹束로 된 방패가 있었을 뿐이다.

세키부네나 고바야의 경우 예외 없이 돛대가 1개인 단범單帆이지만, 아타케의 경우 돛대가 2개인 쌍범雙帆인 경우도 많았다.

고바야는 세키부네의 별명이 하야부네早船이므로, 고바야小早는 '작은 세키부네'란 뜻이다. 임진왜란 당시에는 보통 노가 30개 이하 17세기 이후는 40개 이하이다. 좌우에 방패판이 없는 등 방어력이 약한 편이다. 또 선수船首에 장대將臺 형태의 간단한 망루가 있을 뿐, 그 외 갑판은 기본적으로 1층으로 되어 있다. 노櫓가 20개인 임진왜란 당시의 고바야라면, 비전투요원인 수부水夫가 대략 20명 정도 타게 되고, 전투요원은 8명의 조총병을 포함해서 10명 정도가 탑승한다. 임진왜란 당시의 고바야는 대략 길이가 36자尺 미만이었다.

그러면 임진왜란 당시 명나라 수군의 전투함은 어떤 모습이었을까.

무술년 1598년 『난중일기』의 여백에 사선沙船 25척, 호선虎船 77척, 비해선 17척, 잔선 9척이라는 메모가 적혀 있는데, 명나라 수군 도독 진린陳璘이 이끌었던 명 수군의 전력으로 보인다.

1598년 10월 3일, 맑음.

"진린(陳璘) 도독이 유정(劉綎) 제독의 비밀 서신을 받고 초저녁에 나가 싸워 자정에 이르기까지 적을 처부수었다. 그러나 명나라의 배인 사선(沙船) 19척, 호선(虎船) 20여 척이 불탔다. 진 도독이 안절부절 황당해 하는 모습은 이루 다 형언할수가 없다. 안골포만호 우수(禹壽)도 탄환에 맞았다."

명나라 초기 정화鄭和, 1371~1433의 남해 원정 때 동원된 보선寶船은 길이가 137m 폭이 56m에 돛이 9개나 달린 대형함선이었지만 진린의 수군에서 그런 모습을 찾아보기 어렵다. 조선에 온 명나라 수군의 군선은 사선沙船과 호선虎船이 대표적이다. 평저선인 사선은 길이 15~20m에 탑승인원 60~80명 정도이고, 호선은 길이 10m 정도에 탑승인원 20~30명 정도의 소형군선이다. 호선은 말할 것도 없고 사선도 단층으로 지어진 작은 배이다. 조선의 판옥선은 물론이고 일본의 아타케나 세키부네에 비해서도 훨씬 작다. 또 무기도 불랑기포佛郎機砲, 서양식 대포 같은 중형 화포는 탑재가 불가능하고 오늘날 박격포와 같은 호준포虎蹲砲라는 소형 화포만 실었다. 그래서 호준포는 신호용으로 사용하는 경우가 많았다.

1598년 11월 노량해전 당시 도독 진린陳璘과 부총병 등자룡鄧子龍은 조선의 판옥선을 빌어 타고 참전했는데 등자룡의 판옥선에서 화재가 발생하는 바람에 등자룡이 죽었다. 진린 역시 다도해 지역의 물길 사정에 어두운데다 혼자 공을 세우겠다고 욕심을 부리다가 그만 왜군에게 잡혀 죽을 뻔했다.

노량해전이 끝난 다음 해인 1599선조 32 좌의정 이덕형李德馨은 노량해전에서 조명연합 수군의 승첩에 대해 선조에게 다음과 같은 치계를 올렸다.

"18일에 이순신(李舜臣)이 진린에게 말하기를 '적의 구원병이 수일 내에 당도할 것이니 나는 먼저 가서 요격하겠다.' 하니, 진린이 허락하지 않았으나 이순신은 듣지 않고 요격하기로 결정하고서 나팔을 불며 배를 몰아가자 진린은 어쩔 수 없이 그 뒤를 따랐는데, 중국 배는 선체가 작은데다 뒤쪽에 있으므로 그저 성세(聲勢)만 보였을 뿐이고 등자룡(鄧子龍)과 진린 두 사람이 판옥선(板屋船)을 타고 가서 싸웠다고 합니다."

『선조실록』 무술년(1598) 11월 27일 기사.

"금월 19일 사천, 남해, 고성에 있던 왜적의 배 3백여 척이 합세하여 노량도에 도착하자, 통제사 이순신이 수군을 거느리고 곧바로 나아가 맞이해 싸우고 중국 군사도 합세하여 진격하니 왜적이 대패하여 물에 빠져 죽은 자는 이루 헤아릴 수 없고 왜선 2백여 척이 부서져 죽고 부상당한 자가 수천여 명입니다. 왜적의 시체와 부서진 배의 나무판자, 무기 또는 의복 등이 바다를 뒤덮고 떠있어 물이 흐르지 못하였고 바닷물이 온통 붉었습니다. 통제사 이순신(李舜臣)이 탄환을 맞아 죽었습니다. 또 가리포첨사 이영남, 낙안군수 방덕룡, 홍양현감 고득장 등 10명이 전사했습니다."

임진왜란 당시 왜군이나 명군은 수군보다 육군을 주요 전력으로 삼았기 때문에 수군의 전력이 상대적으로 미약했다. 그러나 조선은 일찍이 주요 요충지경상도, 전라도, 충청도, 경기도에 수군을 주둔시키는 등 수군전력 강화에 힘썼다. 게다가 이순신 장군의 거북선 창제와 판옥선 개발 및 총통화력 집중 등으로 조선 수군은 당시 삼국 가운데 가장 뛰어난 전력의 우위를 점할 수 있었다.

화약무기 총통(銃筒)

○

●

○

1592년 임진왜란 때 조선군은 일본군의 조총鳥銃의 위력 앞에 무릎을 꿇을 수밖에 없었다. 선조와 조정에서는 '새나 맞히는 총'이라고 비하해서 조총鳥銃이라고 불렀는데 당시 일본에서는 철포鐵砲라 쓰고 '뎃포'라고 불렀다. 임진왜란이 일어나기 전 대마도주인 소 요시토시宗義智는 조총 두 자루를 가져와서 선조 앞에 내놓았다. '일본의 무력이 이러하니 제발 통신사를 보내서 전쟁을 막아야 된다.'는 뜻이었다. 정말 전쟁이 일어나면 중간 무역으로 먹고사는 대마도는 쑥밭이 될 게 뻔했기 때문에 소 요시토시는 애가 탔다. 그러나 선조는 그 위력을 시험해 보지도 않고 조총을 군기시軍器寺 창고에 넣어두라 명했다. 다만 류성룡柳成龍은 조총의 위력을 시험해 보고 그 위력을 실감했다.

조선 육군은 조총 앞에서 추풍낙엽처럼 쓰러졌다. 조선군은 평시에는 농사를 짓다가 난리가 났을 때 소집되는 병농일치의 둔전병으로서 이렇다 할 체계적인 훈련이 없었기 때문에 오합지졸의 약체였다. 천지를 뒤흔드는 조총 발사 소리에 조선군은 혼비백산, 도망치기에 급급했다. 조선 땅을 일순간에 무인지경으로 만든 조총의 위력 앞에 조선군은 속수무책, 그냥 당할 수밖에 없었다.

이런 조총을 앞세운 일본군은 4월 13일 부산포에 상륙한 이후 파죽지세로 20여 일 만인 5월 3일 한성에 무혈입성했다는 사실만으로 일본군의 위력은 실감하고도 남는다. 서울과 부산의 거리가 400여 km라면 하루에 20여 km를 폭풍 돌진했다는 계산이 나온다.

조선 육군은 육전陸戰에서 연전연패했지만, 남해안의 이순신李舜臣은 수전水戰에서 천자, 지자, 현자, 황자총통의 불을 내뿜으면서 일본 수군을 분멸焚滅시키기에 바빴다.

조선 수군에게 화약무기인 총통이 있다는 것은 하늘이 조선을 버리지 않았다는 증좌였다. 이 막강한 위력을 가진 총통을 육전에서 제대로 활용했더라면 조선군은 일본군의 군세에 그렇게까지 밀리지는 않았을 것이다. 이 모든 게 당시 임금과 조정, 군지휘관 등이 유비무환有備無患의 정신을 가지지 않았기 때문이다.

조선 수군에게 화약무기인 총통이 있었음은 하늘이 내린 은혜였다. 그 중심에 고려 말 무장인 최무선崔茂宣. 1325~1395이라는 인물이 우뚝 서 있다. 1395년 4월 19일 『태조실록』에 실린 최무선 졸기卒記에 따르면, 젊은 시절 그가 항상 되뇌이는 말이 있었다.

"왜구를 막는 데는 화약만한 것이 없으나, 국내에는 아는 사람이 없다."

최무선은 고려인으로서 최초로 화약제조법을 발명했다. 그는 고려 말 극성을 부리던 왜구의 노략질을 막는 데 이성계李成桂와 함께 했다. 최무선은 원나라 출신 염초장焰硝匠 이원李元에게서 화약 제조 비법을 배워 1377년우왕 3 결국 화통도감火筒都監의 설치 허락을 받아 화약을 만들기 시작했다.

1380년우왕 6 가을 왜구의 두목인 아지발도阿只拔都가 5백여 척의 군선과 2만여 명의 졸개를 데리고 전라도 진포鎮浦. 금강 하구 군산에 침입했을 때 최무선은 화포로 무장한 군선 40여 척으로 왜구의 군선 전부를 궤멸시켰다. 진포전투 이후 왜구의 침략은 점차 사라졌고 백성들은 그런대로 생업에 종사할 수 있었다.

세계 해전사에서 한 획을 긋는 함포의 사용은 1571년 레판토해전에서였다. 당시 베네치아, 교황청, 에스파냐 등 신성동맹神聖同盟 연합함대는 투르크터키 함대를 포격전으로 격파했다. 하지만 따지고 보면 우리나라가 서양에 비해 약 200년 앞서 함포를 사용했다.

화통도감에서 제조된 각종 화기들은 모두 18가지로 총포로는 대장군大將軍, 이장군二將軍, 삼장군三將軍, 육화석포六火石砲. 완구의 일종, 화포火砲, 신포信砲, 화통火筒 등이다. 또 발사물로는 화전火箭, 철령전鐵翎箭, 피령전皮翎箭 등이고 그 밖에 질려포疾藜砲, 철탄자鐵彈子, 천산오룡전穿山五龍箭, 유화流火, 촉천화觸天火와 로켓무기로 주화走火가 있었다.

화약의 필요성을 절감한 최무선은 독자적인 기술개발에 들어가 각고의 노력 끝에 숯과 초석硝石 그리고 유황硫黃을 사용하여야 한다는 사실을 알아내었다.

숯은 지천에 널려있고 황은 유황硫黃의 중요성을 알지 못했던 왜倭로부터 수입할 수 있었지만, 초석硝石 즉 질산칼륨KNO₃을 얻는 것이 문제였다. 1375년 최무선은 20년 동안의 연구 끝에 마침내 자신만의 초석 제조법을 개발하는 데 성공하였다.

"오래된 집의 부뚜막이나 마루, 또는 온돌 밑에서 채취한 흙을 사람과 가축의 오줌 그리고 나뭇재와 섞은 후 비에 맞지 않게 쌓아 둔다. 그리고 그 위를 말똥으로 덮고 불을 지피고 나면 흰 이끼가 생기는데, 4~5개월 지난 다음 물로 씻어내고 졸이면 거친 초석이 얻어진다. 이 초석을 다시 물에 녹인 후 정제하면 화약에 사용할 수 있는 초석이 생긴다."

이순신李舜臣은 임진왜란 당시 늘 화약이 부족함을 느꼈고 자체 조달하기 위해서 『태종실록』『세종실록』 등에서 화약 개발에 대한 자료를 찾았다. 바로 최무선이 연구 개발한 비법을 알아낸 것이다. 이 대목에서 필요는 정말로 발명의 어머니이다.

1593년 1월 26일 이순신이 올린 장계이다.

"화약에 대해서는 백번 생각해도 달리 구할 길이 없고 다만 본영에서 구워 쓸 수밖에 없는데, 마침 신의군관 이봉수(李鳳壽)가 그것을 제조하는 법을 알아 석 달 동안에 염초(焰硝) 1천 근을 구워 내었기에 그것을 본영과 각 관포에 나누어 저장했습니다. 그러나 다만 석유황이 날 데가 없어 한 백여 근쯤 내려보내 주시기를 바랍니다."

이순신은 또 화약전문 기술자였던 감관監官 조효남趙孝南과 작전회의를 했는데 훈련도감 소속인 그는 충청도 서산 남양에서 바다흙으로 염초를 만드는 일을 관리한 경험이 있었다.

다시 총통으로 돌아와서, 문헌상으로는 1425년세종 7 전라감사가 천자철탄자天字鐵彈子 1,140개를 새로 주조하여 바쳤다는 기록이 있다. 세종 때 지자총통地字銃筒과 현자총통玄字銃筒이 이미 사용된 것으로 보인다.

총통은 포의 크기와 화약의 중량 그리고 사정거리에 따라 천, 지, 현, 황의 순으로 명칭을 붙였다. 천자총통은 지자, 현자, 황자총통보다 형체나 포혈이 크다. 포구에 장전한 포탄에 화승火繩. 화약심지으로 인화하여 발사하는 방식으로, 동차童車라는 포가砲架에 장착하여 사용했다.

현존하는 천자총통은 2점이 있다. 1555년명종 10에 제작된 가정을묘명 천자총통嘉靖乙卯銘天字銃筒은 전체 길이 1.31m, 통 길이 1.16m, 포구 지름 12.8㎝, 무게 296kg이다. 1813년순조 13에 박종경朴宗慶이 훈련도감訓鍊都監에서 편집, 간행한 군사기술에 관한 책인『융원필비戎垣必備』에 따르면, 발사물로 사용하는 대장군전의 무게는 50근약 30kg이며, 사정거리는 1,200보약 2.16㎞이다. 보물 제647호로 지정되었으며, 국립진주박물관과 아산 현충사에 소장되어 있다.

또 지자총통地字銃筒은 조선시대 사용되었던 유통식有筒式 화포火砲로 길이 890mm, 내경 105mm, 외경 172mm, 무게 92kg이다. 1969년 경남 창원에서 채석작업 중 발견되어 1986년 보물 제863호로 지정되었고 동아대학교 박물관에 소장되어 있다. 재질材質은 주철이며, 손잡이 2개가 원형으로 보존되어 있다. 1557년명종 12 김련金連이 청동으로 경남 김해에서 제작했다는 기록이 남아있다. 지자총통은 임진왜란 때 거북선과 판옥선 등 전선戰船의 주포主砲로 사용되었다. 발사 장치는 포구장전탄胞口裝塡彈에 화승火繩으로 불을 당겨 발화 폭발하게 되었는데, 여기에 쓰이는 것은 장군전將軍箭이라는 쇠 화살과 수철연의환탄水鐵鉛衣丸彈이라는 탄환이다. 탄환에 납을 입힌 것으로 맞으면 살이 썩어 들어가는 무시무시한 무기였다.

또한 현자총통玄字銃筒은 1984년 6월 경남 거제군 신현읍 고현리古縣里 고현만古縣灣 수중 준설작업 중 물 속에서 건진 것으로, 1986년 11월 29일 보물 제885호로 지정되었다. 전체 길이 79cm통신 길이 58.7cm, 약실 길이 20.3cm, 입지름 7.5cm로 진품이 국립진주박물관에 소장되어 있다. 구조는 통신과 약실로 구분되며, 통신에 대나무와 같은 마디 8조條가 있고, 따로 총구에 구연대口緣帶가 있다. 이 화기는 임진왜란 때 사용한 화기류 중 가장 많이 사용한 것으로, 화약 4냥과 격목檄木의 힘으로 길이 6자 3치7푼약 2m, 무게 7근에 이르는 차대전次大箭을 발사하면 사정거리가 약 1,600m에 이른다고 한다.

마지막으로 황자총통黃字銃筒은 1587년선조 20에 주조한 것으로 총통 길이 50.4cm통신 길이 36.2cm, 약실 길이 14.2cm, 구경 4cm이다. 보물 제886호로 국립중앙박물관에 소장되어 있다. 임진왜란 때 사용한 화기의 하나로, 총이라기보다는 중화기에 가까우며 화약 3냥과 격목檄木의 힘으로 길이 6자3치약 2m, 무게 2.28kg에 이르는 피령전皮翎箭. 가죽날개를 단 큰 화살을 발사하면 사정거리가 약 1,100m에 이른다고 한다. 약통 뒤에 나무 막대기를 넣을 수 있는 손잡이와 포귀砲耳가 있어 조준사격을 할 수 있는 것이 특징이다. 이 화기에는 만력정해사월황자중삼십일근팔량장부귀萬曆丁亥四月黃字重三十一斤八兩匠富貴라는 명문이 음각되어 있어 1587년선조 20 4월에 부귀라는 화포장이 제조하였음을 알 수 있다.

한편 승자총통은 위의 천자, 지자, 현자, 황자총통과 달리 휴대용 개인 화기이다. 화약을 1냥 쓰고, 철환 15개를 발사하며 사거리는 600보에 이른다. 철환을 발사할 때는 화약과 철환 사이에 토격을 넣는다. 피령목전을 발사하기도 한다.

승자총통이 처음 문헌 기록에 나타나는 것은 1583년선조 16 여진족 니탕개의 난 때이다. 이때 함경도 온성부사 신립申砬이 총통과 철환을 비쏟아지듯 퍼부어 오랑캐를 퇴주시켜 그 공으로 임란 때까지 최고의 명장으로 이름을 날렸다. 그런데 이때 사용된 총통은 전라좌수사와 경상병사를 역임한 김지金漬가 만든 것이었다. 이 승자총통은 이순신의 장계와 일기에서도 나타나는데 남쪽 바다 수군진영에도 널리 보급되었다가 광해군 이후 사라졌다.

이순신은 고군분투 끝에 일본군 조총의 위력을 누를 수 있는 정철총통正鐵銃筒이라는 개인용 화승火繩. 화약심지 무기를 만드는 데 성공했다.

"신이 여러 번 큰 전투를 겪어 왜군의 소총을 얻은 것이 많사온데, 항상 눈앞에 두고 그 묘법을 실험한바 총신이 길기 때문에 총구멍이 깊고, 또 깊기 때문에 위력이 강하여 맞기만 하면 파손이 되는데, 우리의 승자勝字나 쌍혈총통雙穴銃筒은 총신이 짧고 총구멍이 얕아서 그 위력이 조총보다 못하고 그 소리도 크지 못하므로 항시 조총을 만들고자 하였던 바, 신의 군관 정사준鄭思竣이 그 묘법을 알아내어 낙안수군 이필종李必從, 순천에 사는 종 안성安成, 김해 절종 동지同志, 거제 절종 언복彦福 등을 데리고 정철正鐵을 두들겨 만들었습니다. 총알이 나가는 힘이 조총과 같습니다."

1593년 8월 선조 임금께 정철총통을 개발한 내용의 장계와 함께 다섯 자루를 봉하여 올려 보냈다. 그러나 선조는 이 정철총통을 군기시 창고에 보내고 왜군으로부터 노획한 조총을 올려보내라는 명을 내렸다.

이순신은 직접 화약무기 제조기술을 일본에서 귀화한 김충선金忠善, 사야가에게 구체적으로 보고하도록 지시하기도 했다. 그러나 당시 조선의 조총 제작기술은 만족할 만한 것이 못 되었으며 1624년인조 2 일본에서 조총 수천 자루를 수입하였다는 기록이 있다. 이후 꾸준히 조총의 성능 개선과 양산에 힘썼으며, 1655년효종 7에는 제주도에 표착한 하멜 일행을 서울로 압송하여 훈련도감에 배속시킨 뒤 새로운 조총 제조에 참여하도록 하였다. 이러한 노력의 결실로 조선에서 제작한 조총의 우수성이 대외적으로도 알려져 1657년효종 9에는 청나라에서 조총을 무역해 줄 것을 요청하기도 하였다.

한편 호준포虎蹲砲는 길이 60~70cm, 무게 20~25kg으로 명나라 장군 척계광戚繼光이 발명한 소형 대포이다. 척계광은 왜구 퇴치용으로 이 호준포를 만들었다. 앞부분의 다리 두 개에 포신이 끼어 있는 모습이 마치 호랑이가 앉아 있는 모습과 닮았다고 하여 '호준포'라는 이름이 붙었다.

임진왜란 때 명나라 군대에 의해 전래된 것으로 호준포는 다른 화포에 비해 크기가 작고 무게가 가벼워 쉽게 옮길 수 있었다. 그러나 조준 사격이 불가능하고, 사거리가 짧으며 명중률도 높지 않았다. 그래서 조

선 후기에는 신호용 화포로만 사용되었다. 아산 현충사 충무공이순신기
념관에 소장되어 있다.

선승구전(先勝求戰) 전략

○
●
○

흔히들 '인류의 역사는 전쟁의 역사'라고들 한다. 절대 공감한다. 어느 시대 특정한 전쟁을 말하지 않더라도 역사의 흐름 속에서 힘의 권력은 약한 곳을 향했고 정복한 뒤, 더 세고 넓은 곳을 지향했다. 정복의 과정에서 약육강식弱肉强食이 이뤄졌는데 그것은 마치 야수들의 정글 법칙과 다름없었다. 피비린내 나는 살육전 끝에 승자는 모든 것을 전리품으로써 독식했다. 승자독식勝者獨食의 비정함은 곧 Winner takes it all 게임이었다.

인간의 본성은 탐욕적이고 그 탐욕의 끝은 없다. 인간은 본시 이득을 좋아하고 해로움을 싫어하는 호리오해好利惡害한 존재이기 때문이다.

임진왜란을 일으킨 도요토미 히데요시豊臣秀吉. 1536~1598가 바로 그와 같은 인물이었다. 그는 1582년 교토 혼노지에서 주군인 오다 노부나가織

田信長가 가신인 아케치 미쓰히데明智光秀의 피습을 받고 자결하자, 천하의 패권을 움켜쥐었다. 1590년 전국을 통일한 도요토미 히데요시는 드넓은 땅, 명나라와 인도를 차지하기 위해서 조선을 교두보로 택했다. 한 야심가의 이런 결정은 정복지에서 일어날 저승의 무간지옥無間地獄. 불교에서 고통이 가장 극심한 지옥 을 예고했다.

전쟁은 항상 비극적이다. 어느 시대나 상황을 막론하고 처참한 지옥도가 펼쳐지기 때문이다. 1592년 4월 13일 15만여 왜군이 부산포에 줄줄이 상륙해 파죽지세로 북상했고 20일 만인 5월 3일 한양에 무혈입성했다. 그 무렵 5월 7일 거제의 옥포 앞바다에서는 이순신의 승전고가 울려퍼졌다. 피난지에서 이순신의 옥포승첩 소식을 들은 선조와 조정대신들은 감격의 눈물을 흘렸다.

거제 옥포 앞바다에서 일진광풍一陣狂風의 교전이 벌어졌다. 이 땅을 침범한 일본 수군과 이를 몰아내려는 이순신李舜臣의 조선 함대와 첫 전투가 있었다. 사실 이 전투는 총통과 불화살로 무장한 조선 수군에 의한 일방적 공격이라고 볼 수 있다. 아타케부네와 세키부네 등 적선 30척은 해안가에 정박중이었고 탐망을 끝낸 조선 수군이 기습공격을 감행하자 왜선 선봉선 6척이 응전했으나 이내 분멸되었다. 나머지 일본군은 배를 버리고 뭍으로 달아났다. 일본군은 높은 고지에서 조총을 쏘면서 필사의 저항을 했지만 사정거리가 짧아100m 조선 수군의 판옥선에 미치지 못했다. 순식간에 일본 전함 26척이 부서지거나 불태워져 바다 속으로 수장되었다. 그 흐트러진 잔해는 옥포만을 어지럽게 뒤덮었다.

육지에 오른 일본군은 언덕 위에서 고래고래 고함을 지르며 칼을 허공에 휘둘렀다. 이순신과 휘하 장졸들은 승리의 기쁨 앞에 눈물을 흘리며 "우리가 이겼다." "왜놈도 별거 아니다."라면서 환호성을 질렀다.

이 모습을 바라보던 이순신 장군도 스스로 놀랐다. 무엇보다 장졸들의 사기가 충천했다는 것이었다. 이순신 장군의 특기인 선승구전先勝求戰 전략이 주효했음이 입증됐다. 선승구전 전략은 주동권시간과 장소를 선제적으로 확보을 확보한 뒤 이길 수 있는 환경을 만든 다음에 싸움에 임해 승리한다는 전략이다. 이 첫 해전의 승리는 이어진 20여 차례의 해전에서 전승 무패의 기록을 세우는 데 결정적 계기가 됐다.

손무孫武, B.C. 545~B.C. 470경가 쓴 『손자병법』을 달달 외웠던 이순신은 '적을 알고 나를 알면 백 번 싸워도 위태롭지 않다知彼知己 百戰不殆'는 신념을 체화했고 행동으로 옮겼다. 그의 주특기인 선승구전 전략도 "승리하는 군대는 먼저 이길 수 있는 상황을 만들고서 싸우기를 구한다勝兵先勝而後求 戰."는 손무의 병법에서 익힌 것이다.

이순신 장군은 임진왜란 개전 초인 1592년 4월 15일 경상우수사 원균 元均으로부터 적의 침입에 대한 소식을 듣고 곧바로 선조에게 장계를 올렸다. 4월 27일 비변사의 허락 하에 5월 4일 전라좌수영 순천 오동포여수 를 출발하여 1차 출전에 나섰다. 판옥선 24척, 협선 15척, 포작선고기잡이 어선 46척으로 함대를 구성하고 원균이 몰고 온 판옥선 1척과 그 휘하 장수들의 판옥선 3척, 함선 2척 등 합쳐 조선 수군 연합함대의 진용을 갖췄다.

옥포해전에서 승기를 잡은 이순신 장군은 5월 8일 고성 땅 적진포해 전에서는 적선 13척 모두 분멸시켰다. 이로써 1차 출전으로 왜병선 44척을 수장시켰다. 조선 수군은 판옥선 28척과 비전투함인 협선 17척, 포작선 46척 등 모두 91척이었으나 단 한 척도 상하지 않았다.

고성 월명포月明浦에서 잠시 쉬고 있을 때 전라도사 최철견崔鐵堅으로부터 선조가 4월 30일 한성을 떠나 몽진蒙塵에 나섰다는 소식을 들었다. 하늘이 무너지고 땅이 꺼지고 바다가 뒤집어지는 슬픔에 이순신은 엉엉 울부짖었다.

5월 29일 2차 출전은 사천해전부터 시작되었다. 상황이 다급하여 먼저 출정을 앞당겼는데 전선 23척을 거느리고 우후虞侯. 참모장 이몽구李夢龜와 함께 출전했다. 이때 원균元均은 하동의 선창에 있다가 3척의 전선을 이끌고 와서 적의 상황을 장군에게 알려주었다. 이날 저녁 해질 무렵 왜적을 유인하여 사천의 모자랑포에서 교전했다.

『난중일기』에는 5월 5일부터 28일까지의 기록이 빠져있다. 아마도 1차 출동에서 여러 전투를 치르면서 일기를 쓸 겨를이 없었기 때문일 것이다. 장군은 5월 29일 사천해전의 전황은 다음과 같이 일기에 기록했다.

1592년 5월 29일.

"전라우수사(이억기)가 오지 않으므로 홀로 여러 장수들을 거느리고 새벽에 출발하여 곧장 노량에 가니 경상우수사 원균이 미리 만나기로 약속한 곳에 와 있어서 함께 상의했다. 왜적이 정박한 곳을 물으니 '왜적들은 지금 사천선창(선진리)에 있다.'고 했다. 그래서 바로 그곳으로 가보았더니 왜인들은 이미 뭍으로 올라가서 산봉우리에 진을 치고 배는 산봉우리 밑에 줄지어 매어 놓았는데 항전하는 태세가 재빠르고 견고했다. 나는 여러 장수들을 독려하여 일제히 달려들어 화살을 비 퍼붓듯이 쏘고 각종 총통을 바람과 우레같이 난사하게 하니, 적들은 무서워서 후퇴했다. 군관 나대용이 탄환에 맞았고 나도 왼쪽 어깨 위에 탄환을 맞아 등을 관통하였으나 중상에 이르지는 않았다. 활꾼과 격군(노꾼) 중에서 탄환을 맞은 사람도 많았다. 적선 13척을 분멸하고 물러나와 주둔했다."

사천해전에서는 '바다의 탱크'인 거북선이 첫 출전했다. 돌격선인 거북선은 적진 깊숙이 들어가 전열을 흩트려 놓았다. 거북선은 좌우 뱃전에 각 6개, 용머리에 1개, 선미에 1개 등 모두 14개의 천자, 지자, 현자, 황자 총통이 불을 뿜었다. 사천에서 왜선 13척을 분멸시켰다. 판옥선 구조에 지붕 덮개인 개판蓋板을 얹었고 그곳에 칼, 송곳, 쇠못 등 철침을 달아서 단병전短兵戰에 능숙한 왜군의 도선渡船을 불허했다. 게다가 거북선 안의 조선 수군사수나 격군은 노출이 안 되므로 안전을 보장받을 수 있었다.

1593년 9월 장군이 선조에게 올린 장계인 조진수륙전사장條陳水陸戰事狀의 내용이다.

"거북선이 먼저 돌진하고 판옥선이 뒤따라 진격하여 연이어 지자(地字), 현자(玄字) 총통을 쏘고, 포환과 화살과 돌을 빗발치듯 우박 퍼붓듯 하면 적의 사기가 쉽게 꺾이어 물에 빠져 죽기에 바쁘니 이것이 해전의 쉬운 점입니다."

거북선의 뛰어난 효용성을 보고한 것이다.

1592년 5월 29일에 2차 출동한 조선 함대는 6월 10일까지 사천, 당포, 당항포, 율포 등지에서 일방적인 승리를 거두었다. 2차 출전 중 6월 2일 당포해전에서 왜선 21척, 6월 5일 당항포해전에서 왜선 28척, 6월 7일 율포해전에서 왜선 7척 등 모두 71척을 잇달아 분멸시키는 쾌거를 이뤘다.

이순신 장군이 임진왜란 초기에 이처럼 연전연승 할 수 있었던 것은 조선 수군의 견고한 판옥선과 뛰어난 화력이 있었지만 탐망을 적극 활용했고, 주변의 지형과 기후 조건을 잘 이용했기 때문이었다. 그의 지략은 '무경칠서武經七書'를 공부하면서 중국 병법가들의 전략과 전술을 훤히 익힌 결과의 산물이었다.

'선용병자善用兵者 선위불측先爲不測 패적괴기소지敗敵乖其所之' 즉 "용병을 잘 하는 자가 먼저 예측할 수 없는 상황을 만들면 적이 가는 방향을 어그러뜨릴 수 있다." 당나라 이정李靖이 지은 병법서 『이위공문대李衛公問對』에 나오는 말이다.

장군은 5월 29일 사천해전에서 입은 관통상과 관련, 6월 14일 '전시재상' 류성룡柳成龍 대감에게 편지를 올렸다.

"접전할 때 스스로 조심하지 못하여 적의 탄환에 맞아 비록 사경에 이르지는 않았지만 어깨뼈 깊이 상해 언제나 갑옷을 입고 있었으므로 상한 구멍이 헐어서 궂은 물이 늘 흐르고 있습니다. 그래서 밤낮으로 뽕나무 잿물과 바닷물로 씻어내지만 아직 쾌차하지 않아 민망스럽습니다."

7월 8일 제3차 출전이 있었다. 7월 8일 한산도해전, 7월 10일 안골포해전을 치렀다. 임진란 3대 대첩 중 하나인 한산도대첩閑山島大捷은 부산에서 견내량을 통과한 왜군 함대를 조선 수군이 유인하여 한산도 앞바다에서 크게 무찌른 해전이다. 장군은 이 전투에서 육전의 포위 섬멸 전술인 학익진鶴翼陣 전법을 처음으로 해전에서 펼쳤다.

왜 수군은 육군에 호응하여 가덕도와 거제도 부근에서 10여 척에서 30여 척까지 함대를 이루어 서진西進하고 있었다. 왜 수군은 잇따른 해전의 패배를 만회하고 제해권을 장악하고자 세력을 증강하였다. 와키자카 야스하루脇坂安治의 제1진 70여 척은 웅천熊川에서 출동했고, 이어 구키 요시타카九鬼嘉隆의 제2진은 40여 척을 동원했고, 가토 요시아키加藤嘉明의 제3진도 합세했다.

이에 장군은 7월 5일 전라우수사 이억기李億祺와 함께 전라좌우도 전선 48척을 본영이 있는 여수 앞바다에 집결시켜 합동훈련을 실시한 뒤 6일 출전했다. 노량에서 경상우수사 원균元均의 함선 7척이 합세하여 조선 연합수군의 전력은 도합 55척이 되었다.

7월 7일 저녁 조선 함대는 당포에 이르러 정박하였다. 이때 목동 김천손金千孫에게서 일본 와키자카 야스하루의 함대 73척대선 36척, 중선 24척, 소선 13척이 견내량見乃梁, 거제시 사등면 덕호리에 들어갔다는 정보를 접했다. 그 다음 날 전투가 벌어졌다.

견내량은 거제도와 통영만 사이에 있는 긴 수로로 길이 약 4km에 폭이 넓은 곳도 600m를 넘지 않고 암초가 많아 판옥선이 자유롭게 움직일 수 없는 좁은 해협이었다. 그러나 한산도는 거제도와 통영 사이에 있어 사방으로 툭 터져 외양으로 나아가기 용이했다. 그래서 유인誘引 전술을 세웠다. 대여섯 척의 조선 함대를 발견한 일본 수군은 그들을 뒤쫓아 한산도 앞바다에까지 이르렀고 대기하던 조선 함대가 갑자기 배를 돌려 학익진鶴翼陣을 펼쳤다. 여러 장수와 군사들은 지자地字, 현자玄字 등 각종 총통을 쏘면서 돌진하였다. 그 결과 중위장 권준權俊이 일본 수군 대장 선인 아타케부네, 층각대선層閣大船 한 척을 나포한 것을 비롯해 왜선 47척을 불사르고 12척을 나포했다.

와키자카 야스하루는 뒤에서 독전하다가 전세가 불리해지자, 패잔선 14척을 이끌고 김해 쪽으로 도주했다. 격전 중 조선 수군의 사상자는 있었으나 전선의 손실은 없었다. 한산도로 도망친 와키자카 휘하의 병력 400여 명이 먹을 것이 없어 13일간 해초를 먹으며 무인도를 떠돌다 뗏목으로 겨우 탈출하였다. 이때 마나베 사마노조眞鍋左馬允는 자신의 배가 불타 바다 속으로 가라앉자 섬에서 할복자살했다. 이것이 세계 해전사에 기록된 그 유명한 한산대첩이다.

위업을 달성한 이순신李舜臣은 정2품의 정헌대부正憲大夫, 이억기李億祺와 원균元均은 종2품 가의대부嘉義大夫로 승서陞敍 되었다.

구한말 고종 황제의 미국인 고문 헐버트Hulbert는 "이 해전은 조선의 살라미스Salamis 해전이라 할 수 있다. 이 해전이야말로 도요토미의 조선 침략에 사형 선고를 내린 것이다."라고 평가했다.

8월 24일 4차 출동이 있었다. 9월 1일 부산포해전이 끝난 뒤 9월 17일 선조에게 올린 장계내용이다.

"무릇 전후 4차 출전을 하고 열 번 접전하여 모두 다 승리하였다 해도 장수와 군졸들의 공로를 논한다면 이번 부산포전투보다 더한 것은 없습니다. 전일 싸울 때에는 적선의 수가 많아도 70척을 넘지 않았는데 이번에는 큰 적의 소굴에 늘어선 470여 척 속으로 군사의 위세를 갖추어 승리할 기세로 돌진하였습니다. 그래서 조금도 두려워하지 않고 하루 종일 분한 마음으로 공격하여 적선 100여 척을 깨뜨렸습니다."

부산포해전에서 장군이 아끼던 녹도만호 정운鄭運이 전사했다.

1593년 2월 웅천해전을 마친 이순신 장군은 전열을 정비했다. 그해 7월 15일 여수 본영에서 한산도로 진을 옮긴 것이다. 그것은 여수에서 출동해서 부산포의 왜군 본영을 방어하기가 거리상 너무 멀었기 때문이었다. 또 왜 수군이 남해 제해권을 장악하려면 반드시 거쳐야 하는 통로가 견내량인데 그곳은 고성과 거제 사이에 있어 한산도 진영에서도 매우 가까웠다.

8월 15일에는 선조로부터 삼도수군통제사從2품의 임명장을 받아 전라, 경상, 충청의 수군을 모두 통제하는 명실상부한 수군水軍통합사령관이 되었다. 이때까지만 해도 선조는 이순신의 전란 초기 혁혁한 전과戰果로 인해 믿음직한 장수로 꼽고 있었다.

그 후 명일강화협상이 파기되고 왜군이 1597년 1월 다시 정유재란을 일으켰을 때 통제사 이순신은 제1군 선봉장인 가토 기요마사加藤淸正가 부산에 상륙하기 전에 쳐부수지 않았다는 이중간첩 요시라要時羅의 모함을 받고 2월 한성으로 압송됐다. 선조는 대역죄로 죽이려 했으나 판중추부사 정탁鄭琢이 구명탄원서인 신구차伸救箚를 올려 가까스로 목숨을 건졌다. 그리고 백의종군 길에 나섰다. 7월 16일 원균元均의 칠천량 패전으로 조선 수군이 궤멸당하자 선조는 급히 이순신을 삼도수군통제사로 재임명했다.

장군은 요시라의 반간계反間計를 간파하지 못한 선조와 조정대신을 속으로 원망했다. 무엇보다도 현장 지휘관의 상황 판단이 무시되는 것에 분노했고 허탈해 했다. 그러나 누란累卵의 위기가 눈앞에 닥친 마당에 지난 일을 따질 겨를이 없었다. 오로지 나라와 백성을 위한 일이라면 움직일 수밖에 없는 처지였다.

선조는 8월 3일 이순신에게 통제사 재임명 교지를 보내고 나서 8월 15일에는 수군세력이 미약하니 도원수 권율權慄의 진영에 합세하라는 명을 내렸다. 이 수군 폐지 명령에 대해 이순신 장군은 기절초풍, 강하게 반발했다.

드디어 9월 16일 13대 133이라는 중과부적衆寡不敵을 뛰어넘은 기적의 명량대첩鳴梁大捷을 이뤘다. 1598년 8월 18일 도요토미 히데요시가 급사하자 왜군 철군령이 내려졌다. 순천왜성에 웅거하고 있던 고니시 유키나가小西行長가 철군하려 할 때 장군은 '편범불반片帆不返' 즉 "단 한 척도 되돌려 보내서는 안 된다."는 사자후를 토해냈다.

1598년 11월 19일 장군과 명나라 진린陳璘 제독이 이끈 조명연합 수군 함대가 남해 노량으로 출동했고, 이순신이 이끄는 조선 수군은 관음포 해협에서 일본 함대와 일대 접전을 벌였다. 노량 남쪽으로는 조선 전선 170척과 병력 1천7백 명이 출진했고, 노량 북쪽으로는 명나라 전선 128척과 병력 2천6백 명이 출동했다. 조명연합 수군 총병력 전선 298척, 병력 4천3백 명에 일본군 512척 병력 5만5천 명이 나라의 운명을 건 건곤일척乾坤—擲의 혈투를 벌였다. 치열한 공방이 진행되던 중 일본군이 쏜 조총 한 방이 장군의 가슴을 뚫고 나갔다. 아!….

"전방이 급하다. 내가 죽었다는 말을 하지 마라戰方急 愼勿言我死."

장군은 유언과 함께 파란만장한 삶을 마감했다. 이로써 7년 동안 조선 땅을 피로 물들였던 시산혈해屍山血海의 비극은 막을 내렸다. 그리고 이순신의 선승구전, 신출귀몰한 전략은 죽어서도 아직까지 인구에 회자되고 있다.

이순신 VS 왜군 장수들

○
●
○

도요토미 히데요시 豊臣秀吉, 1536~1598 는 주군인 오다 노부나가 織田信長, 1534~1582 의 짚신을 가슴에 품었다가 내어줄 정도로 충성스런 부하였다. 오다 노부나가가 피살된 뒤 8년만인 1590년 전국에 산재한 60개 영주의 다이묘 大名 들을 차례로 복속시켜 마침내 100여년 간 지속된 전국 戰國 시대를 마감시켰다.

일본 통일과 관련해서 다음과 같은 일화가 전해 오고 있다. 오다 노부나가가 쌀을 씻고, 도요토미 히데요시가 밥을 짓고, 도쿠가와 이에야스 德川家康, 1543~1616 가 그 밥을 먹어치웠다고들 한다. 또 일본에서 영웅으로 칭하는 이 세 사람을 상징적으로 비교하는 이야기가 있다.

'좀처럼 울지 않는 새를 울게 만들려면?'

오다 노부나가는 새에게 울라고 명령을 한 다음 그래도 울지 않으면 그 자리에서 칼로 목을 베어버리고, 도요토미 히데요시는 온갖 방법을 써서 울도록 만들고, 도쿠가와 이에야스는 울 때까지 기다린다는 것이다.

이 일화에서처럼 오다 노부나가는 불같은 성격으로 난마亂麻처럼 뒤엉킨 전국시대에서 통일의 가닥을 잡았으나 통일을 목전에 두고 교토의 혼노지本能寺에서 부하에게 변을 당한 것이다.

졸지에 노부나가의 후계자가 된 도요토미 히데요시는 1587년 규슈를 정복하고 대마도주인 소 요시토시宗義智에게 조선의 복속을 요구토록 명령했다. 이어 1590년 오다와라성小田原城을 함락시켜 오슈奧州를 평정함으로써 마침내 일본 통일을 완수했다.

히데요시의 명을 받은 대마도주 소 요시토시宗義智는 황윤길黃允吉, 김성일金誠一, 허성許筬 등 조선 통신사절단을 데리고 교토의 쥬라쿠다이聚樂第에서 히데요시를 접견케 했다. 그때 히데요시는 조선 사절단에게 정명향도征明嚮導를 요구했다. 즉 명나라를 치러 가는데 조선은 앞장서 길을 안내하라는 것이었다. 뼛속까지 존명사대尊明事大 의식을 가졌던 선조 임금과 조선 조정은 일언지하에 반대했다. 히데요시는 기다렸다는 듯이 조선 침략을 선언했다.

히데요시는 규슈 사가佐賀현 동마쓰라東松浦 반도 끝에 대본영인 나고야名護屋 성을 축조하고 전국 다이묘大名들에게 동원령을 내렸다. 동원군은 1592년 4월 13일부터 폭풍처럼 연이어 부산포에 상륙했다. 제1군부터 제9군까지 병력은 15만8천8백여 명이었는데 총대장은 히데요시의 총애를 받는 갓 스무 살짜리 우키타 히데이에宇喜多秀家, 1573~1655였다. 평생 전쟁을 업으로 삼은 사무라이들의 예리한 칼과 장창長槍 그리고 신무기인 조총鳥銃을 앞세운 왜군 앞에 조선 육군은 추풍낙엽처럼 속절없이 무너졌다. 1543년 포르투갈 상인을 통해 일본에 전해진 조총은 당시 최신예 무기로 전쟁의 판도를 완전히 바꾸어놓은 게임 체인저였다.

임진왜란 개전 20일 만인 5월 3일 한성이 함락됐고, 6월 14일 평양성이 무너졌다. 선조는 6월 11일 평양성을 빠져나와 압록강 변 의주를 향해 머나먼 몽진蒙塵의 길을 떠나 6월 22일 의주에 도착했다. 일본군의 전광석화 같은 발 빠른 움직임 속에서 조선 강토는 속절없이 무너져 밟히고 찢기고 피바다가 되었다.

그러나 남해바다의 상황은 전혀 달랐다. '준비된 전략가' 이순신李舜臣 장군에 의해 왜 수군은 연전연패했다. 조선 수군의 천지현황 총통 공격 앞에 왜 수군 전선들은 깨지고 불타고 가라앉았다. 왜 수군은 의외의 복병伏兵을 만난 것이다. 당연히 도요토미 히데요시의 최대 걸림돌은 이순신李舜臣의 조선 수군이었다.

이순신과 직접 전투을 벌였던 기라성 같은 왜 수군 대장들은 와키자카 야스하루脇坂安治, 1554~1626, 가토 요시아키加藤嘉明, 1563~1631, 구키 요시타카九鬼嘉隆, 1542~1600, 도도 다카토라藤堂高虎, 1556~1630, 구루시마 미치후사來島通總, 1561~1597와 그의 형 구루시마 미치유키來島通之, 1557~1592, 가메이 고레노리龜井茲矩, 1557~1612 등이다. 또 육군 장수로는 제4군대장 시마즈 요시히로島津義弘, 1535~1619, 제7군대장 모리 테루모토毛利輝元, 1553~1625 및 제1군대장 고니시 유키나가小西行長, 1558~1600와 그의 사위인 대마도 도주 소 요시토시宗義智 등이다.

왜 수군 병력은 총 9,450명 정도였다. 임진왜란을 앞두고 일본 전국에서 새로 건조된 아타케부네와 세키부네 등 전함은 700여 척, 화물선과 보조선 등을 합치면 총 2천여 척으로 추정된다. 히데요시는 조선 출병의 본국 병참지원을 막는 조선 수군을 없애려는 책략을 쓰지 않을 수 없었다. 이순신 수군에 의해 남해 제해권을 상실함으로써 서해를 통한 금강, 한강, 임진강, 대동강, 압록강으로의 진출이 불가능해졌다. 무엇보다도 곡창지대인 전라도 공략에 차질이 빚어져 조선에 출병한 왜군의 식량문제가 불거졌다. 왜군은 기아와 전염병에 속수무책이었고 조선의 혹독한 추위에 동사자凍死者가 속출, 출병 1년 만에 병력의 3분의 1 정도를 손실했다.

이순신과 왜 수군 장수들과의 싸움은 피할 수 없는 운명의 대승부전이었다. 조선 수군의 입장에서 왜군은 같은 하늘 아래서는 도저히 같이 살 수 없는 불구대천不俱戴天의 원수怨讐였기 때문에 전의戰意가 더욱 불타올랐다.

이 같은 상황에서 조선 수군 명장名將과 왜 수군 용장勇將들과의 한판 대결은 16세기 세계 해군사에 커다란 한 획을 긋는다. 우선 왜 수군 대장 와키자카 야스하루脇坂安治는 이순신과 떼려야 뗄 수 없는 악연으로 맺어진 사이다. 자웅을 겨뤄보자는 도전장을 먼저 던진 쪽은 와키자카 야스하루였다. 백척간두百尺竿頭의 국난 극복에 진력하던 이순신 장군은 침략하는 자에게 응징의 철퇴를 내렸다. 그것이 바로 임진년 1592년 7월 8일의 한산대첩이다.

와키자카는 한산해전 바로 전인 1592년 6월 3일 경기도 용인에서

1,600여 명의 기마 병력으로 전라감사 이광李珖이 이끄는 남도근왕군南道勤王軍 5만 명을 기습 공격해 단숨에 격파하는 무용武勇을 기록했다. 이 승전보를 접한 히데요시는 와키자카에게 급히 남쪽으로 내려가서 '눈엣가시'인 이순신을 격파하라고 명령했다.

7월 와키자카는 가토 요시아키加藤嘉明, 구키 요시타카九鬼嘉隆 등과 함께 왜 수군 연합함대에 편성되었다. 와키자카 야스하루의 제1진 70척, 구키 요시타카의 제2진 40여 척, 제3진의 가토 요시아키가 합세한 총 150여 척의 연합함대였다. 그런데 용인전투에서 승리를 한 그는 의기양양한 상황에서 이순신 함대를 격파하기 위해 단독으로 출진했다. 대소선 73척을 이끌고 출전한 와키자카는 이순신이 이끄는 조선 수군의 유인작전에 걸려 견내량을 빠져 나오자 좌우 양쪽에 포진해 있던 조선 수군 함대의 학익진鶴翼陣 전법에 걸려 대패했다. 73척 가운데 59척을 잃었고 왜장의 갑주를 벗어던진 채 패잔선 14척을 이끌고 김해 쪽으로 필사의 탈출을 감행했다. 이 해전에서 해적 출신 와키자카 사베에脇坂左衛兵와 와타나베 시치에몬渡邊七右衛門은 전사하고 마나베 사마노조眞鍋左馬允는 한산도로 상륙했다가 할복자살하고 말았다.

일본 측 기록에는 "와키자카 장군이 자신의 능력을 과신한 나머지 단독으로 출전했고 결국 유인책에 말려 쉽게 패했다."고 설명하고 있다. 와키자카의 단독 출전으로 패전을 한데다 와키자카의 행방마저 분명하지 않은 데 통분하고 있던 구마노 해적 출신의 구키 요시타카는 도도 다카토라와 함께 9천 명의 수군을 이끌고 이순신에게 패한 일본 수군을 구원하려 한산해전 다음 날 7월 9일 출전하였으나 안골포해전에서 이순신

李舜臣에게 또 대패하고 야반도주, 가까스로 목숨을 건졌다. 안골포^{진해시 웅}동면 해전에서 왜 수군은 42척의 전함을 잃었다.

1592년 7월 15일 안골포해전과 관련 이순신 장군이 선조에게 올린 견내량파왜병장見乃梁破倭兵狀이다.

"11일에는 새벽에 다시 돌아와서 포위해 보았지만 왜적들은 허둥지둥 닻줄을 끊고 밤을 타서 도망가 버리고 없었습니다. 그래서 전날 싸움하던 곳을 살펴보니 죽은 왜적의 시체들을 열두 곳에 쌓아놓고 불태웠는데 아직도 타다 남은 뼈와 손발들이 어지러이 흩어져 있었으며 안골포 성 안팎으로는 흘린 피가 땅에 가득하여 곳곳이 붉게 물들어 있었습니다. 왜적들의 사상자 수는 이루 다 헤아릴 수가 없었습니다."

일본인 가타노 쓰기오片野次雄가 쓴 『이순신과 히데요시』에는 안골포에서 왜군 측 사상자 수는 2천5백여 명으로 추산했다.

와키자카 야스하루는 1583년 시즈카다케賤ヶ岳 전투에 참가해 '칠본창七本槍'이라는 명성을 얻어 그 공으로 히데요시로부터 1585년 아와지 스모토번의 3만 석 영지를 하사받았다. 왜란이 끝난 뒤 1600년 도쿠가와 이에야스의 집권을 위한 일본 통일전쟁인 세키가하라關ヶ原 결전 때 도쿠가와 이에야스의 동군에 가담, 그 공훈으로 1609년 이요쿠니의 오즈번주로 석고石高, 쌀 수확량 5만3천 석을 받았다. 원래 그는 세키가하라전투 때 서군이었으나 전투가 일어나기 전 도쿠가와에게 미리 동군으로 갈 의사를 밝혔고 전투에는 직접 참가하지 않아서 전투가 끝난 후에도 참수당

하지 않았다. 오히려 도쿠가와와 상당히 가까워졌다고 한다.

구키 요시타카는 도요토미 히데요시 휘하 수군 총대장으로 임진왜란 개전 1년 후 충루선인 신형 아타케부네安宅船를 개발했고 이 신형 대선을 전군에 보급했다. 이전의 충루선이 포장마차형이었다면 신형은 판자로 밀폐시켜 방어력이 강화된 2~3층짜리였다. 히데요시는 왜 수군이 연이어 이순신에게 패하자 왜 수군 최고의 지장智將인 구키 요시타카를 내세워 조선 수군의 궤멸을 꾀했지만 이마저도 여의치 않았다. 구키 요시타카는 해적 출신으로 오다 노부나가를 섬겨 대전투 군단을 조직할 수 있었다. 1578년 11월 구키는 노부나가의 명령에 따라 철갑의 거선 6척을 증강시켜 그때까지 압도적인 우세를 자랑하던 모리 테루모토毛利輝元. 1553~1625 수군에게 치명적인 타격을 가해 전국 제1위의 수군을 거느리게 되었다. 1600년 세키가하라전투에서 서군에 가담해 패전 후 자결했다.

가토 요시아키는 16세 때까지 말 거간꾼을 따라다니다가 1583년 시즈카다케賤ヶ嶽 전투에 참가 '칠본창七本槍'이라는 명성을 얻게 됐다. 1600년 세키가하라 결전에서 도쿠가와의 동군에 붙어 아와지노쿠니 지역 24만 석의 다이묘로 출세했다. 다카마스성高松을 축조하고 도쿠가와의 시종을 겸했다.

도도 다카토라는 1597년 명량해전에서는 이순신에게 대패하여 군선 31척을 잃었다. 1598년 도요토미가 죽자 조선을 침략하였던 원정군의 철수를 통합하였다. 그 뒤 도쿠가와 이에야스의 선봉장으로 무공을 세운 그는 도쿠가와의 신망을 얻고 도합 32만951석의 다이묘가 되었다.

와키자카는 한산도해전 참패를 분풀이하려는 듯 1593년 6월 22~29

일 제2차 진주성전투에 참전해 성안의 민군관민의 도륙에 앞장섰다. 전공으로 사체에서 코와 귀를 베어 갔음은 말할 것도 없다. 그리고 1597년 정유재란 때 다시 조선에 들어온 와키자카는 7월 16일 도도 다카토라 藤堂高虎와 함께 칠천량해전에서 원균 元均이 이끄는 조선 수군을 야간에 기습해 거의 섬멸시켰다. 그리고 1597년 8월 13~15일 남원성전투에서 민군관민의 코와 귀를 잘라 소금에 절여 본국의 히데요시 앞으로 보냈다.

와키자카는 일본에서는 같은 칠본창인 후쿠시마 마사노리 福島正則, 1561~1624나 가토 기요마사 加藤淸正, 1562~1611에 지명도가 한참 떨어지는 장수이지만 나름 '감히' 이순신 장군에게 도전장을 던졌던 '용장'으로 기록되고 있다.

남해안 이순신 전적지 현장 문화 해설사들의 말에 따르면 와키자카의 후손들은 매년 해당 지자체가 주최하는 한산해전과 명량해전 승첩 축제 때 조용히 역사의 현장을 방문하는 것으로 알려졌다.

이순신 vs 일본 다이묘(大名)

○
●
○

조선 수군대장 이순신李舜臣 에게 혼쭐이 난 왜 수군 장수들에 관한 이야기는 이미 밝혔다. 그런데 1592년 임진왜란 때 조선에 출병한 내로라 하는 전국 다이묘戰國大名 인 육군 장수들마저도 이순신 앞에서 쩔쩔맸다. 그 장본인들로는 제4군대장 시마즈 요시히로島津義弘, 1535~1619 와 제7군대장 모리 테루모토毛利輝元, 1553~1625 , 제1군대장 고니시 유키나가小西行長, 1558~1600 및 그의 사위 소 요시토시宗義智, 1568~1615 등을 들 수 있다.

일본 전국시대戰國時代 무사들은 도요토미 히데요시豊臣秀吉, 1536~1598 에게 충성을 맹세하고 일단 출전하여 승리한 뒤 공명功名 을 세워 입신출세하는 게 목적이었다. 그래서 석고石高. 쌀 생산량 가 많은 영지領地 를 가진 일국일성一國一城 의 영주領主 가 되는 게 꿈이었다.

무사들은 전투에서 자기의 목숨을 아깝게 여기지 않았다. 햇볕 아래 이슬처럼, 바람에 날리는 벚꽃처럼 미련 없이 목숨을 버렸다. 예리한 칼날에 목이 댕강 잘려 땅에 떨어진 머리를 동백꽃이라 불렀다. 목숨을 초개^{草芥}처럼 버리는 자 앞에는 두려움이란 있을 수 없었다.

1587년 규슈 복속을 끝으로 1590년 전국을 완전히 통일한 도요토미 히데요시는 일본 내 저항세력인 규슈지역 다이묘^{大名}들을 잠재우려는 책략으로 조선 침략을 구상했다. 약탈한 조선 땅을 그들에게 영지로 내려주려는 의도였다.

우선 시마즈 요시히로를 배출한 사쓰마^{薩摩, 가고시마}의 시마즈가^家는 가마쿠라 막부^{幕府. 1336~1573} 이래 전국 다이묘로서 규슈의 최강 전력을 자랑하고 있었다. 규슈 정복에 나선 히데요시에게 끝까지 저항한 세력이기도 했다. 시마즈 요시히로는 임진왜란 때 제4군^{병력 1만5천 명} 대장으로 초전에 강원도를 점령했다. 이후 정유재란 때인 1598년 10월 1일 사천왜성에서 명의 중로군 대장 동일원^{董一元}과 경상우도 병마절도사 정기룡^{鄭起龍. 1562~1622}이 이끄는 조명연합군을 궤멸시킨 장본인이다. 현재 사천왜성 부근에는 조명연합군 1만여 명의 희생자를 모아 묻어 놓은 조명연합 군총^{軍塚}이 남아있다. 그런 용장 시마즈는 1598년 11월 19일 노량해전에서 이순신 함대와 최후 결전을 벌여 가까스로 목숨만 건진 채 부산포로 도망쳤다.

1598년 8월 18일 일본에서 도요토미 히데요시가 급사하자 5대로^{大老}의 필두인 도쿠가와 이에야스^{德川家康. 1543~1616}는 조선에 출병한 병력의 전원 철수를 명했다. 이에 순천왜성에 주둔하고 있던 고니시 유키나가^{小西行長. 1558~1600}는 거제를 거쳐 집결지인 부산으로 가려 했으나 조명연합 수군사령관 진린陳璘, 1543~1607 과 이순신李舜臣, 1545~1598에 의해 해로가 차단되었다. 고니시는 진린에게 금은보화, 말과 칼 및 수급首級 등을 뇌물로 바치면서 빠져나갈 수 있도록 애걸했다. 뇌물 공세에 마음이 움직인 진린은 '궁서물박窮鼠勿迫' 즉 쫓기는 궁한 쥐를 뒤쫓지 말라며 이순신을 설득했다. 그러나 이순신은 '편범불반片帆不返' 즉 "단 한 척의 왜선을 그냥 보낼 수 없다."고 주장했다. 결국 진린의 묵인 아래 고니시는 소형 탐망선을 띄워 사천왜성에 있던 시마즈 요시히로에게 구원병을 보내줄 것을 요청했다.

당시 전시작전통제권이 없던 이순신은 약소국의 장수로서 분했지만 어쩔 수 없었다. 사쓰마의 시마즈군이 조명연합 수군의 배후를 칠지 모른다는 생각에 이순신은 함대를 지름길목인 노량으로 움직였다. 거기서 대규모 해전이 벌어졌다. 이 와중에 고니시는 필사의 혈로血路를 찾아 남해를 돌아 부산포로 탈출해 버렸다.

고니시의 구출작전에 나선 일본 함대는 사천의 시마즈, 창선도의 소 요시토시, 부산의 데라자와 히로다카寺澤廣高, 다카하시 나오츠쿠高橋直次, 다치바나 무네시게立花宗盛 등으로 이들 연합함대는 300척 규모의 대선단이었다. 이들은 18일 밤 창선도와 사천선창에 집결하여 해로 100리 길인 순천왜성으로 향했다.

7년 전쟁의 최후 결전은 노량에서 일어났다. 11월 19일 새벽 2시경 양측 함대는 노량해협에서 조우하면서 치열한 싸움이 벌어졌다. 어두운 바다에서 접전이 일어났는데 조명연합군은 신화薪火, 기름을 잔뜩 묻혀 불붙은 나무토막를 바다에 던져 그야말로 주변은 불바다가 되었다. 이 화공火攻은 겨울철 북서풍을 이용한 것이었다. 어둠 속에서 조선 수군의 총통은 여지없이 불을 뿜었다. 이순신은 명나라 수군의 사선과 호선보다 더 튼튼한 판옥선을 진린陳璘 도독과 부총병 등자룡鄧子龍, 1531~1598에게 내주어 함대를 지휘케 했다. 치열한 접전 결과는 19일 정오쯤에 끝났다.

전투가 끝난 뒤 현지를 답사한 좌의정 이덕형李德馨은 "일본군선 200여 척이 격침됐고 왜군 사상자가 수천 명"이라는 장계를 조정에 올렸다. 적장 시마즈 요시히로는 50척의 군선을 이끌고 혈투의 현장을 벗어나 부산포쪽으로 도주했다. 이 전투에서 이순신을 비롯, 휘하의 가리포첨사 이영남李英南, 낙안군수 방덕룡方德龍, 흥양현감 고덕장高德將 등 부장급 10여 명의 조선 장수들이 전사했다. 명의 수로군에서는 등자룡 등 부장급 3명이 전사했다. 무엇보다 이순신은 한 많은 생애를 마침으로써 마침내 살신성인을 이룩했다.

남해 관음포 격전지 부근 이순신의 사당인 이락사李落祠에는 〈대성운해大星隕海〉라는 네 글자가 선명한 현판이 걸려있다. 바다에 큰 별이 떨어졌다는 뜻이다.

임진왜란이 끝난 뒤 시마즈 요시히로는 히데요시의 아들 도요토미 히데요리豊臣秀賴, 1593~1615를 옹호하는 서군으로서, 1600년 9월 '일본판 천하 판갈이 싸움'인 세키가하라전투關が原の戰い에서 도쿠가와 이에야스德川家康, 1543~1616의 동군 진영을 돌파하는 무명武名을 떨쳤다.

한편 일본 내 다이묘 중 둘째가라면 서러워할 자는 모리 테루모토이다. 그는 임진왜란 때 최대 병력인 3만 명을 이끌고 나온 제7군 대장이었다. 모리가家는 일본 혼슈本州 남부 히로시마, 조슈번의 최대 영주로 일본 제1의 항로인 세토내해 內海를 장악해 온 전국 다이묘였다. 정유년 1597년 9월 16일 명량해전에 300여 척의 대군단을 이끌고 그가 나타났다. 겨우 13척의 판옥선을 가지고 필사즉생을 외치는 이순신의 초라한 함대와 비교했을 때 영락없는 중과부적의 상황이었다.

왜 수군 세키부네 133척 가운데 31척의 선발대가 13척의 조선 수군 판옥선을 빙 둘러쌌다. 도저히 싸워서 이길 수 없는 이 해전에서 이순신은 물길, 지형, 바람, 주위환경 등을 헤아리는 전략과 그 특유의 선승구전 리더십을 발휘하여 적을 물리쳤다. 천행이었다.

1597년 9월 16일, 맑음.

"항복한 왜인 준사(俊沙)는 안골에 있는 적진에서 투항해 온 자인데 내 배 위에 있다가 바다를 굽어보며 '무늬 놓은 붉은 비단옷을 입은 자가 바로 안골진에 있던 적장 마다시(馬多時)입니다.'라고 말했다. 나는 무상 김돌손을 시켜 갈퀴로 낚아 뱃머리에 올리게 하니 준사가 날뛰면서 '이 자가 마다시입니다.'라고 말하였다. 그래서 바로 시체를 토막 내게 하니 적의 기세가 크게 꺾였다."

마다시 馬多時는 안골포해전을 지휘했던 구루시마 미치후사 來島通總, 1561~1597였다. 갈퀴로 배 위로 올려진 뒤 머리는 효수됐고 몸뚱이는 토막났다. 미치후사의 형 구루시마 미치유키 來島通之는 1592년 7월 10일 전라좌수영과 경상우수영의 연합함대가 당포 統營 미륵도 앞바다에서 왜선 21척을 격침시킬 때 사로잡혀 참수되었다. 두 형제가 모두 이순신 수군에게 의해서 비참한 생을 마감한 셈이다.

명량해전에 참전한 왜장들 가운데 도도 다카토라藤堂高虎, 1556~1630 는 중상을 입었다. 또 모리 테루모토는 바다에 빠졌으나 가까스로 건져져 구조되는 수모를 당했다. 테루모토는 히데요시의 유언에 따라 히데요시의 아들 히데요리를 보좌하고 세키가하라전투에서 서군의 맹주로 추대되었지만, 패전을 했기 때문에 영지가 스오와 나가토로 축소됐다. 그후 양자인 모리 히데나리毛利秀就에게 대를 물려주고 출가해 겐안이라는 법명을 얻었다. 이에 따라 모리 히데나리는 조슈長州 번의 초대 번주가 되었다.

여기서 시마즈 요시히로의 영지인 사쓰마번가고시마 현 과 모리 테루모토의 영지인 조슈번시모노세키 일대인 야마구치 현 은 정한론征韓論이 싹튼 곳으로 우리에겐 악연의 고장이다. 19세기 말, 바람 앞의 촛불 같았던 대한제국의 운명에 결정타를 가한 이토 히로부미伊藤博文, 1841~1909, 조슈번 출신 등 정한론자들을 배출한 곳이기 때문이다. 우리로서는 16세기 말 이순신과의 악연과 19세기 말 망국亡國의 악연을 모두 이곳 출신 사람들과 함께 한 셈이다.

3

부산 왜영(倭營) 방화(放火)사건

○
●
○

매사 바르게 판단하고 올곧게 행하던 장군이 오해에 휩싸인 사건이 발생했다. 일생일대 최대 위기라 볼 수 있는 부산 왜영倭營 방화사건이다.

1597년 정유년 초하루인 1월 1일에 다음과 같은 이순신의 장계가 조정에 올라왔다.

1596년 12월 27일 성첩成貼한 통제사統制使 이순신李舜臣의 서장은 다음과 같다.

"신의 장수 가운데 계려(計慮)가 있고 담력과 용기가 있는 사람 및 군관, 아병(牙兵)으로 활을 잘 쏘고 용력(勇力)이 있는 자들이 있는데, 항상 진영에 머물면서 함께 조석으로 계책을 의논하기도 하고 그들의 성심을 시험하기도 하고 함께 밀약하기도 하였으며, 또 그들을 시켜 적의 정세를 정탐하게도 하였습니다. 그러던 터에 거제현령 안위(安衛) 및 군관 급제(及第) 김난서(金蘭瑞), 군관 신명학(辛鳴鶴)이 여러 차례 밀모하여 은밀히 박의검(朴義儉)을 불러 함께 모의했습니다. 그랬더니 박의검은 아주 기꺼워하여 다시 김난서 등과 함께 간절하게 지휘하면서 죽음으로 맹세하고 약속하였습니다. 같은 달 12일, 김난서 등은 야간에 약속대로 시간이 되기를 기다리는데 마침 서북풍이 크게 불어왔습니다. 바람결에다 불을 놓으니 불길이 세차게 번져서 적의 가옥 1천여 호와 화약이 쌓인 창고 2개, 군기(軍器)와 잡물 및 군량 2만6천여 섬이 든 곳집이 한꺼번에 다 타고 왜선(倭船) 20여 척 역시 잇따라 탔으며, 왜인 24명이 불에 타 죽었습니다. 이는 하늘이 도운 것이지만 대개 김난서가 통신사(通信使)의 군관(軍官)에 스스로 응모하여 일본을 왕래하면서 생사를 돌보지 않았기에 마침내 이번 일을 성공한 것입니다. 비록 모조리 다 죽이지는 못했지만 적의 사기를 꺾었으니 이 역시 한 가지 계책이었습니다."

이순신의 휘하 장수인 안위, 김난서 등이 부산 왜영에 불을 질러 큰 피해를 주었다는 보고서였다. 정유재란을 준비하는 왜의 진영에 타격을 주었다는 사실만으로 큰 공을 세웠기에 포상을 받아야 마땅할 상황이었다. 그런데 바로 다음 날인 1월 2일자 또 다른 보고서가 올라왔다. 이조좌랑(吏曹佐郎) 김신국(金藎國, 1572~1657)이 서계(書啓)하였다.

『선조실록』 1597년 1월 2일자 기사다.

"지난날 부산의 적 소굴을 불태운 사유를 통제사 이순신이 이미 장계하였다고 합니다. 그런데 도체찰사(都體察使) 이원익(李元翼)이 거느린 군관 정희현(鄭希玄)

은 일찍이 조방장(助防將)으로 오랫동안 밀양(密陽) 등지에 있었으므로 적진에 드나드는 사람들이 정희현의 심복이 된 자가 많습니다. 적의 진영을 몰래 불태운 일은 이원익이 전적으로 정희현에게 명하여 도모한 것입니다. 정희현의 심복인 부산 수군(水軍) 허수석(許守石)은 적진을 마음대로 출입하는 자로 그의 동생이 지금 부산영성 밑에 살고 있는데 그가 주선하여 성사시킬 수 있었으므로 정희현이 밀양으로 가서 허수석과 몰래 모의하여 기일을 약속해 보내고 돌아와 이원익에게 보고하였습니다. 날짜를 기다리는 즈음에 허수석이 급히 부산영에서 와 불태운 곡절을 고했는데 당보(塘報)도 잇따라 이르렀습니다. 그래서 이원익은 허수석이 한 것을 확실하게 알게 된 것입니다. 이순신의 군관이 부사(副使)의 복물선(卜物船)을 운반하는 일로 부산에 도착했었는데 마침 적의 영이 불타는 날이었습니다. 그가 돌아가 이순신에게 보고하여 자기의 공으로 삼은 것일 뿐 이순신은 당초 이번 일의 사정을 모르고서 치계(馳啓)한 것입니다. 허수석이 작상(爵賞)을 바라고 있고 이원익도 또 허수석을 의지해 다시 일을 도모하려 하고 있습니다. 그렇다고 지금 갑자기 작상을 내리면 누설될 염려가 있으니 이런 뜻으로 유시(諭示)하고 은냥(銀兩)을 후히 주어 보내소서. 조정에서 만일 그런 곡절을 모르고 먼저 이순신이 장계한 사람에게 작상을 베풀면 반드시 허수석의 시기하는 마음을 일으키게 될 것이고, 적들도 그런 말을 들으면 방비를 더욱 엄하게 할 것입니다. 그렇게 되면 도모한 일을 시행할 수 없을 것입니다. 그래서 이원익이 신에게 계달하도록 한 것입니다. 또 이번 비밀리에 의논한 일은 이미 이원익의 장계에 있기 때문에 서계하지 않습니다."

부산성의 왜군 소굴을 불태운 것은 허수석이라고 콕 짚어서 김신국이 아뢴 것이다. 이조좌랑 김신국은 선전관宣傳官, 왕명을 수행하는 관리으로 경상도에 파견돼 우의정이자 도체찰사인 이원익 아래서 근무하고 있었다. 김신국의 서계에 따르면 이순신은 명백히 거짓보고를 한 것으로 되어 있다.

자, 그러면 조정에 올라온 서계 중 내용이 서로 다르다면 이건 보통일이 아니다. 진위眞僞 여부를 판단해야 하고 어느 하나는 거짓임이 판명나면 목을 내놓아야 하는 긴급한 사안이다. 바로 이 사건 때문에 선조는 이순신이 왕을 기망한 죄를 지었다고 판단하고 대로했다.

사안의 중대성을 감안해서 이 사건이 어디로 귀결되는지 더 살펴보도록 한다.

1596년 12월 25일 조선 조정 회의 내용이다.

"상(上)이 이르기를, '승지가 어렵게 여기는 것 또한 옳으나, 지금 이 거사는 뜻밖에 군대를 동원하는 예가 아니다. 우리나라가 방어한다는 소문이 이미 전파되었으니, 비록 급하게 군대를 동원하더라도 적은 반드시 놀라지 않을 것이다. 저번에 내가 몸소 군사를 독려한다고 한 것도 역시 이러한 뜻에서이다. 지금 군대를 동원하는 것이 하나의 기회이고 하늘의 뜻이 이와 같은 것이 또 하나의 기회이다. 다만 두려운 점은 군사 기밀이 누설될까 하는 것이요, 또한 일본에서 중국 장수들을 구류할까 하는 것이다. 전일에 의정한 것을 혹 시행한다 해도 도원수(권율)와 도체찰사(이원익)에게 알리지 않을 수 없으니, 말을 잘 타는 문신(文臣)을 급히 보내 의논하도록 해야 할 것이다.'라고 하였다. 이에 호조판서 김수가 아뢰기를, '김신국을 보내야 합니다.'"

그런데 위 내용을 보면 김신국은 1596년 12월 25일에 한양에 있었던 것으로 나온다. 부산 왜영 방화사건은 1596년 12월 12일에 벌어진 일이고, 이것을 이순신이 1596년 12월 27일자 성첩해서 이듬해 1월 1일자로 조정에 당도한 것이다.

그런데 사건 당시 김신국은 현장에 있지 않았고 1596년 12월 25일에도 한양에 있던 것으로 보아 이듬해인 1597년 1월 2일에 올라온 김신국의 보고서는 이순신의 보고보다 하루가 늦은 것이다. 물론 파발 전달과정에서 시간 차이가 있을 수는 있다. 그러나 김신국의 서계의 내용에 나와 있듯이 '이순신은 당초 이번 사실을 모르고 치계했다.'라고 단정한 것을 보면 자신에 차 있다. 김신국의 보고대로라면 이순신은 허위보고를 한 셈이다. 조정에서는 1월 27일 조정회의에서 김신국의 서계를 사실로 받아들였다.

1597년 1월 27일 조정회의에서 선조가 말했다.

"나는 이순신의 사람됨을 자세히 모르지만 성품이 지혜가 적은 듯하다. 왜영을 불태운 일도 김난서와 안위가 몰래 약속하여 했다고 하는데, 이순신은 자기가 계책을 세워 한 것처럼 하니 나는 매우 온당치 않게 여긴다. 그런 사람은 비록 청정(淸正 가토 기요마사)의 목을 베어 오더라도 용서할 수가 없다."

"김수는 '부산 왜영을 불사른 일은 원래 이순신이 안위와 비밀히 약속하였는데 다른 사람이 앞질러 먼저 하였습니다. 그런데 이순신이 도리어 자기 공로라 하였다고 하지만, 그 일은 자세히 알 수 없습니다.'라고 하자 이정형(李廷馨)도 '변경에서 생긴 일을 멀리서 헤아릴 수 없으니 천천히 처리해야 할 것입니다.'라고 아뢰었다."

과연 진실은 무엇일까.

○ 가설 1

우연의 일치이지만 양쪽 모두가 동시에 거사를 하려다 허수석이 선수를 먼저 쳤고 이순신의 군관이 부산에 도착했을 때 불기둥이 올라가는 것을 보고 절호의 기회를 **빼앗겼다**고 분한 마음을 가진 나머지 이순신에게 허위보고를 했을 수도 있다.

○ 가설 2

그리고 부하들의 말만 믿은 이순신은 부하들의 공을 세워주려는 의도에서 그대로 보고를 한 것일 수도 있다. 그렇다 하더라도 이 처사는 엄연한 조정 기망欺罔이 된다.

○ 가설 3

김신국은 체찰사 이원익 휘하에 있던 선전관이다. 이원익의 재가를 거쳐 서계를 올렸을 터인데, 방화의 기획자인 이원익이 이순신이 하루 먼저 '허위보고'를 한 것에 대해서 죄를 묻고자 김신국을 시켜 서계를 올렸을까. 만일 그게 사실이라면 이순신은 목을 내놓아야 한다. 이원익과 이순신, 두 사람의 인간관계를 보면 왜란 7년 동안 이원익은 언제나 이순신을 도와주는 편에 섰던 후원자였다. 따라서 이순신의 입장을 곤란케 하거나 나아가 음해하고 무고하는 일은 없었을 것이다. 『선조실록』 1596년 10월 5일자에 보면 "이원익은 '이순신은 졸렬한 사람이 아니며 경상도 여러 장수들 가운데 가장 훌륭한 인물입니다.'라고 아뢰었다."는 기사가 나올 정도다.

ㅇ 가설 4

그렇다면 이원익 휘하에 있던 김신국을 주목해 볼 필요가 있다. 1593년 별시문과 병과급제를 한 김신국은 정유재란 때 류성룡을 탄핵했던 북인세력이었다. 그리고 그는 후일 소북小北의 영수가 된다. 류성룡과 이원익은 남인이었다. 이순신도 굳이 따지자면 남인의 지원을 받는 쪽에 가까운 인물이었다. 그러니 방화 현장에도 없었던 김신국의 서계를 액면 그대로 믿을 수 없다는 의구심이 남는다.

이상의 가설은 예전에 사회부 사건기자의 경험을 되살려 기자의 촉觸으로 추정해 본 것이다.

김신국의 서계에 담긴 "이번 비밀리에 의논한 일은 이미 이원익의 장계에 있기 때문에 서계하지 않습니다."를 주목하고 싶다. '비밀리에 의논한 일이 이원익의 장계에 있다?'면 '누가? 언제? 어디서? 무엇을? 어떻게? 왜?'라는 6하원칙 하에 주동자, 참여자, 방화일시, 방화방법, 그리고 경과 및 결과 등이 구체적으로 명시되어 있을 것이다.

또 임금이 보낸 선전관 김신국북인과 현장 책임자인 이원익남인과의 원만한 대화가 이뤄졌을까도 의문이다. 당색黨色이 다른 두 사람 사이에 헤집고 들어온 또 다른 의견은 없었을까?

당시 조선은 명나라 선유도사 담종인譚宗仁이 1594년 3월 6일 시달한

「금토패문禁討牌文」으로 인해 왜군을 공격해서는 안 되는 상황이었고 명과 일본과의 강화협상이 결렬돼 일촉즉발의 위급한 상황이었다. 따라서 부산 왜영 방화사건을 드러내 놓고 공론화하지 못하고 쉬쉬 덮었을 가능성은 충분히 있다.

따라서 김신국의 손을 들어준 선조에게 이순신은 거짓말쟁이로 낙인 찍혔다. 이순신의 죄목은 '탈인지공 함인어죄奪人之功 陷人於罪' 즉 "남의 공을 빼앗고 무함하여 곤경에 빠뜨린 죄"이었고, '무비종자 무기탄지죄無非縱恣 無忌憚之罪' 즉 "한없이 방자하고 거리낌 없는 죄"였다. 사형감이었다.

정유재란으로 나라는 또 다시 누란累卵의 위기에 처했지만 적전 분열상이 노출되고 말았다. 선조는 이순신을 삭탈관직시킨 뒤 한성 의금부로 잡아 올렸다. 한 번 실수는 병가지상사兵家之常事라고 했지만 선조에게 시시비비是是非非를 가리자고 따질 수도 없는 일, 절대 지존至尊에게 밉보인 이순신의 '괘씸죄'는 그렇게 번져갔다.

두 번째 백의종군(白衣從軍)

○
●
○

1597년 2월 26일 삼도수군통제사 이순신은 선조의 체포령에 따라 한산도 진영에서 함거轞車에 실려 한성으로 압송되었고 3월 4일 의금부 감옥에 갇혔다. 사헌부가 지목한 죄명은 기망조정欺罔朝廷 무군지죄無君之罪, 종적불토縱賊不討 부국지죄負國之罪, 탈인지공奪人之功 함인어죄陷人於罪, 무비종자無非縱恣 무기탄지죄無忌憚之罪였다. 즉 조정을 속이고 임금을 업신여긴 죄, 적을 쫓아가 치지 아니하여 나라를 등진 죄, 남의 공을 가로채고 남을 모함한 죄, 한없이 방자하고 거리낌이 없는 죄 등이었다. 이 죄목을 종합하면 이순신은 영락없는 사형감이었다. 생사여탈권을 쥔 선조가 대로했으니 말리는 사람도 목숨을 부지할 수 없는 상황이었다.

원칙에 충실한 이순신은 이중간첩 요시라要時羅의 간계를 믿을 수 없었기에 "부산포에 상륙하는 적을 나아가 물리치라."는 선조의 명령을 받아들일 수가 없었다. 더군다나 고니시 유키나가의 충실한 부하인 자가 경상우병사 김응서金應瑞, 1564~1624 진영을 자유롭게 왕래하면서 전하는 세치 혀의 간언間言을 전혀 믿을 수 없는 노릇이었다. 당시 도요토미 히데요시는 이순신 제거 작전에 골머리를 썩이고 있었다.

무릇 전쟁의 전투 승패 여부는 현장 지휘관이 훨씬 더 잘 아는 터, 인사권을 가진 왕과 조정 중신들이 천리 밖에서 이래라저래라 하는 게 참으로 가당치 않을 때가 있는 법이다. 그러나 이순신의 라이벌인 원균을 지원하는 서인 세력尹斗壽. 尹根壽 형제은 서슬이 퍼런 권력을 가졌기 때문에 이순신의 명령불복종을 그대로 덮고 넘어가지 않았다. 그런데 그때 노신老臣 정탁鄭琢이 죽음을 무릅쓰고 이순신의 죄를 사하게 하는 신구차伸救箚를 올려 이순신은 가까스로 목숨을 건질 수 있었다. 선조는 살려주는 대신에 경상도 초계 도원수 권율權慄의 군영에 가서 백의종군하라는 명령을 내렸다. 꼭 10년 전인 1587년 이순신은 조산보만호 겸 녹둔도 둔전관으로 근무할 때 여진족을 제대로 막지 못했다는 북병사 이일李鎰의 무고로 1차 백의종군을 한 바 있었다.

4월 1일 투옥된 지 27일 만에 특사로 풀려나온 이순신은 하얀 소복을 입은 무등병無等兵 신분으로 말 한 마리에 의지한 채 숭례문을 빠져나왔다. 조카 봉, 분, 아들 열葆과 함께 이순신은 윤간의 여종 집에서 윤사행尹士行, 원경遠卿과 함께 이야기를 나누었다. 휘하 장수였던 이순신李純信이 술을 가져와서 함께 마셨다. 영의정 류성룡柳成龍, 판부사 정탁鄭琢, 판서 심희수沈禧壽, 우의정 김명원金命元, 참판 이정형李廷馨, 대사헌 노직盧稷, 최원崔遠, 곽영郭嶸 등이 사람을 보내와 문안하였다. 이날 이순신은 술에 취하여 땀이 몸을 적셨다.

다음 날 해거름에 이순신은 다시 남문으로 들어가 영의정 류성룡과 밤이 깊도록 이야기를 나누었다. 류성룡은 이순신과 건천동 마른내골에서 함께 어린 시절을 보낸 '동네 형'이자 '평생 멘토'였다.

1597년 4월 2일, 맑음.

"일찍 남쪽으로 떠났다. 금오랑 이사빈, 서리 이수영, 나장 한언향은 먼저 수원부에 이르렀다. 나는 인덕원에서 말을 쉬게 하고 조용히 누워서 쉬다가 저물녘 수원에 들어가서 경기 체찰사(홍이상)의 이름도 모르는 병사(군사)의 집에서 잤다. 신복룡이 우연히 왔다가 내 행색을 보고 술을 가지고 와서 위로해 주었다. 수원부사 유영건이 와서 만났다."

이하 이순신의 백의종군 길을 간략하게 요약한다.

독산 오산 아래에 이르러 조발趙撥의 접대를 받았다. 진위구로 평택를 거쳐 냇가에서 말을 쉬게 하고 오산 황천상黃天祥의 집에서 점심을 먹었다. 수탄을 거쳐 평택현 이내은손李內隱孫의 집에 도착하여 따뜻한 방에서 욱신거리는 몸을 지졌더니 온통 땀으로 뒤범벅이 되었다.

장군은 평소에도 만성위장병과 신허증腎虛症에 시달렸다. 『난중일기』에 "몸이 몹시 불편해 땀이 온몸을 적셨다." "몸이 불편하여 앉았다 누웠다 하며 밤을 새웠다." "밤 10시쯤 땀이 나 등을 적셨는데 자정쯤에 그쳤다." "자다가 땀이 너무 나서 옷을 갈아입었다."라는 기록이 자주 나온다. 『난중일기』에 따르면 이순신은 고문당한 후 병든 몸으로 141일 동안 아팠으며 176회 고통을 호소했다. 특히 1597년 7월 16일 원균의 칠천량 패전 날부터 9월 16일 명량해전까지 두 달 동안 집중적인 병 치료를 받았다. 몸과 마음이 깨지고 찢어진 탓이었다. 자신의 처지를 생각하면 백 번 천 번 통곡慟哭해도 모자랄 판이었다. 그럼에도 세상은 장군에게 한 순간의 휴식이나 한 치의 개인적인 여유도 허락하지 않았다. 어서 일어나 나라의 안위를 책임져야 한다는 주문이 쇄도했기 때문이었다.

선산이 있는 아산 음봉면의 어라산에 갔다가 저녁 때 외가를 거쳐 조카 뇌의 집에 이르렀다.

호송 책임자인 금오랑 이사빈을 변흥백卞興伯의 집에 유숙케 하고 정성껏 환대하였다. 이순신은 남양 아저씨 문상을 하고 그길로 홍석견洪石堅의 집에 들렀다. 저녁나절 변흥백의 집에서 금부도사와 이야기를 하며 접대하였다. 다음 날 금부도사가 먼저 온양으로 떠났다.

7일에는 충청도 예산禮山현 정혜사定慧寺의 노승 덕수德修가 찾아와서 이순신에게 짚신 한 켤레를 바치려 하자 "내가 산승의 초혜草鞋를 받을 까닭이 있나."라며 거절하였다. 그러나 노승의 끈질긴 간청에 결국 짚신을 받고나서 노자路資를 쥐어 보냈다.

마침 엎친 데 덮친 비상 상황이 발생했다. 청천벽력 같은 모친 부음이었다.

1597년 4월 12일, 맑음.

"종 태문이 안흥량(태안)에서 들어와 편지를 전하는데 '어머니께서는 숨이 가쁘시며 초9일 위 아랫사람들은 무사히 안흥에 도착하여 정박하였다.'고 했다. 법성포(영광)에 도착하여 배를 대고 자고 있을 때 닻이 끌려 떠내려가서 배에 머문 지 엿새 만에 서로 떨어져 있다가 만났는데 무사하다고 한다. 아들 열을 먼저 바닷가로 보냈다."

1597년 4월 13일, 맑음.

"일찍 식사 후에 어머니를 맞이할 일로 바닷가 길에 올랐다. 도중에 홍 찰방 집에 들러 잠깐 이야기하는 동안 아들 열이 종 애수를 보냈을 때에는 배가 왔다는 소식이 없었다. 다시 들으니 황천상이 술병을 들고 변흥백의 집에 왔다고 하여 홍 찰방과 작별을 고하고 흥백의 집으로 갔다. 얼마 후 종 순화가 배에서 와서 어머니의 부고를 고했다. 달려 나가 가슴을 치고 발을 구르니 하늘의 해조차 캄캄해 보였다. 바로 해암(蟹巖, 아산 인주 게 바위)으로 달려가니 배는 벌써 와 있었다. 길에서 바라보면서 가슴 찢어지는 비통함을 모두 적을 수가 없었다. 추가로 대강 기록했다."

1597년 4월 16일, 궂은 비.

"배를 끌어 중방포(아산 염치) 앞으로 대고 영구를 상여에 올려 싣고 본가로 돌아왔다. 마을을 바라보면서 가슴이 찢어지는 비통함을 어찌 말로 다할 수 있으랴. 집에 도착하여 빈소를 차렸다. 비가 크게 내렸다. 나는 기력이 빠진데다가 남쪽으로 갈 일이 또한 급박하니 울부짖으며 곡을 하였다. 오직 어서 죽기만을 기다릴 뿐이다. 천안군수가 돌아갔다."

어머니의 빈소마저도 오래 지킬 수 없었다. 17일 금오랑의 서리 이수영李壽永이 공주에서 와서 남행길을 재촉했기 때문이었다. 당시 부모상 중에는 자식이 관직에 나아가지 않고 3년 동안 시묘하는 게 관례였다.

19일 이순신은 어머님 영전에 하직을 고하고 울부짖으며 길을 떠났다.

'어찌하랴 어찌하랴. 천지 사이에 어찌 나와 같은 사정이 있겠는가. 빨리 죽는 것만 같지 못하구나.'

가장 절망적인 상황을 맞이한 이순신은 이처럼 가슴이 무너지는 인간적 고뇌를 토로했다.

아들 회, 열, 면, 조카 해, 분, 완과 주부 변존서가 함께 천안까지 따라갔다. 그리고 공주 일신역에서 잤다. 공주 정천동을 거쳐 저녁에 이산현령의 극진한 대접을 받고 이산 동헌에서 잤다. 다음 날 아침 일찍 출발해 은원논산 은진면 연서리에 이르렀다. 4월 21일 한양에서 444리 지점인 여산을 출발하여 4월 25일 남원 숙성령에 이르렀다. 이순신은 말을 타고 하루에 12km 정도 이동했다.

하옥과 백의종군, 어머니의 죽음, 주위를 아무리 둘러봐도 자신의 딱한 처지를 토로할 상대는 없었다. 그저 말 잔등에 올라타서 뚜벅뚜벅 이동하는 고행이 계속되었다.

4월 21일 여산에 도착했다. 당시 이곳에는 하삼도에서 규모가 가장 큰 여산원礪山院이라는 큰 여관이 있었다. 그러나 관노비의 집에서 잤다.

'한밤에 홀로 앉았으니 비통한 생각에 견딜 수가 없다.'

이순신은 아무리 곰곰이 생각해도 밀려오는 회한과 절대고독감을 물리칠 수 없었다.

제2차 세계대전 때 참혹한 아우슈비츠수용소에서 살아남은 경험을 살려 로고테라피Logotherapy를 창시한 빅터 프랭클1905~1997 박사는 사람이 극한 절망에 처해 있을 때 살아남을 수 있는 방법으로 변화를 역설했다. 즉 어떠한 상황이 닥쳐와도 반드시 살아서 꼭 해야 할 일을 하겠다는 의지와 희망이 곧 긍정적인 에너지를 만들어낸다는 것이다. 이 '신묘한 최고의 경지'는 자벌레가 움츠리고 있는 것은 몸을 뻗어서 나아가기 위한 준비 과정이듯이 이순신에게도 2보 전진을 위한 1보 후퇴의 상황을 잘 활용할 필요가 있었다.

4월 22일 여산에서 삼례역 역장관리의 집에 도착했다. 삼례는 조선의 9대 대로 길 중에서 6, 7번 도로가 만나는 교통의 요지였다. 전라도 순천, 여수, 고흥, 광양 방면과 경상도 남해, 함양, 진주, 고성, 산청, 통영 방면으로 가는 시발점이었다.

4월 22일 저녁 전주 남문 밖 이의신李懿信의 집에 도착해 유숙했다. 한성에서 전주부까지는 5백16리의 길이었다. 전주부 읍성은 전쟁의 병화로 사방의 문루가 불에 타서 볼썽사나웠다. 전주 남문 밖 이의신의 집에서 잤다. 이의신은 정5품 호조정랑을 지낸 사람으로 전남지역의 기대승奇大升, 보성의 안방준安邦俊 등과 교류를 하는 사림士林이었다. 4월 23일 전주를 일찍 떠나 오원역에 도착해 말을 쉬게 하고 아침밥을 먹었다. 이때 의금부 도사가 와서 만났다.

저물어서 임실 현에서 잤는데 임실현감 홍순각이 예에 따라 대우했다. 그리고 옛 군관시절 우위장을 지낸 정철을 만났다. 정철은 장군이 전라좌수사로 여수 전라좌수영에 부임했을 때 이순신의 모친초계 변씨의 거처와 가사를 돌본 적이 있었다. 정철은 정경달丁景達과 함께 장군이 하옥되었을 때 적극적으로 구명 활동을 한 인물이다.

쑥대밭이 된 남원성 주변의 피폐한 상황을 지켜본 장군은 피가 끓었다. 그리고 다시 분연히 일어서야겠다는 결심을 하게 된다.

4월 25일 아침밥을 먹은 뒤 길을 떠나 운봉의 박롱朴龍의 집에 들어갔다. 당시 남원부에는 명나라 부총병 양원楊元이 진을 치고 있었다. 도원수 권율은 지휘관 회의 차 양원을 만나러 이곳에 자주 온다는 말을 박롱에게서 들었다. 이순신은 숙성령宿星嶺을 통해 구례로 들어갔다. 숙성령은 왜군이 남원성을 칠 때 이용한 전략 요충지였다. 도원수 권율이 있는 초계까지는 그리 멀지 않은 지점이다.

순천부에 도착해 체류하는 동안 정사준鄭思竣 등 한때 부하였던 여러 군관을 만나 해안 정보를 수집했다. 정사준은 이순신의 지휘아래 대장장이 낙안수군 이필종, 순천 사삿집 종 안성, 김해 사찰의 종 동지, 거제 사찰의 종 언복 등을 데리고 대장간에서 정철正鐵을 두드려 화승총火繩銃인 정철총통을 만들어낸 인물이다.

4월 26일 금부도사와 헤어져 홀가분한 몸이 된 이순신은 정사준을 대동하고 자신에게 호의적인 체찰사 이원익을 만나기를 학수고대했다. 순천에 18일 동안 체류하면서 도원수 권율의 군관 권승경과 병마사 이복남李福男, 순찰사 박홍로, 순천부사 우치적 등 74명을 직간접으로 접촉해 적정敵情과 아군의 군세를 살폈다.

권율은 군관 권승경을 보내 이순신의 소식을 타진했다.

"상중喪中에 몸이 피곤할 터이니 기운이 회복되는 대로 나오라."는 전

갈을 보냈다. 그리고 이순신과 절친했던 군관 중에 한 명을 차출해서 보좌역으로 쓰도록 배려했다.

구례 현 손인필孫仁弼의 집에서 구례현감 이원춘을 만났다. 손인필은 왜란이 일어나자 남무南武라는 직책으로 군수품 조달과 군사를 모아 왜군을 무찌른 관군 지휘관이었다. 그는 구례지역 9개 사창社倉. 환곡창고의 사정을 훤히 알고 있었다. 그의 3남 손숙남孫淑南은 구례 석주성 상황을 보고했다. 장남 손응남은 이후 이순신을 따라 전투에 나섰다가 전사했다. 병참물자와 군량조달이 시급했던 이순신은 손인필 일가의 협조로 많은 도움을 받았다.

5월 19일 체찰사 이원익李元翼은 군관 이지각을 이순신에게 보내어 위로하였다.

"일찍이 상을 당했다는 소식을 듣지 못하였다가 이제야 비로소 듣고 놀라 애도한다."며 저녁에 동헌에서 만나자고 했다. 이원익은 구례현청 동헌에서 하얀 소복을 입고 이순신을 만났다.

1597년 5월 20일, 맑음.

"조용히 의논하는데 체찰사는 개탄스러움을 참지 못했다. 밤이 깊도록 이야기하는 가운데 '일찍이 유지(有旨. 임금의 명령)가 있었는데 거기에 미안하다는 말이 많이 있어서 그 심사가 미심쩍었으나 어떤 뜻인지를 몰랐다.'고 하였다. 또 말하되 '흉악한 자(원균)의 일은 기만함이 심한데도 임금이 살피지 못하니 나랏일이 어찌되겠는가.' 하는 것이었다."

이에 이순신은 "시국의 그릇된 일에 수없이 분개하고 다만 죽을 날만 기다린다."면서 하루빨리 전투에 임하고자 하는 임전臨戰 계획을 밝혔다.

체찰사와 만난 이순신은 초계의 권율 원수부로 향했다. 장맛비에 행장이 흠뻑 젖고 몇 번씩 넘어지면서 겨우 석주관에 도착했다. 곁에는 차남 열恱이 있었다.

6월 8일 도원수와 그 일행 10여 명과 만났다. 이순신은 그날 몸이 매우 불편하여 저녁밥을 먹지 못했다. 11일에는 아들 열이 토사로 밤새도록 신음했다. 그날 밤 이순신은 전라우수사 이억기, 충청수사 최호, 경상수사 배설, 가리포첨사 이응표, 녹도만호 송여종, 여도만호 김인영, 사도첨사 황세득, 동지 배흥립, 조방장 김완, 거제현령 안위, 영등포만호 조계종, 남해현감 박대남, 하동현감 신진, 순천부사 우치적 등 한때 부하였던 장수들에게 편지를 썼다.

7월 18일 새벽 이덕필, 변홍달이 "16일 새벽에 수군이 몰래 기습공격을 받아 통제사 원균, 전라우수사 이억기, 충청수사 최호 및 여러 장수와 많은 사람들이 해를 입었고 수군이 대패했다."는 비보를 전했다. 원균의 지휘통제 하에서 조선 수군이 궤멸당한 7월 16일 칠천량 패전을 말함이었다.

억장이 무너지는 비보를 접한 이순신은 권율에게 "내가 직접 연해안 지방으로 내려가서 보고 듣고 와야겠다."고 말하자 권율은 가슴을 쓸어내리며 안도하는 눈치였다. 원균의 칠천량 패전을 접한 선조는 부랴부랴 다시 이순신을 찾았다.

8월 3일 진주 정개산성 건너편 손경례孫景禮의 집에 머물 때 이른 아침에 선전관 양호梁護가 선조의 교서와 유지를 가지고 왔다. 이순신은 말없이 임명교서를 받은 뒤 임금이 있는 북쪽을 향해 숙배肅拜를 했다. 그러나 삼도수군통제사라는 어마어마한 직책을 다시 부여받았지만 그는 수중에 군사도, 군기軍器도, 군량도 없는 적빈赤貧의 빈털터리였다.

이날 바로 길을 떠나 곧장 두치豆峙 가는 길에 들어 초경저녁 7시~9시에 행보역하동 여의리에 이르러 말을 쉬게 하고 삼경밤 11시~새벽 1시 길에 올라 두치에 이르니, 날이 새려고 했다. 이렇듯 삼도수군통제사에 재임명된 이순신은 경상우수사 배설裴楔이 전라도 어딘가에 숨겨놓은 판옥선을 찾아나섬으로써 수군 재건길에 나섰다.

보성에 도착했을 때 이순신은 선전관으로부터 선조의 유지有旨. 왕의 명령를 받았다. 수군을 폐하고 권율의 진영에 합류하라는 것이었다.

1597년 8월 15일, 비 후 갬.
"저녁에 밝은 달 비치는 누대 위에서 마음이 매우 편치 않았다."

그도 그럴 것이 수군 폐지라는 청천벽력과 같은 명을 받았기 때문이었다. 한가위 보름달이 휘영청 밝은 밤에 보성 열선루 위에서 한숨이 절로 나왔다.

정여립(鄭汝立)의 난

○
●
○

기축년己丑年인 1589년선조 22 10월 2일 정여립鄭汝立의 난이 일어났다.

정여립 난의 발단은 1589년 10월 황해도관찰사 한준韓準과 재령군수 박충간朴忠侃, 안악군수 이축李軸, 신천군수 한응인韓應寅 등이 전 홍문관 수찬修撰, 정6품이었던 전주 사람 정여립이 역모를 꾀하고 있다고 고변함으로써 시작되었다.

당시 기록을 종합하면, 정여립은 조선 중기의 끔찍한 모반자로서 성격이 포악 잔인한 인물로 묘사되어 있다. 경사經史와 제자백가諸子百家에 통달하였던 정여립은 1570년선조 3 식년문과에 을과로 급제하였고, 율곡 이이李珥, 1536~1584와 우계 성혼成渾, 1535~1598의 문인이 되었다. 이후 이이와 성혼의 천거로 벼슬길에 올라, 1583년 예조좌랑을 거쳐 이듬해 수찬으로 벼슬을 그만두었다. 본래 서인이었으나 집권한 동인으로 당을 옮겨 죽은 스승 이이와 박순朴淳, 성혼 등을 비판하였다. 이 사실을 안 의주목사 서익徐益과 이이의 조카인 이경전李慶全이 상소를 올리자 선조가 이를 불쾌히 여기며 정여립을 '형서形恕'라고 칭했다. 형서는 송나라의 학자 정이천의 제자로 스승을 배반한 못된 인간의 표본을 말한다.

선조가 정여립을 불쾌히 여기자 벼슬을 버리고 낙향하였다. 고향에서 점차 이름이 알려지자 진안 죽도에 서실書室을 지어 놓고 대동계大同契를 조직, 신분에 제한 없이 불평객, 무뢰배들을 모아 무술, 특히 활쏘기를 단련시켰다.

1587년 2월 왜구들이 전라도 손죽도에 침범한 정해왜변丁亥倭變이 일어나자 전주부윤 남언경南彦經은 정여립에게 군사를 동원해 줄 것을 요청했다. 정여립은 출동해 침입한 왜구를 격퇴하는 등 공을 세우기도 하였다. 그리고 대동계를 만들어 전국으로 확대해서 황해도 안악의 변숭복邊崇福, 해주의 지함두池涵斗, 운봉의 승려였던 의연義衍 등 기인과 모사를 끌어 모았다. 『정감록鄭鑑錄』의 참설讖說을 이용해 '망이흥정설亡李興鄭說' 즉 "이씨는 망하고 정씨가 흥한다."는 말을 퍼뜨려 민심을 동요케 했다. 그는 또 "천하는 공물公物로 일정한 주인이 있을 수 없다."는 '천하공물설天下公物說'과 "누구를 섬기든 임금이 아니겠는가."라는 '하사비군론何事非君論'을 주장하며 혈통에 근거한 왕위 계승의 절대성을 비판하고 왕의 자질을 중시하였다. 그리고 "충신이 두 임금을 섬기지 않는다고 한 것은 성현聖賢의 통론通論이 아니었다."며 주자학적인 '불사이군론不事二君論'에 대해서도 비판적인 혁신 사상을 지니고 있었다.

잡술에 능한 정여립은 장차 나라에 변이 일어나게 된다고 예언했다.

정여립은 임꺽정林巨正의 난1559~1562이 일어났던 황해도 안악에 내려가 그곳에서 교생 변숭복邊崇福, 박연령朴延齡, 지함두池涵斗, 승려인 의연義衍, 도잠, 설청 등 기인 모사謀士와 사귀었다.

여기서 임꺽정의 난과 관련, 명종 16년1561 10월 당시의 상황을 『명종실록』은 "모이면 도적이고, 흩어지면 백성이다. 도적이 된 원인은 정치를 잘못했기 때문이요, 그들의 죄가 아니다."라고 기록하였다. 즉 그 원인은 '왕정의 잘못王政之失'이라고 지적했다.

당시 세간에 '목자木子=李는 망하고 전읍奠邑=鄭은 흥한다.'는 정감록鄭鑑錄 류의 동요가 유행하고 있었다. 일설에 의하면 정여립은 그 구절을 옥판에 새겨 승려 의연에게 지리산 석굴에 숨겨두도록 했다. 그런 뒤 변숭복, 박연령 등과 산 구경을 갔다가 우연히 발견한 것처럼 위장해 자신이 시대를 타고난 인물로 여기게 했다고 한다.

또 천안지방에서 길삼봉吉三峯이라는 자가 화적질을 하고 있었는데 용맹이 뛰어나 관군이 아무리 잡으려 해도 잡을 수가 없었다. 정여립은 지함두를 시켜 황해도 지방으로 가서 "길삼봉, 길삼산吉三山 형제는 신병神兵을 거느리고 지리산에도 들어가고 계룡산에도 들어간다." "정팔룡鄭八龍이라는 신비롭고 용맹한 이가 곧 임금이 될 터인데, 머지않아 군사를 일으킨다."는 유언비어를 퍼뜨리게 했다. 팔룡은 정여립의 어릴 때 이름이었다.

이 소문은 황해도 지방에 널리 퍼졌고 "호남 전주지방에서 성인이 일어나서 만백성을 건져, 이로부터 나라가 태평하리라."는 말이 떠돌아다녔다. 하지만 이러한 사상적 경향은 정치의 도리인 경敬과 의義를 강조한 남명 조식 曺植. 1501~1572의 문인이나 성리학의 주체적 해석을 강조한 화담 서경덕 徐敬德. 1489~1546의 문인들에게서 많이 나타나고 있던 것으로 모반의 근거로 볼 수는 없다는 주장도 있다.

　이 보고를 받은 조정에서는 선전관과 의금부도사를 황해도와 전라도에 파견하여 사실을 확인하도록 하였다. 정여립은 안악에 사는 변숭복 邊崇福에게서 그의 제자였던 안악교생 조구 趙球가 자복했다는 말을 전해 듣고, 아들 옥남 玉男과 함께 도망하여 진안에 숨어 있다가 자결하였다. 그리고 옥남은 잡혀 문초를 받은 끝에 길삼봉 吉三峯이 모의 주모자이고, 해서 사람 김세겸 金世謙, 박연령 朴延齡, 이기 李箕, 이광수 李光秀, 변숭복 등이 공모했다고 자백하였다. 그 결과 다시 이들이 잡혀가 일부는 조구와 같은 내용을 자백하고, 일부는 불복하다가 장살 당하였다. 정여립의 자결과 일부 연루자의 자백에 의해 정여립이 역모를 꾀했다는 것은 사실로 단정되었다.

　정여립이 실제로 모반을 하였다고 확실히 드러난 물증은 존재하지 않는다. 이 때문에 이 사건이 서인에 의해 조작된 것이라는 주장이 당시에 제기되었다. 이 옥사의 발생 원인에 대해서는 여러 학설로 나누어진다.

　첫째, 노비 출신인 '모사꾼' 송익필 宋翼弼. 1534~1599이 당시 서인의 참모격으로 활약했는데, 자신과 그의 친족 70여 명을 다시 노비로 전락시키려는 동인의 이발과 백유양 등에게 복수하기 위해 조작했다는 설이다.

　둘째, 당시 위관 委官. 재판장으로 있던 서인 정철 鄭澈. 1536~1593에 의해 조작되었다는 설이다. 서인 강경파인 정철은 평소 미워하던 동인들의 씨를 말리려고 했다. 그래서 '동인백정 東人白丁'이란 말을 들어야 했다.

애초 영의정 유전柳坤, 좌의정 이산해李山海, 우의정 정언신鄭彦信, 판의
금부사 김귀영金貴榮 등이 위관委官이 되어 관련 죄인을 문초하려 했다. 이
때 고향에 있던 정철은 송익필宋翼弼, 성혼成渾의 권유로 입궐해 차자箚子, 작
은 상소를 올렸다. 그리고 정언신이 정여립의 9촌 친척이니 위관委官으로 적
합하지 않다며 교체를 주문했다. 결국 서인 정철이 위관委官이 되어 심문
을 담당하게 되었다. 서인의 모사꾼 송익필은 정철의 집에 묵으면서 동
인 타도의 계획을 세웠다. 김장생金長生과 김집金集의 스승이었던 송익필
은 이산해 등과 함께 8문장으로 글을 잘했고 성리학에도 조예가 깊었던
인물이다.

셋째, 율곡 이이李珥가 죽은 뒤 열세에 몰린 서인이 세력을 만회하기
위해 날조한 사건이라는 설이다.

넷째, 일부 조작된 바도 있으나, 당시 정여립이 전제군주정치 아래에
서는 용납되기 어려운 선양禪讓, 왕위를 물려줌에 의한 왕위계승방식을 주장하
는 등 혁명성을 가진 주장이 옥사를 발생시킨 요인이 되었다는 설이다.

1589년부터 3년 동안 정여립의 사건과 관련된 국문鞫問이 계속되었는
데, 이 기간 동안 동인 1천여 명이 화를 입었으며, 정권을 장악하고 있던
동인은 몰락하고 서인이 정국을 주도하게 되었다. 그리고 호남은 '반역
향反逆鄕'이 되어 그곳 출신의 관직 등용에 제한이 가해졌다.

기축옥사의 정확한 실체가 무엇인지, 아직까지 제대로 밝혀진 것은
없다. 다만 기축옥사로 인해 이순신李舜臣, 김시민金時敏, 이억기李億祺, 신립
申砬 등 임진왜란 당시 활약했던 장수들을 이끌고 1583년 여진족 니탕개
尼湯介의 난을 평정했던 우의정 정언신鄭彦信은 정여립과 9촌간이라는 이

유만으로 유배되었다가 죽임을 당하였다. 또 서산대사西山大師 휴정은 정여립과 역모를 모의했다는 죄목으로 묘향산에서 끌려가 선조에게 친히 국문을 받았으며, 그의 제자 사명당四溟堂 유정은 오대산에서 강릉부로 끌려가 조사를 받는 등 당대 저명인사들이 고초를 겪었다.

1590년 2월 이기, 황언윤, 방의신, 신여성 등 관련자가 처형되었다. 정여립의 생질인 이진길을 비롯해서 이발, 이길李洁, 이급李汲 세 형제와 백유양, 백진민 부자父子, 조대중趙大中, 유몽정柳夢鼎, 이황종李黃鍾, 윤기신尹起莘 등이 정여립과 가깝게 지냈다는 이유로 죽임을 당했다. 이 가운데 전라도 도사都事 조대중은 억울한 희생양이었는데 관내 순찰 중 사랑하던 기생과 안타까운 이별을 하면서 눈물을 흘리자 정여립의 죽음을 슬퍼해서 울었다는 죄목으로 장살杖殺되었다.

1591년 서인은 동인인 이산해李山海와 류성룡柳成龍도 정여립 사건과 연루된 것으로 몰아가려 했으나, 서인들의 지나친 세력 확대에 반발한 선조는 '간흉악철姦渾惡澈' 즉 "간사한 성혼과 사악한 정철"이라며 정철鄭澈을 파직시켜 강계로 유배 보냈다. 그럼으로써 기축년1589에 시작된 옥사獄事는 마무리되었다.

이후 동인이 정국을 주도하게 되면서 정철 등 서인에 대한 처리를 둘러싸고 온건파와 강경파로 나뉘었다. 동인은 퇴계 이황李滉 계열의 남인南人과 남명 조식曺植 계열의 북인北人으로 다시 분화되었다. 광해군 때에 북인인 정인홍鄭仁弘이 정국을 주도하면서 기축옥사 당시 희생된 사람들에 대한 복권을 추진하였으나, 인조반정으로 서인이 다시 집권하면서 기축옥사는 모반 사건으로 그대로 남게 되었다.

기축옥사己丑獄死는 조선시대에 당쟁黨爭을 확대시키는 중요한 계기가 되었다. 이 사건으로 동인과 서인의 첨예한 갈등은 1592년 임진왜란 발생의 주된 원인으로 작용했다. 즉 조선 통신사 정사로 일본을 다녀온 서인 황윤길黃允吉은 "도요토미 히데요시豊臣秀吉가 분명히 전쟁을 일으킬 것 같다."고 보고한 반면에 부사인 동인 김성일金誠一은 "도요토미 히데요시는 쥐 눈을 가졌고 하는 짓이 원숭이 같은 자로서 그럴만한 위인이 못 된다."라고 보고했다. 결국 동인이 조정을 장악한 상황에서 김성일의 보고가 채택되었다. 그리고 임진왜란이라는 미증유의 대참화가 7년에 걸쳐 강토를 짓밟았다.

기축옥사가 한창이던 1589년 12월 파견관리 차사원差使員을 맡아 상경하던 정읍현감종6품 이순신李舜臣은 우의정 정언신鄭彦信 대감이 대역죄로 의금부 옥에 갇혔다는 소식을 듣고 면회를 신청했다. 정여립과 친하거나 편지를 교환만 해도 붙잡혀 어떤 변고를 당할지 모르는 판국이었다. 하지만 평소 믿고 따랐던 사람에 대한 마지막 의리를 보이고자 했다.

1583년 여진족 니탕개의 난이 일어났을 때 경기관찰사였던 정언신은 도순찰사로 여진족 공격을 지휘할 때 이순신과 인연을 맺었다. 그리고 이순신에게 녹둔도의 둔전 관리를 권했다. 병조판서 정언신은 또 정여립 난이 있기 전인 1589년 1월 21일 비변사에서 왜적의 침입을 막기 위해 직위고하를 묻지 말고 유능한 무신을 추천하라는 무신불차탁용武臣不次擢用 제안에 우의정 이산해와 함께 이순신을 천거했다. 그래서 이순신은 1591년 2월 13일 전라좌수사정3품에 제수되었다. 류성룡의 추천 이전에 이미 정언신은 이순신의 무재武才를 익히 알고 있었던 것이다.

장군은 상경 중에 친분 있는 금오랑의 제안을 거절한 바 있다. 정여립 역모에 연루되었다는 전라도사 조대중의 집을 수색하다가 압수물 중 이순신의 편지가 발견되었는데 빼주겠다는 것이었다.

그러자 장군은 "단지 안부편지 답장이었을 뿐이고 수색품은 공물이니 사사로이 빼서는 온당치 않다."고 말했다. 목숨이 왔다 갔다 하는 살얼음판 위에서 장군은 당당함을 보였다. '사생유명 사당사의死生有命 死當死矣' 즉 "죽고 사는 것은 하늘에 달린 일이다. 죽게 되면 죽는 것이다."라는 그의 사생관을 유감없이 드러냈다.

오늘날 국정농단 사태 재판에서 '위에서 시키는 대로 했을 뿐 나는 모르는 일'이라고 발뺌하며 모르쇠로 일관하는 파렴치한 모사꾼이나 단물을 다 빨아먹은 뒤 죽은 자에게 모든 걸 뒤집어 씌우는 정상배政商輩들과는 판이하게 다른 그 무엇을 엿볼 수 있다.

조선 당쟁(黨爭)

○

●

○

"보수는 부패해서 망하고 진보는 분열해서 망한다."는 말이 있다. 이 말은 프랑스 대혁명 1789~1794년 이후 프랑스에서 유행하던 말이었다. 루이 16세 1754~1793는 1793년 시민의 자유를 억압하는 폭정과 무능으로 일관했다는 이유로 왕비 마리 앙투아네트와 함께 단두대斷頭臺의 이슬로 사라졌다. 이때 시민들은 그나마 고통이 덜한 기요틴 guillotine이라는 형구를 사용해 마지막 자비를 베풀어 주었다고들 했다. 부패한 절대왕권에 대한 성난 시민들의 분노가 피로써 폭발한 것이다.

당시 몽테스키외, 볼테르, 루소, 디도르 등 계몽철학자들은 시민의 저항의식을 고취시키는 데 일조했다. 특히 루소의 시민주권론, 즉 '모든 권한은 시민으로부터 나온다.'는 주인의식은 곧 시민혁명으로 완성됐다. 그야말로 중국 조나라의 사상가 순자 荀子. B.C. 298~B.C. 238?가 말했던 군주민수君舟民水 의 상황이었다. 즉 "군주는 배요 백성은 물이다. 물은 배를 띄우기도 하지만 성나면 배를 뒤집어 버린다." 이런 이치가 어디 18세기 말 서양에서만 있었겠는가. 세월이 흐른 작금의 상황도 크게 다르지 않음을 우리는 똑똑히 목도했다.

오늘날 우리나라의 정치권 당쟁은 그 역사가 조선 선조시대로 올라간다. '공자 왈, 맹자 왈' 글을 배운 유림들 사이에서 이합집산과 사분오열을 거쳐 오늘날에 이른다. 당쟁은 때론 잘못된 것을 바로 잡으려는 정의로운 잣대가 되기도 했지만, 대부분의 경우 백성의 피폐한 삶을 구제하기보다는 '우리가 남이가?'라는 끼리끼리 패거리 문화를 만들었다. 이 전통적 분열의 문화는 1910년 대한제국의 멸망으로 끝나는 듯 했는데 지금도 여전한 걸 보면 혹시 우리 민족에게 분열의 DNA가 있는 게 아닌가 하는 의구심을 가지게 한다.

급하게 빨리 잊어버리는 급망증急忘症 은 우리 민족 특유의 DNA라 할 수 있다. 해방 이후 나라는 좌우 이념으로, 지역적으로, 세대 간 삐걱거림과 쪼개짐으로 여전하다. 정치권에서는 동교동계, 상도동계, 친노, 비노, 친박, 비박 등 귀에 익은 말들로 권력을 농단했으니 바로 붕당朋黨 의 개념이다. 앞으로 절대 그래서는 안 된다는 반면교사反面敎師 의 교훈적 의미로서 지난날 당쟁의 역사 이야기를 풀어본다.

당쟁黨爭 은 16세기 중반 조선 조정에 나타난 사림士林 정치에서 비롯됐다. 이 대목에서 조선의 당쟁사는 이성무 전 국사편찬위원장의 분류를 참고했음을 밝혀둔다.

첫째, 사대부(士大夫) 정치기

고려 말 조선 초인 여말선초麗末鮮初 시기에 유학적 소양을 지닌 문관 관료인 신흥사대부들이 집권한 시기를 말한다. 13세기 후반 충렬왕 때 안향安珦에 의해 원나라를 통해 전래된 주자학朱子學은 무신정권 당시 정계에 새로 진출하던 신흥사대부들의 이념적 무기였다. 예의禮儀와 염치廉恥를 숭상하는 주자학이론으로 권문세족權門勢族의 부정부패를 공격했다. 신흥사대부 가운데는 문관뿐 아니라 이성계李成桂, 1335~1408 같은 신흥무장세력도 포함된다. 이들은 행정실무자인 서리胥吏와 여자, 환관宦官들의 정치참여를 철저하게 봉쇄했다.

조선 건국 초기에는 중앙집권제의 강화를 위해 군현제도를 개편하고 지방 향리를 행정 실무자인 중인中人으로 격하시켰다. 그리고 군현마다 향교를 설치해 유교교육을 강화하고 여기서 길러진 인재들을 과거시험을 통해 중앙관료로 불러올렸다.

둘째, 훈신(勳臣) 정치기

신흥사대부들이 기득권을 강화하면서 새로운 귀족으로 부상했다. 왕권은 철저하게 제약받았고 국가의 법제는 이들의 권익보장을 위해 편파적으로 운영되었다. 이런 가운데 1453년단종 1 수양대군후일 세조이 왕위를 빼앗기 위하여 일으킨 계유정란癸酉靖亂으로 사대부 정권은 타도됐다. 수양대군은 당시 훈로勳老였던 김종서金宗瑞를 제거하고 정권을 장악한 후 난을 평정한 신하를 뜻하는 정란공신靖亂功臣으로 한명회韓明澮, 신숙주申叔舟를 포함 43명의 정난공신을 책봉했다. 세조시대의 주요 요직 인사는 공신이 77%를 차지하여 정치권력을 독점하였다. 영의정 정인지鄭麟趾, 우의정 신숙주, 좌의정 한명회 등이 그들이다. 계유정난공신이 생긴 이후 성종까지 여덟 차례에 걸쳐 250명의 공신이 등장했다.

계유정난 이후 집중적으로 형성된 훈구勳舊 공신들은 정치권력과 경제적 부를 독점했다. 이런 상황이 계속되면서 반대급부로 사림士林은 지방 농민의 지지를 받으며 15세기 이후 조선 성종 때에는 중앙의 정치무대에 대거 등장하여 새로운 정치 세력이 되었다. 이것이 훗날 기호학파繼湖學派, 영남학파嶺南學派로 나뉘고 붕당정치朋黨政治로 이어지는 계기가 되었다.

인사권과 언론권이 대체로 재상이나 대신들에게 있었다. 세조는 자신을 지지하지 않는 집현전 학사들을 대신할 세력으로 김종직金宗直 등 젊고 야심 있는 지방 사림士林을 정계에 불러들였다. 사대부는 문무文武 관료를 의미하는 데 비해 사림士林은 유교 교양을 갖춘 독서인층讀書人層의 양반 지식인들이었다. 훈구파가 문장을 중시하는 사장파詞章派인데 비해 사림파는 주자학의 철학이념을 깊이 연구해 훈구파의 부정과 부패를 공격했다.

훈신정치는 세조 때부터 중종 때까지 이어지다가 중종 말기부터 명종 때까지 권신權臣정치가 잠시 등장했다. 공신세력이 늙어죽고 과도한 개혁을 주장하는 사림파에 염증을 느낀 중종이 사림파에게서 등을 돌린 사이 외척外戚 권신들이 그 틈바구니를 파고들었다. 대윤大尹과 소윤小尹은 중종 26년을 기점으로 한다. 대윤과 소윤은 조선 중기 중종의 친인척을 가리키는 용어이다. 중종의 두 번째 부인 장경왕후 윤씨가 죽고 문정왕후가 중종의 세 번째 왕비가 됐다. 이로써 서열상으로 전임 왕비였던 장경왕후의 일족인 동생 윤임尹任, 아버지 윤여필尹汝弼 등을 대윤, 후임 왕비인 문정왕후의 일족인 아버지 윤지임尹之任, 두 동생인 윤원형尹元衡과 윤원로 등을 소윤이라고 한다. 이들은 모두 파평 윤씨로 가까운 친척인데 나중에 사활을 건 골육상쟁의 싸움을 벌였다.

이 시기는 정암 조광조趙光祖 등의 사림들이 기묘사화己卯士禍 등으로 화를 입고 외척들의 손아귀에 정권이 넘어가는 때이다. 참고로 기묘사화는 1519년중종 14 11월 개혁파인 조광조趙光祖, 김정金淨, 김식金湜 등 신진 사류가 남곤南袞, 심정沈貞, 홍경주洪景舟 등 보수파 훈구재상에 의해 화를 입은 사건이다.

김안로金安老, 윤임尹任, 윤원형尹元衡, 이량李樑 등 외척 권신의 집권은 아주 짧은 시기였다. 김안로, 윤임 등은 세자를 등에 업고 득세를 하지만, 문정왕후에게 적자후일 명종가 태어나면서 윤원형과 대립하게 된다. 그리고 드디어 대윤과 소윤의 싸움은 골육간의 투쟁으로 변했다. 이 같은 외척들의 각축에서 윤원형의 소실 정난정鄭蘭貞은 정부의 권세를 배경으로 상권을 장악하여 전매, 모리 행위로 많은 부를 축적하였다. 정경부인貞敬夫人. 종1품의 작호까지 받았으나 문정왕후가 죽은 뒤 사림의 탄핵을 받아 자결했다.

명종 즉위년인 1545년에 소윤이 대윤을 내치는 을사사화가 일어났다. 외척인 윤원로, 윤원형 형제가 조카 경원대군으로 세자를 교체하려 하자, 세자의 외숙인 윤임과 충돌했다. 세자였던 인종이 왕위를 계승하여 사림파를 중용했으나 8개월 만에 세상을 떠났다. 이에 경원대군이 명종으로 즉위했다. 윤씨 형제는 명종의 보위를 굳힌다는 미명 아래 을사사화를 일으켜 윤임 등을 축출했다. 그리고 홍문관과 양사의 사림파가 그 부당성을 지적하고 항의하자 사림파 관원을 파직시키고 윤임 등과 종친인 계림군을 역모로 몰아 죽이고 정권을 장악했다.

셋째, 사림(士林) 정치기

명종 이후 경종까지 계속됐다. 16세기 훈신세력은 네 번의 사화士禍를 통해 사림세력의 성장을 막으려 했다. 그러나 사림파의 진출이 대세라 막을 도리가 없었다.

원래 유학儒學은 고려 말에 안향과 백이정白頤正이 원나라로부터 주자학을 도입한 이후, 조선시대에는 성리학이 그 대종을 이루어 김종직金宗直, 김굉필金宏弼, 정여창鄭汝昌, 김일손金馹孫, 조광조趙光祖 등에게 계승되었다. 따라서 이들 성리학도들은 조정의 신진세력으로 부각하게 되었고, 이미 육조六曹에 자리 잡은 중앙의 귀족들과는 매사에 대립을 거듭하게 되었다. 이들은 사림파로 결집하여 적극적인 혁신의 뜻을 품고, 부패한 기성세력에 대하여 맹렬한 공격을 시작했다. 이 공격에 대항할 만한 이론을 가지지 못한 훈구파勳舊派인 중앙귀족들은 국왕을 통하여 그들의 반대파를 탄압하려 하였다.

이러한 대립현상에서 사화士禍는 사림파가 훈구파에 의하여 화를 입은 사건들을 가리키며 '사림의 화禍' 준말이다. 4대 사화에는 1498년연산군 4의 무오사화戊午士禍, 1504년의 갑자사화甲子士禍, 1519년중종 14의 기묘사화己卯士禍, 1545년명종 즉위의 을사사화乙巳士禍가 있다.

사림파는 훈구파의 탄압 수단인 사화를 극복하고 선조 대에 권력을 장악한 뒤 그들 사이에 붕당이 분기되어 자체 경쟁과 대립이 심화되었다. 사림파의 정계 장악으로 관직에 오를 자격자는 많아졌으나 관직은 한정되어 있어 필연적으로 당파의 분열을 초래하게 된 것이다.

실학자 이익李瀷, 1681~1763은 『곽우록藿憂錄』의 「붕당론朋黨論」에서 "이利가 하나이고 사람이 둘이면 곧 2개의 당黨을 이루고, 이가 하나이고 사람이 넷이면 4개의 당을 이룬다."고 하였다.

명종의 외척인 심의겸沈義謙이 사림파를 지지한 것은 특별한 예다. 새로 국왕이 된 선조는 아직 혼인 이전이라 외척이 없었다. 그 기회를 틈타 사림세력이 정권을 장악했다. 그리고 사림파는 대적할 상대가 없자, 스스로 분열하게 됐는데 이것이 당쟁黨爭이다.

율곡 이이李珥, 퇴계 이황李滉의 제자 김효원金孝元 등 후배 사림들은 '군자소인론君子小人論'을 내세워 스스로를 '군자'라 칭하고 선배 사림을 '소인'이라며 공격했다. 선후배 사림의 충돌은 1575년선조 8 김효원의 이조전랑 추천 건으로 심의겸이 반대한 데서 시작된 것이다. 그리고 1589년 정여립鄭汝立의 옥사를 과도하게 다룬 서인 정철鄭澈의 죄를 논의하는 과정에서 동인東人은 강경파인 북인北人과 온건파인 남인南人으로 쪼개지고 말았다.

1598년 남인 류성룡이 임진왜란 화의론和議論에 찬동한 혐의로 탄핵을 받고 물러나자 의병을 많이 배출한 북인이 집권해 광해군을 옹립했다. 북인은 또다시 대북大北과 소북小北으로 나뉘었다. 대북은 적자도 장자도 아닌 광해군의 왕통상의 약점을 의식해서 형인 임해군과 배다른 동생이

자 적자인 영창대군을 죽였다. 그리고 영창대군의 어머니 인목대비를 폐비시켜 서궁西宮에 유폐시켰다. 정통 성리학의 유교사회에서 어머니를 유폐시키고 동생을 죽인 폐모살제廢母殺弟는 반인륜적 폭정이었다. 따라서 대북정권의 전횡에 호시탐탐 정권탈환을 노리던 서인들이 다시 들고 일어나 인조반정을 일으켰다.

그런데 정권을 잡은 서인도 또 분화되어 공신 출신의 공서功西와 사림 출신의 청서淸西로 쪼개졌다. 1636년 병자호란 때 최명길崔鳴吉 등 공신들은 후금後金과 화의를 주장했지만 김상헌金尙憲 등 사림들은 척화를 주장했다. 이같이 엇갈린 주장으로 인조는 갈 길을 잃고 헤매다가 청나라 여진족의 말발굽에 짓밟혀 콩가루가 됐다. 피난처 남한산성에서 항복한 인조는 청 태종 앞에 엎드려 세 번 절을 하고 이마를 땅바닥에 아홉 번 찧는 삼배구고두三拜九叩頭의 예를 올렸다. 송파〈삼전도三田渡 비〉에 적힌 대로 치욕적인 굴욕이었다. 조선 여성 수십만 명이 여진족에 납치돼 청나라로 끌려갔다.

이렇듯 붕당의 폐해로 왕권은 휘둘렸고 백성은 도탄에 빠져 도적이 되는 등 망조가 들었다. 역대 조선 왕들은 신권臣權에 의한 당쟁으로 왕권이 흔들리기도 했다.

1. 중종(사림파와 훈구파와의 당쟁에 휘말림)
2. 인종(대윤과 소윤의 당쟁에 휘말림)
3. 선조(동인과 서인의 당쟁에 휘말림)
4. 광해군(소북과 대북의 당쟁에 휘말림)

5. 현종-숙종(서인과 남인의 당쟁에 휘말림)

6. 경종(노론과 소론의 당쟁에 휘말림)

효종 대에는 국왕이 송시열宋時烈의 도움을 받아 북벌을 준비했다. 그러나 효종과 송시열이 주장하는 북벌은 동상이몽으로 그 속내가 달랐다. 효종은 군사를 길러 왕권을 강화하고자 했고 송시열은 사림의 정치적 기반을 확고히 다지고자 했다.

이때는 서인 내부에서 송시열 계열의 사림세력과 김육金堉을 필두로 하는 청풍 김씨 외척세력이 경쟁하는 구도였다. 효종이 즉위하자 서인 김자점金自點은 역모로 실각하였으나 같은 서인인 송시열파가 등장하여 서인의 집권은 현종顯宗 초까지 계속되었다.

현종 즉위 후 효종의 모후母后 조대비趙大妃의 복상服喪 문제를 놓고 서인의 주장인 기년설朞年說, 1주년 설과 남인의 주장인 3년설2주년 설이 대립하는 이른바 기해복제문제己亥服制問題가 발생하였다. 이른바 기해예송己亥禮訟이다.

처음에는 서인의 송시열과 남인의 윤휴尹鑴 사이에 벌어진 예학논의禮學論議에 불과하던 것이 점차 당론으로 전환되면서 양파는 여기에 정치적 운명을 걸었고, 결국 서인의 주장이 채택됨으로써 정권에는 변동이 없었다.

두 번째 갑인예송甲寅禮訟에서는 현종이 남인의 주장을 받아들여 서인 세력을 정계에서 축출했다. 효종의 비妃 인선왕후仁宣王后의 상喪과 관련, 다시 복상문제가 터져 남인은 기년설1주년설을 주장하고 서인은 대공설大功說, 9개월을 주장하여, 이번에는 남인의 주장이 채택되었다. 이때 남인은 송시열 등에 대한 극형을 주장하는 과격파와 이에 반대하는 온건파로 갈리어 이들을 각각 청남 淸南, 탁남 濁南이라 불렀다.

새로 정권을 잡은 남인은 그 전횡이 심하여 집권한 지 몇 년 만에 쫓겨나서 많은 사람이 죽임을 당하였고 庚申大黜陟, 송시열을 비롯한 서인이 재등용되었다. 그러나 서인 사이에도 분열이 생겨 송시열을 중심으로 한 노론과 윤증 尹拯을 중심으로 한 소론으로 갈리었다.

1689년 숙종은 후궁 장희빈 張禧嬪에게서 낳은 아들을 원자 元子로 책봉하고자 했다. 이에 송시열을 비롯한 노론들이 반기를 들자 숙종은 이를 서인 타도의 기회로 이용했다. 서인의 지지를 받던 인현왕후 민씨가 폐위되고 송시열이 사사 賜死되는 이른바 기사환국 己巳換局으로 남인이 다시 등용되었다. 그러나 1694년 숙종 20에는 왕에 의하여 남인이 다시 쫓겨나고 서인이 재등용되는 갑술환국 甲戌換局이 벌어져, 남인은 재기불능의 큰 타격을 입게 되었다. 갑술환국 직후 세자의 어머니인 장희빈과 그 오빠 장희재 張希載를 죽여야 한다는 노론과 이를 반대하는 소론의 대립이 있었다. 결국 숙종은 1701년에 인현왕후가 죽자 이것이 장희빈의 저주 때문이라며 장희빈과 그 동생 장희재를 죽였다.

신임사화 辛壬士禍가 일어나 노론의 김창집 金昌集, 이건명 李健命 등은 대역죄로 몰려 죽게 되고, 노론은 큰 타격을 입게 되었다. 숙종은 노소론의 대립을 적절히 이용하여 정국을 이끌어 갔다. 1716년 숙종 42 『가례원류 家禮源流』의 간행문제로 노론과 소론의 시비에 대해 노론의 주장이 옳은 것으로 판정하는 병신처분 丙申處分을 내려 소론에게 큰 타격을 주었다.

경종 즉위 후에 노론은 자신들의 기반을 공고히 하기 위해 경종을 퇴위시키려고 했고 소론은 경종을 지지했다. 두 세력의 충돌은 1721년경종 원년 신축환국辛丑換局 과 이듬해 임인옥사壬寅獄事 로 나타났다. 이 두 사건으로 많은 노론 사람들이 화를 입었다고 해서 신임사화辛壬士禍 라고도 한다.

이렇듯 당쟁은 예송禮訟 같은 정책대결이나 단순한 정권교체로 끝나는 것이 아니라 신료가 국왕을 선택하는 택군擇君 에까지 미쳤다. 더불어 수많은 사림의 피바람을 부른 것은 말할 것도 없다.

붕당(朋黨)의 시작

○
●
○

　"당쟁으로 나라가 망한다면 우리는 당장 망해야 합니다. 패거리를 지어 상대를 모함하고 헐뜯는 행태는 지금이 조선시대보다 훨씬 유치하고 천박하지 않습니까. 조선시대의 당쟁은 일제 식민사관에 따른 맹목적인 패거리 싸움이 아니었지요. 예학禮學을 숭상하여 사회정의를 바로 세우자는 논란이었습니다. 이런 논란이 정적 제거의 빌미가 됐다면 그것은 당쟁이 아니라 정쟁政爭으로 불려야 마땅합니다."

　'조선왕조 오백년'으로 유명세를 탄 사극작가 고 신봉승 씨가 조선의 정쟁에 대해서 밝힌 소감이다. 정말 그럴까. 역사에 대한 시각과 인식은 해석자에 따라서 다를 수 있다. 물론 조선의 붕당朋黨이 완전히 잘못된 구조와 기능을 가진 패악한 패거리 문화라고 함부로 단정하기도 곤란하다. 붕당의 정쟁은 그 나름대로 순기능과 역기능의 양면이 있기 때문이

다. 그럼에도 불구하고 도탄에 빠진 백성을 백안시白眼視하고 자신들의 당
리당략黨利黨略과 개인의 영달만을 추구했다는 점에서는 마땅히 비판받
아야 할 것이다. 그럴듯한 대의명분을 내세웠지만 그 어두운 속내에는
상대편을 죽이고 자신과 그 일파는 살아남아야 한다는 음험한 계략이
숨어 있었기 때문이다.

불구대천不俱戴天, 같은 하늘 아래서 도저히 같이 살아갈 수 없는 원수
로 끼리끼리 패거리를 지어 이전투구泥田鬪狗, 진흙탕 개싸움을 벌이는 사
례는 오늘날에도 쉽게 찾아볼 수 있다. 요즘 정치인들이 언필칭 내세우
는 '국민'은 사실상 존재하지 않는 수사修辭요 허사虛辭에 불과하다. '국민'
이란 당의정으로 코팅된 그 음험한 속내는 당리당략과 가문의 영달 그
리고 자리 지키기에 급급한 이기적이고도 천박한 의식이 들어 있다는
것을 이제 삼척동자도 다 알게 되었다. 그래서 사도邪道를 과감히 깨어
버리고 정도正道를 찾아 나서는 파사현정破邪顯正의 새로운 정치문화가 요
청된다.

조선의 붕당朋黨 대립도 자리다툼에서 시작됐다.

1575년선조 8 이조전랑직吏曹銓郎職을 둘러싼 김효원金孝元, 1532~1590과 심의
겸沈義謙, 1535~1587의 반목이 그 시작이었다. 전랑직은 정5품 정랑과 정6품
좌랑을 통틀어 이르는 말이다. 그 직위는 정5품, 6품으로 낮으나 문무
관의 인사권과 언론 3사인 사헌부, 사간원, 홍문관의 청요직淸要職을 추
천하고 재야인사에 대한 추천권을 가진 요직 중의 요직이었다. 이 자리
는 판서判書나 국왕이 임명하는 것도 아니고, 전임자가 후임자를 추천하
는 자대권自代權이 있었다. 추천되면 공의公議에 부쳐서 선출하였으므로

관료들 간의 집단적인 대립의 초점이 되었다. 정3품 이상 당상관이라도 길거리에서 전랑을 만나면 말에서 내려 공손하게 인사를 할 정도이니 더 말할 필요가 없는 노른자위였다. 예나 지금이나 인사와 재정을 담당하는 자리를 동경하는 까닭이다. 이처럼 인사권과 언론권을 가진 이조전랑직을 놓고 대판 싸움이 벌어졌다.

조선시대 당쟁이 처음부터 살육의 피바람을 몰고 온 것은 아니었다. 조선시대 최초의 붕당이 시작된 것은 1575년^{선조 8}이었는데, 당시 '동인東人'과 '서인西人'이 등장했다. 이들이 서로 각각 붕당을 만든 이유는 관직 임용과 관련된 이견 때문이었다. 이때 동인과 서인 붕당의 대표적인 인물이 김효원金孝元과 심의겸沈義謙이다.

1574년^{선조 7}에 퇴계 이황李滉의 문인인 김효원이란 선비가 이조전랑이라는 요직에 추천이 되자, 심의겸이 이에 반대하고 나섰다. 명종의 왕비인 인순왕후 동생 심의겸은 김효원이 젊었을 때 세도가 윤원형尹元衡, 문정왕후 동생의 집에서 식객食客으로 있었다는 점을 이유로 그가 이조전랑에 임명되는 것을 반대했다. 일설에는 김효원의 장인 정승계鄭承季가 윤원형의 첩인 정난정鄭蘭貞의 아버지 정윤겸鄭允謙의 조카였기 때문에 공부를 위해 그곳에 기숙한 것이라고 한다.

그러나 김효원은 심의겸의 반대에도 불구하고 이조전랑에 임명될 수 있었다. 그 이유는 당시 심의겸에게 실권이 없었으며 김효원은 이황李滉의 문하라는 좋은 학벌과 넓은 인간관계로 말미암아 많은 젊은 선비들의 지지를 받고 있었기 때문이다. 또 당시의 젊은 선비들은 직접적으로 윤원형의 세도를 경험한 것도 아니었기 때문에 김효원의 젊은 시절을 관대하게 용납할 수 있었다.

이후 심의겸의 동생 심충겸沈忠謙, 1545~1594이 장원급제 후 전랑 자리에 추천되자 김효원은 "외척이 등용되서는 안 된다."며 이발李潑을 후임으로 정했다. 결과적으로 앙숙이 된 김효원과 심의겸의 대립은 젊은 선비들과 나이 든 선비들의 대립으로 발전했다.

이 선후배 간의 갈등 와중인 1575년선조 8 김효원과 가까운 사간원의 허엽許曄이 우의정 박순朴淳을 부패혐의로 공격하자 박순이 사직하는 사건이 발생했다. 이 사건을 두고 조정과 선비들의 의견이 둘로 갈렸다. 김효원을 비롯한 젊은 선비들은 허엽의 공격을 지지했던 반면에, 심의겸을 비롯한 나이든 선비들은 그것을 지나친 일로 비판했다.

김효원을 중심으로 한 동인東人은 허엽許曄을 영수領袖로 추대했고 심의겸을 중심으로 한 서인西人은 박순朴淳을 영수로 모셔 대립양상이 본격화되었다. 허엽과 박순은 원래 다 같이 화담 서경덕徐敬德의 제자로 동문수학하는 사이였다.

이렇게 하여 '동인'과 '서인'이라는 붕당이 생겼다. 김효원의 집이 한양 동쪽의 건천동乾川洞에 있었고 심의겸의 집이 한양 서쪽의 정릉방貞陵坊에 있었기 때문에 동인, 서인이라 불렀다.

동인에는 대체로 퇴계 이황李滉과 남명 조식曺植의 문인들로 류성룡柳成龍, 우성전禹性傳, 김성일金誠一, 남이공南以恭, 이발李潑, 이산해李山海, 이원익李元翼, 이덕형李德馨, 최영경崔永慶 등 소장파 사림들이 참여했다. 또 서인에는 율곡 이이李珥와 성혼成渾의 제자들이 많았다. 정철鄭澈, 송익필宋翼弼, 조헌趙憲, 이귀李貴, 김계휘金繼輝, 윤두수尹斗壽, 윤근수尹根壽, 이산보李山甫

등이 주축을 이루었다.

김효원과 심의겸의 동서 대립이 첨예하게 진행되자 선조는 우의정 노수신盧守愼의 청을 받아들여 김효원은 삼척부사로, 심의겸은 전주부윤으로 발령을 내 중앙정치에서 멀어지게 했다.

처음에는 동인이 우세하여 서인을 공격하였으나, 동인은 다시 기축옥사와 관련한 서인정철의 처벌에 대한 강온強穩 양론으로 갈라져 강경파인 북인北人과 온건파인 남인南人으로 분파되어 1592년 임진왜란 이전에 이미 서인, 남인, 북인의 삼색三色 당파黨派가 형성되었다.

남인은 우성전, 류성룡이 중심이 되었고, 북인은 이발, 이산해 등이 중심이 되었다. 임진왜란 후 1598년 남인 류성룡은 왜倭와 화의를 주장하여 나라를 망쳤다는 주화오국主和誤國의 죄를 묻는 북인 강경파 이이첨李爾瞻과 정인홍鄭仁弘으로부터 탄핵당해 삭탈관직됐다. 이후 북인 남이공南以恭이 정권을 잡게 되었고 남인은 몰락하였다.

득세한 북인은 다시 선조의 후사문제後嗣問題로 대북大北과 소북小北으로 갈라져 대립하다가, 대북파가 옹호하는 광해군이 왕위에 오르자 정권을 장악하고, 소북파를 일소하기 위하여 영창대군永昌大君을 모함 살해하는 한편, 인목대비의 아버지인 외척 김제남金悌男과 그 일족을 처형하였다. 광해군과 대북파의 이러한 폭정은 오랫동안 대북파에게 눌려 지내던 서인에게 집권할 기회를 주었다. 곧 능양군陵陽君을 왕으로 옹립한 인조반정仁祖反正이 바로 그것이다.

인조가 왕위에 오르자 천하는 서인의 수중으로 들어갔으며, 북인 강경파 이이첨과 정인홍 등 대북파 수십 명이 처형되고, 수백 명이 유배되었다.

정권을 잡은 서인은 '정적政敵'인 남인 세력을 '관제 야당'으로 지정하고 남인 영수 이원익李元翼을 영의정으로 모셨다. 그것은 광해군 때 대북大北 일당독재 체제에 대한 여론과 민심이 나빠진 것을 감안한 처사였다. 그러나 어디까지나 자신들의 기득권을 유지하기 위한 '눈가리고 아옹' 수준의 꼼수였다. 여튼 서인과 남인의 공존과 대립은 숙종 때까지 100여 년 동안 계속되었다.

동서분당이 일어난 1575년선조 8 이전인 1572년선조 5 사림의 붕당을 예견한 사람이 있었다. 동고 이준경李浚慶, 1499~1572이다. 그는 명종 때 외척 세도가였던 윤원형이 몰락한 뒤 영의정이 되었고 명종의 고명顧命, 왕의 유언을 받들어 선조를 즉위시킨 주역이다. 이준경은 죽기 전 왕에게 차자箚子, 간단한 상소문를 올려 붕당의 조짐을 알리고 그 대비책을 마련할 것을 청했다. 당시 조선은 명나라 법전인『대명률』에서 규정한 대로 붕당을 절대 금했다. 이를 어겼을 때는 삼족三族이 죽는 멸문지화滅門之禍를 면치 못했다. 이준경이 염두에 둔 사람은 인순왕후의 동생으로 척신을 대표하던 심의겸과 사림의 중망을 받던 율곡 이이였다.

그러나 이이는 동서 양당의 조정을 위해 노력한 사람이다. 비록 서인으로 지목되지만 논의가 공정하고 행동에 치우침이 없었다. 1581년선조 14 선조는 이이를 대사헌에 임명했다. 동인의 강경파 정인홍은 서인인 정철, 윤두수, 윤근수 등이 심의겸에게 아부한다며 비난하자 정철은 이이의 두둔에도 불구하고 고향으로 내려가 버렸다.

선조는 내심 심의겸을 미워하고 있었다. 16세의 나이로 왕위에 올랐을 때 심의겸의 누이 인순왕후가 선조에 대한 통제를 종용한 일이 있었기 때문이었다. 이이는 이런 사실도 모른 채 동인과 서인을 조정하기 위해서 심의겸을 두둔했다. 이것으로 동인의 불만을 샀고 서인의 거두巨頭로 지목받게 되었다.

이이가 병조판서로 있을 때 1583년 여진족 니탕개尼蕩介가 함경도 종성을 공격한 사건이 있었다. 상황이 급박하자 병조판서 주관으로 출전 명령이 내려졌다. 이에 사헌부와 사간원에서는 이이가 병권兵權을 함부로 주무르고 임금을 업신여긴다고 공격했다. 그래서 이이는 사직하고자 했지만 선조는 만류했다. 동인의 공격이 더욱 거세졌다. 박근원朴謹元, 송응개宋應漑, 허봉許篈 등이 이이를 맹렬히 공격했다. 선조는 조신과 유생들의 여론에 힘입어 이 3명을 회령, 강계, 갑산으로 유배시켰다. 계미년1583에 세 사람을 귀양보냈다고 해서 계미삼찬癸未三竄이라 부른다.

동인은 물증이 없는 상태에서 대사간과 대사헌을 지낸 서인 윤두수尹斗壽를 부패혐의로 탄핵했으며, 양당의 화합을 도모했던 대학자 율곡 이이李珥를 '나라를 팔아먹는 간신奸臣'이라고 탄핵하기도 했다. 심지어 임진왜란이 발발하기 2년 전인 1590년선조 22에 일본에 통신사로 갔다 온 동인과 서인의 보고가 상반되었다. 서인인 정사正使 황윤길은 "앞으로 반드시 전쟁이 있을 것입니다."라고 보고했던 반면에, 동인인 부사副使 김성일은 "전쟁의 기미가 없습니다."라고 보고했다. 당파적 입장에서 상반된 견해를 피력했던 것이다. 나라의 안위安危보다 자신들 붕당의 당리당략에 더 매달린 꼴이었다.

또 이산해와 류성룡, 정언신 등 동인이 이순신을 지지하자 서인은 원균을 지지하면서 억하심정을 드러냈다.

1592년 왜군에 쫓기여 의주까지 피난 간 선조가 압록강 건너 요동 땅을 바라보며 동서 당쟁에 휩싸인 조정의 분열을 한탄하면서 회한시悔恨詩 한 편을 읊었다.

통곡관산월(痛哭關山月) / 상심압수풍(傷心鴨水風)
조신금일후(朝臣今日後) / 영복각서동(寧腹各西東)

관산에 뜬 달을 보며 통곡하노라 / 압록강 바람에 마음 쓰리노라
조정 신하들은 이날 이후에도 / 서인, 동인 나뉘어 싸움을 계속할 것인가

영정조의 탕평책(蕩平策)

○
●
○

영조의 탕평책蕩平策은 1727년 탕평교서를 반포하고, 1742년 성균관에 탕평비蕩平碑를 건립하는 것으로 구체화됐다. 성균관에 탕평비를 세운 것은 말할 것도 없이 앞으로 관료가 되더라도 선배들의 '망국적亡國的 당습黨習'에 물들지 말라는 경계의 뜻이었다. 다음은 영조가 탕평비에 쓴 탕평 비문이다.

주이불비(周而弗比)
내군자지공심(乃君子之公心)
비이불주(比而弗周)
식소인지사의(寔小人之私意)

두루 원만하여 치우쳐 편을 가르지 않음이

군자의 공평한 마음이요

한 곳으로 편을 가르고 공평하지 못한 것은

이것이야말로 소인의 사사로운 마음이다

'탕평 蕩平'이란 『상서 尙書』의 「홍범구주 洪範九疇」 제5조인 황극설 皇極說의 '무편무당 無偏無黨 왕도탕탕 王道蕩蕩 무당무편 無黨無偏 왕도평평 王道平平'에서 나온 말이다. 즉 인군 人君의 정치가 편사 偏私가 없고 아당 阿黨이 없는 대공지정 大公至正의 지경 皇極에 이름을 말한다. 물론 당리당략과 사리사욕으로 어지러운 현실정치에서 탕평책이야말로 사사로운 인간이 다다를 수 없는 이상적 권력구조를 말하는 것이리라.

송대 宋代의 주자 朱子 또한 그의 붕당관 朋黨觀을 피력한 『여유승상서 與留丞相書』에서 붕당 간 논쟁의 시비를 명변 明辨함에 의한 조정의 탕평을 말했다. 따라서 탕평이라는 말은 인군정치의 지공무사 至公無私를 강조하는 말이다.

조선 21대 영조 1694~1776 하면 그의 손자인 정조와 더불어 조선 후기 정치와 문화의 중흥 中興, 중세 서양의 르네상스를 이룩한 군주라는 생각이 먼저 떠오른다. 영조는 1694년 아버지 숙종과 무수리 출신 후궁인 숙빈 최씨 사이에서 출생했다. 그래서 출생에 대한 약점에 늘 시달렸다. 숙종 후반은 노론과 소론, 남인 간의 치열한 당쟁으로 영조가 왕위에 오르는 과정이 순탄하지 못했다. 장희빈 張禧嬪 소생의 이복형인 경종이 소론의 지원에 의해 왕위에 오른 뒤 영조는 노론의 적극적인 지원을 받았지만 왕세제 위치는 늘 살얼음판 같았다. 그런데 경종이 갑자기 죽자 1724년 왕위에 오른 영조는 뼈저리게 느꼈던 당쟁의 참상^{慘狀}을 없애고자 취임 일성으로 탕평^{蕩平}을 내세웠다.

조선에서 '탕평'이라는 용어를 처음 제기한 사람은 1683년^{숙종 9} 박세채^{朴世采}였다. 당파싸움으로 세월을 보내던 숙종시대 그는 1694년에 영의정으로서 또다시 탕평을 제기하였다. 그는 격렬해진 노론과 소론 간의 당쟁을 조정하려는 목적에서 파당^{派黨}의 타파를 주장하였다.

1724년 영조가 즉위한 때는 자신의 세제책립과 대리청정을 바라지 않던 소론의 영수 이광좌^{李光佐}가 정권을 잡고 있었다. 영조는 즉위하자마자 바로 소론의 거두인 김일경^{金一鏡}, 남인의 목호룡^{睦虎龍} 등 신임옥사를 일으킨 자들을 숙청하였다.

그리고 1725년^{영조 1} 을사처분^{乙巳處分}으로 자신의 지원세력인 노론을 다시 조정에 포진시켰다. 그럼에도 불구하고 자신이 주도하는 탕평정국^{蕩平政局}의 앞날은 불투명했다. 노론의 강경파들이 소론을 공격하는 등 노론과 소론의 파쟁이 다시 시작됐기 때문이다. 그래서 1727년에는 노론의 강경파들을 축출하였다. 이어 1729년에는 기유처분^{己酉處分}으로 노론과 소론 내 온건파들을 고르게 등용해 탕평책의 기초를 마련하였다. 이때 인사정책으로 타당^{他黨}을 견제시키는 쌍거호대^{雙擧互對}의 방식을 취하였다. 즉 영의정에 노론이 앉으면 좌의정은 소론으로 하여 견제와 균형을 취할 수 있게 했다. 그 아래 대간^{臺諫. 사헌부와 사간원 관리} 등 청요직^{淸要職}의 등용도 마찬가지였다.

영조는 어느 정도 정국이 안정되자 쌍거호대의 인사방식을 지양하였다. 즉 쌍거호대는 격렬한 당론을 수습하고자 인물의 현능賢能에 관계없이 파당에 따라 나누었기 때문에 고른 인사를 할 수 없었다. 대신들은 결국 자기 사람 심기에 혈안이 되어 있었다. 예나 지금이나 정치권에서 자리 싸움은 세력 확장을 위한 필수 조건이다.

영조 4년인 1728년 이인좌李麟佐, 정희량, 박필몽 등 소론과 남인 급진파 등이 무신난戊申亂을 일으켰다. 반란의 주도층은 선왕 경종의 억울한 죽음을 천명하면서 '의거義擧' 즉 "정의를 위해 궐기한다."고 선포했다. 반군 지도자 이인좌는 한때 청주성을 점령하면서 위세를 떨쳤으나 소론 출신 오명항吳命恒이 이끄는 정부 토벌군에 의해 진압됐다. 무신난은 소론과 남인 급진파가 주도해 일으켰기 때문에 영조는 반란 토벌 후 다시 노론 중심의 정치체제를 끌고 갈 수도 있었다.

영조는 반란의 원인을 '조정에서 붕당朋黨만을 일삼아 재능 있는 자를 등용하지 않은 데 있다.'고 파악하고 무신난을 통해 탕평책을 더욱 공고히 추진하는 계기로 삼았다.

"내가 덕이 부족한 탓으로 국가가 판탕(板蕩, 국가가 어지러움)한 때를 당해 안으로는 조정의 모습을 평화롭게 하지 못하고, 밖으로는 우리 백성들을 구제하지 못해 간신이 흉악한 뜻을 함부로 행해 호남과 경기에서 창궐하게 만들었으니, 통탄함을 금할 수 없다. (중략) 그 하나는 조정에서 오직 붕당만을 일삼아 재능 있는 자의 등용을 생각하지 않고 도리어 색목(色目)만을 추중하고 권장하는 데 있다. (중략) 또 하나는 해마다 연달아 기근이 들어 백성들은 죽을 지경에 처해 있는데도 구제해 살릴 생각을 하지 않고 오직 당벌(黨伐)만을 일삼는 것으로 불쌍한 우리 백성들이 조정이 있음을 모른 지 오래됐다. 백성이 적도(賊徒)에게 합류한 것은 그들의 죄가 아니요, 실로 조정의 허물이니 이 역시 당의(黨議) 때문이다. 이것이 바로 이른바 하나도 붕당이요, 둘도 붕당이라는 것이다."

영조의 애민愛民 정신과 붕당폐해의 심각성을 엿볼 수 있는 대목이다.

무신난 이듬해인 1729년 영조는 기유처분己酉處分, 즉 당파 간 의리를 가리지 않고 인재를 쓰겠다는 탕평을 반포했다.

"오늘의 역변은 당론에서 비롯된 것이니, 지금 당론을 말하는 자는 누구든 역적으로 처단하겠다."

그래서 영조는 재능에 따라 인재를 등용하는 유재시용惟才是用의 인사 정책을 시행했다. 노론, 소론, 남인, 소북 등 사색四色을 고루 등용했다. 그리고 영조는 당쟁의 뿌리를 제거하기 위해 사림士林 등 유학자 집단의 정치 관여를 계속 견제했다. 은둔한 산림山林의 '훈수두기식' 공론을 일절 인정하지 않았고, 사림 세력의 본거지인 서원을 대폭 정리했다. 1741년 4월 8일 영조는 하교를 내려 팔도의 서원과 사묘祠廟 가운데 사사로이 건립한 것을 모두 없애고 이를 어길 경우 수령과 유생에게 엄한 처벌을 가하도록 했다.

1742년영조 18에는 "붕당이 대개 홍문관의 관원을 뽑는 데 한 원인이 있다." 하여 그 전선銓選의 방법을 고치기도 하였다. 이것을 처음 주장한 자는 '탕평론자' 조현명趙顯命의 추천으로 경연에 들어간 실학자 유수원柳壽垣, 1694~1755이었다. 그는 이조吏曹의 관원 가운데 승문원에 들어갈 만한 자를 뽑아 시험을 보여 성적에 따라 차례로 홍문관 정자에서부터 요직

에 등용시키고, 모든 관제는 3년마다 차례로 승계시킨다는 관제서승도설
官制序陞圖說 을 주장하였다.

이 주장대로라면 홍문관의 이름 있는 관직에 대한 각 파당간의 경쟁
도 없어지고 이조전랑의 통청권通淸權 도 스스로 무너진다는 것이다. 그리
고 조현명은 이러한 서승법을 일반 관직보다는 이조의 홍문록弘文錄. 홍문관
의 제학이나 교리를 선발하기 위한 제1차 인사기록과 대간臺諫의 통청에 특히 적용시켜야 한
다고 주장하였다. 이러한 주장이 받아들여져 종래 이조전랑이 행사하던
언관言官의 통청권은 이조판서에게 돌아가고, 한천법翰薦法. 후임자를 뽑을 수 있는
권리은 회권會圈으로 변해 재상으로 넘어가게 되었다.

이와 같은 이조전랑 통청권의 폐지와 한천법의 개혁은 결과적으로 선
조 대 이래 지속되어 온 파당정치의 사실상의 붕괴를 의미하였다.

영조는 탕평책을 펼치는 자리에서 탕평채蕩平菜라는 음식을 내놓아 탕
평 의지를 보여 주었다. 1849년에 편찬된『동국세시기東國歲時記』에 따르면
탕평채蕩平菜는 채 썬 청포묵, 쇠고기, 숙주나물, 미나리, 물쑥 등이 주재
료인데 들어가는 재료의 색은 각 붕당을 상징했다. 즉 청포묵의 흰색은
서인을, 쇠고기의 붉은색은 남인을, 미나리의 푸른색은 동인을, 김의 검
은색은 북인을 각각 상징했다. 각각 다른 색깔과 향의 재료들이 서로 섞
여 조화로운 맛을 이뤄내는 탕평채는 영조의 탕평책을 상징한 은유였던
것이다.

영조 대 중반부터 후반까지 척신戚臣. 임금과 성이 다른 일가으로 당을 이룬 남
당南黨과 청류淸流를 자처하는 동당東黨이 정국 구도를 이룬 가운데 즉위
한 정조1752~1800는 노론의 우위 여부를 문제 삼는 기존의 두 척신당의

틈바구니에서 왕정체제 확립의 한계를 절감했다. 이 같은 심각성을 인식한 정조는 그동안 두 척신당에 비판을 가해온 청류를 조정의 중심부로 끌어들여 이른바 청류清流 탕평蕩平 을 펼쳤다.

청류는 영조 말에 동당을 이루어 척신당을 비판하던 노론계 인사, 즉 김종수金鍾秀, 김치인金致仁, 유언조俞彦造, 윤시동尹蓍東, 송인명宋仁明, 정존겸鄭存謙 등이 주축이었다. 정조는 즉위년인 1776년 '계지술사繼志述事' 즉 "선왕의 뜻을 계승하여 정사를 편다."는 명분 아래 규장각奎章閣을 설치하고 초계문신제도抄啓文臣制度 를 시행하였다. 규장각은 처음에는 왕실 도서관의 기능을 했지만 정조는 이곳을 차츰 학술 및 정책 연구기관으로 변화시키며, 정조의 개혁정책을 뒷받침하는 핵심 정치기관으로 거듭 태어나게 했다. 또 초계문신제도는 37세 이하 연소한 하급 관리정3품 이하들 중에서 과거급제 후 승문원에 임시로 소속된 관리들 가운데 능력있는 자를 의정부에서 뽑아 40세까지 교육시키는 제도였다. 이들 문신들의 교육을 담당하던 곳이 규장각으로, 규장각에서는 매월 초하루에 이렇게 선발된 관리들을 시험 보아 그 성과를 가렸다.

1788년정조 12 에는 채제공蔡濟恭, 1720~1799 을 비롯한 남인세력을 본격적으로 등용해 노론과 남인의 보합을 도모하였다. 채제공은 영조 후반과 정조 대의 남인의 영수로 정조의 최측근 인사 중의 한 사람이며 정약용丁若鏞과 이가환李家煥 등의 정치적 후견자였다. 그는 사도세자를 가르친 스승이자 세자궁의 측근 신하의 한 사람이었다.

이에 호응한 영남 남인들이 1792년에 그동안 노론의 우위 아래 금기시해 온 임오의리문제壬午義理問題를 제기해 노론을 크게 당혹시켜 조정에 파란이 일었다. 임오의리壬午義理는 영조가 아들 사도세자를 뒤주에 갇히게 해 굶겨 죽인 사건을 말한다. 영조는 "나라를 위해 의義로써 은恩을 제어한 것"이라면서 앞으로 이 사건을 재론하지 말도록 엄명을 내렸던 매우 민감한 문제였다.

정조 대에 내부의 시파時派, 사도세자 지지파와 벽파僻派, 사도세자 반대파의 분열은 이러한 배경으로 이뤄진 것이다.

이와 같이 정조는 조제調制, 보합保合의 인재 등용을 골자로 하는 탕평책을 계승하면서 사대부의 의리와 명절名節을 중시해 온 청류淸流들을 대폭 기용했다. 이것은 노론과 소론 중 온건론자들과 함께 했던 영조의 '완론탕평緩論蕩平'과는 다른 방식이었다. 정조는 당파의 옳고 그름을 명백히 가리는 적극적인 '준론탕평峻論蕩平'으로 정책을 바꾸었다.

그것은 영조의 완론탕평책이 척신과 권력을 장악한 간신이 정치를 어지럽히고 남을 억누르는 방편이 되었으며, 왕권에만 영합하여 권력유지에 부심하여 '세상에서는 탕평당이 옛날의 붕당보다도 심하다고 하는 말이 퍼지고 있다.'는 여론에 따른 것이다. 그래서 일등공신인 홍국영洪國榮, 1748~1781, 유언호俞彦鎬, 김종수金種秀 등 노론 중에서 청론淸論을 표방한 인물들을 중심으로 정치개혁을 실시했다.

정조의 준론탕평은 완론탕평과는 달리 충역忠逆, 시비是非, 의리義理를 분명히 하는 탕평으로서 임금의 은혜를 강조하고 각 당에서 군자를 뽑아서 쓰는 '붕당을 없애되 명절名節을 숭상한다.'는 것이었다. 정조는 산림山林, 관직 없이 향토에 은거한 인물과 궁중 세력과의 연결을 끊음으로써 청명淸名을 지킬 것을 요구했다.

정조는 즉위 초 김귀주 金龜柱와 홍인한의 외척당을 와해시켰으며, 최측근인 홍국영도 1781년 제거했다. '풍운아' 홍국영은 사도세자를 죽이는 데 주동 역할을 한 벽파들이 세손 훗날의 정조까지 해하려고 음모를 꾀하자 이를 막아 세손에게 깊은 신임을 얻었던 인물이었다. 정조를 즉위시키는 데 진력한 후 세도 勢道정권을 이루고 갖은 전횡을 일삼았다. 나이는 불과 스물여덟 살에 자신에게 주어진 권력을 제대로 활용해 보지도 못한 채 4년여 만에 쓸쓸히 역사의 무대에서 퇴장해야 했다.

한편 1788년에서 1795년 사이에 시파와 벽파가 표면화된 뒤 사색 四色은 명색만 남고 정국은 완전히 이 두 파로 재편됐다. 특히 정조의 정책을 지지하는 시파의 부각에 위기를 느낀 벽파의 결집 및 공세가 두드러졌다.

정조는 영의정인 채제공의 뒤를 이을 인물로 장년층의 이가환, 청년층의 정약용을 꼽고 있었다고 한다. 정조의 한 恨은 아버지가 당쟁의 여파로 뒤주에서 사망했다는 점이었다. 그러므로 정조는 당쟁에 극도의 혐오감을 보이며 왕권을 강화하고 체제를 재정비하기 위해 영조 이래의 기본 정책인 탕평책을 계승했다. 그럼에도 노론이 끝까지 당론을 고수해 벽파 僻派로 남고, 정조의 정치 노선에 찬성하던 남인과 소론 및 일부 노론이 시파 時派를 형성해, 당쟁은 종래의 사색당파에서 시파와 벽파의 갈등이라는 새로운 양상으로 전개되었다. 그런데 신권 臣權을 주장하는 노론 중에서도 진보주의적인 젊은이들은 북학 北學 사상을 형성하고 있었으므로, 정조는 이에 주목하고 북학파의 연암 박지원 朴趾源, 1737~1805의 제자들인 이덕무, 유득공, 박제가 등을 등용했다.

28세에 문과급제로 벼슬길에 오른 다산 정약용丁若鏞, 1762~1836은 곧바로 초계문신에 발탁되어 정조의 사랑을 독차지할 만큼 절대적 신임을 받는 신하가 됐다. 『대학강의』라는 저서를 올려 정조의 극찬을 받았고, 정조가 원통하게 죽은 아버지사도세자를 찾아 매년 몇 차례에 걸쳐 수원의 능행길에 올랐는데 이때 한강에는 배다리가 놓였다. 정약용은 이 배다리 설치를 맡게 되었고 이 일을 훌륭히 해냈다. 이어 사도세자를 기리기 위해 수원성을 쌓을 적에 설계도와 기구를 만드는 일 또한 그가 맡았다. 그는 일꾼들이 무거운 돌을 힘겹게 지고 올리는 것을 보고 기구의 발명에 골몰했다. 또 기하학적 방법으로 성의 거리, 높이 따위를 측량해 가장 튼튼하고 단단한 성을 쌓기 위해 연구했다. 마침내 그는 거중기와 활차滑車, 도르래, 고륜鼓輪, 바퀴달린 달구지 따위를 발명해 성의 역사에 써먹었다.

정조가 힘들 때마다 의지하고 의견을 구했던 정약용은 1800년 정조가 죽은 후 1801년 2월 신유사옥천주교 박해사건이 일어나고 이가환, 이승훈 등과 형인 정약전丁若銓과 정약종丁若鍾 등과 함께 체포되어 경상도 포항에 유배됐다가 그해 11월 전라도 강진으로 유배지를 옮겨 18년 동안 독서와 저술에 힘을 기울여 실사구시實事求是의 실학實學 학문체계를 완성했다. 세상 흐름의 변화를 깨달았고 실학사상의 독보적인 존재가 되었다.

정조는 고육책苦肉策으로 선왕 영조의 뜻을 이어 받아 탕평의 조화에 힘썼다. 그는 침실을 '탕탕평평실蕩蕩平平室'이라 이름 짓고 사색을 고르게 등용해 당론의 융화에 심혈을 기울였다.

영정조 대에 꾀해진 탕평정책은 이전 왕조 대에 격렬한 파당 간 갈등을 어느 정도 해소시켜 정국을 이끌어 나간 것은 사실이다. 그러나 왕권강화를 위한 척족戚族, 성이 다른 겨레붙이 세력을 이용하면서 또 다른 문제를 발생시켰다. 더욱이 사색등용정책에 따라 배제된 구 정치세력을 다시 불러들여 새로운 정쟁政爭을 낳게 하였다.

정조 이후 순조, 헌종, 철종, 고종, 순종 등의 시대에 외척의 세도정치勢道政治가 등장하는 빌미를 제공한 점은 커다란 과過로 남는다. 안동 김씨 김조순金祖淳을 비롯해 풍양 조씨, 전의 이씨, 여흥 민씨 등 외척세력이 구한말 정국을 좌지우지했기 때문이다.

이후 나라 안에서는 부패한 외척들의 세도가 극성을 부리고 아래에서는 탐관오리가 득세하는 가운데 프랑스, 미국, 청나라, 러시아, 일본, 독일, 영국 등 외세는 망조亡兆가 든 조선을 집어삼킬 궁리를 하면서 호시탐탐 기회를 노리고 있었다. 결국 붕당, 파당, 당쟁, 외척의 발호가 뒤섞인 망국亡國 조선은 500년 종사에 종지부를 찍어야 했다. 이 망국의 고질병이 지금까지 '몹쓸 유산'으로 남아 대한민국호號의 또 다른 운명을 예고하고 있다.

율곡 이이(李珥)의 십만양병론

○
●
○

율곡 이이李珥. 1536~1584 의 십만양병설의 논란이 뜨겁다. 송복 연세대 명예교수는 그의 저서 『류성룡, 나라를 다시 만들 때가 되었나이다』에서 다음과 같이 밝히고 있다. 단도직입적으로 '십만양병론'은 역사의 조작, 허구라는 주장이다.

"임진왜란과 율곡(栗谷)과 10만 양병은 동시발상적이다. 임진왜란 하면 10만 양병을 떠올리고, 10만 양병하면 율곡을 생각한다. 그러나 이 10만 양병은 율곡의 어느 글에도 없다. 구폐책(救弊策)에 속하는 율곡의 대표적 상소문은 물론 다른 상소문에도 없다. (중략) 임진왜란의 실제 체험적 고통은 바다에서의 이순신(李舜臣), 육지에서의 류성룡(柳成龍) 만큼 치열하게 겪은 사람이 없다. 그 고통의 기록을 가장 적나라하게 가장 소상히 적은 류성룡의 그 어느 글에도 율곡의 십만양병론은 없다."

송 교수는 또 "십만양병론은 오직 율곡 제자들이 쓴 「율곡비문」에만 있고, 또 그 제자의 제자가 편찬했다는 「율곡연보」에만 있다."고 말한다. 그는 이 같은 논란에 대해 "역사는 정치사라는 고정틀에 갇혔고 민생의 개념이 들어 있는 사회경제사적 시각이 없었기 때문에 빚어진 오류"라고 지적한다. 송 교수는 사회경제사적 추론으로 접근한다.

"임진왜란 당시 조선의 인구는 몇 명이었을까. 왜란이 끝난 뒤 60년 후인 1657년(효종 8)에 실시된 호구조사에서 조선 인구는 2,290,083명이었다. 임진왜란이 끝나고 세대가 서너 번 바뀌는 동안에도 인구가 고작 230만 명에 불과하다면, 임진왜란 당시 조선 인구 또한 230만 명 내외라고 볼 수 있다. 1657년의 인구가 230만 명이라면 그로부터 60~70년 전인 1580년대와 1590년대의 인구는 인구 통계적으로 계산하면 180~190만 명 정도다. 그러나 전쟁으로 인해 인구 태반이 손실되었다고 계산해서 그 회복기간을 2세대로 보고 3세대에서 4세대가 지나면 전쟁 전의 인구를 능가하고도 남는다. 그래서 임진왜란 당시 인구를 1657년 호구조사와 같은 230만 명으로 본다."

그런데 페어뱅크, 라이샤워, 크레이그 등 미국의 1세대 동양사학자들은 『동아시아, 현대적 전환』이라는 책에서 1590년대 일본의 인구는 3,200만 명이고 조선의 인구는 500만 명 이하로 추정된다고 밝혔다. 송 교수의 주장과 차이가 나도 엄청나다.

송 교수의 연구는 이어진다.

"조선의 인구를 230만 명으로 추산하고, 거기서 10만 명의 군병을 빼낼 수 있겠느냐? 230만 명 중 반은 여자이고 나머지 115만 명에서 군병이 될 수 있는 연령층 20~30대는 전체 인구의 16% 정도인 18만 명. 이를 인구 400만 명에 대입해도 30만 명에 불과하다. 그런데 이 인구들은 핵심 생산계층이어서 병역에만 종사할 수 없다. 그리고 나라에서 이들을 먹이고 재울 수 있겠는가."

"당시 생산 가능한 총 토지 면적은 170만 결(1결은 평균 600~800평)이고 1결 당 평균 생산량을 3석으로 잡으면 총 곡물 생산량은 500만 석을 넘어서지 못한다. 여기서 국가의 세입은 결당 평균 4두로 해서 60만 석이 전부다. 이 60만 석으로 정부를 운영하고 관리의 녹봉을 주고 군대를 길러야 한다. 임진왜란 내내 명군과 조선군의 군량 공급에 매진했던 류성룡이 쓴 『진사록』에 의하면 군병 1만 명의 한 달 식량은 6천400석이다. 1년이면 7만6천800석이고 10만 명이면 연 최소한 76만 석이 있어야 한다."

정부 세입보다 더 많으니 어불성설이란 주장이다.
송복 교수는 다음과 같이 결말을 맺고 있다.

"율곡이 만일 그때 나라의 사정을 알고 시무(時務)를 아는 학자며 정치인이라면 결코 십만양병론을 거론할 리가 없었다."

그 제자들이 「비문」과 「연보」에 그렇게 썼던 것을 『선조수정실록』에 그대로 베껴놓은 사람들은 류성룡을 격하하기 위한 술책으로 보고 있다.

참고로 율곡은 서인의 영수이고 류성룡은 동인에서 분파된 남인이라는 정치색이 끼어들고 있음을 발견할 수 있는 대목이다. 또 인조 때 편찬된 『선조수정실록』은 서인들이 주도해서 만들었기 때문에 율곡을 두둔하는 면이 없지 않다는 의견인 것 같다.

다음은 (사)다산연구소 박석무 이사장이 지난해 필자의 이메일로 보낸 글이다.

"며칠 전 경북 포항의 청년유도회에서 개최한 선비문화포럼에 기조발제자로 참석할 기회가 있었습니다. 그 지방 유도회장을 역임한 유림 한 분과 대화를 나누던 가운데, 그분은 묻지 않은 말을 하였습니다. 율곡(栗谷)은 대현(大賢)일 수 없이 많은 잘못을 저지른 분이라면서, 강릉에 갔더니 그분을 대현이라고 치켜세우는 것을 보고 매우 마땅하지 못한 생각이 들었다며 율곡을 폄하는 이야기를 했습니다. 강릉지방은 율곡의 탄생지여서 '오죽헌(烏竹軒)'이 문화재로 지정되어 율곡을 높이 받들고 있음은 너무나 당연한 일인데 그것이 못마땅하다는 영남 유림들의 오랜 율곡 비판의 소리여서 마음이 편치 못했습니다. 일찍이 매천 황현(黃玹)의 『매천야록』에서 '조선의 사대부들은 당파가 나뉜 뒤로는 비록 통재(通才), 대유(大儒)라 일컬어지더라도 대부분 문호(門戶)에 얽매이고 집착하여 의논이나 학설이 편파적이기 마련이었다. 그러나 다산은 마음을 평탄하고 넓게 쓰는 데 중점을 두어 오직 옳은 것을 쫓아 배우기에 힘쓸 뿐 선배들에 대해서 전혀 주관적 감정을 드러내지 않았다. 이런 이유로 남인들에게 경시 당했다.'라고 말한 바 있습니다. 그런 다산이었기에 남인들은 모두 퇴계만 존숭하고 율곡에게는 가혹한 비판을 가했는데 다산은 남인이면서도 서인이던 율곡에 대하여 전혀 차별을 두는 경우가 없었습니다. 유배지 강진에서 다산은 아들들에게 보낸 '시양아(示兩兒)'라는 편지에서 '퇴계는 오로지 심성(心性)을 주체로 하여 말하였기 때문에 이발(理發, 사단*)과 기발(氣發, 칠정**)을 주장하였고, 율곡은 도(道)와 기(器)를 통론했기 때문에 기발은 있어도 이발은 없다고 하였다. 두 어진 이가 주장한 바가 각각 다르니 말이 같지 않아도 아무런 해가 되지 않는다. 그런데도 동인(東人)의 선배들은 기(氣)를 성(性)으로 인식했다고 그분을 배척함은 지나친 일이다.'라고 말하여, 북인이나 남인들이 율곡을 배척함을 옳지 않다고 여겼습니다. 다산 같은 대학자도 퇴계와 율곡을 두 현인(兩賢)으로 존숭하였거늘 어찌하여 영남의 남인들은 그렇게도 율곡을 못마땅하게 여기면서 당파가 사라진 지 오래인 오늘까지도 율곡에 대한 비난을 그치지 않고 있을까요. 다산은 아들에게 보낸 다른 편지에서 반드시 읽어야 할 책으로 『퇴계집(退溪集)』과 『율곡집(栗谷集)』을 나란히 거명하였고, 율곡의 『격몽요결(擊蒙要訣)』이라는 책의 높은 가치를 강조하고 있는 점으로 보아도 남인들이 율곡을 폄하할 이유가 없습니다. 포항의 그 유림이라는 분은 한참 율곡의 잘못을 지적하더니 마지막에는 율곡의 '십만양병설'은 율곡의 문집에도 없고 『왕조실록』에도 없는 말이어서 뒷날 누군가가 조작해낸 이야기라고 거듭 말했습니다. 듣다가 참지 못해 '아니 그렇다면 성호 이익이나 다산 정약용도 율곡의 십만양병설은 실용

---

* 측은지심(惻隱之心, 가엾고 불쌍히 여김), 수오지심(羞惡之心, 잘못을 부끄러워함), 사양지심(辭讓之心, 겸손히 사양하는 마음), 시비지심(是非之心, 잘잘못을 따지는 마음) 등 인간의 본성에 근거함.
** 희로애락애오욕(喜怒哀樂愛惡欲, 기쁨, 분노, 슬픔, 즐거움, 사랑, 미움, 욕심) 인간 감정에 근거함.

적인 주장이라고 했는데 그것도 사실이 아니라는 겁니까?'라고 말했더니 더 이상 말을 하지 않았습니다. 성호와 다산은 남인 학자들이니 아무리 율곡이 마음에 들지 않는다고 성호와 다산까지 무시하려는 남인들의 입장이 참으로 딱하기만 합니다.

_ 박석무 드림.

십만양병설은 『선조수정실록』 1582년 9월 1일자에 실려 있다.

"율곡 이이(李珥)가 '미리 10만의 군사를 양성하여(預養十萬兵) 앞으로 뜻하지 않은 변란에 대비해야 한다(以備前頭不虞之變)'라고 말하자 류성룡(柳成龍)이 '군사를 양성하는 것은 화를 키우는 것(養兵所以養禍)'이라며 매우 강력히 반박했다(論辨甚力). 그후 이이는 항상 (동인인) 류성룡은 재주와 기개가 참으로 특출하지만 (서인인) 우리와는 일을 함께 하려고 하지 않으니 우리들이 죽은 뒤에야 반드시 그 재주를 펼 수 있을 것이라고 탄식했다. 임진년(1592)에 변란이 일어났을 때 군사 관련 일을 맡은 류성룡은 늘 '이이는 선견지명이 있고 충성스럽고 부지런한 의지가 있었으니 그가 죽지 않았다면 반드시 오늘날에 도움이 있었을 것'이라고 말했다."

광해군 집권 당시 북인들이 『선조실록』을 편찬하면서 서인인 이이李珥, 성혼成渾, 박순朴淳, 정철鄭澈 등을 고의로 헐뜯어 놓았다고 판단한 서인들은 1643년 『선조수정실록』이라는 기록을 새로 만들었다. 십만양병설이 처음 나타나는 곳은 율곡의 문집이 아니라 그의 문인門人 김장생金長生,

1548~1631이 1597년에 쓴 「율곡행장行狀」이다. 그래서 『선조수정실록』의 10만 양병 부분은 김장생이 쓴 「율곡행장」의 기록을 베껴서 옮긴 것이라고 볼 수 있다.

다음은 율곡의 부국강병 우국충정을 엿볼 수 있는 기록이다.

당시 북쪽 여진 오랑캐와 남쪽 왜구의 침범이 빈발했다. 1583년선조 16 1월 함경도 경원부의 오랑캐 니탕개가 반란을 일으켰다.

『선조실록』 2월 10일자 기사에 따르면 "조정은 죄를 지어 유배 중인 장수들을 풀어주어 반란 지역으로 파견할 것, 경상도 바닷가 지역의 쌀을 육로나 해로로 경성으로 보내 군량미로 쓰도록 할 것, 군량미를 운반하는 데 필요하면 종친과 대신들의 소와 말을 내놓게 할 것" 등 방비책을 세웠다.

연이여 여진족의 반란이 계속되었다. 2만 기의 니탕개 일당은 종성을 포위하여 군관 등을 죽였고 특히 5월 16일에는 반란군의 세가 3만 기나 되었다. 7월 9일에도 니탕개 등이 2만여 기를 이끌고 와 방원보를 포위해 접전이 벌어졌다. 그해 7월 초 선조는 "하삼도下三道, 경상도, 전라도, 충청도 일원에 있는 절의 종을 거두어 총통銃筒을 만들도록 하라."는 명령을 내렸다. 이듬해인 1584년 4월에는 전라도 쌀 5천 석과 경상도 쌀 4천 석이 북방 국경 지역으로 전달되기도 했다.

1587년 북방은 계속 소란스러웠다. 8월에 오랑캐 100여 기가 운룡 지역을 침탈해 백성들과 가축을 끌고 갔는데, 이를 추격하던 우리 군사들이 다수 피살되었다. 9월에도 1천여 기가 혜산진을 공격해 왔다. 그 달하순에는 녹둔도전투가 벌어졌는데, 니응개가 이끄는 침략군을 경흥부사 이경록李慶祿과 조산보만호 이순신李舜臣이 제대로 막지 못해 군사 10여 명이 피살되고 160명이 납치되었다. 이 일로 한때 이순신은 처음으로 파직되고 백의종군을 하게 된다. 이순신은 북병사 이일李鎰에게 녹둔도를 지킬 군사를 더 보충해 달라고 했지만 이일은 듣지 않았고 패전의 책임을 이경록과 이순신에게 돌렸다.

조선군의 반격이 있었다. 1588년 1월 1일 북병사 이일李鎰은 우후虞候 김우추金遇秋에게 군사 400명을 주어 적의 소굴 추도를 급습하게 하여 33명의 여진인 목을 베고, 따로 2천여 기를 시전부락에 보내 380여 명의 여진인을 죽였다. 또 1월 중순에도 시전부락에 대한 소탕전은 이어졌다.

2월 오랑캐들이 혜산을 침입하여 조선 군관 등을 살상하였고, 6월에는 누란도에 적선 20척이 쳐들어오기도 했다. 그리하여 6월 20일에는 남병사 신립申砬이 적들의 고미포 부락을 공격하여 20여 명을 죽였다.

1583년 3월 병조판서 이이는 그의 상소 육조계에서 "조그만 오랑캐가 변경을 침범해도 온 나라가 놀라서 흔들리니, 만약 큰 오랑캐가 쳐들어오면 막을 계책이 없을 것입니다."라고 지적하고 큰 전쟁이 발발하면 "반드시 패하고 말 것"이라고 한탄했다.

그는 또 『동호문답』과 「만언봉사」 등에서 선조에게 대쪽 같은 직언을 했다. 병조판서 때는 국방 부문에서 개선해야 할 점을 정리한 〈시무 6조〉도 올렸다. 〈시무 6조〉의 내용은 첫째로 어질고 재능 있는 인재를 뽑을 것, 둘째로 군사와 백성을 기르고 돌볼 것, 셋째로 부족한 재물을 채울 것, 넷째로 국경과 병영을 튼튼하게 할 것, 다섯째로 전쟁용 말을 갖출 것, 여섯째로 올바른 가르침으로 이끌 것 등이다. 이때 도성에 2만, 각 도에 1만 명씩 군사를 길러 변란에 대비해야 한다는 '십만양병설'을 주장했다. 하지만 그의 개혁안은 받아들여지지 않았고, 그는 동인의 탄핵을 받아 물러난 뒤 1584년에 세상을 떠났다. 그리고 8년 후 1592년 4월 13일 왜의 15만여 대군이 부산포에 상륙하는 미증유의 전란이 발발했다.

율곡은 니탕개의 반란 이전에 선조에게 올린 군정책에서 "조선은 바다에 접한 땅이기 때문에 왜구가 날뛰어 불시에 출현하니, 어찌 전쟁을 잊은 채 군사 준비를 넉넉하게 하지 않을 도리가 있겠습니까? 지금 방어하는 데 있어서 가장 중요한 곳은 바다에 접한 3면보다 더 급한 곳은 없습니다."라고 말했다.

북방 여진족과 남해안 왜구, 즉 북로남왜北虜南倭의 침략을 걱정하는 이이의 충정은 추호도 의심할 여지가 없다.

"200년 역사의 나라가 지금 2년 먹을 양식이 없습니다. 그러니 이건 나라가 나라가 아닙니다."

_진시폐소(陳時弊疏)

"지금 국가의 저축은 1년을 지탱하지 못합니다. 이야말로 진실로 나라가 나라가 아닙니다."

_육조계(六條啓)

그는 선조에게 올린 상소문 「만언봉사」에서 '부부일심지대하桴腐日深之大厦 기국비국其國非國이라' 즉 "나라가 나날이 썩어가는 큰 집의 대들보와 같으니, 이건 정말 나라도 아니다."라는 사자후를 토해 그의 우국충정을 드러냈다.

서인이니 동인이니 북인이니 남인이니 따지기에 앞서 이이가 조선의 국방력 약화를 비통해 했고 군사력의 증강을 역설했다는 역사 기록은 얼마든지 찾아볼 수 있다.

"모든 시대에는 그 시대의 신神이 있다."

독일 실증사학자 랑케Ranke, 1795~1886의 말대로 임진왜란 전 조선에는 율곡 이이라는 우국충정의 신이 있었다.

무항산(無恒産) 무항심(無恒心)

○
●
○

맹자孟子, B.C. 372~B.C. 289 는 제나라 선왕이 정치에 대하여 묻자 "백성들이 배부르게 먹고 따뜻하게 지내면 왕도王道의 길은 자연히 열리게 된다. 경제적으로 생활이 안정되지 않아도 항상 바른 마음을 가질 수 있는 것은 오직 뜻있는 선비만 가능한 일이다. 일반 백성은 경제적 안정이 없으면 항상 바른 마음을 가질 수 없다. 그렇다면 방탕하고 편벽되며 부정하고 허황되어 이미 어찌할 수가 없게 된다. 백성들이 죄를 범한 후에 법으로 그들을 처벌한다는 것은 곧 백성을 그물질하는 것과 같다."고 대답했다.

『맹자』의「양혜왕梁惠王」상편에 나오는 말로, '항산恒産이 없으면 항심恒心이 없다.'는 '무항산 무항심無恒産 無恒心'을 말한다. 즉 생활이 안정되지 않으면 바른 마음을 견지하기 어렵다는 뜻이다. 맹자는 항산이 없는 사람은 항심이 없기 때문에 어떤 나쁜 짓이라도 할 수 있으므로 특히 교육에 있어 도덕을 강조하였다.

조선 후기에 특히 삼정三政의 문란은 극에 달했다. 삼정이란 전정田政, 군정軍政, 환곡還穀 등 세 분야의 국가 정책을 말하는데, 이 중요한 정책이 무너져 힘없는 백성들만 착취를 당해 살아갈 수 없는 지경에 이르렀다. 죽은 사람에게 군포軍布, 군역 대신 내는 베를 징수하는 것이 '백골징포白骨徵布'이고 갓난아이에게 징수하던 것이 '황구첨정黃口簽丁'이다.

실학자인 다산茶山 정약용丁若鏞, 1762~1836이 1803년 전남 강진에 유배됐을 때 일이다. 한 남자가 "내가 이것 때문에 곤액困厄을 받는다."며 스스로 자신의 남근을 잘랐다. 그 아내는 피가 뚝뚝 떨어지는 남근을 들고서 관아의 문을 들어가려 했지만 아전에 의해 문전박대 당했다.

사연은 이렇다. 부부는 사흘 전 아이를 낳았다. 그러자 기다렸다는 듯이 이방이 핏덩이를 군적軍籍에 편입하고 부부의 소를 토색討索질해 갔다. 그러자 남편은 "남근을 잘못 놀려 자식에게 못할 짓을 했다."며 자해한 것이다. 이렇듯 백성들은 관아 탐관오리의 가렴주구苛斂誅求에 피눈물을 흘리고 있었다. 그야말로 '포악한 정치는 호랑이보다 더 무섭다.'는 가정맹어호苛政猛於虎의 시대였다.

오죽했으면 자신의 양물陽物을 잘랐을까. 이 말을 전해들은 다산은 피가 거꾸로 솟는 분노에 지필묵을 꺼내 「애절양哀絕陽」이란 시조를 지었다. 한여름 날 술을 앞에 놓고서 험한 세상인심에 눈물지었다. 「하일대주夏日對酒」에 나오는 시다.

종년역작고(終年力作苦) / 증막비기신(曾莫庇其身)

황구출배태(黃口出胚胎) / 백골성회진(白骨成灰塵)

유연신유요(猶然身有徭) / 처처호추민(處處號秋旻)

원혹지절양(冤酷至絶陽) / 차사양비신(此事良悲辛)

일 년 내내 힘들여 일을 해도 / 제 몸 하나 가릴 길이 없고

뱃속에서 갓 태어난 어린 것도 / 백골이 진토가 된 사람도

그들 몸에 요역이 다 부과되어 / 곳곳에서 하늘에 울부짖고

양근까지 잘라버릴 정도니 / 그 얼마나 비참한 일인가

또 다른 시조가 이어진다. 분명 낯빛은 사람인데 탐욕의 악마가 숨어 있는 인면수심人面獸心을 그리고 있다.

춘고수일두(春蠱受一斗) / 추착이두전(秋鑿二斗全)

황이전대고(況以錢代蠱) / 기비매착전(豈非賣鑿錢)

영여비간활(嬴餘肥奸猾) / 일환천경전(一宦千頃田)

초독귀규필(楚毒歸圭蓽) / 할박분추편(割剝紛箠鞭)

좌과기진출(銼鍋旣盡出) / 노죽독역견(孥粥犢亦牽)

봄철에 좀먹은 것 한 말 받고 / 가을에 정미 두 말을 갚는데

더구나 좀먹은 쌀값 돈으로 내라니 / 정미 팔아 돈으로 낼 수밖에

남는 이윤은 교활한 관리 살찌워 / 환관 하나가 밭이 천 두락이고

백성들 차지는 고생뿐이어서 / 긁어가고 벗겨가고 걸핏하면 매질이라
가마솥 작은 솥을 모두 다 내놨기에 / 자식이 팔려가고 송아지도 끌려간다네

다산은 지방 벼슬아치들의 '갑질'을 통렬하게 비판하고 있다. 당시 강
진 지방에서 탐관오리들이 백성을 수탈하는 학정虐政을 담은 칠언절구七
言絶句를 남겼다. 「탐진촌요耽津村謠」에 실려 있는데 탐진은 강진의 옛 지명
이다.

면포신치설양선(棉布新治雪樣鮮)
황두래박이방전(黃頭來博吏房錢)
누전독세여성화(漏田督稅如星火)
삼월중순도발선(三月中旬道發船)

새로 짜낸 무명이 눈결같이 고왔는데
이방 줄 돈이라고 황두(하급관리)가 뺏어가네
누전(장부에 미 기록된 밭) 세금 독촉이 성화같이 급하구나
삼월 중순 세곡선이 한양으로 떠난다고

임금은 백성의 아버지인가? 아니었다. 공맹孔孟의 유학과 주자의 성리
학性理學을 공부한 자칭 성인군자나 '사서삼경四書三經'을 달달 외워 과거급
제한 벼슬아치들은 백성의 고단한 삶에 눈감았다. 나라는 하루가 다르
게 썩어 가는데 조정은 끼리끼리 붕당朋黨을 만들어 치고받고 피터지게

싸웠다. 지방의 하급관리들은 '굶주린 늑대'가 되어 백성의 고혈膏血을 짜냈다. 과다한 공물貢物 상납과 가렴주구苛斂誅求의 과도한 징세 등으로 백성들은 허리가 휘어지고 골이 빠질 정도였다. 기름진 음식에 호의호식을 했던 왕 중심의 전제군주제에서 백성들은 양반의 탐욕에 수탈당하는 말라비틀어진 쪽정이 '호구虎口'들이었다.

임진왜란과 병자호란 여파로 기아와 질병이 창궐했고 인구도 줄어들어 농민들의 삶은 더욱 피폐해졌다. 이런 상황에서 농민들의 불만은 하늘을 찌를 듯하였고 땅과 집을 잃은 일부 농민들은 도적떼가 되어 산속으로 들어갔다. 조선시대에 잦은 민란은 결국 왕과 조정의 대신들이 백성을 위한 애민愛民은커녕, 위민爲民의 정책을 제대로 시행하지 않았기 때문이었다.

여튼 먹고 사는 게 가장 큰 문제였다.

"사흘 굶어 남의 담 타고 넘어가지 않는 자 없다."는 말처럼 목구멍에 풀칠을 하기 위해 범죄도 불사하는 상황이 비일비재했다. 그래서 '목구멍이 포도청'인 백성들이 많았다는 이야기다.

조정의 고민도 커졌다. 자칫 방치했다가는 '도적떼'들이 언제 궁궐을 향해 칼과 창을 겨누어 쳐들어올지 모를 일이었기 때문이다. 그래서 개간을 장려했고, 토지대장에서 빠진 은결隱結을 찾아내 경작지에는 빠짐없이 전세田稅를 부과하려 하였다. 이러한 노력으로 광해군 때는 토지가 50만 결, 정조 때는 145만 결로 임진왜란 직전 상황 가까이에 이르렀다.

임진왜란 이후 남은 전답이 별로 없자 왕실에서는 절수折受라는 제도를 시행했다. '끊어서 받는다'는 절수제도는 황무지나 버려진 땅을 신고

해 개간하면 경작권과 소유권까지 가지도록 하는 것이다. 조정은 절수제
도를 통해 부족한 과전科田 문제를 해결하고 토지개간을 유도하려 했다.
백성들에게 부과된 '전세田稅', '요역徭役. 부역', '군역軍役'으로도 허리가 휘청
거렸는데 '공납貢納'이란 괴물이 나타나 백성들의 삶의 터전을 송두리째
뒤흔들어 놓았다.

지방 특산물을 나라에 바치는 '공납'의 폐해는 극심했다. 큰 마을, 작
은 마을 구분 없이 똑같이 내야 했고, 많은 토지를 소유한 양반 전주田
主의 납부액과 송곳 꽂을 땅도 없는 소작농의 납부액이 비슷했다. 무엇
보다 그 지역에 나지도 않는 물품을 바치라는 것이었다. 그러니 돈을 주
면 물건을 대신 나라에 바치는 사람, 중간 상인들이 나타났다. 이들은
공물을 심사하는 아전衙前에게 뇌물을 찔러주고 자신들의 물건이 아니면
받지 못하게 했다. 이렇게 공납을 방해한다고 해서 '방납防納'이라고 했
다. 방납업자들은 원래 가격의 수십 배에서 백 배까지 받고 대납을 했다
고 하는데 이와 같은 협잡질의 폐해가 심했다.

방납업자와 관리가 챙기는 수수료인 인정人情은 공물의 두 배나 되었
다. 그러다 보니 "손에는 진상품을 들고 말에는 인정물을 싣고 간다."는
말이 유행할 정도였다.

조선시대 공납제貢納制 전개과정에서 초기에는 유무상통有無相通 의 편의
를 위해 용인되었던 공물대납제가 1476년성종 7 때 폐지된 뒤 방납 폐해
가 심해졌다. 그 원인은 제도의 미비와 수요의 증가에 있었다. 제도의 미
비로는 공안貢案 의 개정이 지연되어 불산공물不産貢物. 생산되지 않는 공물, 절산
공물絶産貢物. 공급이 단절된 공물이 발생하였지만 조정에서는 이를 무시하고 분정

수납分定收納, 할당량을 강행했다. 또 공물수납을 담당했던 중앙 각사의 서리 및 노복들 대부분에게 급료가 지급되지 않았으므로 공물수납을 통해 사리를 취하지 않을 수 없었다. 또 중앙 각사의 운영비 중 일부를 공물 수납의 과정에서 확보해야 함에 따라 방납행위는 묵인, 장려되었다.

또한 임진왜란 이후 국가의 재정위기를 극복하려는 과정에서 공물 수요가 급증함에 따라 공물의 인납引納. 다음 해의 공물을 미리 상납하게 하는 것과 가정加定. 지방의 특산물에 대해 임시로 추가 부담을 요구하는 것이 강행되었다. 방납업자와 중간관리들만 이익을 보는 구조가 되었고 이게 돈이 되는 사업이 된다고 하자 힘깨나 쓴다는 관리와 왕실 종친들이 방납에 뛰어들었다. 재벌이 골목 상권인 떡볶이, 순댓집에 뛰어든 것이나 마찬가지였다. 그때나 지금이나 부익부 빈익빈富益富貧益貧의 경제 구조다.

이들 사주인과 각사 이노吏奴들은 방납의 일을 부자, 형제가 전승해 가업으로 삼았다. 또 사대부, 종실, 부상대고富商大賈와 연결되어 그 하수인이 되기도 했다. 이러한 것은 백성들에게 이중 부담을 강요하는 것이므로 이 폐단을 없애기 위한 노력이 일어났다.

1569년 선조는 공납제를 폐지하고 전결田結을 단위로 하여 쌀로 부과 징수하는 대동법大同法, 즉 '대공수미법代貢收米法'을 실시했다. 그러나 기득권 세력의 반대와 걷힌 쌀이 조금이고 쌀이 아닌 물건으로 받을 때가 많아서 채 1년도 안 돼 흐지부지됐다.

임진왜란 중 명나라 군대의 군량을 책임졌던 '전시재상' 류성룡柳成龍은 선조에게 대동법과 같은 작미법作米法의 확실한 시행을 건의했다. 마침내 광해군이 즉위한 해인 1608년 5월 방납인들 때문에 공물가격이 폭등

하자 당시 영의정 이원익李元翼이 대동법을 시행해야 한다며 자신의 정치 생명을 내놓고 주장했다. 먼저 경기도에서 시작했다. 또 인조 때 김육金堉은 그 이전에 10년 동안 시골에서 농사를 지은 경험이 있었다. 그래서 벼슬에 나간 뒤에 백성들의 세금을 줄여 달라고 여러 차례 상소를 올려 마침내 대동법이 전국적으로 시행되는 데 큰 역할을 했다.

조선 중기 이후 정말 한심할 정도로 부실한 왕조가 그나마 계속 연명해 갈 수 있었던 것은 몇몇 경세가들이 있었기 때문에 가능했다. 1569년 율곡 이이李珥가 공물방납의 폐해를 지적한 『동호문답東湖問答』을 선조에게 올렸고 이어 류성룡, 이원익, 김육 같은 애민 정신을 가진 청백리들이 그 맥을 이어갔다.

백성은 누구인가?

○
●
○

공자의 『시경詩經』305편의 시 모음 「시구편鳲鳩篇」에는 "뽕나무에 둥지를 튼 뻐꾸기가 일곱 마리 새끼들에게 고르게 먹이를 먹인다."며 뻐꾸기鳲와 비둘기鳩의 행태에 대해 읊어 놓았다. 즉 "왕이 백성을 골고루 사랑해야 된다."는 뜻이다.

'왕이 백성의 어버이'라면 의당 백성을 먼저 보살펴야 한다. 그런데 역사에서는 백성을 위해 열과 성을 다 바친 '어버이 왕'의 모습은 찾아보기 어렵다. 백성은 무시되어도 되는 하찮은 존재여서일까.

공자는 백성에 대해 다음과 같이 정의하고 있다.

"지극히 천하고 어디에도 호소할 데 없는 사람들이 바로 백성들이요(至賤無告者小民也), 높고 무겁기가 산과 같은 것도 또한 백성이다(隆重如山者亦小民也)."

또 성악설을 주창했던 순자荀子의 군주민수君舟民水론에 따르면 "군왕은 배고 백성은 물이라. 물은 배를 띄우기도 하지만 성난 파도나 거센 물살이 되어 배를 엎어지게도 한다." 언뜻 '무지렁이'로 보이는 백성은 때론 하늘같은 절대군주도 하루아침에 갈아치울 수 있을 만큼의 괴력을 가졌다.

백성이란 참으로 오묘한 존재이다. 동서고금을 통해서 권력자와 백성을 이를 때 '금수저'와 '흙수저'로 구분한다. 그러나 그 운명은 자신이 선택하는 게 아니었다. 왕의 아들로 태어나 세자가 되면 왕위를 승계 받았고 노예의 아들로 태어나면 평생 노예가 되는 게 전통 봉건주의 시대의 신분세습 개념이었다. 반상班常, 양반과 상민의 법도가 엄연히 달랐다. 오늘날에도 재벌의 아들로 태어나면 '금수저'를 물고 나오는 것이고, 지게꾼의 아들로 태어나면 빈한貧寒한 삶을 살아야 하는 '흙수저'로 분류된다. 가끔 '개천에서 용 난다.'는 속담처럼 신분상승의 사다리를 잘 타고 오르는 경우도 있지만, 우스갯소리로 할아버지의 경제력과 엄마의 정보력이 뒷받침되지 못하면 무한경쟁에서 뒤처질 수밖에 없다.

우리가 가진 경제체제가 자본주의인 이상, 부익부 빈익빈富益富貧益貧의 한계를 벗어나기가 쉽지 않다. 노벨경제학상을 받은 하버드대학의 로버트 머튼Robert K. Merton 박사는 '마태복음 효과Matthew effect'를 주장했다. 즉 "무릇 있는 자는 받아 풍족하게 되고 없는 자는 그 있는 것까지 빼앗기리라."는 말에서 나온 이론이다. 민초들이 잘 살고 못 사는 운명의 역사는 동서고금을 막론하고 꽤 오래된 것임을 알 수 있다.

그래서 세상을 바꿔보자는 진보학자들은 사회주의 개념을 들여와서라도 기존 자본주의의 폐해를 보완하고 바꾸어 나갈 것을 충고하고 조언한다. 그럼에도 불구하고 내 것은 하나도 빼앗기지 않으려는 기득권자들은 보신保身을 위한 온갖 입법 로비에 매달린다. 여전히 권력을 쥐락펴락하는 권력자나 기득권층은 평등과 분배라는 단어를 극렬 싫어한다.

『세종실록』에서 왕가王家에 주는 과전법科田法 제정과 관련, "왕의 아들, 왕의 형제, 왕의 백부나 숙부로서 대군大君에 봉한 자는 3백 결, 군君에 봉한 자는 2백 결, 부마駙馬로서 공주의 남편은 2백50결, 옹주의 남편은 1백50결이요, 그 밖의 종친은 각기 그 과科에 의한다."고 되어 있다.

절대군주제 시대, 왕가 사람들은 그 신분에 따라 논과 밭의 크기가 정해지고 있음을 알 수 있다. 왕으로부터 하사받은 땅을 일궈서 곡식을 수확하는 등의 노동력은 천민인 공사노비公私奴婢가 담당했다. 이처럼 소유와 경작은 엄연히 따로 놀았다.

광해군의 폐모살제廢母殺弟. 인목대비를 왕비에서 폐하고 영창대군을 죽임를 탓하고 반정을 일으켜서 정권을 잡았던 인조는 반정의 명분을 제공해 준 정명공주선조와 인목대비의 딸. 영창대군의 누이에게 사은의 뜻으로 8천76결의 절수折受를 내려주었다. 절수는 벼슬아치가 나라로부터 녹봉으로 토지나 결세結稅를 떼어받는 것이다. 인조는 그 뒤에도 인목대비에게 자신의 효성을 증명하려는 듯 딸 정명공주에게 온갖 선물 공세를 퍼부었다. 기존 살림집의 증축은 물론이고 수많은 노비와 토지를 하사했다. 심지어 전라도의 하의도, 상태도, 하태도 등 섬에 있는 땅까지 하사했다.

'떠오르는 태양' 여진족後金. 뒤에 청나라과 '지는 해' 명나라 사이에서 줄타기 외교를 했던 광해군과는 달리, 인조는 선조와 마찬가지로 뼛속까지 존명사대尊明事大. 명나라를 상국으로 극진히 모심를 고집했다. 그러다가 후금과 청나라로부터 침공을 두 번이나 당했고 병자호란 때는 삼전도에서 청 태종에게 절을 세 번하고 머리를 아홉 번 땅바닥에 짓찧는 삼배구고두 三拜九叩頭 의 굴욕을 당하기도 했다. 인조는 내치는 물론 외치에서도 시행착오를 거듭해 나라꼴을 우습게 만들었던 혼군 昏君 이었다.

1728년 영조 4 경상감사 박문수 朴文秀 는 "영안위방 永安尉房, 정명공주 남편 이 경상도 내에서 절수 받은 토지가 8천76결이나 된다."고 보고한 대목이 『승정원일기 承政院日記』에 있다. 8천76결을 지금의 평수로 환산하면 약 5천만 평에 달한다. 당시 한양 도성의 면적을 약 600만 평으로 잡는다면 어마어마한 면적임을 알 수 있다.

중종 말년에 편찬된 어숙권 魚叔權 의 수필집 『패관잡기 稗官雜記』에는 김해에 살던 '노비 시인' 어잠부 魚潛夫 이야기가 나온다. 어무적 魚無迹 의 자는 잠부 潛夫 이다. 연산군 때 좌의정을 지낸 어세겸 魚世謙 과 어세공 魚世恭 과는 재종형제 再從兄弟 사이이다. 어무적은 오위의 사직 司直, 정5품 을 지낸 어효량과 김해 관아에 딸린 관비 官婢, 여종 인 어머니 사이에서 태어났기에 신분은 노비였다. 『패관잡기』를 쓴 어숙권 역시 어세겸의 서손 庶孫, 서자의 아들 이다.

"어잠부가 김해에 살 때에 매화나무를 도끼로 찍는 사람을 보고 부(賦, 시조)를 지었다. 김해 원(員)이 그것을 읽어보고 크게 화를 내어 잡아다가 그 죄를 다스리려 하자, 잠부가 다른 고을로 도망하여 절도사 무열공 박원종에게 가서 의탁하려 했으나, 병들어 역사에서 죽고 말았다."

「작매부(斫梅賦)」

황금자번(黃金子蘩) / 이사기향(吏肆其饗)

증과배징(增顆倍徵) / 동조편추(動遭鞭捶)

처원주호(妻怨晝護) / 아제야수(兒啼夜守)

자개매숭(兹皆梅崇) / 시위우물(是爲尤物)

황금 같은 열매가 많이 달리니 / 벼슬아치가 토색질을 멋대로 하여

수량을 늘려 갑절로 거두어들이고 / 걸핏하면 매질하니

아낙은 원망하면서 낮에 지키고 / 어린 것은 울면서 밤에 지킨다

이것이 다 매화 탓이니 / 매화가 근심거리가 되었구나

어무적은 또 1501년^{연산군 7}에 김해에서 백성이 겪던 어려운 사정을 낱낱이 밝힌 장문의 상소를 올렸으나 무시됐다.

"옛 사람이 말하기를 '새는 지붕은 위에 있지만, 새는 줄 아는 것은 밑에 있다.'고 했습니다. 오늘의 세상에서 밑에 있으면서 잘 볼 수 없는 위의 일을 아는 사람은 신보다 자세한 자가 없습니다."

어무적은 당시의 조정을 '빗물이 새는 지붕'으로 여겼다. 어무적은 또 "진실로 신의 천루함을 더럽게 여기지 마시고 대궐 안에서 대답할 기회를 주신다면, 전하의 귀가 미처 듣지 못한 바와 전하의 눈이 아직 보지 못한 바를 한결같이 들으시도록 하겠습니다."라며, 조목조목 조정이 잘

못하는 바를 밝혔다. 어무적의 상소문은 묵살당했고, 왕으로부터의 회답은 없었다.

권력이 1인에게 집중됐던 절대군주시대 백성들은 목구멍에 풀칠이라도 하는 게 소원일 정도로 궁핍했다. 그래서 "가난은 나라님도 어쩔 수 없다."며 체념한 채, 산 입에 거미줄 칠 수는 없어 남의 것 슬쩍하다가 그만 '목구멍이 포도청'이 된 사례는 차고도 넘친다.

군주가 부국강병^{富國强兵}이나 경세제민^{經世濟民}의 실용적 비전을 가지고 앞으로 다가올 걱정거리인 원려^{遠慮}를 깊이 깨달았다면 백성들의 삶이 그렇게 피폐하고 척박해지지는 않았으리라. 나라의 국방을 튼튼히 하고 백성의 공물, 납세부담을 덜어주려는 애민^{愛民}정책이 사실상 부재한 조선시대에서 부국강병^{富國强兵}은 한낱 백일몽과 같았다.

특히 지방의 특산물을 바치는 공납^{貢納} 등 과중한 세금으로 백성의 고혈^{膏血}을 빨아먹는 부패한 탐관오리와 아전, 향리 등 하급관리들에게 염증을 느낀 백성들은 애초 나라와 임금에 대한 충정심이 없었다.

강진으로 유배되었던 다산 정약용^{丁若鏞}은 시골 현장의 실상을 보면서 잘못 되어가는 세상에 대한 통분과 한탄을 읊었다. 조선에서는 차별^{신분}과 ^{지역}이 있었는데 황해도와 평안도, 함경도 등 서북 3도 백성들은 아무런 이유 없이 천대받아, 중앙의 관계에 진출하기가 어려웠다. 그저 유배의 땅이었다. 다산은 그런 아픔을 자신의 아픔으로 여기고, 그런 사회적 질곡^{桎梏}을 해결하려는 간절한 뜻을 「하일대주^{夏日對酒}」에서 읊었다.

서민구엄억(西民久掩抑) / 십세애잠신(十世閼簪紳)

외모수원공(外貌雖愿恭) / 복중상윤균(腹中常輪囷)
칠치석식국(漆齒昔食國) / 의병기준준(義兵起踆踆)
서민독수수(西民獨袖手) / 득반량유인(得反諒有因)

서쪽 지방 백성들 오랜 세월 억압받아 / 십세토록 벼슬 한 장 없었네
겉으로야 공손한 체하지만 / 마음속에는 언제나 불만이었네
옛날에 일본이 나라 삼키려 했을 때 / 의병이 곳곳에서 일어났지만
서쪽 백성들이 수수방관했음은 / 참으로 그럴만한 이유 있었네

　　임진왜란 중 함경도에서 반란이 일어났다. 1592년 7월 함경도 회령會寧
아전이었던 국경인鞠景仁과 그 숙부 국세필鞠世弼, 정말수鄭末秀 등이 반란
을 일으킨 뒤 함경도를 점령한 가토 기요마사加藤淸正에게 투항했다. 그리
고 근왕병을 모으러 간 두 왕자임해군, 순화군가 현지에서 민폐를 끼치는 등
망나니짓을 일삼자 이들을 포박해서 일본군에게 넘겨주었다. 국경인은
이 공로로 가토에 의하여 판형사제북로判刑使制北路에 임명되어 회령을 통
치하면서 이언우李彦祐, 전언국田彦國 등과 함께 횡포를 자행하다가 북평사
北評事 정문부鄭文孚, 1565~1624의 격문檄文을 받은 회령유생 신세준申世俊과 오
윤적吳允迪의 유인에 붙잡혀 참살되었다. 의병을 모아 기습 게릴라전술로
가토 군을 무찔렀던 의병장 정문부의 승전기록을 담은 〈북관대첩비北關大
捷碑〉는 2006년 일본 야스쿠니 신사에서 가져와 북한에 건네주었다.
　　무릇 백성이란 누구이던가.
　　송복 연세대 명예교수는『류성룡, 나라를 다시 만들 때가 되었나이

다』에서 백성을 다음과 같이 정의하고 있다.

"유교국가에서 백성은 '왕의 백성'이 아니다. 민심무상(民心無常), 즉 백성들의 마음은 일정함이 없어 절대로 어느 한 곳에 붙박이로 붙어 있지 않는다. 백성들의 마음은 유혜지회(惟惠之懷)라 해서, 오로지 은혜롭게 정치하고 혜택을 베푸는 정책을 펴내는 사람에게 향한다. 그가 어느 민족이든, 그가 어느 나라 누구이든, 상관하지 않는다."

임진왜란 7년 기록에는 왜군이 점령했던 남해안의 왜성 부근에서 우리 백성들이 먹고살기 위해서 농사와 고기잡이를 하면서 왜장(倭將)에게 세금을 내고 나머지를 가지고 살았다는 내용이 심심찮게 나온다. 또 왜군이 한양으로 몰려오자 "새로운 왕이 왔다."면서 반기는 백성들도 있었다.

1592년 4월 30일 선조가 왜군에 쫓겨 한양 도성을 떠나 파천播遷 길에 오르자 민심이 이반했다. 분기탱천憤氣撑天한 백성들은 자신들을 버리고 도망가는 왕을 원수로 여겼다.

류성룡柳成龍의 『서애집西厓集』 기록이다.

"임금의 행차가 성을 나서니 난민들이 맨 먼저 장례원(掌隷院, 노비 판결부서)과 형조(刑曹)를 불 질렀다. 이 두 곳에는 공사노비(公私奴婢)의 문서(노비증명서)가 있는 까닭이다. 또 내탕고(內帑庫, 왕실 개인금고)에 들어가 금과 비단 같은 것을 끌어냈으며 경복궁, 창덕궁, 창경궁을 불 질러 하나도 남겨둔 것이 없었다. 역대로 내려온 보화와 귀중품, 문무루(文武樓)와 홍문관에 쌓아둔 서적, 승문원 일기가 모두 타버렸다. 또 임해군(臨海君)과 병조판서 홍여순(洪汝諄)의 집을 불살랐다. 모두 왜적이 오기 전에 우리 백성들에 의해 불타버렸다."

또 종묘 각실各室의 인보印寶와 의장儀仗은 모두 버렸으며, 문소전文昭殿. 태조와 신의왕후 한씨를 모신 사당의 위판位版은 지키던 관원이 땅에 파묻어 버리고 도망갔다. 이후 문소전의 제례祭禮는 마침내 없애고 거행하지 않았다고 한다. 임진왜란 이후 왕실의 큰 제사를 지낼 때 격식이 까다로운데 그걸 대대로 기록한 책들이 하나도 없어 제사를 지내지 못할 지경까지 이르렀다. 그래서 나이든 신하들의 희미한 기억에만 의존하여 제사를 아주 검소하게 지내게 됐다.

전화로 인해 무수한 역사적인 자료와 더불어 노비문서들도 다 불타 버렸고 나중에 실록에 기록할 사초史草조차 남아있지 않았다. 광해군 때 『선조실록』과 인조 때 『선조수정실록』은 여기저기서 남은 자료들을 긁어모아 겨우 만들었다. 그리고 당시 집권세력北人과 西人의 이해가 가미돼 정확한 역사고증에 의문점을 남기는 대목도 있다.

이렇듯 백성은 순자의 말대로 '군주민수'의 이중성을 가지고 있었다. 잘 다루면 순응하지만 잘 못 다루면 화약과 같이 터지는 속성을 가졌다.

백성의 정의와 관련하여 류성룡은 '민유방본民惟邦本'이라 했다. 즉 "백성이 나라의 근본이다." 또 그의 멘티 이순신 장군은 '이민위천以民爲天' 즉 "백성을 하늘처럼 받든다."는 애민 정신으로 일관했다.

얼레빗과 참빗

○

●

○

1594년부터 1596년까지 약 3년 동안 명나라와 일본과의 강화교섭으로 휴전 중이었다. 남해안의 30여 개의 왜성倭城에서는 왜장들이 다도회茶道會를 열어 차를 마시고 공놀이, 일본과 중국인의 볼거리 쇼 등을 하면서 유유자적 망중한의 세월을 보냈다.

명나라는 임진왜란 때 다 꺼져가는 풍전등화風前燈火의 조선을 다시 살려준 은혜를 내려준 천자天子의 나라, 즉 제후국諸侯國으로서 자만심을 가지고 있었다. 그 중화中華의 자만심은 주변국을 각각 동이東夷, 서융西戎, 남만南蠻, 북적北狄의 미개한 오랑캐 민족으로 구분했다. 명은 동쪽에 있는 번방藩邦인 조선을 구원해 준 은혜, 재조지은再造之恩을 강조했고 조정에서도 이에 절대 순응했다. 그러다보니 명나라 군사는 동쪽 오랑캐인 조선 백성을 한 수 아래, 아니 발톱의 때만큼도 여기지 않았다.

임진왜란 때 명은 '항왜원조 抗倭援朝' 즉 "왜에 대항해서 조선을 돕는다."
는 명분으로 압록강을 건넜다. 명나라 군사들은 조선 사람을 사람취급
하기는커녕, 노예만도 못하게 심하게 굴었다. 토색질을 일삼아 조선의 백
성들을 너무나 피폐하게 만들었다. 못된 점령군 행세를 했다는 이야기다.

역사적으로 당唐나라, 원元나라, 명明나라, 청淸나라 등 중국이 우리
에게 저지른 작태와 횡포를 개략적으로 보더라도 약소국의 비애를 실감
할 수 있다. 아니 그것은 천추干秋의 한恨이 되어 뼛속 깊이 각인되었다.
현재는 동북공정東北工程이란 미명 아래 고구려의 모든 유적과 기록들을
자신들의 역사로 만들고 있는 중이다. 그런데 우리 외교부는 당당하게
말 한마디 못하고 그저 바라만 보고 있다.

중국 사신이 류성룡柳成龍에게 "조선 백성들이 '왜놈은 얼레빗, 되놈은
참빗'이라고 한다던데 그게 사실이냐"고 물은 대화가 『징비록』에 나온다.
정작 침략군인 왜군보다 도와주려고 왔다는 명군이 우리 백성들에게 식
량약탈은 기본이고 무고한 인명살상, 부녀자 겁탈, 특유의 대국인 체하
는 거만함 등으로 비난의 화살을 받았다. 검은 꿍꿍이속과 두꺼운 얼굴
의 후흑厚黑, 인면수심人面獸心을 드러낸 것이다.

'되놈의 참빗'으로 말하자면, 빗살이 굵고 성긴 얼레빗에 비해 대나무
참빗은 무척 가늘고 촘촘하여 한번 빗으면 남는 게 없어 명군의 수탈이
심했다는 비유이다.

얼레빗과 참빗에 관해 조선 중기 문인이자 관리였던 어우당 於于堂 유몽
인柳夢寅, 1559~1623 의 『어우야담 於于野談』 중 빗에 대한 노래 「영소 詠梳」가 있다.

목소소료죽소소(木梳梳了竹梳梳)

난발초분슬자제(亂髮初分蝨自除)

안득대소천만장(安得大梳千萬丈)

일소검수슬무여(一梳黔首蝨無餘)

얼레빗으로 먼저 빗고, 다음에 참빗으로 빗어내니

얽힌 머리카락이 정리되면서 숨었던 이가 다 떨어지네

어찌 해야 천만 척 되는 큰 빗을 구하여

백성 머릿속에 숨어 있는 몹쓸 이를 모두 없앨까

　권력에 기생하여 위로 아부하고 아래로 군림하여, 백성의 고혈을 빠
는 간악한 관리를 슬관蝨官이라 한다. 예나 지금이나 탐욕 많고 부정을
일삼는 벼슬아치인 탐관오리가 가장 큰 공적公敵이다. 왜놈이나 되놈이
나 몹쓸 관리들의 행태를 꼬집은 해학시諧謔詩다.

　이 땅을 짓밟은 왜군과 명군들은 서로 백성들의 물건을 약탈하는 토
색질 경쟁을 벌였다. 평시에 아전衙前들에게 녹아나다가 전시가 되자 왜
군과 명나라 군대에게 싹쓸이를 당하는 일이 비일비재했다.

　"왜놈은 얼레빗이요, 되놈은 참빗이라."

　당시 굶주리고 빼앗겨 콩가루가 다 된 백성들은 왜군이 지나간 곳에
는 그래도 먹을 것이 조금이나 남았지만, 명나라 군대가 주둔했던 곳에
는 초토화가 됐다. 아녀자 겁탈은 다반사였고, 금, 은비녀 탈취에 식량,
이불, 옷가지, 세숫대야, 사발, 숟가락, 젓가락 등 온갖 생필품을 다 빼

앗겼다.

　명군이 조선군을 학대하고 무지막지하게 대하기 시작한 것은 1593년 4월 8일 왜와 용산 강화회담을 시작하고 나서부터다. 그 후 명군은 조선군이 왜를 공격하기만 하면 장군이든 졸병이든 잡아가 온갖 패악질을 일삼았다. 조선군은 명의 허락을 받지 않고는 왜적을 맘대로 공격할 수 없었다. 때리는 시어미보다 말리는 시누이가 더 미운 상황이 발생한 것이다.

　1594년 3월 7일 명나라 선유도사 담종인譚宗仁이 보낸 「금토패문禁討牌文」에 대해서 이순신 장군은 항의서한인 답서를 보냈다. 답서의 내용 가운데 왜군의 약탈 부분이 기술되어 있다.

"원래 왜놈들이란 그 속임수가 천변만화하여 헤아리기 어렵기 때문에 예로부터 신의를 지켰다는 말을 들은 적이 없습니다. 흉악하고 교활한 적도들이 아직도 그 패악한 행동을 그치지 아니하고 바닷가에 진을 치고 있으면서 해가 지나도 물러가지 않고 여러 곳을 멧돼지처럼 쳐들어와서 사람을 죽이고 재물을 약탈하기를 전일보다 곱절이나 더한데 무기를 거두어 바다를 건너 돌아가려는 생각이 어디에 있다는 것입니까."

　왜군은 국보급 국가문서와 서적, 불상, 도자기 등 문화재 약탈에 열을 올렸다. 그리고 도자기 제조 도공과 활자를 다루는 인쇄기술자를 집중적으로 잡아갔다. 이것은 도요토미 히데요시豊臣秀吉의 특명이기도 했다. 조선 도자기를 유독 좋아했던 히데요시는 "조선 남녀노소의 모든 씨를 말려도 좋지만 도공과 활자기술자만은 살려서 데려오라."는 엄명을 내렸다.

왜군은 남해안 일대에 성을 쌓고 웅거하면서 조선인 부역자 등을 동원해서 농사를 짓거나 물고기를 잡아서 먹었다. 그러나 명군은 조선 조정이 대주는 식량이 부족하다는 이유로 백성들의 목구멍에 풀칠할 땟거리마저 빼앗아 갔다. 그야말로 벼룩의 간을 빼먹는 격이었다. 따라서 백성들에게 직접적인 피해를 더 많이 준 쪽은 왜군보다는 명군이었다. 오히려 왜군은 점령지에서 민사民事 활동 중의 하나로 쌀과 잡곡을 나눠주어 백성의 환심을 사기도 했다.

명나라 사신使臣의 횡포가 심해진 것은 임란 때 원병援兵을 보낸 이후부터였다. 명나라가 전쟁터로 바뀌는 것을 꺼려해 원병을 보내 놓고서도 조선을 위기에서 구했다는 '재조지은再造之恩'을 강조하면서 내정간섭은 물론, 사신들은 온갖 뇌물을 요구했다.

1602년 명의 황태자 책봉 사실을 반포하려고 조선에 왔던 명나라 사신 고천준顧天峻과 최정건崔挺健의 탐욕과 횡포는 이루 말할 수가 없었다. 문신 윤국형尹國馨은 『갑진만록甲辰漫錄』에서 "고천준의 탐욕이 비길 데가 없어 음식과 공장供帳의 작은 물건들까지 모두 내다 팔아 은銀으로 바꾸었다."면서 "말하면 입이 더러워진다言之汚口."고 비판했다.

『선조실록』에서도 "의주에서 서울에 이르는 수천 리에 은과 인삼이 한 줌도 남지 않았고, 조선 전체가 전쟁을 치르는 것 같았다. 서방西方, 평안도와 황해도의 민력民力이 다해져 나라의 근본이 뿌리 뽑혀 근근이 지내왔다."고 기록했다.

1593년 4월 20일 왜는 한양에서 철수해서 남쪽으로 내려갔고 명군이 한양에 도착했다. 그날 밤 명군 야불수夜不收, 정찰병 두 명이 와서 권율權慄, 1537~1599을 붙잡아갔다. 전라순찰사 겸 감사였던 권율은 파주에 주둔하고 있었다. 두 달 전 행주산성에서 왜군의 공격을 막아내 행주대첩을 이뤘는데 명의 허가를 받지 않고 왜와 전투를 벌였다는 이유였다. 권율은 제독 이여송李如松, 1549~1598 앞으로 끌려갔다. 이여송은 힐문하고 따져 물었다. 참으로 기가 막히는 일이 벌어진 것이다.

다음 날 순변사 이빈李頻과 방어사 고언백高彦伯이 류성룡에게 급보를 전했다. 명군이 한강변에 벌려 서서 순변사 이빈의 중위中衛 선봉장 변양준을 쇠사슬로 목을 붙들어 매어 땅바닥에 끌고 다녀 입에서 피를 토하게 했다는 것이다. 이빈도 구속하여 강변에 붙들어 놓고 고언백도 명군 총병 사대수查大受가 불러 화를 내고 트집을 잡으며 구속했다는 것이다. 심지어 류성룡의 군관 사평司評, 정6품 이충도 왜병을 총격해 사살했다고 해서 사대수에게 얻어맞아 중상을 입었다고 했다.

15~16세기 중반 명나라는 조선인 출신 환관宦官을 사신으로 보냈는데 선조는 천자天子, 명 황제가 보낸 이들에게 먼저 절을 하고 맞이했다. 그리고 정승급 조정 신료들은 사신 일행의 시중을 드는 접반사接伴使 역할을 도맡았다. 특히 조선 출신 환관 사신들은 은을 좋아해 한 번에 수만 냥씩 거둬가 조정의 재정을 휘청거리게 만들었다.

1597년 정유재란 때 명나라 총병관 진린陳璘, 1543~1607은 사로병진작전四路竝進作戰에 따라 수로군水路軍 대장으로 1598년 7월 16일 전남 완도의 고금도에 도착하여 이순신李舜臣의 수군과 합류했다. 진린의 임무는 통제사 이순신과 함께 서로군西路軍 대장 유정劉綎 제독과 도원수 권율權慄의 육군과 연합하여 순천왜성에 웅거하고 있던 고니시 유키나가小西行長를 사로잡는 것이었다. 포학한 성품의 진린을 두고 류성룡柳成龍은 『징비록』에서 다음과 같이 소회를 밝혔다.

"상(上, 선조)이 청파(靑坡)까지 나와서 진린을 전송하였다. 진린의 군사가 수령을 때리고 욕하기를 함부로 하고 노끈으로 찰방 이상규(李尙規)의 목을 매어 끌어서 얼굴에 피투성이가 된 것을 보고 역관(譯官)을 시켜 말렸으나 듣지 않았다. 나는 같이 앉아 있던 재상들에게 '안타깝게도 이순신의 군사가 장차 패하겠구나. 진린과 함께 군중(軍中)에 있으면 행동에 견제를 당할 것이고 또 의견이 서로 맞지 않아 반드시 장수의 권한을 빼앗고 군사들을 학대할 것이다. 이것을 제지하면 더욱 화를 낼 것이고 그대로 두면 한정이 없을 것이다. 이순신의 군사가 어찌 패전을 면할 수 있겠는가.' 하니 여러 사람들이 동의하고 탄식할 뿐이었다."

진린이 고금도에 내려온 지 3일 만에 벌어진 절이도해전에서 그의 본색이 나왔다. 이순신이 처음 겪은 진린에 대한 장계가 『선조실록』 1598년 8월 13일자에 기록되어 있다.

"지난번 해전에서 아군이 총포를 일제히 발사하여 적선을 처부수자 적의 시체가 바다에 가득했는데 급한 나머지 끌어다 수급을 다 베지 못하고 70여 급만 베었습니다. 명나라 군대는 멀리서 적선을 바라보고는 원양(遠洋)으로 피해 들어가 하나도 포획하지 못했습니다. 그러다가 우리 군사들이 참획한 수급(首級)을 보고 진(陳) 도독(都督)이 뱃전에 서서 발을 동동 구르면서 그 관하(管下)를 꾸짖어 물리쳤습니다. 게다가 신 등에게 공갈 협박을 가하여 못하는 짓이 없었습니다. 신이 마지못해 40여 급을 나눠 보냈습니다. 계유격(季遊擊)도 가정(家丁)을 보내어 수급을 구하기에 신이 5급을 보냈는데 모두들 작첩(作帖)하여 사례하였습니다."

고금도에 진을 치고 있던 조명연합군 중 이순신의 수군은 덕동에, 진린의 수군은 묘당도에 자리 잡고 있었다. 그런데 명군이 우리 수군에게 행패를 부리고 백성들에게는 약탈을 일삼았다. 도저히 참을 수 없었던 이순신은 진린에게 "우리 작은 나라 군사와 백성들은 명나라 장수가 온다는 말을 듣고 부모를 기다리듯 했는데, 오히려 귀국의 군사들은 행패와 약탈을 일삼고 있으니 백성들은 도저히 견딜 수 없어 모두 피난가려 한다. 그래서 나도 같이 여기를 떠나려고 한다."고 하자 진린은 깜짝 놀라 이순신을 만류했다. 이순신은 여세를 몰아 "귀국의 군사들이 나를 속국의 장수라 하여 조금도 거리낌이 없다. 그러니 내게 그들을 처벌할 수 있는 권한을 허락해 준다면 서로 보존할 도리가 있지 않겠느냐."라고 하여 진린의 승낙을 얻어냈다.

이순신의 주고 받기식 거래로 진린을 설득하는 외교술이 돋보이는 대목이다.

의병(義兵)의 봉기

○
●
○

6월 호국보훈의 달 첫째 날인 1일은 의병의 날이다. '홍의장군' 곽재우 郭再祐, 1552~1617 가 1592년 4월 22일 경남 의령에서 의병을 모집, 파죽지세로 밀려오는 왜군을 맞아 정암진에서 적을 교란시킨 쾌거를 기념하기 위해 양력으로 환산한 날이다.

1592년 4월 13일 고니시 유키나가 小西行長 등 왜군 다이묘 大名 가 이끄는 왜군 선봉대 1만8천7백 명이 700여 척의 병선에 나누어 타고 쓰시마 섬 오우라 大浦 항을 출항하여 부산포로 쳐들어왔다. 부산진첨사 정발 鄭撥 은 적과 싸우다 전사했고, 부산성은 함락되었다. 다음 날 왜군이 동래성을 공격하자 동래부사 송상현 宋象賢 은 군민과 더불어 항전하다 전사했다. 그후 4월 18일 가토 기요마사 加藤淸正 의 제2번대가 부산에, 구로다 나가마사 黑田長政 의 제3번대가 다대포를 거쳐 김해에 상륙했다. 개전 초기 4~5월에 걸쳐 제4~9번대에 이르는 후속부대가 속속 상륙하여 조선 땅에 상륙한 왜군의 총 병력은 약 20만여 명에 달했다. 여기에는 와키자카 야스하루脇坂安治 등 왜 수군 병력 약 9천 명이 포함된다.

부산진과 동래성을 함락시킨 왜군은 세 갈래로 나뉘어 한성을 향해 북진했다. 상륙한 지 20일 만인 5월 3일 한성을 무혈점령하고, 군대를 재편하여 고니시는 평안도, 가토는 함경도, 구로다는 황해도로 진격하였다. 6월 14일 고니시의 평양성 함락과 가토의 함경도 점령 등 왜군이 부산에 상륙한 후 2개월 만에 조선 강토는 거의 유린됐다.

태풍 앞의 촛불 신세가 된 절체절명의 위기였다. 파천播遷 길에 오른 선조는 평양5월 7일~6월 11일에서 북쪽으로 향해 6월 22일 압록강 변 의주에 도착했다. 당대 명장이라던 신립申砬. 1546~1592과 참모장 김여물金汝岉 장군은 4월 28일 충주 탄금대전투에서 고니시 군에게 궤멸된 뒤 강물로 뛰어들었다. 이보다 며칠 앞서 이일李鎰. 1538~1601은 상주전투에서 대패하고 평민 복장을 한 채 어디론가 달아나 버렸다.

조선 강토가 시체로 산을 이루고 핏물이 바다를 이루는 시산혈해屍山血海의 현장이 됐을 때, 어디선가 난데없이 커다란 함성이 들리기 시작했다. 의병義兵이었다. 낫과 도끼, 쇠스랑, 죽창을 든 의병이 들고일어난 것이다.

왜군이 조선을 침략한 후 가장 놀란 것은 첫째, 왕이 한성을 버리고 피난갔다는 사실과 둘째, 전혀 예상치 못했던 하얀 옷을 입은 농부들의병이 떼를 지어 괴롭힌 것이었다. 왜군의 북상 속도가 빨랐던 만큼, 병참 보급선이 길어질 수밖에 없었다. 그래서 주요 지점에 겨우 소규모의 왜군을 배치하는 일점일로一點一路의 형세를 띠었는데 의병들은 그 기다란 보급선을 쑤시고 찌르고 치고 빠지는 게릴라전으로 대응했다.

누란累卵의 위기를 맞아 나라를 지키겠다고 일어난 의병들은 '필히 죽고자 하면 살 것'이라는 사즉생死則生의 사생관으로 똘똘 뭉쳐 있었다.

"그 오합지졸烏合之卒 같은 의병들이 골칫거리야."

언제 어디서 나타날지 모르는 의병들 때문에 일본군 수뇌부는 골머리를 앓았다. 개전 초기 이순신李舜臣과 의병義兵이라는 두 돌발 변수를 만나 고전을 면치 못한다는 소식을 들은 도요토미 히데요시豊臣秀吉도 놀라기는 마찬가지였다.

류성룡柳成龍의『징비록』은 의병에 대해 다음과 같이 전한다.

"각 도에서 수많은 의병이 일어나 왜적을 물리치기 시작했다. 경상도에서는 곽재우(郭再祐), 정인홍(鄭仁弘), 김면(金沔) 등이, 전라도에서는 김천일(金千鎰)과 고경명(高敬命), 최경회(崔慶會)가 일어났다. 충청도에서는 승병 영규(靈圭), 조헌(趙憲) 등이 일어섰다. 함경도에서는 정문부(鄭文孚)가 가토 기요마사(加藤淸正)의 군대를 기습했다."

조선의 억불숭유抑佛崇儒 정책으로 천민대우를 받던 승려 영규靈圭와 서산대사西山大師, 사명당四溟堂 같은 승병 지휘부도 앞장서 호국불교護國佛敎의 전통을 세웠다. 특히 과거시험을 통해 문무관 등용에서 소외당하고 푸대접 받던 함경도에서 북평사 정문부鄭文孚, 1565~1624가 의병을 일으켜 두 왕자임화군, 순화군를 가토 기요마사加藤淸正에게 넘겨준 국경인鞠景仁과 국세필鞠世弼을 처단했다.

정문부 의병 6천여 명은 가토의 2만2천 명과 맞붙어 대승을 했고 이를 북관대첩北關大捷이라고 한다. 그래서 〈북관대첩비〉를 세웠는데 1905년 러일전쟁 때 북진하던 일본군이 함북 길주에서 〈북관대첩비〉를 발견하고 일본으로 가져가 군국주의軍國主義의 상징인 도쿄 야스쿠니 신사 구석에 방치했다. 우연히 발견된 〈북관대첩비〉는 우리 정부와 민간단체의 꾸준한 반환 요구로 2006년 북한 땅 원래의 자리로 되돌려 주었다. 현재 경복궁 뜰에 있는 〈북관대첩비〉는 모조품이다.

1592년 9월부터 이듬해 정월까지 겨울 전투 5개월의 결과를 보자. 의병군은 7전 7승에, 왜병 1천135명을 베고, 말 133필, 군기 20, 갑주 50, 일본도 100, 총통 26, 총탄 646, 투구 8, 약통 15상자를 노획하고 함경도 천리 땅을 수복했다. 조총으로 무장한 왜군 천여 명을 칼로 벤다는 것은 맨손으로 호랑이를 잡는 것과 같은 격이었다.

정문부 의병에게 손실을 크게 입은 가토 기요마사加藤淸正는 휘하 군사들을 모아 밤을 타고 철령鐵嶺을 넘어 남쪽으로 이동, 영동까지 후퇴했다.

북관 의병군의 7대첩으로는 경성전투 1592.9.16., 길주-장평전투 1592.10.30., 여진 오랑캐토벌 1592.12.15, 쌍포전투 1592.12.20., 길주 남문전투 1593.1.19, 단천전투 1593.1.23., 백탑교전투 1593.1.28. 등이다.

퇴계 이황李滉과 남명 조식曺植은 모두 현실정치를 비판했지만, 성리학性理學에 대한 견해는 달랐다. 이황은 주자학朱子學을 받아들이고 그 이론에 천착했다. 그러나 조식은 성리학 외에도 노장사상老莊思想, 무위자연을 도덕으로 삼고 허무를 우주의 근본으로 생각함을 포용하고 그 실천에 주안점을 두었다. 즉 이황이 '이론의 대가'였다면 조식은 '실천의 달인'이었다. 이와 같은 철학적 차이로 인해서 같은 동인東人이라도 퇴계 이황의 제자들은 남인南人이 되었고 남명 조식과 화담 서경덕徐敬德의 제자들은 북인北人이 되었다.

남명 조식은 "성인의 뜻은 이미 앞서 간 학자들이 다 밝혀 놓았다. 그러니 지금 학자들은 모르는 것을 걱정할 것이 아니라, 알고 있는 것을 실천하지 못하는 것을 부끄럽게 여겨야 할 것이다."라고 말했다. 경敬과 의義를 중시한 남명은 지행합일知行合一을 강조했다. 그런 이유로 조식의 제자들은 의병 활동에도 적극적이었다.

조식의 제자 가운데 임진왜란 때 괄목할만한 활약을 한 의병장으로는 '홍의장군紅衣將軍' 곽재우郭再祐, 1552~1617와 정인홍鄭仁弘, 1535~1623이 있었다. 백척간두百尺竿頭의 위기상황에서 붉은 옷의 곽재우는 4월 22일 경상도 의령에서 제일 먼저 의병을 일으켰다. 그는 영남에서 호남으로 들어가는 길목인 정암진鼎巖津, 의령과 함안 사이 남강 나루을 지키는 데 성공했다. 또 10월 진주성전투 때 외곽에서 치고 빠지는 게릴라 전술로 왜군을 교란시켰다.

정인홍鄭仁弘은 합천에서 58세의 나이에 직접 의병을 일으켰다. 의병장 정인홍 휘하에는 수천 명의 군사가 몰려들었다. 관군은 이미 몰락했고 여타 군소 의병장들과 다르게 그 위세가 당당했다. 정인홍은 낙동강 수로를 막고 일본군의 병참보급 물자의 왕래를 차단 또는 교란했다. 정인홍과 곽재우의 활약으로 경상우도는 비교적 피해가 적었다. 그리고 바다에서 이순신李舜臣이 왜군의 남해 및 서해진출을 막았기 때문에 전라도가 온전할 수 있었다.

그 후 곽재우는 관군의 잇단 시비是非에 염증을 느꼈고 김덕령金德齡,

^{1567~1596}이 무고하게 죽음을 당하자 지리산으로 들어가 익힌 곡식을 끊고 솔잎만 먹는 벽곡찬송辟穀餐松을 하면서 세상을 피했다. 그러나 지조와 의리를 강조한 '근본주의자' 정인홍은 현실정치에서도 자신의 주장을 강력하게 펼쳤다.

임진왜란이 끝난 뒤 1606년 선조와 인목대비 사이에서 영창대군이 태어났다. 선조는 뛸듯이 기뻤다. 그토록 바라던 적자嫡子가 생산되었기 때문이었다. 당시 조정은 영창대군을 지지하는 소북파小北派와 광해군을 지지하는 대북파大北派로 나뉘었는데, 정인홍은 선조의 뜻에 거역하면서까지 상소를 올려 광해군을 옹호했다. 광해군이 왕이 된 뒤 이이첨李爾瞻. 1560~1623과 같이 대북파의 거두가 되었다. 그러나 어느 한쪽에 쏠린 그 말년은 비참했다. 정인홍은 1623년 인조반정 직후 89세 고령으로 참형되었고 재산은 모두 몰수당했다. 또한 경상도 거창과 고령에서 활약한 의병장 김면金沔. 1541~1593은 만석꾼의 부호였지만 모든 식량과 재산을 의병 활동에 투입해 나중에 자신의 처자들은 문전걸식門前乞食을 했다고 전해진다.

5월 7일 이순신 수군이 옥포해전에서 승리했다는 장계가 피난 조정에 도착했다. 그날은 선조가 평양성에 도착한 날이었다. 6월 11일 선조는 고니시의 추격을 피해 평양성을 떠나 의주로 향하고 있었다. 이순신의 연전연승 장계가 속속 도착하자, 선조와 조정은 기쁨에 환호했다. 그러나 승전 분위기도 잠시, 선조는 파천길에 오른 처량한 신세였다.

전라도를 방어하기 위한 전투는 치열했다. 6월 27일 의병장 고경명高敬命. 1533~1592이 금산전투에서 전사했다. 7월 7일에는 웅치전투에서 조선관군과 의병이 전원 전사했다.

이즈음 세자 광해군의 분조 分朝, 임시조정가 생겨났다. 선조는 여차하면 명나라 요동으로 건너갈 셈이었으니 조선 땅에 남아 전쟁을 치를 광해군의 분조가 필요했다. 광해군은 분조를 이끌면서 평안도, 황해도, 함경도, 강원도 지역을 옮겨 다니면서 군대와 백성을 위무 慰撫하고 의병활동을 격려했다. 강원도 이천에 머물던 7월에 전라도 의병장 김천일 金千鎰, 1537~1593에게 항전 抗戰을 독려하는 격문 檄文을 보냈다.

전라도 나주에서 의병을 일으킨 김천일은 수백 명의 의병을 이끌고 강화로 들어가 조정과 호남 사이의 연락을 맡았다. 그는 진주성전투에서 전사했다. 광해군은 또 이조참의 이정암 李廷馣, 1541~1600에게 황해도 연안읍성을 사수하라는 명을 내렸고 여기서 의병 500여 명을 모집, 8월 27일부터 9월 2일까지 구로다 나가마사 黑田長政가 이끄는 왜군 5천 명의 공격을 막아냈다.

이런 광해군은 임진왜란 동안 분조를 맡아 근왕병 모집과 의병 활동을 도왔고 민심을 살피는 선정 善政을 펼쳐 인기가 높았다. 그런데 왕위에 오른 뒤 선조의 계비인 인목대비를 폐하고 동생인 영창대군을 죽이는 폐모살제 廢母殺弟의 패륜을 저질렀다. 유교국가에서 사람이 지켜야 할 도리인 삼강오상 三綱五常을 무너뜨린 강상죄 綱常罪를 지은 결과, 인조반정을 맞아 강화도에 유배됐다가 제주도에서 숨을 거뒀다.

호남 의병장 김덕령 金德齡, 1567~1596은 억울하게 죽었다. 20대 혈기방장한 김덕령은 김천일과 최경회의 의병군이 전멸한 뒤 담양에서 의병을 조직했다. 서인 西人인 우계 성혼 成渾의 문인이었던 김덕령은 1596년 선조 29 7

월 6일 충청도 홍주홍성에서 이몽학李夢鶴이 난을 일으키자 진압하러 가다가 난이 평정되었다는 소식을 듣고 되돌아갔다. 그 일로 반란수괴反亂首魁 이몽학과 내통했다는 무고로 끝내 죽어야 했다.

『선조수정실록』에 따르면, 류성룡柳成龍은 김덕령의 치죄를 신중히 따져가며 하도록 간했으나 윤근수尹根壽의 형이자 판중추부사 윤두수尹斗壽, 1533~1601는 엄벌을 주장했다. 수차례 형장 심문으로 마침내 정강이뼈가 모두 부러졌고 결국 장독杖毒을 견디지 못해 죽고 말았다. 향년 30세였다.

죽음을 직감한 김덕령은 「춘산곡春山曲」이라는 시조를 지어 자신의 답답하고 억울한 심정을 토해냈다.

> 춘산에 불이 나니 못다 핀 꽃 다 붙는다
> 저 뫼 저 불은 끌 물이나 있거니와
> 이 몸에 내 없는 불이 나니 끌 물 없어 하노라

김덕령의 억울한 죽음으로 의병에 나서면 집안이 망한다는 인식이 퍼졌고 1597년 정유재란 때에는 의병의 씨를 찾아볼 수 없었다.

'찬밥' 의병(義兵)

○
●
○

임진왜란 직후 선조는 공공연히 "조선의 군사들이나 의병義兵들이 세운 공은 거의 없다. 모두가 상국上國인 명나라가 구원해 준 덕분에 조선이 살아남았다. 재조지은 再造之恩. 위태로운 나라를 살려줌을 잊어선 안 된다."라고 언명했다.

이 어찌 말도 안 되는 어불성설語不成說이란 말인가. 분명 남해바다에서 이순신李舜臣 장군과 그 수하 장졸들의 눈부신 활약이 있었고, 비록 오합지졸이었지만 악전고투 惡戰苦鬪했던 조선 관군, 광해군의 근왕병 모집 및 각지 의병들의 궐기로 왜란은 어느 정도 극복되었다. 하지만 선조는 이를 무시한 채 오로지 명나라만을 섬기는 존명사대 尊明事大 정신이 뼛속까지 각인돼 있었다.

1601년 선조 34 3월 10일 선조는 "이제 왜적도 물러갔고 명군도 철수했으니 여러 공신들을 심사해서 올리라."는 비망기를 내렸다. 이에 비변사가 임진왜란 때의 호종 신하와 역전 장수들의 녹훈 이야기를 꺼냈다. 그러자 선조는 다음과 같이 말했다.

"이순신과 원균, 그리고 권율 등은 다소간의 전공을 세웠다. 이 장수들의 공이 그저 약간 나은 편差强表表 이다. 허나 왜란에서 적을 평정한 것은 오로지 명군의 힘이었다. 조선의 장사將士 는 명 군대의 뒤를 따르거나 혹은 요행히 잔적殘賊 의 머리를 얻었을 뿐이다. 자기 힘으로는 적병 한 명도 베지 못했고, 적진을 단 한 곳도 함락시키지 못했다."

아비규환阿鼻叫喚 의 7년 전쟁이 끝난 뒤 1604년 논공행상論功行賞 이 있었다. 이 논공행상에서 선조는 자신을 의주까지 호종한 내관들까지 무더기로 공신으로 녹훈하면서 정작 전장에서 목숨을 내놓고 싸운 의병장들을 외면하였다.

『조선왕조실록』 1604년 6월 25일자 기사다.

"대대적으로 공신을 봉하니 명칭은 호성공신(扈聖功臣), 선무공신(宣武功臣), 청난공신(淸難功臣)이다. 한양에서 의주까지 어가(御駕)를 따르며 호종한 사람들은 호성공신(扈聖功臣)이라 칭하고 3등급으로 나누고, 왜적을 친 제장(諸將)과 군사와 양곡을 주청(奏請)한 사신(使臣)들은 선무공신(宣武功臣)으로 분류해 3등급으로 나누고, 이몽학(李夢鶴)의 난을 토벌하여 평정한 사람은 청난공신(淸難功臣)으로 해서 3등급으로 나누어 차등 있게 명칭을 내렸다."

그 공신의 수가 총 108명이었다. 선조의 어가御駕 를 호종했던 대신들은 86명이나 공신에 올랐지만 목숨을 건 전투에서 피를 흘렸던 장수들이 공신이 된 것은 겨우 18명으로 전체의 16%에 불과했다. 그나마 의병은 한 명도 없었다.

선무공신은 왜군정벌에 공을 세운 장수들과 명나라 군대에 군량 공급을 담당한 사신들을 대상으로 했는데, 호성공신, 청난공신과 마찬가지로 그 공에 따라 1등과 2등, 3등으로 나누어 녹훈했다. 그리고 1등에게는 효충장의적의협력선무공신效忠仗義迪毅協力宣武功臣, 2등에게는 효충장의협력선무공신效忠仗義協力宣武功臣, 3등에게는 효충장의선무공신效忠仗義宣武功臣이라는 봉호가 주어졌고, 모두 군君으로 봉해졌다.

이 선무공신 18인 가운데 1등에는 임진왜란에서 조선 수군을 이끈 이순신李舜臣을 비롯해 권율權慄, 원균元均 등 3인의 장수가 선정되었다. 이들은 관작과 품계가 3단계 올랐으며, 상으로 병졸 10명, 노비 13명, 마부 7명, 전지 1백50결, 은자 10냥, 말 1필을 받았다. 2등에는 신점申點, 권응수權應銖, 김시민金時敏, 이정암李廷馣, 이억기李億祺 등 5인이 선정되었다. 이들은 관작과 품계가 2단계 올랐으며, 상으로 병졸 6명, 노비 9명, 마부 4명, 전지 80결, 은자 7냥, 말 1필을 받았다. 3등에는 정기원鄭期遠, 권협權悏, 유사원柳思瑗, 고언백高彦伯, 이광악李光岳, 조경趙儆, 권준權俊, 이순신李純信, 기효근奇孝謹, 이운룡李雲龍 등 10인이 선정되었다. 이들은 관작과 품계가 1단계 올랐으며, 상으로 병졸 4명, 노비 7명, 마부 2명, 전지 60결, 은자 5냥, 말 1필을 받았다.

그러나 공신의 선정을 둘러싸고 조정안에서 당파 간의 대립이 벌어지면서 당시에도 선무공신의 선정이 지나치게 축소되었을 뿐 아니라 실제의 전공과도 무관하게 이루어졌다는 비판이 제기되었다. 초기에는 곽재우郭再祐, 우치적禹致績, 배흥립裵興立, 박진朴晉, 김응서金應瑞, 정기룡鄭起龍, 한명련韓明璉, 안위安衛, 이수일李守一, 김태허金太虛, 김응함金應緘, 이시언李時言 등도 왜군정벌에 큰 공을 세운 것으로 인정되었으나, 논의과정에서 이들은 녹훈 대상에서 제외되었다. 이처럼 선무공신의 선정을 둘러싸고 논란이 계속되자 조정은 1605년 4월 16일 선무공신 책봉에서 빠진 9천60명을 선무공신과 마찬가지로 1등, 2등, 3등으로 구분해 선무원종공신宣武原從功臣으로 봉했다.

호성공신扈聖功臣은 무려 86명이다. 전쟁이 일어났고 7년 동안 크고 작은 전투가 벌어졌다면 의당 무관의 수가 더 많아야 하지 않았을까. 1등급은 이항복李恒福, 정곤수鄭崑壽 등 2명이고 2등급은 류성룡柳成龍, 이원익李元翼, 윤두수尹斗壽 등 31명, 3등급은 정탁鄭琢, 허준許浚 및 내시 24명 등 53명이다. 여기서 내시 24명이 포함되어 있다는 사실이다.

선조는 자신의 곁에서 밤낮 수발드는 내시들을 끔찍이 챙긴 것이다. 선조는 또 임금의 말馬을 관리하는 이마理馬 6명, 의관 2명, 그리고 왕명을 전달하고 잔심부름을 도맡아 하는 별좌別坐. 5품와 사알司謁. 6품 2명을 넣었다. 의관醫官 중에는 훗날 『동의보감東醫寶鑑』을 편찬한 허준許浚을 호성공신 3등으로 지명했다.

한 사관은 "호종한 신하들은 많이 참여시키고 싸움에 임한 장사들은 소략하게 하였으니 공에 보답하는 방도를 잃었다고 할만하다."고 평했다.

다음은 1604년 10월 29일 공식적으로 내린 '호성공신 별교서' 내용이다.

"임진왜란 때 고통을 부모(명나라)에 호소하는 것은 정리상 당연하다. 평소 명을 지성으로 사대(事大)해 왔는데, 명에 지원을 요청한 사신과 충정한 말고삐를 잡은 이들의 공로는 다를 바 없다. 중국 황제가 '조선의 강산을 다시 만들어준 은혜(再造之恩)'는 유례없는 것이었다."

선조는 애초에 선무공신 없이 호성공신의 끄트머리에 붙이려 했다. 그때 이항복이 "그렇게 하면 몇몇 무장들의 불만이 필시 있을 것입니다." 하니 선조는 마지못해 선무공신을 따로 만들었다.

1603년 4월 28일 기록을 보면 의병장 곽재우는 1차로 확정된 최초의 공신후보 26명 명단에 포함되어 있었다. 그런데 1년 2개월 뒤인 1604년 6월 25일 확정 발표된 최종 공신 명단에는 곽재우郭再祐 장군의 이름이 빠졌다. '홍의장군' 곽재우를 비롯하여 정인홍鄭仁弘, 김면金沔, 신갑辛碑, 이일李軼, 이주李柱, 김덕령金德齡, 조헌趙憲, 우성전禹性傳, 서산대사西山大師, 최경장崔慶長과 최경회崔慶會 형제 등 많은 의병장이 녹훈에서 제외되었다.

이들 의병장들은 태풍 앞에 촛불 같았던 나라를 살리기 위하여 일어났던 의인義人들이었다. 곽재우는 4월 13일 임진왜란이 일어난 지 채 열흘도 안 된 22일 경남 의령에서 거병했다. 그는 신출귀몰한 유격전으로 파죽지세의 왜적을 괴롭혔다. 곽재우는 붉은 비단 천릭天翼을 입고 전장을 누비며 '홍의장군'이라는 별명을 얻었다. 그의 가장 큰 공은 영남에서 호남으로 들어가는 길목인 정암진의령과 함안 사이를 흐르는 남강 나루에서 안코쿠지 에케이安國寺惠瓊가 이끄는 왜적 2천 명을 격파했다. 이 전투는 육지에서 왜군과 싸워 이긴 최초의 승전보였다. 이 승리로 왜군의 호남 진출을 막

앉으며 경상우도를 지키는 데 결정적인 역할을 했다. 곽재우는 현풍, 창녕, 영산 등지에서 잇달아 승리했고 10월에는 전란 초기 가장 규모가 컸던 제1차 진주성전투에 참전했다. 그는 성곽 바깥에서 위장 매복전술로 김시민의 승전에 기여했다.

임진왜란 초기인 『선조실록』 1592년 6월 28일자 기사에 따르면 선조가 파견한 초유사 김성일金誠一은 "남부지방의 왜적들은 곽재우가 있다는 소문을 들으면 '홍의장군이 나타났다.'면서 부들부들 떨었다."고 보고했다.

다음은 『선조실록』 1603년 2월 12일자 기사다.

"의병들은 비록 크게 공을 세우지는 못했지만…. 그 중에는 먼저 의병을 일으켜 한쪽 방면을 보전한 자는 '불가불' 논상해야 합니다. 경상우도가 보전된 것은 실로 곽재우의 힘에 말미암은 것인데, 이 사람은 어떻게 해야 합니까."

최종 결정권자인 선조는 의병을 백안시白眼視했다. 공신의 호는커녕 자칫 의병들이 민란을 일으켜 그 창끝을 왕궁으로 돌리지나 않을까 의심까지 했다. 그 단적인 예가 의병장 김덕령金德齡이 이몽학李夢鶴의 난에 연루된 것으로 오해받아 참혹한 옥사獄事 끝에 죽은 사건이었다. 그의 참모 최담령도 고초 끝에 겨우 살아남아 재야에서 폐인 행세를 하며 숨어 지내야 했다.

정유재란이 끝난 뒤 1600년 의병장 곽재우는 "당파싸움이 풍신수길豊臣秀吉보다 더 무서운 것이다."라는 상소를 올렸다가 전남 영암으로 3년 동안 유배당했다. 그리고 김덕령의 죽음을 본 그는 이후 낙향하여 지리산으로 들어가 생식으로 연명하며 숨어 지내는 은자가 되었다.

왜란 초기에 전국 팔도에서 의병이 일어났지만 조정과 관군으로부터 괄시를 받아온 의병들은 1597년 정유재란이 일어났을 때는 찾아볼 수 없었다. "의병하면 집안 삼대가 망한다."는 말이 온 나라에 퍼졌다.

논공행상이 공정하지 못하면 군신君臣 간의 신뢰가 떨어지고 신료 간에 암투가 싹트는 법이다. 나중에 가서는 큰 분란紛亂을 초래하는데 인조반정 직후 이괄李适의 난이 그 대표적이다.

무릇 논공행상論功行賞이 무엇이던가.

계공이행상(計功而行賞) / 정능이수사(程能而授事)

공을 따져 상을 주고 / 능력을 가늠해 일을 주어야 한다

『한비자韓非子』의 팔설八說에 나오는데, 공을 따져 상을 준다는 말에서 '논공행상'이 유래됐다. 또 관자管子도 칠법七法에서 비슷한 말을 했다.

논공계로(論功計勞) / 미상실법률야(未嘗失法律也)

공을 논하고 수고를 계산하는데 / 일찍이 한 번도 법률을 벗어난 적이 없다

이처럼 의병은 푸대접을 받은 반면 왕실의 내시는 톡톡한 대접을 받았다. 소위 권력에의 접근권接近權, access을 가진 자는 예나 지금이나 권력

의 화신이 될 가능성이 크다. 중국 후한 말 영제 때 환관宦官인 십상시十常侍의 문고리 권력이 그랬고 오늘날도 권력 정점의 위세를 빌미로 호가호위狐假虎威하는 고위급 비서진을 쉽게 찾아볼 수 있다.

왜란 초기 1592년 5월 6일 『선조실록』이다.

"임금이 아침에 봉산(鳳山)을 떠나 동선령(東仙嶺)을 넘어 오후에 황주(황해도)에 닿았다. 임금이 지시하였다. '아침에 큰 재를 넘었더니 기력이 매우 피곤하여 여기서 묵고자 한다. 행차를 따르는 다른 사람들에 대해서는 대간이 건의한 대로 차후에 처리하되 그 중에서 삼사(三司)의 높은 관리들부터 먼저 품계를 올려주도록 하라. 그리고 내시 김기문, 오윤형, 김양보도 품계를 올려주고 견마군 이춘국 등은 서반직(武官)에 임명하도록 하라.'"

도성을 떠나 파천길에 오른 선조는 임진강을 건너 황해도 땅에 닿자마자 어가御駕를 호종扈從하느라 고생한 사람들에 대해 품계를 올려주라는 지시다. 측근인 내시들에게 배려 또한 놓치지 않았다. 임금이 탄 말을 모는 이춘국 등에게는 무관직을 제수했다.

당장 임금의 눈앞에서 엉덩이춤을 살랑거리며 보필하는 내시의 공이 있는 만큼, 저 멀리서 나라의 보급품 하나 없이 대나무 죽창을 깎아서 왜적과 싸웠던 의병들의 충의忠義를 조금이라도 헤아렸어야 했다.

이순신, 권율과 어깨를 나란히 해 선무공신 1등급에 오른 원균도 처음에는 선무공신 1등이 아니라 2등이었다. 공신도감功臣都鑑 도제조, 즉 공신선정위원회의 위원장 격이던 이항복李恒福이 선무공신을 정할 때에 원균을 김시민, 이억기 등과 함께 2등으로 올렸는데 선조가 이순신, 권율과 같은 1등으로 바꿨던 것이다. 그때 선조는 이렇게 말했다.

"나는 일찍부터 원균을 지혜와 용맹을 겸비한 사람으로 여겼으며, 이제 원균을 오히려 2등으로 낮춰 책정했으니 어찌 원통한 일이 아니겠는가. 원균은 지하에서도 눈을 감지 못할 것이다."

선조가 원균을 1등으로 올려준 것은 1597년 2월 이순신을 삼도수군통제사에서 파직하고 원균을 그 자리에 앉혀 그해 7월 칠천량전투에서 참패해 조선 수군을 전멸시킨 자신의 궁극적 책임을 회피하려는 계산이 아니었을까. 선조로서는 원균을 높임으로써 자신의 실책을 감출 수 있고 이순신이 전공으로 인기가 치솟는 것을 어느 정도 진정시킬 수 있었던 것이다.

선조가 호성공신 86명, 선무공신 18명, 청난공신 5명을 책록한 뒤 공신들과 그 적정자들을 위한 공신회맹제功臣會盟祭를 열었다. 공신회맹제는 공신들이 국왕 앞에 모여 충성을 맹세하던 의식이었다. 그러나 일각에서는 신분이 천한 내시와 마부, 의관, 심부름꾼까지 호성공신에 등재된 것을 문제 삼았다.

선조는 이 자리에서 다음과 같이 말했다.

"과인을 처음부터 끝까지 호종한 자들은 다 공이 있는 사람들이다. 어찌 귀천을 논하겠는가. 당연히 공신의 자격이 있다. 반면 조선의 장사(將士)들이 왜적을 막는 것은 양(羊)을 몰아다가 호랑이와 싸우는 것과 같았다. 이순신과 원균의 해상전이 가장 으뜸 된 전공이고 그 이외에는 권율의 행주싸움과 권응수의 영천 수복이 조금 사람들의 뜻에 차며 그 나머지는 듣지 못하였다. 잘했다는 자들도 겨우 한 성을 지킨 것에 불과할 뿐이다."

민족사학자이자 독립운동가인 박은식朴殷植, 1859~1925은 "의병은 우리 민족의 국수國粹요 국성國性이다."라며 "나라는 멸할 수 있어도 의병은 멸할 수 없다."고 역설했다. 즉 우리 민족은 그런 의병 덕택에 대청對淸, 대일對日 투쟁 과정에서도 정복당하거나 굴복하여 동화되는 일이 없었다는 것이다. 그런 의병이 내시보다 못한 소모품이 되고 말았다.

이순신과 의승수군(義僧水軍)

○
●
○

1592년 임진왜란이 일어났을 때 이조참의였던 이정암李廷馣, 1541~1600 은 선조가 평안도로 피난하자 뒤늦게 호종扈從했으나 이미 체직되어 소임이 없었다. 아우인 개성유수 이정형李廷馨 과 함께 개성을 수비하려 했으나 임진강의 방어선이 무너져 실패하고 황해도로 들어가 초토사招討使 가 되어 의병을 모집해 연안성延安城 을 지켰다. 그때 왜장 구로다 나가마사黑田長政 가 6천여 명의 장졸을 이끌고 침입하자, 주야 4일간에 걸친 치열한 싸움 끝에 승리해 그 공으로 황해도관찰사 겸 순찰사가 되었다.

그런데 이정암이 1593년 전라도관찰사 겸 순찰사로 부임해 오자 삼도 수군통제사 이순신李舜臣 과 불편한 관계가 되었다.

1593년 윤11월 17일 이순신이 올린 장계狀啓 다.

"전라도 연해안의 각 고을이라고 해봐야 좌도에 다섯 고을, 우도에 열네 개 고을이 있을 뿐인데, 관찰사 이정암이 군대편성을 개정하면서 좌도에는 광양, 순천, 낙안, 흥양, 보성을 우도에는 장흥, 강진, 해남, 영암, 진도 등 각각 다섯 고을만 수군에 소속시키고 나머지 고을은 전부 육군 장수들에게 전속시켰습니다. 그리고 좌도와 우도의 다섯 고을의 군량을 각처에서 징발해 가고 있습니다. 지금 좌도와 우도에서 만들고 있는 전선이 모두 150척이고 탐색선과 협선이 150척입니다. 여기에 필요한 격군(格軍. 노 젓는 군사)의 수만 해도 무려 2만9천여 명이나 되는데 그 숫자를 채울 길이 없어 걱정하고 있습니다."

또 1594년 1월 16일자 장계에서는 "순찰사 이정암에게 엄히 분부를 내리시어 수군의 위엄을 장하게 할 수 있게 해 주시고 연해안 각 고을의 군사들과 백성들이 수군과 육군으로부터 교대로 징발당하는 괴로움을 면할 수 있도록 해 주시기 바랍니다."라고 했다. 어려운 상황에서도 수군을 지키면서 백성들 군역의 어려움을 덜어주려는 애민(愛民)의 뜻을 읽을 수 있는 대목이다.

이순신 진영은 항상 군사의 수가 모자랐다. 그래서 이와 같은 장계가 올라갔을 것이다. 당시 전라도의 육상의병으로 송대립(宋大立), 정회, 최대성, 황원복, 전방삭 등이 활동하고 있었다. 무과에 급제하여 훈련이 잘 된 군관 출신들이 다수를 차지했고 고흥지역에서 전투를 전개한 육상의병들은 이순신의 군사 활동을 돕는 일에 앞장섰다. 이들은 고흥반도로 진입하려는 왜군을 차례로 소탕했다.

이순신 장군이 완도의 고금도로 진영을 옮긴 1598년 3월 4일에는 보성 예당으로 침입한 왜군이 향토 의병에 의해 완전 섬멸됐다. 이어 의병은 4월 8일 고흥 망저포 첨산전투에서 왜군을 진압하였다. 특히 6월 6일 고흥과 보성, 낙안으로 이어지는 세 차례 전투에서 모두 적을 격멸하였다. 7월 12일 왜군 총사령관 우키다 히데이에宇喜多秀家가 재침하자 죽전벌에서 치열한 결전을 벌였다. 이들은 육로로 들어오는 적들을 고흥과 보성 의병연합작전으로 후미에서 차단했다.

이순신의 병참 작전은 크게 육상의병의 후원과 지역민의 기여로 이루어진 것이었다. 군사의 식량을 공급하던 득량도得糧島를 관할하던 녹도만호 송여종宋汝宗은 이순신의 깊은 신임을 받고 있는 인물로 7월 18일 절이도해전을 승리로 이끈 인물이다.

이순신 장군은 1594년 9월 29일 의병장 곽재우郭再祐, 김덕령金德齡과 합세하여 장문포 앞바다에서 수륙 양동작전을 펼쳤다. 이것은 8월 17일 이순신과 도원수 권율權慄의 비밀회동 결과에 따른 것이다. 이순신은 항상 수륙합동작전을 주장해 왔다. 즉 왜군이 진을 치고 나오지 않을 경우 육군이 배후에서 치고 바다에서 수군이 몰아붙이는 압박작전이 상당한 효과를 거두리라는 생각에서였다.

권율은 의병장 곽재우, 김덕령, 별장別將, 종2품 한명련韓明璉, 주몽룡朱夢龍 등에게 이순신과 합동작전을 도모하라고 명하였다. 9월 27일 이순신이 거북선과 50척의 병선을 이끌고 적도赤島, 거제시 둔덕면 앞바다에서 곽재우, 김덕령, 한명련, 주몽룡 등을 만나 그들이 원하는 곳으로 갈라서 보냈다.

1594년 9월 29일, 맑음.

"배를 출발하여 장문포 앞바다로 돌진해 들어가니 적의 무리는 험준한 곳에서 자리 잡고서 나오지 않았다. 누각을 높이 세우고 양쪽 봉우리에 보루를 쌓아놓고는 조금도 나와서 항전하려 하지 않았다. 선봉의 적선 2척을 무찔렀더니 육지로 내려가 도망쳤다. 빈 배만 쳐부수고 불태웠다. 칠천량에서 밤을 지새웠다."

1594년 10월 4일, 맑음.

"곽재우, 김덕령 등과 약속한 뒤 군사 수백 명을 뽑아 육지에 내려 산으로 오르게 하고, 선봉은 먼저 장문포로 보내어 들락날락하면서 싸움을 걸게 하였다. 늦게 중군을 거느리고 진격하였다. 바다와 육지에서 서로 호응하니 적의 무리들은 갈팡질팡하여 기세를 잃고 이리저리 급히 달아났다. 그러나 육병(陸兵)은 왜적 한 놈이 칼을 휘두르는 것을 보고 곧바로 배로 내려갔다. 해질 무렵 칠천량에 돌아와 진을 쳤다. 선전관 이계명(李繼命)이 표신(標信, 임금의 신임표)과 선유교서(宣諭敎書, 임금의 명령서)를 갖고 왔는데 임금이 담비의 털가죽을 하사했다."

장군은 장문포해전에서 적선 2척을 분멸(焚滅) 시켰지만 조선 수군 판옥선 1척과 사후선(伺候船, 정탐선) 3척을 잃었다. 이순신은 수륙양륙작전이 생각대로 잘 되지 않아 절치부심(切齒腐心)했다.

왜군은 장문포 입구에 수중목책과 조총 진지를 설치해 놓고 나와 싸우려 하지 않았다. 그래서 장문포 및 송진포 왜성에서 농성 저항만 하므로 별 성과 없이 뱃머리를 돌려야 했다. 장군은 수륙합동작전에 대해서 기대만큼 성과가 나오지 않자 회의를 느꼈다. 싸울 의사가 없어 움직이지 않는 상대와의 싸움은 자칫 헛힘만 쓴 채 무위로 돌아갈 공산이 컸기 때문이었다. 이 수륙연합작전의 실패(?)로 조정에서 탄핵이 논의되었다. 『선조실록』 1594년 11월 21일자 기록이다.

"어제 경상감사의 서장을 보니 거제의 싸움에서 군사를 상실하고 모욕을 당한 것은 앞서 전교한 바와 같다. 내가 직접 들은 일이 하나하나 다 맞도다. 그처럼 패배했는데도 통제사(이순신), 도원수(권율), 체찰사(윤두수)는 서로 숨기어 알리지 않고 도리어 장황한 말만 멋대로 늘어놓았으니 군상(君上)을 안중에 두는 것인지, 조정을 안중에 두는 것인지, 대간을 안중에 두는 것인지, 매우 가슴 아프다. 그러니 무겁게 다스려서 신하로서 속이는 버릇을 바로잡지 않을 수 없다."

선조는 진노(震怒)했고 장군의 체면은 말이 아니었다. 임진왜란 초 연전연승의 기록이 무색해졌다. 여수 이순신 진영에서는 군사가 부족했으므로 의승군(義僧軍)이 동원돼 파수와 노역을 담당했다.

1592년 3월 2일, 흐리고 바람.
"국기일(國忌日. 중종 장경왕후 윤씨의 제삿날)이라 공무를 보지 않았다. 승군(僧軍) 100명이 돌을 주웠다."

1592년 3월 4일, 맑음.
"아침에 조이립을 전송하고 객사 대청에 나가 공무를 마친 뒤 서문 밖 해자(垓

우) 구덩이와 성벽 더 쌓는 데를 순시하였다. 승군들의 돌 줍는 것이 성실치 못하므로 우두머리를 잡아다 곤장을 때렸다."

충무공은 임진왜란이 일어나자 그해 8월과 9월에 각 고을에 통문을 보냈다. 스님들도 전투에 나서라는 것이었다. 이 소식을 듣고 영호남 지역에서 스님들이 모여들었는데 한 달 만에 400여 명이 모였다. 이로써 장군은 역사상 처음으로 의승수군義僧水軍을 조직했다. 의승수군은 자원병이며 군량도 자체 조달했다. 전투임무는 장군에게 하달 받았지만 승군들의 지휘는 승장僧將이 함으로써 자체 내에 엄격한 체계와 질서가 존재했다.

다음은 1593년 1월 26일 의승병을 분송하여 요충지를 지키는 일을 아뢰는 장계이다.

"순천에 사는 삼혜(三慧)를 표호별도장(豹虎別都將, 표범과 호랑이같이 돌격하는 승군의 최고지휘자), 흥양의 의능(義能)을 유격별도장, 광양의 성휘(性暉)를 우돌격장, 광주의 신해(信海)를 좌돌격장, 곡성의 지원(智元)을 양병용격장으로 임명했다. 또 구례에 사는 진사 방처인, 광양의 한량 강희열, 순천의 보인 성응지 등이 분개하여 탄식하면서 의기를 분발하여 시골 사람들을 규합하고 각각 의병을 일으켰다. 방처인을 도탄으로, 강희열과 중 성휘 등을 두치로, 중 신혜를 석주로, 중 지원을 운봉 팔양치로 보냈다. 모두 요충지를 파수케 하여 관군과 힘을 합쳐 사변에 대비하도록 전령했다. 성응지에게는 순천성을 수비하는 책임을 맡겼다. 중 삼혜를 순천에 진치고 있게 했다. 의능은 본영에 머물며 방비하고 있다가 적세의 경중을 보아서 육전이 중대하면 곧 육전에 임하고 수전이 중대하면 곧 수전에 임하도록 약속했다."

이들은 섬진강을 거슬러 올라가면서 도탄, 광양 두치, 석주, 순천성 등 영호남 경계에 있는 주요 방어 지역에 배치됐다. 왜군들이 지상으로 호남을 침범할 것에 대비한 조치였다.

판옥선에 승선한 의승수군의 활약은 대단했다. "일본 선박은 이들 유격대에 의해 번번이 불에 타 부서졌다."는 일본 측의 기록에서도 확인할 수 있다. 일부는 살생을 피하기 위해서 거북선의 격군으로서 힘을 썼다.

1593년 2월 22일, 바람.

"새벽에 구름이 검더니 동풍이 크게 불었다. 적을 토벌하는 일이 급하므로 출항하여 사화랑에 가서 바람이 자기를 기다렸다. 바람이 그친 듯하기에 길을 재촉하여 웅천에 이르러 두 승장(僧將)인 삼혜와 의능, 의병 성응지를 제포로 보내어 장차 육지에 오르려는 것같이 하고 우도의 여러 장수들의 배들은 부실한 것을 골라 동쪽으로 보내어 역시 육지에 오르려 하는 것같이 하였다. 왜적들이 분주히 우왕좌왕할 때 전선을 모아 곧바로 뚫고 들어가니 적들은 세력이 나뉘고 힘이 약해져서 거의 다 섬멸되었다."

장군은 평소 승군들과의 교류 및 신뢰를 중요시했다.

1594년 1월 14일, 흐리고 바람.

"늦게 동헌에 나가 계문을 작성하고 승장 의능(義能)의 면천(免賤, 천민 면제)하는 공문도 함께 봉하여 올렸다."

1594년 3월 10일 이순신 장군은 장계를 올렸다.

"수군으로 자진하여 입대한 의병장 성응지와 의승장수 의능 등이 군병을 모집하여 각각 300여 명을 거느리고 나라의 수치를 씻으려 하니 참으로 가상한 일입니다. 바다에 진지를 치고 2년 동안 자기들 손으로 군량을 준비하여 이곳저곳 나누어 공급하며 간신히 양식을 이어대는 그 고생스러움은 관군보다 곱절이나 더합니다. 일찍이 적을 토벌하였을 적에도 현저한 공로가 많았으니 성응지와 의능 등은 조정에서 특별히 표창하여 뒷사람을 격려해야 하겠습니다."

장군이 백의종군 길에 올라 권율 진영으로 가던 중인 1597년 5월 7일 정혜사의 덕수德修 스님이 와서 장군에게 짚신 한 켤레를 바쳤다. 먼 길을 가는 데 필요할 것이란 생각에서였다. 그 다음 날에는 승장 수인守人이 밥 지을 승려 두우斗宇를 데리고 왔다. 백의종군 길에 장군의 식사를 걱정해서였다.

장군과 스님들과의 인연은 그의 전사 이후에도 계속되었다. 여수 마래산 중턱 장군의 영정影幀이 모셔진 충민사에는 옥형玉泂 스님의 일화가 전해지고 있다.

옥형 스님은 장군이 지휘하는 배에 타고 함께 전투에 참여했다. 장군이 순국한 후에 충민사 사당 옆에 조그만 암자오늘날 석천사를 짓고 아침, 저녁으로 제사를 지냈다고 한다. 또 자운 스님은 장군이 전사한 직후 쌀 수백 석을 갖고 와서 남해 노량 관음포 앞바다에서 엄청난 규모의 수륙 재를 지냈다고 전해지고 있다.

사명대사의 문집인 『사명대사집』에는 이순신 장군에게 보낸 「이순신 수군통제사께 올리는 글 奉李水使」이란 시가 한 수 남아있다.

> 남해를 지키는 절도사 대장군
> 오랑캐처럼 거친 물결, 미친 위세 잠재우고 바다를 지키시네
> 구월 구일 중양절이 생신날인데
> 달 밝은 밤 왜적을 지키는 호가 소리 병영을 울리네

여수 흥국사는 임진왜란과 정유재란을 겪으면서 중요한 역할을 수행한 호국 護國 도량이다. 호국 승군으로 서산대사와 사명대사가 있었다면 호국 의승수군으로 자운과 옥형대사가 있었다. 그들은 이순신을 도와 흥국사를 중심으로 승수군을 조직하여 훈련하고 이순신의 해전에 참여하여 많은 공을 세웠다.

여수 흥국사는 의승수군의 본영으로 승군 300여 명이 항상 대기하고 있었다. 승군들은 흥국사 앞 활터에서 3개월씩 칼, 창, 철퇴훈련을 한 뒤 각 임지로 나갔다. 현재 의승수군 유물전시관에는 당시 의승군이 사용하던 칼, 활, 철퇴, 찢어진 승복 등이 전시되어 있어 그들의 격렬한 훈련과 전투장면을 엿볼 수 있다.

특히 1593년에 제작된 장군의 친필 현판인 〈공북루 拱北樓〉가 보존되어

있다. 이 현판은 가로 264cm, 세로 97cm의 거대한 편액이다. 공북拱北 이란 임금이 계신 북쪽을 의미하며 흥국사에 의승수군이 있었으므로 북쪽문에 공북루를 설치하고 이순신 장군이 직접 힘찬 글씨체로 편액을 남긴 것으로 보인다.

「흥국사사적기」에는 의승수군 300여 명의 이름이 기록되어 있으며 그들은 전쟁이 끝난 후에도 전쟁공신으로 300년 동안 흥국사를 중심으로 남해바다를 지키는 수군의 역할을 수행하다가 한일합방으로 강제 해산되었다.

봄철이면 붉게 타오르는 진달래 꽃밭이 장관인 영취산 아래 흥국사는 이순신 장군의 체취와 의승수군들의 뜨거운 넋을 확인해 볼 수 있는 호국성지護國聖地로 참배객의 발길이 끊이지 않고 있다.

4

금토패문(禁討牌文)

○
●
○

장군의 일생은 '모진 학대와 수모'의 연속이었다. 모난 돌이 정 맞는 것일까. 대의大義에 충실하려는 원리원칙을 지키다 보니 허술한 소인배들과는 매사 부딪힐 수밖에 없었다. 지금도 그렇지만 세상은 지고지순한 선을 실현하기에는 사람들의 자질과 역량이 절대 부족했다. 대의를 따르다가 굶어죽느니 차라리 졸장부 소리를 듣더라도 자신의 한 몸 보신하려는 소인배들로 세상은 차고도 넘쳤다. 대관절 대의가 무엇이길래 장군은 그렇게 대의를 지키려고 애썼을까.

7년 전쟁이 가져다준 주변의 환경은 사납고 척박했다. 그러다보니 굴곡진 변곡점變曲點이 수도 없이 많았다. 그럴 때 어느 한 번쯤은 꺾어서아니 피해서 도망이라도 칠만한데, 장군은 그렇지 않았다.

명나라 황제의 특사인 선유도사宣諭都司 담종인譚宗仁은 "왜군을 절대 토벌하지 말고 조선군을 모두 해체해 고향으로 돌려보내라."는 「금토패문禁討牌文」을 장군 앞으로 보내왔다. 왜적이 남해안 곳곳에 성을 쌓고 진을 치고 있는 마당에 이 무슨 뚱딴지같은 소리란 말인가. 하늘이 놀라고 땅이 갈라지는 경천동지驚天動地의 위급한 사안이 아닐 수 없었다.

1594년 3월 6일, 맑음.

"새벽에 망대에서, 적선 40여 척이 거제 땅으로 건너온다고 전하였다. 당항포 왜선 21척을 모조리 불태운 일에 대한 긴급 보고가 들어왔다. 늦게 고성 땅에서 배를 출발하였다. 순풍에 돛을 달고 거제로 향하는데 역풍이 불어 닥쳤다. 간신히 흉도에 도착하였더니 남해현령(기효근)이 급히 보고를 보내왔다. 곧이어 명나라 군사 두 명과 왜놈 여덟 명이 명나라 담종인이 보낸 패문(牌文)을 가지고 들어왔다. 적을 치지 말라는 내용이었다. 나는 심기가 매우 괴로워져서 앉고 눕기조차 불편하였다. 저녁에 우수사(이억기)와 함께 명나라 병사를 만나보고 전송했다."

1594년 3월 7일, 맑음.

"몸이 매우 괴로워 뒤척이는 것조차 어려웠다. 패문에 대한 답서를 아래 사람을 시켜 만들도록 하였더니 글꼴이 말이 아니었다. 원 수사(원균)에게 손의갑을 시켜 지어 보내도록 하였으나 역시 매우 마음에 들지 않았다. 나는 할 수 없이 병을 무릅쓰고 일어나 글을 짓고 군관 정사립(鄭思立)에게 써서 보내게 하였다. 미시(오후 2시쯤)에 배를 출발하여 이경(밤10시쯤)에 한산도 진중에 이르렀다."

장군은 분하기도 하고 허탈하기도 해서 마음이 몹시 괴로웠다. 적을 눈앞에 두고서 적을 치지 못하게 하는 명령이 명나라의 뜻이었기에 더욱 분통이 터질 지경이었다. 그런데다 이즈음 몸마저 성치 않았다. 유행하던 전염병으로 12일 동안 위중한 상태였다強病十二日.

조카 이분李芬이 쓴 『충무공행록』 기록이다.

"공은 열병에 걸려 몹시 중태였음에도 불구하고, 오히려 하루도 눕지 않고 그대로 공무를 보았다. 자식들이 쉴 것을 권유했으나 오히려 '적과 대치하여 승패의 결단이 호흡 사이에 있는데 장수된 자가 죽지 않았으면 누울 수 없다.' 하고 12일 동안 앓았다."

「금토패문」과 관련, 장군은 통분함을 감추지 못하고 1594년 3월 6일 도사都指揮使司 담종인에게 「답담도사종인금토패문答譚都司宗仁禁討牌文」이란 답서를 보냈다.

"조선의 삼도수군통제사 이순신은 삼가 황제의 선유도사 앞에 답서를 올립니다. 왜적이 스스로 실마리를 일으켜 군사를 이끌고 바다를 건너 와 죄 없는 우리 백성들을 죽이고 또 한양으로 쳐들어가 흉악한 짓들을 저지른 것이 말할 수 없이 많으며, 온 나라 신하와 백성들의 통분함이 뼛속에 맺혀 이들 왜적과는 같은 하늘 아래서 살지 않기로 맹세하고 있습니다. 각 도의 배들을 정비하여 곳곳에 주둔하고 동서에서 호응하는 때에, 육지에 있는 장수들과도 의논하여 수륙으로 합동 공격해서 남아 있는 왜적들을 한 척의 배도 못 돌아가게

함으로써 나라의 원수를 갚고자 하여 이달 초사흗날 선봉선 2백여 척을 거느리고 바로 거제로 들어가 그들의 소굴을 무찔러 씨를 없애고자 하였던 바, 왜선 서른여 척이 고성과 진해 쪽으로 들어와서 여염집들을 불태우고 우리 백성들을 죽이며 또 사로잡아 가고 기와를 나르며 대나무를 찍어 저희 배에 가득 실어갑니다. 그 모습을 생각한다면 통분하기 그지없습니다. 적들의 배를 쳐부수고 놈들의 뒤를 좇아 도원수에게 보고하여 군사를 거느리고 합세하여 나서려는 이때, 도사 대인(大人)의 타이르는 말씀이 간절하고 촉진하기 그지없습니다. 그런데 다만 패문의 말씀 가운데 '일본 장수들이 마음을 돌려 귀화하지 않는 자가 없고 모두 병기를 거두어 저희 나라로 돌아가려고 하니, 너희는 모든 병선들은 속히 각각 제 고장으로 돌아가고 일본 진영에 가까이 하여 트집을 일으키지 말도록 하라.'고 하였는데, 왜인들이 거제, 웅천, 김해, 동래 등지에 진을 치고 있는 바, 거기가 모두 우리 땅이거늘 우리더러 일본 진영에 가까이 가지 말라 하심은 무슨 말씀이며, 또 우리더러 '속히 제 고장으로 돌아가라.'고 하니, 제 고장이란 또한 어디 있는 것인지 알 길이 없고 또 트집을 일으킨 자는 우리가 아닙니다. 왜라는 것은 일본 사람인데, 간사스럽기 짝이 없어 예로부터 신의를 지켰다는 말을 들은 적이 없습니다. 흉악하고 교활한 적들이 아직도 포악한 짓을 그만두지 아니하고, 여러 곳으로 쳐들어와 살인하고 약탈하기를 전일보다 갑절이나 더하니, 병기를 거두어 바다를 건너 돌아가려는 뜻이 과연 어디 있다 하겠습니까. 이제 강화한다는 것은 실로 속임과 거짓밖에는 아닙니다. 그러나 대인의 뜻을 감히 어기기 어려워 잠깐 얼마쯤 두고 보려 하며, 또 그대로 우리 임금께 아뢰려 하오니, 대인은 이 뜻을 널리 타이르시어 놈들에게 하늘을 거스르는 도리와 하늘을 따르는 도리가 무엇인지를 알게 하시면 천만다행일 것입니다. 삼가 죽음을 무릅쓰고 답합니다.

삼도수군통제사 겸 전라좌도 수군절도사 이순신(李舜臣),
경상우도 수군절도사 원균(元均), 전라우도 수군절도사 이억기(李億祺) 삼가 올림."

왜와 강화협상을 벌이던 명나라는 나라 재정이 충분치 않아 더 이상 전비戰備 부담을 하기 어려운 형편이었다. 그리고 왜의 요구대로 평양 이남의 땅은 아니더라도 한강 이남의 하삼도충청. 경상. 전라도는 떼어주고라도 전쟁을 끝내고 싶어 했다. 그래도 조선의 북쪽이라는 완충지대는 있기 때문에 일본과 직접 부딪힐 일은 없다고 판단했다.

그런데 바다의 이순신이 강화협상에 '걸림돌'이었다. 그래서 「금토패문」이란 청천벽력 같은 문서가 나오게 된 것이다. 명군의 총사령관인 경략經略 송응창宋應昌은 제독 이여송李如松이 평양에서 승리하고 개성까지 내려갔을 때 황제의 기패旗牌를 보내 더는 왜와 싸우지 못하게 했다. 거기에는 왜에 대한 두려움도 한몫했다. 특유의 거만한 자세로 왜군을 얕보던 명군은 왜군과 15차례 전투에서 2차 평양성전투를 빼고는 모두 패배했다. 그런데 바다에서의 싸움은 달랐다. 연전연승하는 이순신 수군을 붙들어 매지 못하면 강화협상에 걸림돌이 될 것은 불을 보듯 뻔했다.

1593년 2월 도원수 권율權慄이 행주산성에서 대첩을 이루자 경략 송응창은 권율에게 패문을 보내 왜와 싸워 이긴 것을 질책했다. 또 그해 6월 2차 진주성전투에서 조선군이 참패하고 성내 살아있는 모든 백성들이 도륙당했지만, 사신 심유경沈惟敬을 왜군 진영으로 보내 오히려 왜군의 만행을 두둔하는 발언을 하게 했을 정도다. 전란 중에 피아彼我가 구분되지 않는 이상한 일들이 연달아 발생했다.

『선조실록』 1594년 3월 7일 기사에 접대도감接待都監. 명나라 장수들을 돕기 위한 관청에서 왜적에 인질(?)로 잡혀 있는 중국 장수 담종인譚宗仁의 상황을 보고했다.

"접대도감이 아뢰기를, '상공(相公) 담종인의 사촌 담풍시(譚馮時)가 적진으로부터 나와 어젯밤에 한양에 들어왔는데, 대략 물어보니 담종인의 교대를 재촉하는 일로 서쪽으로 간다고 하였습니다.' 하니, 상이 전교하기를, '도감으로 하여금 술자리를 마련하여 오래도록 적진 중에 있었던 괴로움을 위로하고 적진의 소식을 자세히 질문하여 아뢰도록 하라.'고 하였다. 접대도감 당상인 형조판서 신점(申點)과 호조참판 성영(成泳)이 아뢰기를, '신들이 담풍시를 접대도감으로 맞아들여 다주(茶酒)를 접대하고 조용히 담화하면서 먼저 담 유격(譚遊擊)의 침소와 식사가 편안한지를 물은 다음 무슨 일로 고 군문(顧 軍門)에게 가느냐?'고 물으니, 답하기를 '왜적이 바다를 건너갈 기약이 없으므로 총독(總督)에게 보고하여 자주 차인(差人)을 보내 왜적이 돌아갈 것을 재촉하라고 하기 위해서다.'고 하였습니다. 또 '현재 왜적이 얼마나 되며 군량 비축은 얼마나 되는지' 물으니, 대답하기를 '군병의 수는 곳곳에 진을 치고 웅거하여 있으니 제대로 확실하게 얼마인지는 알 수 없으나 대략 3~4만이며, 군량은 그들의 나라로부터 계속 운반하여 많이 쌓아 두었으며, 또한 집과 방을 극히 정결하게 꾸며놓고 이 나라의 사람들과 해물(海物)을 팔고 사서 편안히 앉아 잘 먹고 있다. 그들에게 별다른 번요와 해로운 일이 없으니, 어찌 돌아갈 리가 있겠는가. 또한 심유경(沈惟敬)은 왜인과 마음을 같이하여 모든 논의가 있을 때마다 현소(玄蘇)와 소서행장(小西行長)

및 부통사(符通事)라고 이름하는 사람과 비밀히 말하고 다른 사람은 알지 못하게 하는데, 그 말하는 것은 필시 이 나라의 3도(충청. 경상. 전라도)를 잘라 준다는 의논일 것이다. 우리 담야(譚爺. 담종인)는 이치에 의거하여 곧바로 배척하기를 너희들이 반드시 속히 바다를 건너간 다음에야 어떤 일이든 이룰 수 있을 것이라고 하였는데, 이 때문에 왜인들이 심유경에게는 후한 뇌물을 주고 담공(譚公)은 박대하였다. 심유경은 은냥과 보물을 많이 받아 왔고 담야는 구류한 채 내보내지 아니하여 그 고통이 막심하니, 이는 반드시 심유경이 이간질을 하여 그러할 것이다.' 하였습니다."

전장은 분명 조선 땅인데 협상 당사자는 명나라와 일본이었다. 조선은 그저 강 건너 불구경 하듯 멀찌감치 구경꾼 노릇을 해야 했다. 요즘 말로 조선 패싱이다. 양국 외교 담판자들은 말의 성찬盛饌을 베풀면서 조선 땅을 분할하려는 획책을 도모하고 있었음이 분명하다. 하지만 힘이 뒷받침되지 않는 외교전은 무망하고 허망할 따름이다. 군인은 좌고우면 하지 말고 초전박살하는 게 본연의 임무다.

장군은 그해 10월 1일에는 영등포해전, 10월 4일에는 장문포해전을 통해 잔적의 소탕에 나섰다. 선조의 주청에 의해 명의 원군이 들어왔고 강화회담의 주체도 명과 왜인 이상, 조선은 전장만 내준 채 발언권이 없는 철저한 제3자여야 했다. 전시작전권을 빼앗긴 채 명나라 지시에 따라야 하는 장군의 마음은 검다 못해 썩어 들어갔다.

진린(陳璘)의 개과천선

○

●

○

　1598년 8월 명나라 병부상서^{국방장관} 겸 총독군무 형개^{邢玠}는 조명연합
군을 결성하여 남해안에 웅거하는 왜군을 일거에 섬멸할 방책으로 사로
병진책^{四路竝進策}을 구상했다. 육군을 전라도 방면의 서로^{西路}, 경상우도 방
면의 중로^{中路}, 경상좌도 방면의 동로^{東路} 세 갈래로 나누고 여기에 수로
군을 편성하여 네 갈래로 총공격을 하는 작전이었다. 육군은 8월 18일
한양을 출발했고 진린^{陳璘}이 맡은 수군은 이보다 앞선 7월 16일 충청도에
서 서해로 남하하여 완도 옆 고금도^{묘당도}의 이순신 수군진영에 합류했다.
　동로군 총병관 마귀^{麻貴}는 한성에서 출발, 충주와 안동을 거쳐 경주
에서 조선군 선거이^{宣居怡} 장군과 합류하여 울산의 가토 기요마사^{加藤淸正}
를 친다^{제2차 울산성전투}. 중로군 제독 동일원^{董一元}은 한성에서 출발, 청주와
상주를 거쳐 사천의 시마즈 요시히로^{島津義弘}를 친다^{사천성전투}. 서로군 제독

진린(陳璘)의 개과천선

○

●

○

　1598년 8월 명나라 병부상서(국방장관) 겸 총독군무 형개(邢玠)는 조명연합
군을 결성하여 남해안에 웅거하는 왜군을 일거에 섬멸할 방책으로 사로
병진책(四路竝進策)을 구상했다. 육군을 전라도 방면의 서로(西路), 경상우도 방
면의 중로(中路), 경상좌도 방면의 동로(東路) 세 갈래로 나누고 여기에 수로
군을 편성하여 네 갈래로 총공격을 하는 작전이었다. 육군은 8월 18일
한양을 출발했고 진린(陳璘)이 맡은 수군은 이보다 앞선 7월 16일 충청도에
서 서해로 남하하여 완도 옆 고금도(묘당도)의 이순신 수군진영에 합류했다.
　동로군 총병관 마귀(麻貴)는 한성에서 출발, 충주와 안동을 거쳐 경주
에서 조선군 선거이(宣居怡) 장군과 합류하여 울산의 가토 기요마사(加藤淸正)
를 친다(제2차 울산성전투). 중로군 제독 동일원(董一元)은 한성에서 출발, 청주와
상주를 거쳐 사천의 시마즈 요시히로(島津義弘)를 친다(사천성전투). 서로군 제독

유정 劉綎은 한성에서 출발, 공주를 거쳐 전주에서 조선군의 권율 權慄과 합류하여 순천의 고니시 유키나가 小西行長를 친다 왜교성전투. 수로군 도독 진린 陳璘과 부총병 등자룡 鄧子龍은 충청도에서 출발, 전라도 남해안에서 이순신 李舜臣과 합류하여 배후에서 서로군을 지원하는 방안이었다.

그러나 동로군의 울산성전투는 승리 직전까지 갔으나 결국 패배했고, 사천성전투 역시 참패했다. 그리고 왜교성전투의 경우 서로군과 수로군의 손발이 맞지 않아 조명연합군은 3천여 명의 사상자가 발생하는 큰 피해를 입었다. 그리고 최종 결전인 11월 19일 노량해전에서 시마즈 군을 궤멸시켰으나 왜교성에 웅거하고 있던 고니시 유키나가는 탈출에 성공했고 조선 수군통제사인 이순신 장군은 노량 관음포해전에서 순절했다. 이로써 7년 전쟁은 어느 한쪽의 승자도 없이 끝이 났다.

명나라는 1596년 말, 명과 왜의 오랜 강화협상이 깨지고 1597년 2월 왜군이 재침 정유재란하자 바짝 긴장하지 않을 수 없었다. 게다가 1597년 12월 22일부터 이듬해 1월 4일까지 양호 楊鎬. ?~1629와 권율의 연합군은 울산성을 공격했는데 끝내 실패하고 말았다. 그런데 양호는 승리한 것처럼 명 황제에 보고했다가 들통이 나서 파면당한 뒤 1598년에 다시 조선에 나왔다.

위기의식을 느낀 명군은 사로병진책이란 최후의 일격을 가할 비책을 마련한 것이다. 지정학적으로 명나라는 조선이 없으면 당장 왜군의 공격을 받을 수밖에 없는 지경으로 순망치한 脣亡齒寒의 관계인 조선을 방어해야만 했다.

실제 조선의 군무 총책은 경리 양호로 그는 한양에 부임하자마자 경리아문^{經理衙門}을 설치하고 선조가 이양한 전시작전권을 행사했다. '천자 天子'의 나라인 명나라를 극진히 섬기는 선조는 양호는 물론 명군 장수들을 접견할 때마다 먼저 절을 하는 등 굴종의 자세를 취했다. 그러니 조선 군 수뇌부 앞에 선 명군의 기세는 등등했고 안하무인의 거만을 떨었다.

수군 도독 진린은 1598년 4월 요동에 도착했고 중순 한성에 들어왔다가 7월 16일 이순신의 진영이 있는 고금도에 도착하여 조선 수군과 합류했다. 그리고 진린의 임무는 등자룡, 이순신과 함께 순천왜성의 고니시 유키나가를 사로잡는 것이었다.

포악하고 사나운 성품의 진린에 대해 류성룡은 『징비록』에서 다음과 같이 전하고 있다.

"상(上)이 청파까지 나와서 진린을 전송하였다. 나는 진린의 군사가 수령을 때리고 욕하기를 함부로 하고 노끈으로 찰방 이상규의 목을 매어 끌어서 얼굴이 피투성이가 된 것을 보고 역관을 시켜 말렸으나 듣지 않았다. 나는 같이 있던 재상들에게 말하기를 '장차 이순신의 군사가 안타깝게도 패하겠구나. 진린과 진중에 함께 있으면 행동을 견제당할 것이고 의견이 맞지 않아 반드시 장수의 권한을 빼앗기고 군사들이 학대당할 것이다.' 하니 주위에 있던 사람들이 호응했다."

1598년 6월 26일 『선조실록』에도 진린에 대한 기록이 있다.

"상(上)이 동작강(東雀江) 언덕까지 행행하며 진린 도독을 전별하면서 두 번 읍(揖.

공경예의)하고 다례와 주례를 행하였다. 진린이 말하기를, '배신(陪臣, 제후국의 신하)들 중에 혹 명을 어기는 자가 있으면 일체 군법으로 다스려 절대로 용서하지 않을 것입니다.' 하니, 상이 신식(申湜)에게 이르기를 '이 말은 매우 중요한 일이니 비변사에 일러서 의논하여 조처하게 하라.'고 하였다. 상이 진린과 두 번 읍하고 물러 나와서 환궁하였다.

망해가는 나라를 다시 세워 주었다는 재조지은 再造之恩! 진린에게서 가히 점령군과 같은 거만스런 위세를 충분히 느낄 수 있다. 그러니 그 윗선인 형개와 양호에게 선조가 취한 굴종의 자세는 상상하기 어렵지 않다. 이런 진린이 원리원칙의 '깐깐한' 이순신 장군과 함께 진영에서 작전을 수립한다면 분명히 마찰이 벌어질 가능성이 농후했다. 그러나 이순신은 자신을 버리고 대의를 따르는 멸사봉공 滅私奉公의 낮은 자세를 취했다.

『이충무공전서』 권9의 기록이다.

"7월 16일 진린이 고금도에 도착한다는 소식을 접한 장군은 조선 수군의 함대를 이끌고 먼 바다까지 나가서 진린의 명 수군을 안내했다. 그리고 술과 안주를 성대히 마련하여 구원군에 대한 감사의 표시를 했다. 호의를 받은 진린은 '이순신이 과연 훌륭한 장수로다.'라며 감탄했다."

『선조수정실록』 1598년 8월의 기록이다.

"진린이 고금도에 내려온 지 3일 만인 7월 19일 절이도(折爾島, 거금도)해전이 벌어졌다. 18일 적 함대 100여 척이 금당도(고금도와 거금도 중간의 섬)로 침범해 온다는 급보에 접하고서 이순신 장군은 전 함대에 출동 태세를 갖추도록 한 다음 그날 밤에 길목인 금당도로 전진, 결진하여 그곳에서 철야했다. 그러나 이때 명나라 수군은 합세하지 않고 안전 해역에서 후행하면서 관전하는 자세를 취하였다. 7월 19일 새벽에 일본 함대가 절이도(거금도)와 녹도(소록도 근처) 사이로 뚫고서 금당도로 나올 때 이순신 함대는 이를 요격하여 적선 50여 척을 분멸시켰다."

이때 진린은 구경만 하고 있다가 전과戰果에 욕심이 나서 이순신에게 협박을 해서 할 수 없이 적의 목을 벤 것, 수급首級 40개를 진린에게 넘겨주었다. 당시 '천군天軍'이라는 대국의 원군援軍이 전투에 참가하지도 않고 소국의 전과를 탈취하는 것은 비일비재한 일이었다. 심지어 백성의 수급을 모아 전공으로 보고하기도 했다.

『이충무공전서』 권9의 기록이다.

"'대감(진린)은 명나라 대장으로 이곳에 와서 왜적들을 무찌르는 것입니다. 따라서 이곳의 모든 승첩은 바로 대감의 승첩인 것입니다. 하여 우리가 베어온 적의 머리를 대감에게 드리는 것이니 황제께 이 공을 아뢴다면 얼마나 좋아하시겠습니까.' 하니 도독이 크게 기뻐하며 이순신의 손을 잡고 '내가 본국에서부터 장군의 이름을 많이 들었더니 과연 허명(虛名)이 아니었소.' 하고 종일토록 취하며 즐거워했다."

이순신 장군은 수급首級은 주돼 진린과 합동해서 왜의 퇴로를 막을 심산이었다. 허나 명군은 적극적이지 않았다. 강 건너 불구경하는 자세로 남의 일보듯 했다.

이순신 군영은 고금도 덕동에, 진린은 묘당도에 진을 치고 있었다. 지금은 고금도와 묘당도 사이의 좁은 해협이 연륙連陸되어 걸어서 갈 수 있다. 그래서 고금도는 묘당도의 다른 이름이다.

명군이 주둔한 인근 조선 수군 및 백성들은 명군의 약탈과 행패에 분통을 터뜨렸지만 갑甲의 농간을 막을 재간이 없었다. 먹을 것을 빼앗는 것은 물론, 아녀자들이 겁탈당하고 은비녀, 은수저, 옷감 등 값나가는 것이라면 무엇이든 빼앗겼다. 민폐가 심해지자 장군은 마지막 카드를 꺼냈다.

역시 『이충무공전서』 기록이다.

"명나라 군사들이 자못 약탈을 일삼기 때문에 우리 군사와 백성들이 몹시 고통스러워한다. 참다못한 이순신은 부하 장졸들에게 모든 가옥을 한꺼번에 헐어버리라고 명령하고 자신의 옷과 이부자리도 배로 끌어내어 싣게 했다. 이상하게 생각한 진린이 부하를 시켜 그 연유를 물었다. 이순신이 답하기를 '우리 작은 나라 군사와 백성들은 명나라 장수가 온다는 말을 듣고 마치 부모를 기다리듯 하였는데 오히려 귀국의 군사들은 행패와 약탈을 일삼고 있으니 도저히 견딜 수 없어 피해서 달아나려고 하는 것이다. 그래서 나도 대장으로서 혼자 여기 남을 수 없어 같이 배를 타고 다른 곳으로 가려는 것이다.'고 했다. 부하의 보고를 받은 진린은 깜짝 놀라 달려와서 이순신의 손을 잡고 만류했다. 그러자 이순신 장군은 '대인이 내 말을 들어준다면 다시 생각해 보겠습니다.'라고 하니 도독이 '어찌 내가 안 들을 리가 있겠소'라고 했다. 이순신은 '귀국의 군사들이 나를 속국의 장수라 하여 조금도 거리낌이 없소. 그러니 만일 내게 그들을 처벌할 수 있는 권한을 허락해 준다면 서로 보존할 도리가 있겠소이다.' 하니 진린이 쾌히 승낙했다. 그 이후로부터 이순신은 명군의 처벌권을 가지게 됐고 범법자는 가차 없이 처벌하니 명나라 군사들은 이순신을 도독보다 더 무섭게 알게 돼 백성들이 편해졌다."

전공戰功을 두고 명나라 장수들 사이에 견제가 심하였다.
『선조실록』1598년 9월 10일자 기사이다.

"진 도독이 신을 불러 '육군은 유정 제독이 총괄하여 통제하고 수군은 내가 당연히 총괄하여 통제해야 하는데 지금 듣건대 유 제독이 주사(舟師. 수군)를 관장하려 한다 하니 사실인가?' 하기에 신은 모른다고 대답했습니다. 신이 주사를 정돈하여 바다로 내려가서 기회를 틈타 왜적을 섬멸하려 하여도 매번 도독에게 중지당하니 걱정스럽기 그지없습니다."

이렇듯 이순신 장군은 유정과 진린 사이에 끼어 운신의 폭이 아주 좁았다. 그런데다 순천왜성의 고니시 유키나가는 부하들을 시켜 금과 비단, 술과 고기, 장검 등 선물을 가져와서 진린에게 안기고 갔다. 그러면서 "이순신이 길을 가로막고 있어 철군이 불가능하다."는 말을 전했다.
진린 입장에서는 왜군의 선물도 듬뿍 받고 이순신이 바치는 적의 수급도 받아 꿩 먹고 알 먹는 재미를 보는 게 최상이었다. 전투는 어차피

지역 사정을 잘 아는 승전勝戰의 장수인 이순신에게 맡겨놓아도 된다는 심산이었다. 이순신은 명실상부한 연합작전의 수행을 위해서 진린의 마음을 살 필요가 있었다. 그래서 술을 좋아하는 진린을 위해 술자리를 자주 베풀었다.

1598년 9월 15일, 맑음.
"명나라 도독 진린과 함께 일시에 군대를 움직여 나로도(고흥군 봉래면)에서 잤다."

1598년 9월 16일, 맑음.
"나로도에 머물면서 도독과 함께 술을 마셨다."

1598년 9월 21일, 맑음.
"왜적들의 배에서 여러 가지 물건들을 빼앗아 와서 즉시 도독 진린에게 바쳤다."

진린의 마음이 점차 움직이기 시작했다. 장군의 우국충정에 감동을 한 것이다. 진린은 이순신을 부를 때도 존칭인 '이야李爺'라고 불렀다. '야爺'는 남자의 존칭으로 아버지라는 뜻이다. "이야李爺 같은 장수가 조선에 있는 게 아깝소. 명나라에 가서 장수를 해야 하는데…"라고 아쉬워했다.
『충무공행록』에 따르면, 진린은 이순신의 용병술과 인품에 반한 나머지 명나라 황제 신종神宗과 선조에게 이순신의 뛰어난 전공을 알렸다. 먼저 진린은 이순신의 공을 '경천위지지재經天緯地之才' 즉 천지를 주무르는 재주가 있고, '보천욕일지공 補天浴日之功' 즉 뚫어진 하늘을 깁고 해를 목욕시킬 정도의 커다란 공이 있다고 평했다. 즉 쓰러져가는 나라를 일으켜 세운 공이 감히 사람으로서 할 일을 넘어섰다는 뜻이다.

진린은 또 명 황제에게 편지를 올려 "뛰어난 전략가인 이순신을 전쟁이 끝난 뒤 명의 골칫거리인 여진족을 막는 요동의 도독으로 임명해 달라."고 주청했다. 이에 신종은 이순신에게 명나라 도독 都督의 직함을 내리고 '명조팔사품 明朝八謝品'을 하사했다.

장군에게는 이렇듯 '사람을 변화시키는 힘'이 있었다. 그것은 오로지 진실된 우국충정의 성심이 있었기 때문이었다. 여기서 팔사품은 도독인 都督印, 영패, 귀도, 곡나팔, 참도, 남소령기, 홍소령기, 독전기 등인데 모두 통영 충렬사에 진품이 보관되어 있다.

순왜(順1委)와 항왜(抗1委)

○
●
○

임진왜란, 정유재란 등 7년 전쟁이 지루하게 펼쳐짐으로써 피아^{彼我}를 확실하게 구분하지 못하는 상황이 발생했다. 세작^{細作}의 활동이 왕성해진 것이다. 세작은 간첩^{間諜}을 일컫는데 그 은밀한 탐망, 척후 활동으로 상대의 전력을 파악하여 아군에게 이롭게 하려는 정보원이다. 이기는 전투를 주도했던 이순신 장군의 경우도 전투를 하기 전에는 항상 탐망선^{探望船}을 띄우거나 탐망꾼을 적진으로 보내 적의 상황과 동태를 먼저 파악했다. 그럼으로써 전투준비에 만전을 기했고 선승구전^{先勝求戰}의 '이기는 전투'를 할 수 있었다.

정보 수집의 눈과 귀, 레이더가 되어 상대방의 전력을 파악하려는 정보전은 그때나 지금이나 가장 중요한 전쟁 승패의 핵심 요인이다. 『손자병법』에서 "상대방을 알고 나를 알면 백 번 싸워도 위태롭지 않다."는 '지피지기知彼知己 백전불태百戰不殆'의 정보 전략은 전쟁의 승패를 가르는 결정적인 요인이 된다.

간첩의 세작행위를 이해하기 위해서 다음 몇 가지 유형을 살펴볼 필요가 있다. 순왜順倭 는 왜군을 위하여 부역을 하는 행위자로 매국노를 가리킨다. 또 항왜抗倭 는 귀순하여 왜군과 싸운 일본인을 말하고, 항왜降倭 는 단순히 귀순한 왜군을 말한다. 이 와중에 이중간첩이 등장해 양쪽 진영을 번갈아 가면서 각각 필요한 정보를 제공하며 전황을 뒤흔들어 놓았다. 그 대표적인 자가 요시라要時羅. ?~1598이다. 일본명은 가케하시 시치다유梯七太夫.

임진왜란 당시 '이중간첩' 요시라는 고니시 유키나가小西行長 의 통사通詞 통역사인 동시에 부하였다. 요시라는 대마도 사람으로 평소에 부산을 왕래하면서 장사를 하였기 때문에 조선말과 사정에 능통했다.

당시 조선 정부는 요시라要時羅에 대한 경계를 늦추지 않으면서도 그에게 관직이나 은자銀子를 주면서까지 왜군의 정보 수집에 열심이었다. 요시라는 오히려 이를 역이용해 자신의 입지를 강화시켰다. 때때로 왜군의 상황을 흘리는 척 함으로써 조선 진영을 이간시키는 반간계反間計를 획책했다. 그 희생양은 삼도수군통제사 이순신李舜臣 장군이었다.

'이순신만 없앤다면 남해 제해권은 왜군의 손으로 들어올 것이다. 그러면 곡창지대인 전라도는 자연히 우리 수중으로 떨어질 것이다.'

요시라의 간계奸計가 조정에 먹힘으로써 장군은 전혀 예상치 못한 고초를 겪게 된다. 그 단초는 요시라가 1597년 경상우병사 김응서金應瑞에게 고니시 유키나가의 밀지密旨를 전하면서부터다.

『선조실록』 1597년 1월 19일자 기사다.

"가토 기요마사(加藤淸正)가 7천 명의 군사를 거느리고 4일에 이미 대마도에 도착하였는데 순풍이 불면 곧 바다를 건널 것이며, 그가 오면 바다에 가까운 지역을 틀림없이 약탈할 것이니 사전에 예방하여 간사한 계교를 부리지 못하게 해야 한다. 때문에 수군이 속히 거제도에 나아가 정박하였다가 가토(加藤)가 바다를 건너는 날을 엿보아야 한다. 그리고 가토는 도요토미(豊臣)에게 고니시(小西)가 하는 일은 모두 허사라고 하면서 자신이 조선에 나가면 한 번의 출격으로 조선을 평정하고, 왕자도 사로잡아 태합(太閤. 도요토미 히데요시) 앞에 바칠 수가 있다고 하면서 병마(兵馬)를 청하고 있다. 지금 대마도에 와 있으니 만약 조선에서 차단한다는 기별을 들으면 즉시 바다를 건너지 못할 것이다. 그렇게 되면 가토가 말한 '한 번 출격에 조선을 평정할 수 있다.'는 말이 거짓이 되고, 고니시가 말한 '조선을 공파(攻破)하기가 쉽지 않다.'는 말이 진실이 된다. 그러면 도요토미가 반드시 가토의 오산(誤算)과 망언(妄言)에 죄를 줄 것이고 고니시는 뜻을 얻게 되어 강화(講和)를 하든 안 하든 간에 형세가 매우 편리하게 될 것이니, 이것이 제일 좋은 계책이다."

또 1597년 1월 22일 『선조실록』 기사에는 요시라가 경상우병사 김응서에게 매우 간절하게 벼슬을 받고자 하기에 벼슬을 주는 것을 허락하고, 또 은자銀子 80냥을 주었더니 희색(喜色)이 만연하여 재삼 머리를 조아려 절하였다는 내용이 들어 있다.

이렇게 고니시(小西)로부터의 밀지를 조선에 알린 요시라(要時羅)에 대해서 선조는 첨지僉知. 중추원의 정3품 무관라는 실직을 주었다. 조선의 벼슬을 받은 요시라는 1597년 1월 경상우병사 김응서金應瑞에게 착 달라붙어 여러 가지 왜군 정보를 전해 주면서 환심을 샀다. 그럴 때마다 김응서는 요시라의 계책을 급히 조정에 장계로 알리고는 했다. 이런 내용이 조정에 보고되자 선조는 요시라의 계책에 따를 것을 명했다. 그리하여 1597년 1월 21일 도원수 권율權慄이 직접 한산도 삼도수군통제사 진영으로 가서 이순신李舜臣에게 요시라의 첩보대로 출동 대기하라는 선조의 명을 전했다. 그러나 이순신은 그것이 왜군의 간계奸計임을 확신했기 때문에 출동하지 않았다.

'한낱 일개 간첩의 세 치 혀에 놀아나서는 분명 안 될 것이다.'

장군의 생각은 굳건했다. 그러나 이런 처사는 왕의 명령을 어긴 무군지죄無君之罪로 사형감이었다. 그래서 이순신은 왕명을 거역한 죄목으로 2월 26일 한양으로 압송됐다.

한편 1598년 9월에 대마도 측에서 요시라를 사신으로 한양에 파견했는데, 원균元均의 칠천량 패전으로 인해 이미 요시라에게 이를 갈고 있던 조선 측에서 요시라를 잡아다 요동으로 압송하였고, 명나라로 끌려간 요시라는 그곳에서 처형당하였다. 이중간첩의 말로가 비참하다.

순왜順倭는 왜군에 달라붙은 매국노賣國奴를 지칭한다. 순왜는 주로 조선 조정에 반감을 품었거나 왜군에게 포로가 되어 잡혀갔다가 부역한 사람들이다. 이들 가운데는 왜군의 길잡이 역할을 해 주고 조선의 지도와 각종 정보를 제공해 주었다. 나아가 왜군과 합세하여 조선 총통을 발사하는 등 조선군을 공격하는 데 앞장서기도 했다.

1587년 2월 정해왜변丁亥倭變이 일어났다. 왜구倭寇들이 18척의 배로 전라도 남해안 손죽도를 침범한 사건이다. 이때 맞서 싸우던 녹도권관 이대원李大源이 전사하고 가리포첨사 이필李蘗은 눈에 화살을 맞았다. 왜구들은 흥양 땅과 가리포까지 확대하여 병선 4척을 빼앗아 도주하였다. 조정에서는 신립申砬과 변협邊協을 방어사로, 김명원金命元을 전라도 순찰사로 삼아 변란을 수습케 했다. 그러나 이들이 현지에 도착했을 때에는 이미 왜구가 도망친 뒤였다. 정해왜변은 단순한 약탈과 방화, 납치의 수준에 그쳤던 왜구의 침탈이 아니라 일본 정규군의 탐색 및 정찰이 목적이었다. 전라도 사태가 종료된 뒤 3월 10일 비변사에서는 전라좌수사 심암沈巖과 전라우수사 원호元壕에게 책임을 물어 두 사람을 국문鞠問. 중대한 죄인을 심문함하였다.

이때 일본군의 앞잡이로 활약한 자가 진도 출신 평민 사화동沙火同. 사을화동이었다. 3년 뒤인 1590년 음력 2월 28일 선조는 조선 통신사를 일본에 파견하는 조건으로 사을화동과 함께 왜구 두목들인 신사부로, 긴지로, 마고지로를 조선으로 송환, 모두 처형하였다.

한편 함경도로 피난 와 있던 두 왕자 임해군臨海君과 순화군順和君을 포박하여 가토 기요마사加藤淸正에게 넘겨주었던 국경인鞠景仁과 김수량 등도 순왜이다. 당시 조선은 백성들의 민심이 크게 이반되어 왜군이 쳐들어왔을 때, 적극적으로 왜군에 동조하는 현상이 있었다. 이와 같은 사회 분위기를 등에 업고 왜군은 거의 아무런 저항 없이 빠르게 한양까지 북상할 수 있었다. 이런 상황에서 임해군과 순화군은 근왕병勤王兵을 모으기 위하여 함경도로 갔으나 민가를 약탈하고 주민을 살해하는 등의 행위로 지역민들의 반감을 샀다. 이에 국경인, 국세필^{鞠世弼, 국경인의 숙부}, 김수량, 이언우^{李彦祐}, 함인수^{咸麟壽}, 정석수^{鄭石壽}, 전언국^{田彦國} 등은 조선 왕자 일행을 억류하고 회령을 직접 통치하는 반역을 자행했다.

이들은 또 임해군과 순화군을 호종했던 대신 김귀영^{金貴榮}, 황정욱^{黃廷彧}과 황혁^{黃赫} 부자, 남병사^{南兵使} 이영^{李瑛}, 부사 문몽헌^{文夢軒}, 온성부사 이수^{李銖} 등과 그 가족을 함께 잡아 왜군에 넘겨주었다. 국경인은 이 공으로 가토에 의해 판형사제북로^{判刑使制北路}로 봉해지고 회령을 통치하면서 횡포를 자행하다가 북평사^{北評事} 정문부^{鄭文孚}의 격문을 받은 유생 신세준^{申世俊}과 오윤적^{吳允迪}의 유인으로 붙잡혀 참형당했다.

1593년 3월 11일 양사^{兩司, 사헌부와 사간원}가 선조에게 합계^{合啓}하기를 "급제^{及第} 김귀영^{金貴榮}이 일찍이 대신으로서 왕자를 보호하라는 명을 받들고도 제대로 처리하지 못하여 적의 수중에 빠지게 하고 자신마저 사로잡혔으니 국가의 수치됨이 그지없습니다. 그런데도 여태 군부^{君父}의 원수를 전혀 모르고 한결같이 흉적들의 말을 따라 화의시키겠다고 몸을 빼서 돌아왔습니다. 만약 그대로 두고 문죄하지 않는다면 인신^{人臣}의 의리가 이로부터 끊어지고 강화의 의논이 이로 인해서 잇따라 일어날 것입니다. 이렇게 되면 적을 토벌하여 원수를 갚으려는 의리가 밝아지지 않을뿐더러 사람들이 모두 구차하게 살아남는 것만을 편안하게 여길까 염려됩니다. 찬출^{竄黜, 벼슬을 빼앗고 귀양 보냄}을 명하시어 호오^{好惡, 좋음과 싫음}의 올바름을 보이소서." 하였다.

4월 20일 선조가 국경인에게 부화뇌동했던 이언우^{李彦祐}, 함인수^{咸麟壽}, 정석수^{鄭石壽} 등을 처형하였다.

김순량金順良, ?~1592은 강서 군인으로 류성룡의 명령서를 빼돌려 평양성의 왜군에게 주고 소 한 마리를 받아 동료들과 잡아먹었다. 같은 패거리인 서한량은 명주 다섯 필을 받고 정보를 넘겨주었다. 류성룡은 『징비록』에서 "김순량 등 간첩 40여 명을 색출해 처형하니, 명나라 군대가 온다는 사실을 왜군들이 몰랐다."고 했다.

또한 공위겸孔撝謙, ?~1592은 영산 출신으로 임진왜란 초 왜군에 항복한 부왜附倭 세력 중의 한 명이다. 그는 왜군의 향도嚮導를 자임하여 함께 한양에 들어갔으며, 가솔에게 편지를 보내 "내가 당연히 경주부윤慶州府尹이 될 것이요, 낮아도 밀양부사密陽府使 벼슬은 차지할 것이다."라는 말을 하였다. 일설에는 경상도 관찰사를 참칭僭稱했다고도 한다. 부왜 활동으로 이름이 알려지자 의병장 곽재우郭再祐 휘하에서 활동한 의병장 신초辛礎가 기지를 발휘하여 사로잡았고, 곽재우가 참살하였다.

1593년 9월 4일 이순신 장군은 왜적에게 포로로 잡혀갔다가 돌아온 제만춘諸萬春으로부터 입수한 왜적의 정황에 대한 종합보고서인 왜정장倭情狀이란 장계를 올렸다.

"제만춘은 무과 출신 장수로 반항도 없이 왜에 사로잡혀가 도리어 왜인의 심부름꾼이 되었고 왜국까지 가서 도요토미 히데요시(豊臣秀吉)의 서사 반개(半介)와 같이 기거하면서 문서를 맡는 소임을 했으니 신하된 의리와 절개는 땅에 떨어졌다 할 것입니다. 더구나 글을 잘하고 사리를 아는 사람으로서 히데요시가 있는 곳에 반 년이나 머물면서 간사한 적들의 정세와 모책을 상세히 정탐하지 않은 것이 없으니 마치 간첩으로 보낸 사람 같기도 합니다. 격군 12명을 데리고 도망쳐온 것을 보면 가련하기도 하나 정확한 조저(朝著. 조정)의 판단을 위해 장계와 함께 제만춘을 올려 보내고자 경상우수사 원균(元均)과 의논하였습니다."

제만춘은 경상우수영 군교軍校로 우수사 원균의 명에 의하여 소선小船을 타고 노군櫓軍 10여 명과 함께 웅천熊川의 적세를 탐지하고 영등포로 돌아오다가 포로가 되었다. 제만춘의 경우 자발적인 순왜라고 볼 수만은 없을 것이다. 그래서 조정에서 죄가 논의되었으나 용서받고 이순신 장군을 도와 적정 탐지探知 활동으로 공을 세웠다.

또한 박계생朴啓生은 밀양 박씨의 세거지世居地인 청도 출신의 순왜이다. 일본군이 조선에 주둔할 때 김계생金啓生이란 가명을 사용하였다. 경상도 관찰사 이용순李用淳의 서장書狀에 따르면 이문욱李文彧이 함께 사로잡혀 간 청도 출신 박계생朴啓生이라는 자를 시켜 비밀 편지를 보내왔기에, 그가 사로잡혀 간 경위와 적중의 형세를 물었더니, 박계생이 답하기를 "소싯적에 어느 중을 따라 경산의 마암산馬巖山에 있었는데 변란이 발생한 처음 적을 만나 사로잡혀서 이문욱과 부산포釜山浦 왜진倭陣에서 서로 만나 함께 일본으로 들어갔다."고 했다. 박계생은 줄곧 고니시 유키나가小西行長를 보좌했고 조선에 돌아온 기록은 없다. 이문욱李文彧은 도망쳐 조선에 다시 돌아왔으나 파란만장한 삶을 살았다.

1597년 『선조실록』 4월 25일자 기록이다.

"이문욱은 왜군이 쳐들어오자, 포로가 되어 일본으로 끌려갔는데 글을 잘하고 용맹이 있어 관백(關伯)인 도요토미 히데요시(豐臣秀吉)가 재주를 시험해 보고 는 양자로 삼았다고 한다. 수길(秀吉)을 시해하려는 무리를 막아낸 공으로, 더 욱 수길의 총애를 받으니 시기하는 무리가 생겨났으며, 수길은 이문욱을 행장 (小西行長)의 부장으로 삼고 공을 세우고 돌아오라고 하며 부산으로 보냈다. 이 후 그는 왜군 진영에서 나와 이순신 휘하에 들어갔다."

다음은 1598년 9월 23일자 전라도 방어사 원신元愼의 보고서다.

"남해의 적에 빌붙었던 유학(幼學) 이문욱이 적의 진중으로부터 나와 적정을 알 려 왔습니다."

1598년 11월 27일 좌의정 이덕형李德馨의 보고에 "이순신이 가슴에 적 탄을 맞아 운명할 때 그의 아들이 곡을 하려 하는데, 이문욱이 곡을 그 치게 하고 옷으로 시신을 덮었다."고 되어 있다.

『선조실록』 광해군 일기에는 이순신을 대신하여 전투를 마무리한 사 람이 이문욱이라고 되어 있다. 그러나 인조반정 후 이식李植, 1584~1647 이 편찬한 『선조수정실록』 1598년 1월 1일자에는 "순신이 말하기를 '싸움이 지금 한창 급하니 내가 죽었다는 말을 하지 말라.' 하고 절명하였고, 조 카 이완李莞이 순신의 죽음을 숨기고 급하게 싸움을 독려하니, 군중에서 알지 못하였다."고 하여 이문욱의 자리는 이완李莞으로 바뀌었다.

1597년 9월 16일, 맑음.

"왜인 준사(俊沙)는 안골에 있는 적진에서 투항해 온 자인데 내 배 위에 있다가 바다를 굽어보며 말하기를 '무늬 놓은 붉은 비단옷 입은 자가 바로 안골진에 있던 적장 마다시(馬多時)입니다.'라고 했다. 내가 김돌손(金乭孫)을 시켜 갈퀴로 낚아 뱃머리에 올리게 하니 준사가 날뛰면서 '이 자가 마다시입니다.'라고 하였다. 바로 '시체를 토막 내라!' 명령하니 이를 본 적의 사기가 크게 꺾였다. 전세는 역전되고 왜군들은 오합지졸 순식간에 31척이 분멸하고 나머지 100여 척이 파괴된 채 도망하니 다시는 가까이 오지 못했다."

이순신 장군은 자신의 지휘통제선에 투항한 왜군이나 일본 사정에 밝은 병사들을 데리고 다녔음을 알 수 있는 대목이다.

도요토미 히데요시의 본영本營이 있는 일본 규슈 나고야성名護屋城에서 수송되어 오는 전투식량이 절대 부족하므로 왜군은 조선 현지에서 군량을 확보, 조달했다. 그래서 곡창지대인 전라도 진출에 열을 올렸고, 둔전屯田을 운영해서 식량을 구했다. 그리고 바다의 물고기를 잡아들여 부식으로 썼다. 이 모든 작업에는 당연히 노동력이 필요했다.

1592년 5월 왜장倭將은 조선인 남자 쌀 5두斗 말, 여자 3두의 쌀을 받고 대가로 면사첩紙製札을 내주었다. 또 왜성 축조에 동원된 조선인 노역자에게도 면사첩을 주어 신분을 보장해 주었다. 면사첩에는 다음과 같이 쓰여 있었다.

"이 면사첩을 가진 자는 행장行長. 고니시 유키나가 영하에 노역하고 있으므로 죽이지 말라."

이때 조선 및 명군도 부역자를 회유하는 초유문招諭文과 면사첩免死帖을 뿌렸다. 피아간에 면사첩 공방전이 벌어졌던 것이다.

'이중간첩' 요시라와는 달리 왜군 장수로서 임진왜란 초 조선군에 투항해 왜군과 당당히 맞서 싸운 사람이 있었다. 항왜抗倭인 사야가沙也可. 1571~1642라는 인물이다. 1592년 4월 중순 제2군 가토 기요마사加藤淸正의 우선봉장으로 동래에 상륙한 사야가는 "이 침략전쟁은 명분이 없다."면서 조선군에 투항할 뜻을 품었다. 당시 그의 나이는 21세로 혈기왕성한 때였다.

사야가는 경상도 병마절도사 박진朴晉에게 편지를 보냈다. "내 소원은 예의의 나라에서 성인聖人의 백성이 되고자 할 뿐이다."라는 뜻을 밝혔다. 즉 '일본은 칼의 나라', '사무라이의 나라'다. 일본은 전국시대戰國時代를 거치면서 성城을 뺏고 빼앗기는 혈전으로 피폐해졌다. 그래서 공맹孔孟의 유학과 주희朱熹의 성리학 같은 유학의 발달은 거의 없었다. 그러나 조선은 예로부터 일본에게 문물을 전해 준 문명국이다. 더군다나 중국의 선진문물을 직접 받아 '소중화小中華, 작은 중국'라는 자부심이 대단하니 받아달라는 내용이었다.

"일본이 그토록 귀중하게 여기는 사기그릇이 조선에서는 개 밥그릇으로 쓰이고 있다."

일본의 식자층識者層에서는 조선의 도자기, 인쇄술, 각종 유교 문헌 등을 동경하고 흠모하는 사람들이 있었다. 아마도 20대 초반의 사야가도 예의와 법도, 유학이 발전된 '문명국' 조선을 평소에 그리워했던 것은 아닐까. 그는 휘하 3천 명의 군졸을 데리고 투항 후 조선군에게 조총제조법을 전수했고 이순신 장군에게 "이미 조총을 개발하여 훈련하고 있다."는 서신까지 보냈다. 선조는 이를 가상히 여겨 성과 이름을 하사했는데 '김충선金忠善'이라고 했다. '조선인' 김충선으로 다시 태어난 사야가는 진주목사의 딸과 결혼을 했다.

김충선 장군은 곽재우郭再祐 등 경상도 의병과 연합전투를 벌였고 1597년 정유재란 때는 울산성전투에서 한때 '주장主將'이었던 가토 기요마사군의 섬멸에 앞장섰다. 선조는 그에게 정2품 자헌대부의 품계를 내렸다. 사야가는 임진왜란이 끝난 뒤 1624년인조 2 이괄李适의 난 진압 때 활약했고 1636년 병자호란 때는 청나라 군사 수급 500여 개를 베었다. 인조가 청태종 앞에서 치욕스럽게 무릎을 꿇고 삼배구고두三拜九叩頭를 올렸다는 소식을 들은 김충선은 대구 녹리우록면로 들어가 칩거했다.

『승정원일기』에 그에 대한 인물평이 나온다.

"항왜영장(抗倭領將) 김충선은 담력과 용력이 뛰어나지만 성질은 매우 공손하고 근신합니다. 지난번 이괄의 난 때 그 부장(副長) 서아지(徐牙之)를 쫓아가 처단했습니다. 진실로 가상한 일입니다."

정유재란 400주년인 1997년 오사카와 교토에서 열린 한일 역사학자 심포지엄'왜 또다시 사야가인가'에서 양국 교과서에 사야가 이야기를 싣자고 합의했다. 그의 후손들은 대구시 달성군 가창면 우록리에 집성촌을 이뤄 현재 40여 가구가 살고 있다. 2013년 한일우호관이 들어섰고 일본 방문객들이 매년 이곳을 찾는 명소가 됐다. 김충선 기념비는 와카야마 현 도쿠가와 이에야스 德川家康의 신사 정문 앞에 세워져 있다.

문무 文武를 겸비한 김충선 장군은 자신이 남긴 『모하당문집 暮夏堂文集』에서 남다른 처지를 탄식했다.

남풍유감 南風有感의 내용이다.

남쪽에서 바람이 불어오니
행여나 고향 소식을 전해 주지 않을까
괜한 생각에 잠기네
생전에 부모님 소식 알 길 없는데
내 신세가 한탄스럽구나

자신의 조국을 등지고 조선을 위해 싸웠던 사야가 김충선, 앞으로 한일 선린외교 善隣外交의 주역으로 등장해도 충분할만한 인물인 것 같다.

이순신과 원균의 명암

○
●
○

이 세상만사 아무리 생각해 봐도 결국 사람이 답인 것 같다. 그러나 열 길 물속보다 한 길 사람의 속을 알기가 더 어렵다고 했던가. 그저 드러나는 신언서판身言書判 만으로 어찌 사람의 본질을 제대로 꿰뚫을 수가 있다는 말인가. 임진왜란이 일어나기 전 이순신李舜臣 은 차례를 뛰어넘어 유능한 무관을 발탁하는 무신불차탁용武臣不次擢用 에 의해서 우의정 이산해李山海 와 병조판서 정언신鄭彦信 의 추천을 받았다. 곧 이어 인사권을 쥔 이조판서 겸 좌의정인 류성룡柳成龍 은 이순신을 정읍현감종6품 에서 전라좌도 수군절도사정3품 로 발령냈다. 7단계를 뛰어넘는 승차를 한 이 파격적인 결정은 결국 역사적으로 옳았음이 입증되었다. 류성룡의 사람 보는 눈이 탁월했다는 지인지감知人之鑑 과 출신 성분과 지역을 가리지 않는 입현무방立賢無方 정신에 그저 고개를 끄덕일 뿐이다.

이순신이 동인 세력에 의해 추천을 받자 자연히 정철鄭澈과 윤두수尹斗壽 등 서인 세력은 원균元均을 밀기 시작했다. 전장을 지키는 순수한 군인들이 정치 세력의 이해관계에 끌려다닌 꼴이 된 셈이다.

원균은 이순신이 7년 동안 쓴 『난중일기』에 120여 차례나 언급되어 있다. 연도별로 보면 1593년에 49회, 1594년에 46차례나 집중되어 있다. 이때는 임진왜란 초기 3년 연간으로 왜군과의 대치가 팽팽했을 때이다. 대부분 원균의 떳떳하지 못하고 치졸한 모습에 대한 비난과 분노가 주를 이룬다. "음험하고 흉악한 품이 이루 말할 수 없다." 또는 "의논에서 원 수사가 하는 말은 매번 모순이다. 참 가소롭다."라는 표현이 나온다.

전라도 수군인 진도珍島의 지휘선이 왜적에게 포위된 것을 눈앞에서 뻔히 보고도 못 본 척하는 경상좌위장과 우부장에 대한 비난과 함께 경상수사원균를 원망하고 있다. 또 죽은 왜적의 수급首級을 거두려고 적이 가득한 섬 사이를 들락거리는 경상수사의 군관과 가덕첨사의 사후선伺候船. 정찰탐색선을 잡아 보냈더니 이순신에게 화를 내더라는 기록이 있다.

이순신과 원균을 비교하는 데 있어서 원균에게 너무 가혹한 잣대를 들이대는 것이 아니냐는 일부 의견이 있는 것도 사실이다. 이순신은 임진왜란이 일어나기 1년 2개월 전인 1591년 2월 13일 전라좌수사에 부임해서 거북선을 만드는 등 휘하 5관 5포의 군비를 정비할 시간이 있었지만, 원균은 왜란 발발 2개월 전인 1592년 1월에 경상우수사로 부임했기 때문에 전투준비를 할 시간이 없었다는 옹호론이 그것이다. 하지만 기본적으로 '인사人事가 만사萬事'인 것처럼 누가 지휘관이 되느냐에 따라 부대 운영과 전투에서의 승패가 달라지는 만큼, 이 주장은 설득력이 떨어진다. 그것은 원균의 말과 행동거지, 전략구사 등 사료에 기록된 바에 따르면 그렇다. 의병장 조경남이 남긴 『난중잡록』에 따르면 "한 끼에 밥 한 말10공기, 생선 5마리, 닭과 꿩 3~4마리를 먹는 대단한 대식가"라고 기록하고 있다.

그리고 무엇보다도 이순신은 『난중일기』『임진장초』『서간첩』 등을 스스로 기록했기 때문에 역사에서 그의 행적은 고스란히 전해 오고 있다. 하지만 원균은 자신을 변호할만한 자료가 「원균행장」 외에는 없는 편이어서 옹색하다. 숙종 때의 대사헌 김간金榦이 찬撰한 「통제사원균증좌찬성공행장統制使元均贈左贊成公行狀」이 있다. 원균 후손들의 청탁을 받아 쓴 「원균행장」으로 불리는 이 책은 원균 후손들의 청탁을 받아 쓴 것으로 내용 자체에 오류와 모순이 많아 사료적 가치가 떨어진다. 이래저래 그는 상대적으로 이순신과의 경쟁에서 패자로 기록된다.

1593년 경상우병사 최경회崔慶會의 말에 따르면 명明의 경략 송응창宋應昌이 자신에게 보낸 1,530대의 불화살을 원균 혼자서 다 쓰려고 계책을 꾸미기도 했다. 이순신에게 날이 밝는 대로 나가 왜적과 싸우자고 공문을 보내놓고 다음 날 이순신이 왜적을 토벌하는 문제에 대해 공문을 써서 보내자 취기에 정신없다고 핑계를 대며 답하지 않았다. 또 이순신에게는 복병을 동시에 보내자고 해 놓고 자신이 먼저 보내기도 했다. 이 밖에 술에 취해 헛소리를 하더라는 등의 비난도 있다.

또한 도원수 권율權慄의 질책 앞에서 머리도 들지 못하는 원균의 모습을 두고 우습다고 비웃거나 매도罵倒에 가까운 비난을 서슴지 않았다. 심지어 어머니의 상을 당했을 때 문상을 보낸 것과 관련, "음흉한 원균이 편지를 보내 조문한다만 이는 도원수의 명이다."라고 표현할 정도로 원균에 대한 감정의 골은 깊었다.

1592년 5월 7일 왜군과 첫 싸움인 옥포해전이 있었다. 세력이 미약했던 경상우수사 원균은 전라좌수사인 이순신에게 전라도 수군으로 하여금 구원병으로 와줄 것을 요청했다. 이에 이순신 함대는 판옥선 24척, 협선 15척, 포작선어선 46척 등 대소선 80여 척을 거느리고 원균이 가져온 4척의 판옥선과 합류해 왜선 31척을 분멸시켰다. 옥포해전에서 승리를 하자 원균은 이순신에게 두 사람 이름으로 장계를 올리자고 했다. 그러나 이순신은 "급할 게 없으니 천천히 올리자."고 말하고는 밤에 혼자 장계를 올렸다. 이순신이 이같이 독자적으로 행동한 것은 지휘체계의 혼선을 막기 위해서였다. 이순신은 장계에서 "원균이 군사를 잃어 의지할 데가 없었고 적을 공격할 때도 이렇다 할 공이 없었다."라고 썼다. 장계마저도 서로 견제하면서 써야 하는 불신의 상황이었다. 이때 원균 또한 이순신에게 적의를 품기 시작했다.

1594년 1월 18일, 맑음.

"새벽에 출발하였는데 역풍이 크게 일었다. 창신도에 도착하니 갑자기 바람이 순해졌다. 돛을 올리고 사량에 도착하였는데 다시 역풍이 불고 비가 크게 쏟아졌다. 사량만호와 수사(원균)의 군관 전윤이 보러 왔다. 전윤이 말하기를 '수군을 거창에서 모집해 왔는데, 이 편에 들으니 원수(권율)가 방해하려 했다고 합니다.' 하였다. 우습구나, 예로부터 남의 공을 시기함이 이러하니 한탄한들 어쩔 것인가. 여기서 하룻밤을 묵었다."

1594년 5월 13일, 맑음.

"검모포만호가 보고하기를 '경상우수사에 속한 포작(어민)들이 격군(格軍. 노 젓는 군인)을 싣고 도망하다가 붙들렸는데 포작들은 원 수사가 있는 곳에 숨어 있습니다.' 하였다. 사복(司僕)들을 보내어 붙잡으려 하였더니 원 수사가 크게 화를 내면서 사복들을 결박하였다고 한다. 그래서 노윤발을 보내어 풀어주게 하였다. 밤 10시쯤부터 비가 내렸다."

1594년 6월 초4일, 맑음.

"충청수사, 미조항첨사 그리고 웅천현감이 보러 왔다. 승경도(陞卿圖. 벼슬 이름을 도표로 만들어 놓고 놀던 오락) 놀이를 하게 하였다. 저녁에 겸사복(兼司僕. 임금의 호위무사)이 왕의 분부를 가지고 왔다. 그 글 가운데 '수군 여러 장수와 경상도의 장수가 서로 화목하지 못하니, 이제부터 예전의 나쁜 습관을 모두 바꾸라.'는 말씀이 있었다. 통탄스럽기 짝이 없었다. 이는 원균이 취하여 망발을 부렸기 때문이다."

원균이 이순신과 비교 대상이 될 때 항상 불리한 위치에 놓이는 것은 그 자신의 처신에 문제가 있었기 때문이다. 곧 수신이 부족한 인품이 문제였다.

1593년 7월 15일 전라좌수사였던 이순신은 여수(당시 순천)의 영(營)을 한산도(통영)로 옮겨왔다. 이순신은 한산도 진영에 운주당(運籌堂)이란 작전통제소를 지었다. 운주당은 '운주유악(運籌帷幄)' 즉 "장막 안에서 작전을 계획한다."는 뜻에서 따온 이름이다. 운주당은 그 후 제승당(制勝堂)으로 이름이 바뀌어 오늘날까지 참배객들을 맞고 있다. 이순신은 운주당의 문을 활짝 열어 소통을 했다. 졸병이라도 군사에 대해서 자기 의견을 자유롭게 말하게 했다. 전투에 앞서서는 반드시 부하 장수들과 충분히 토론하고 작전을 짰기 때문에 실패 확률이 그만큼 적었다. 이른바 선승구전先勝求戰 전략으로 미리 이기는 전투 환경을 만든 다음에 싸움에 임하니 질 수가 없었다. 그러나 원균은 그렇지 않았다.

류성룡柳成龍의 『징비록』에 나오는 대목이다.

"원균은 좋아하는 첩을 데려다가 그 집(운주당)에서 살며, 이중으로 울타리를 하여 안팎을 막아 놓아서 여러 장수들도 그의 얼굴을 보는 일이 드물었다. 그는 술 마시기를 좋아하여 날마다 술주정과 성내는 것을 일삼았고, 형벌에 법도가 없었으므로 군중에서 수군거리기를, '만일 왜적을 만난다면 오직 도망가는 수가 있을 뿐이다.'라고 여러 장수들은 몰래 그를 비웃었고, 또한 품의(稟議, 윗사람과 의논함)하거나 두려워하지도 않았으므로 호령(號令)이 행해지지 않았다."

부하들의 신망을 받지 못하는 원균은 현장 지휘관으로서 체통과 체면이 말이 아니었다. 상하좌우 혼연일체가 되어도 힘겨운 마당에 당연히 패전은 불가피한 상황이었다.

1597년 5월 8일, 맑음.

"음흉한 元(원균)이 편지를 보내어 조문하니, 이는 곧 원수(권율)의 명령이었다. 이경신이 한산도에서 와서 흉악한 원 씨의 일에 대해 많이 말하였다. '원균이 데리고 온 서리(書吏. 문서관리 하급 아전)를 곡식을 교역한다고 구실삼아 육지에 보내놓고 그 아내를 사통하려 하였는데 그 여인이 발악하여 따르지 않고 밖으로 나와 고함을 질렀다.'고 했다. 원이 갖은 계략으로 나를 모함하려 하니 이 역시 운수로다. 뇌물 짐을 실은 것이 한양으로 가는 길에 연잇고 나를 훼방하는 것이 날로 심하니 스스로 불우함을 한탄할 따름이다."

이때 이순신은 4월 13일 모친상을 당했고 초계의 권율 진영에서 백의종군 중이었고 원균은 삼도수군통제사 자리에 있었다.

1597년 5월 20일 『난중일기』에 이순신을 만난 도체찰사 이원익 李元翼의 말이 기록되어 있다.

"원균이 무고(誣告)하는 소행이 극심한데 임금이 굽어 살피지 못하니 나라가 어찌될꼬."

영내 엄정한 군기유지와 휘하 장졸들에 대한 신상필벌 信賞必罰을 원칙대로 행한 이순신 군영은 정리정돈이 잘 된 '준비된 병영'이었다. 그런데 원균이 운주당에 첩을 데려와 살고 부하 아내를 겁탈하려 하니 휘하 장졸들의 마음이 이미 떠나 있음을 알 수 있다.

그는 도원수 권율 權慄에게도 밉게 보였던 모양이다. 권율은 1597년 7월 11일 부산포 공격을 주저하는 원균을 불러다가 곤장을 쳤다. 도원수는 현역 군 최고봉인 합참의장이고 원균은 삼도수군통제사, 즉 해군 참모총장인데 곤장형을 가했다. 선조의 압박을 받은 도원수의 무리한 명령권이 도를 넘은 것이다.

이성을 잃은 원균은 화가 머리끝까지 올라 무작정 부산포 공격을 감행했다가 왜 수장 와키자카 야스하루脇坂安治, 1554~1626가 이끄는 왜 수군의 기습공격으로 조선 수군 거의 모두를 잃었고 뭍에 올랐다가 왜군에 의해 참살당했다.

『조선왕조실록』 1598년 4월 2일자 기사. 사관의 논평이다.

"한산(칠천량)의 패배에 대하여 원균은 책형(磔刑, 기둥에 묶어놓고 창으로 찔러 죽임)을 받아야 하고 다른 장졸(將卒)들은 모두 죄가 없다. 왜냐하면 원균이라는 사람은 원래 거칠고 사나운 하나의 무지한 위인으로서 당초 이순신(李舜臣)과 공로다툼을 하면서 백방으로 상대를 모함하여 결국 이순신을 몰아내고 자신이 그 자리에 앉았기 때문이다. 겉으로는 일격에 적을 섬멸할 듯 큰소리를 쳤으나 지혜가 고갈되어 군사가 패하자 배를 버리고 뭍으로 올라와 사졸들이 모두 어육(魚肉)이 되게 만들었으니 그때 그 죄를 누가 책임져야 할 것인가. 한산에서 한 번 패하자 뒤이어 호남(湖南)이 함몰되었고 호남이 함몰되고서는 나랏일이 다시 어찌할 수 없게 되어 버렸다. 시사를 목도하건대 가슴이 찢어지고 뼈가 녹으려 한다."

이순신과 원균은 서로 다른 점이 많았다. 그 출신과 성격의 차이점은 갈등의 원인이 되었다.

우선 출신 성분부터 달랐다. 나이로 보면 원균이 다섯 살이나 많았고 무과급제도 11년이나 빠른 대선배였다. 게다가 원균의 아버지는 병마절도사를 지낸 원준량元俊良으로 무인 집안이었지만 이순신의 할아버지 이백록李百祿은 1519년 조광조趙光祖의 기묘사화에 연루되어 '역적逆賊 집안'이란 꼬리표를 달고 살았다. 그래서 아버지 이정李貞은 관직에 나아가지 않고 초야에 묻혀 칩거했다.

이순신은 1592년 5월 7일 옥포승첩으로 가선대부종2품로 승차했고, 6월 7일 율포승첩 후에는 자헌대부정2품 하로, 7월 8일 한산대첩을 이룬 뒤에는 정헌대부정2품 상로 승승장구 승차했지만 원균은 항상 그 아래 품계에 머물렀다. 그런데다가 1593년 8월 15일 이순신이 삼도수군통제사종2품로 임명됐을 때 원균은 그 지휘를 받아야 하는 경상우수사정3품였다. 원균은 이순신에게 항상 뒤처지자 울화통이 나서 이성을 잃어버리기 일쑤였다. 두 사람 사이에 사사건건 마찰이 있자 선조와 조정은 원균을 육군인 충청병마사로 전출했다가 다시 전라우병사로 전출시켜 떼어놓았다. 그런데 이순신 장군이 1597년 2월 26일 삭탈관직된 뒤 한양으로 압송당하자 그 후임 통제사로 원균이 부임했다.

성격도 완전히 딴판이었다. 이순신이 정보탐색전으로 적의 상황을 면밀히 살핀 뒤 전투에 임하는 선승구전先勝求戰의 햄릿형 전략가였다면, 원균은 앞뒤 안 가리고 뛰어드는 용장勇將이었다. 원균의 이 같은 분기탱천憤氣撑天한 '저돌성'은 전장에서 때론 필요하지만 자칫 돈키호테같이 일을 그르치는 경우가 왕왕 있는 법이다.

원균은 '포호빙하暴虎馮河' 즉 "범을 맨손으로 때려잡고 황허를 배도 없이 건너간다."는 무모한 리더십을 가졌다. 그는 『손자병법』에 따르면 '부지피부지기不知彼不知己 매전필패每戰必敗'의 돈키호테형이다. 즉 적을 모르고 자신도 모르기 때문에 매번 전투에서 질 수밖에 없는 상황을 스스로 만들었다. 용장으로서 분기충천함이 지나쳐 때론 좌충우돌의 맹장으로 기억될 뿐이다. 섶을 지고 불속에 뛰어드는 그의 분노는 자신뿐 아니라 부하들의 목숨을 빼앗은 결과를 만들었다. 1597년 7월 16일 칠천량 패전이 그 대표적인 예다.

이순신은 '호모이성好謨而成' 즉 계책을 꼼꼼히 짠 다음에 작전에 돌입하기 때문에 실패 확률이 거의 없었다. 그가 23전 23승이란 불멸의 기록을 세운 것도 바로 이 전략의 결과이다.

통영의 한산 섬은 필자가 매년 탐방루트로 삼아 가는 곳이다. 그 길목에 견내량이 저 멀리 보인다. 와키자카 야스하루가 이끄는 왜군 함대가 지나쳤던 곳이다. 이순신 장군이 와키자카 함대를 유인해서 너른 한산도 앞바다로 끌고 나와 학익진鶴翼陣으로 에워싼 뒤 총통을 발사해 분멸시키는 장면이 눈에 선하다.

또 다른 광경이 어른거린다. 1597년 7월 16일 견내량에서 그리 멀지않은 칠천도 부근에서 원균의 조선 수군 함대가 와키자카 야스하루 함대에 의해 전멸되었다는 사실. 한 사람은 와키자카 야스하루를 섬멸했고 또 한 사람은 와키자카에 의해 참패를 면치 못했다. 한산도 뱃길은 이렇듯 두 장수의 명암이 극명하게 엇갈리는 곳이다.

거제의 명암, 옥포승첩과 칠천량 패전

○

●

○

거제도 앞바다의 해류는 일본 대마도를 거쳐 규슈로 향한다. 13세기 남해안을 약탈의 대상으로 삼았던 왜구들은 이 해류를 타고 거제도에 당도했다. 부산과 가까운 거제도는 일찍이 왜구들의 소굴이었고 조선의 전략적 요충지였다.

거제의 옥포玉浦는 그 이름처럼 푸른빛의 바다가 일렁이고 있다. 한여름 뙤약볕을 받은 바다는 금빛 물결로 평화롭다. 바로 이곳에서 임진년 1592년 5월 7일 옥포해전이 벌어졌다. 왜 수군과의 첫 전투인 만큼 조선 수군들은 잔뜩 겁을 먹고 있었다. 이순신李舜臣 장군 또한 적의 세력을 정확히 가늠하지 못하는 상황에서 답답하기는 마찬가지였다. 『손자병법』에 따르면 '부지피지기不知彼知己 일승일부一勝一負'이다. 즉 "상대를 모르고 자신을 아는 상황에서는 한 번은 이기고 한 번은 진다."는 뜻이다. 당나라 때 두우杜佑를 포함한 많은 주석가들은 이를 두고 '승률이 절반'이라고 풀이했다. 상대의 전력을 잘 알지 못했지만 이순신 장군은 첫 해전에서 적선 31척을 분멸시키는 전과를 거뒀다.

경상우수사 원균元均은 1592년 4월 13일 부산포에 대규모 왜군이 연이어 상륙한다는 소식을 접하고 오아포거제 가배량에 있던 우수영 및 성 내외 인가에 불을 지르고 정박 중인 병선 73척과 각종 총통과 식량을 수장시켰다. 이른바 청야淸野 작전이었다. 판옥선 한 척에 몸을 의지한 채 겨우 곤양쪽으로 피신했다. 그리고 급히 전라좌수사 이순신에게 구원을 요청하는 급보를 보냈다.

선조와 조정의 명에 따라 여수의 이순신 함대는 판옥선 28척과 협선 17척과 포작선 46척 등 모두 91척의 위용을 갖춰 원균과 만나기로 한 소비포고성군 춘암리로 떠났다. 소비포에 나타난 원균 함대는 우수영 산하 장수들이 타고 온 판옥선 4척, 협선 2척이 전부였다.

무엇보다 적의 상황을 정확히 알 수 없다는 게 최대 위험요소였다. 이순신 장군은 '물령망동勿令妄動 정중여산靜重如山' 즉 "가볍게 움직이지 말고 태산같이 침착하게 행동하라."고 명령했다. 옥포 포구에 포진한 적선은 대소선을 합해서 31척이었다. 왜 수군은 배를 정박시켜 놓은 채 육지에서 약탈에 열중하고 있었다.

이순신이 이끄는 연합함대는 침착하게 적의 함선을 향해서 노를 저어 갔다. 적의 함선이 총통의 사정거리약 1km에 들어오자, 이순신 장군은 방포放砲 명령을 내렸다. 이에 판옥선 위의 포수들은 준비된 천자, 지자, 현자, 황자총통의 심지에 불을 붙였다. 이내 수십 발의 대장군전, 철환과 돌덩이 등이 빗발치듯 날아갔다. 삼나무로 만들어진 아타케부네와 세키부네는 재질이 약해 탄환을 맞는 즉시 속속 깨지면서 바다 속으로 가라앉았다. 그리고 불화살이 날아가 왜선에서 어지럽게 휘날리는 깃발과 돛에 명중하자, 불이 나기 시작했다. 뭍에 올랐던 왜군들은 고래고래 소리를 지르며 조총을 쏘며 저항했지만 때는 이미 늦었다. 총통과 조총 소리, 화염과 연기가 피어오르는 옥포만은 순식간에 아비규환의 현장이 되었다. 조선 수군은 왜 선단 31척을 분멸, 수장시켰다. 육지에서 연전연승하던 왜군은 조선 수군의 기습공격에 어이없이 무너졌다. 초전박살의 사투를 벌인 조선 수군은 승리의 함성을 지르며 뛸 듯이 기뻐했다. 무엇보다도 정체를 알 수 없는 왜 수군을 이겼다는 자신감을 얻은 것이다. 사기가 충천됐다.

옥포에서 첫 해전을 승리로 장식한 이순신 함대는 다음 날 고성 적진포해전에서 13척 모두 분멸시켰다. 이로써 이순신의 1차 출전으로 왜병선 44척을 수장시키는 쾌거를 이뤘다. 조선 수군의 함선은 단 한 척도 손상되지 않았다. 손무는 일찍이 "승리하는 군대는 먼저 이길 수 있는 상황을 만들고서 싸우기를 구한다勝兵先勝而後求戰."고 했다. 장군이 구사한 전략은 선승구전先勝求戰이었다.

1차 해전을 승리로 마감한 장군이 고성 월명포月明浦에서 잠시 쉬고 있을 때 전라도사 최철견崔鐵堅으로부터 선조가 한성을 떠나 몽진蒙塵에 나섰다는 통첩을 듣고 하염없이 눈물을 흘렸다.

동백꽃이 가득한 옥포해전 공원의 이순신 사당과 기념관 옆에는 옥포승첩을 기리는 높다란 돌탑인 〈옥포승첩비〉가 우뚝 서 위용을 뽐내고 있다. 그 건너편 옥포만에는 세계적인 대우조선해양이 웅장하게 버티고 있다. 이순신의 승첩지에는 오늘날 조선, 철강, 화학 등 대규모 임해 공업단지가 조성되어 있어 그가 왜 그렇게 나라를 지키고자 분골쇄신했는지를 어렴풋이 알 수 있다.

옥포에서 북서쪽으로 올라가면 고성과 거제도 사이에 옥녀봉 232m을 이고 있는 조그만 칠천도漆川島가 나타난다. 칠천漆川이라는 이름은 검은 물결이라는 뜻이다. 지금은 거제의 하청면과 연륙되어 자동차로 건널 수 있다. 아! 통한의 현장이다. 1597년 7월 16일 이 칠천량해전에서 수군통제사 원균이 이끄는 조선 수군은 와키자카 야스하루脇坂安治의 왜 수군에게 기습공격을 받아 거의 전멸되는 상황을 맞았기 때문이다.

칠천량 패전이 있기 얼마 전인 정유년 7월 11일 도원수 권율權慄은 부산포 공격을 주저하는 원균을 불러다가 곤장을 쳤기 때문이었을까.

"통제사 원균이 전진하려 하지 않고 우선 안골포의 적을 먼저 쳐야 한다고 하지만, 수군의 여러 장수들은 이와는 다른 생각을 많이 가지고 있다. 원균은 운주당(한산도) 안으로 들어가 나오지 않으니, 절대로 여러 장수들과 합의하여 꾀하지 못할 것이므로 일을 그르칠 것이 뻔하다."

권율이 선조와 조정에 올린 장계 내용이다. 이때 이순신은 백의종군 상황으로 '무등병', 아무런 권한이 없어 그저 돌아가는 형세를 잠자코 지켜봐야 할 때였다.

볼기에 장을 맞은 원균은 화가 머리끝까지 치밀어 올라 거의 이성을 잃은 상태였다. 선조와 도원수는 부산포 출전을 거듭 재촉했다. 원균은 홧김에 출전했다. 이때 남해 제해권을 쥐려는 와키자카 야스하루脇坂安治는 1592년 이순신에 의한 한산도 패전을 만회하려는 듯 건곤일척乾坤一擲의 기세로 1,000여 척을 동원, 조선 수군 160척을 겹겹이 포위했다. 야간 기습에 치열한 혈전이 벌어졌고 조선전함은 거의 모두 수장됐다. 전라우수사 이억기李億祺, 충청수사 최호崔湖 등 정3품의 고위 지휘관들은 전사하고 1만여 조선 수군은 죽거나 뿔뿔이 흩어지고 말았다.

한 장수의 분별심을 잃은 화anger가 조선 수군의 궤멸이라는 거대한 위험danger을 초래한 것이다. 원균은 또 아들 원사웅元士雄을 데리고 참전했다가 아들마저 잃었다. 패전 후 뭍에 올라 도망가다 왜군에게 추원포秋原浦에서 참살당했다고 전해진다. 조선 수군통제사가 뭍에서 목이 잘려 나갔으니 이 또한 비극적이다. 아무도 그 시체를 찾지 못했고 후세에 친척들이 고향인 경기도 평택시 부근에 가묘假墓를 만들어 주었다. 그런 연후 원균은 조선 수군을 궤멸시킨 장본인인 패전지장으로 낙인찍혀 그 오명을 얻게 되었다.

칠천량해전이 벌어지기 하루 전에 도저히 이길 수 없다고 판단한 경상우수사 배설裵楔은 12척의 판옥선을 몰고 한산도 방면으로 도주했다. 이 12척의 배는 장흥 회령포에 숨겨졌는데 다시 삼도수군통제사가 된 이순신에 의해 발견되었고 꼭 두 달 뒤인 1597년 9월 16일 명량해전에서 왜군 133척을 물리치는 데 혁혁한 공을 세웠다.

한 사람은 흑역사黑歷史의 패전지장이요, 한 사람은 청사靑史에 길이 남을 '구국의 명장名將'이 된 연유다. 이처럼 극명하게 대치되는 대척점에 두 장수가 있었다. 칠천도에는 2013년 칠천량해전 기념관이 생겼는데 '실패에서 배우는 교훈을 지향한다.'는 취지에 맞게끔 다크 투어리즘dark tourism 의 산실이 되었다.

명량대첩(鳴梁大捷) 축제탐방

○
●
○

1597년 9월 16일 명량해전이 일어났다. 지난 2017년 해전 발발 7주갑 420년을 맞아 해남과 진도 사이 울돌목 일원에서는 9월 7일부터 3일 동안 명량대첩 축제가 벌어졌다. 최근 문을 연 명량대첩 해전사기념관에는 이순신 관련 각종 유물이 전시되었고, 해남 유스호스텔에서는 전라남도 이순신연구소 주최 명량대첩 7주갑 학술 심포지엄이 열렸다. 진도 쪽 녹진공원과 해남 우수영 관광지에서는 명량해전 재현행사를 보기 위해 4만여 명의 관광객이 몰려 그날의 장쾌한 승전 장면에 환호성과 박수갈채를 보냈다.

이순신의 명량축제에 많은 사람들이 관심을 가지는 것은 13척의 판옥선으로 133척의 일본 함대를 막아냈다는 믿을 수 없는 '신화神話'가 존재하기 때문이다. 그 신화는 이순신 장군이 중과부적의 열세를 극복하고 승리한 데 기인한다. 왜군은 물목이 좁은 울돌목에 선발대 31척을 먼저 보냈다. 그 31척이 모두 격침 또는 분멸당했다. 그리고 후방에 포진해 있던 나머지 왜선 200여 척은 황급히 등을 돌려 꽁무니를 뺐다.

울돌목의 한자 이름은 '명량鳴梁'이다. '울 명鳴', '통로 량梁' 자이다. 명량수로는 해남군 화원반도와 진도군 군내면 사이에 있는 협수로이다. 남해에서 서해로 가는 요충지로 현재 진도대교 2개가 가로질러 놓여 있다. 그 다리 아래에서 장군은 세계 해전사상 기적과 같은 신화를 만들어냈다.

탐방 차 몇 차례 울돌목 현장을 찾은 필자는 눈과 귀를 의심하지 않을 수 없었다. 소용돌이가 굽이쳐 흰 거품을 쏟아내며 웅웅웅 물소리를 내고 있었다. 해남터미널에서 진도 녹진으로 가는 버스에서 내려 길이 484m의 진도대교 위를 걸으며 아래쪽 울돌목 현장을 내려다보니 다리가 후들거릴 정도로 어지럽고 아찔했다. 밀물과 썰물 때 남해와 서해의 바닷물이 주변 암초와 암벽에 부딪치면 용트림이 노도怒濤처럼 일어났다. 멀리 이십 리 밖에서까지 '바다의 울음'이 들렸다고 해서 '울돌'이란 이름을 얻었다고 한다.

울돌목의 폭은 만조 때는 폭이 325m^{수심 20m}, 간조 때는 280m로 최대 유속은 10.4~11.6노트^{knot. 1노트는 1.85km/h}이다. 그런데 울돌목에서 양안의 암초 때문에 실제 항해 가능한 물폭은 약 120m이고 평균 유속은 9.5노트 정도이다. 이 자료는 국토해양부 국립해양조사원 변도성 씨가 수평 초음파 유속계를 이용하여 2009년 10월부터 6개월 동안 분석한 결과다.

진도 벽파진 쪽에는 물길을 이용하는 조력발전소가 설치되어 있다. 당시 풍력과 인력의 힘으로 배를 움직이는 상황을 감안하면 지형지물과 자연조건을 활용하는 것은 승리의 절대적 관건이었다. 아무리 적선이 많아도 이 좁은 물목으로 오게 하면 적은 수의 전선으로 맞대응할 수 있다는 '외나무다리' 전법을 이순신 장군은 적극 활용했던 것이다.

1597년 9월 14일, 맑음.

"북풍이 크게 불었다. 벽파(碧波) 건너편에서 연기가 올랐기에 배를 보내 실어오게 했더니 다름 아닌 탐망군관 임준영이었다. 그가 정탐한 내용을 보고하기를, '적선 200여 척 중 55척이 이미 어란포(해남)에 들어왔다.'고 했다. 아울러 적에게 사로잡혔다 도망쳐 온 김중걸이 전하는 말도 있었다. 포로가 된 김해 사람이 김중걸의 귀에 대고 몰래 말하기를 '왜놈들이 모여서 의논하는데 조선 수군 10여 척이 우리 배를 쫓아와 혹 사살하고 배를 불태웠으니 매우 통분한 일이다. 각처의 배를 불러 합세해서 모두 섬멸해야 한다. 그 후 곧장 경강(京江. 한강)으로 올라가자.'고 했다고 한다. 이 말을 모두 믿을 수는 없지만, 혹시나 그럴 가능성도 없지 않다고 생각되어 곧바로 전령선을 보내 피난민들에게 알아듣게 타이른 뒤 급히 육지로 올라가도록 하였다."

일단 이겨놓고 싸우는 선승구전 先勝求戰 전략은 치밀한 정보전에서 나오는 것이다. "적을 알고 우리를 알면 백 번 싸워도 위태롭지 않다."는 병가 兵家 의 '지피지기 知彼知己 백전불태 百戰不殆' 전략을 장군은 굳게 믿고 있었다.

1597년 9월 15일, 맑음.

"밀물 때에 맞춰 장수들을 거느리고 우수영(右水營, 해남) 앞바다로 진(陣)을 옮겼다. 벽파정(진도) 뒤에는 명량(鳴梁)이 있는데, 적은 수의 수군으로 명량을 등지고 진을 쳐서는 안 되기 때문이다. 장수들을 불러 모아 약속하였다. 『병법』에서 '필히 죽고자 하면 살고, 살고자 하면 죽는다(必死則生 必生則死).'고 했고, 또 '한 명이 길목을 지키면 천 명도 두렵게 할 수 있다(一夫當逕 足懼千夫).'고 했는데, 이는 오늘의 우리를 두고 하는 말이다. 너희 장수들이 조금이라도 명령을 어긴다면 즉시 군율로 다스려 한 치도 용서치 않을 것이라며 거듭 엄하게 약속했다. 이날 밤 신인(神人)이 꿈에 나타나 말하기를 '이렇게 하면 크게 이기고, 이렇게 하면 패할 것'이라고 알려줬다."

그 신인이 꿈에서 이순신 장군에게 무슨 말을 했는지는 구체적으로 알 수 없다. 그러나 세력이 절대 약해서 중과부적인 상황에서 중압감에 짓눌린 장군은 지푸라기라도 잡고 싶은 심정이었을 것이다.

다음 날 결전의 날이 왔다. 예상했던 것처럼 엄청난 수의 왜 군선이 나타났다.

1597년 9월 16일, 맑음.

"이른 아침에 별망군이 와서 보고하기를, '적선들이 헤아릴 수 없을 정도로 많이 명량을 거쳐 곧장 진을 친 우수영으로 향해 온다.'고 했다. 곧바로 여러 배에 명령하여 닻을 올리고 바다로 나가게 하니 적선 130여 척이 우리의 배들을 에워쌌다. 여러 장수들은 스스로 적은 군사로 많은 적을 대하는 형세임을 알고 회피할 꾀만 내고 있었다. 우수사 김억추(金億秋)가 탄 배는 이미 2마장(약 90m) 밖에 있었다. 나는 노를 재촉해서 앞으로 돌진하여 지자, 현자 등의 총통을 이리저리 쏘니 탄환이 나가는 것이 바람과 우레 같았다. 군관들은 배 위에 빽빽이 들어서서 빗발처럼 난사하니, 적의 무리가 저항하지 못하고 나왔다 물러갔다 했다. 그러나 적에게 몇 겹으로 포위되어 형세가 장차 어찌 될지 헤아릴 수 없으니, 온 배 안에 있는 사람들은 서로 돌아보며 얼굴빛이 질려있었다. 나는 부드럽게 타이르기를, '적선이 비록 많아도 우리 배를 바로 침범하기가 어려울 것이니 조금도 마음 흔들리지 말고 더욱 심력을 다해서 적을 쏘라.'고 했다. 여러 장수들의 배를 돌아보니 먼 바다로 물러가 있고 배를 돌려 군령을 내리려 하니 여러 적들이 물러간 것을 이용해 공격할 것 같아서 나가지도 물러나지도 못하는 상황이었다. 호각을 불게 하고 중군에게 명령하는 깃발을 세우고 또 초요기(招搖旗, 장수를 부르는 깃발)를 세웠더니 중군장 미조항첨사 김응함의 배가 점점 내 배에 가까이 왔는데, 거제현령 안위의 배가 먼저 도착했다. 나는 배 위에 서서 안위를 부르며 '안위야, 군법에 죽고 싶으냐, 도망간들 어디 가서 살 것이냐.'고 말했다. 그러자 안위도 황급히 적선 속으로 돌진하여 들어갔다. 또 김응함을 불러서 말하기를, '너는 중군장이 되어서 멀리 피하고 대장을 구하지 않으니 그 죄를 어찌 피할 것이냐. 당장 처형하고 싶지만 적의 형세가 급하니 우선 공을 세우게 해 주겠다.'라고 하였다. 두 배가 먼저 교전하고 있을 때 적장이 탄 배가 그 휘하의 배 2척에 지령하니 일시에 안위의 배에 개미처럼 달라붙어서 기어가며 다투어 올라갔다. 이에 안위와 그 배에 탄 군사들이 각기 죽을힘을 다해 혹은 능장(稜杖, 몽둥이)을 잡고 혹은 긴 창을 잡고 혹은 수마석(水磨石, 반들거리는 돌) 덩어리를 무수히 난격하였다. 배 위의 군사들이 거의 힘이

다하자 내 배가 뱃머리를 돌려 곧장 쳐들어가서 빗발치듯 난사하였다. 적선 3척이 거의 뒤집혔을 때 녹도만호 송여종과 평산포 대장 정응두의 배가 잇달아 와서 협력하여 사살하니 왜적이 한 놈도 살아남지 못했다. 항복한 왜인 준사(浚沙)는 안골에 있는 적진에서 투항해 온 자인데, 내 배 위에 있다가 바다를 굽어보며 말하기를, '무늬 놓은 비단옷 입은 자가 바로 안골진에 있던 적장 마다시(馬多時)입니다.'라고 말했다. 나는 무상(無上) 김돌손을 시켜 갈퀴로 낚아 뱃머리에 올리게 하니, 준사가 날뛰면서 '이 자가 마다시입니다.'라고 말하였다. 그래서 바로 시체를 토막 내게 하니, 적의 기세가 크게 꺾였다. 아군의 여러 배들은 적이 침범하지 못할 것을 알고 일시에 북을 치고 함성을 지르며 일제히 나아가 각기 지자, 현자총통을 발사하니 소리가 산천을 진동하였고 화살을 빗발처럼 쏘아 적선 31척을 격파하자 적선들은 후퇴하여 다시는 가까이 오지 못했다. 우리 수군이 싸움하던 바다에 정박하기를 원했지만 물살이 매우 험하고 바람도 역풍으로 불며 형세 또한 외롭고 위태로워 당사로 옮겨 정박하고 밤을 지냈다. 이번 일은 실로 천행(天幸)이었다."

여기서 참수당한 적장 마다시는 구루시마 미치후사 來島通總, 1561~1597였다. 장군은 적 앞에서 동요하는 휘하 장졸들에게 솔선수범으로 본을 보였다. 임전무퇴의 강건한 자세였다.

"적선이 비록 많기는 하지만 곧바로 덤벼들기는 어렵다. 조금도 흔들리지 말고 마음과 힘을 다해서 적을 쏘고 또 살아라."

그러나 장군의 당부에도 불구하고 장수들은 공포에 떨며 도망칠 생각만 하고 있었다. 워 포어war phobia, 전쟁공포증이었다. 명량해전에 참가

한 조선 수군 대부분은 지난 7월 16일 원균의 칠천량해전에서 거의 궤멸 되다시피 하다 구사일생으로 살아남은 군사들이었다.

　좁은 물목을 가로막는 일자진-字陣을 편 장군이 천자총통을 작열시 키자 왜군 아타케부네安宅船와 세키부네關船는 맥없이 격파됐다. 불화살을 맞은 왜선은 분멸되었고 왜군들은 추풍낙엽처럼 바다로 떨어졌다. 조선 수군이 강했던 것은 판옥선에 총통을 싣고 화력을 집중할 수 있었기 때 문이었다. 조선 수군은 삼도수군통제사 이순신을 비롯 전라우수사 김억 추, 미조항첨사 김응함, 녹도만호 송여종, 영등포만호 조계종, 강진현감 이극신, 거제현령 안위, 평산포대장 정응두, 순천감목관 김탁 등 1천여 명이었고 일본 수군은 도도 다카토라, 가토 요시아키, 와키자카 야스하 루, 구루시마 미치후사 등 1만4천여 명이었다.

　조선 수군은 판옥선 13척과 초탐선 32척이 고작이었지만 고기잡이 민간 포작선 100여 척을 멀찌감치 후방에 배치해 군세를 유지했다. 전투 결과 조선 수군 판옥선은 단 한 척도 피해를 입지 않았다. 수군 1천여 명 중 순천감목관 김탁, 우수영 노비 계생은 사망했고 강진현감 이극신 과 박영남, 봉학 등은 부상했다. 그러나 일본 수군은 133척 가운데 선발 대 31척이 모두 분멸 또는 수장됐다. 이 아수라장에서 나머지 후발대는 허겁지겁 퇴각했다. 왜군 1만4천여 명 가운데 해적 출신 구루시마 미치 후사는 사망했고 도도 다카토라는 중상을 입었다. 죽거나 다친 왜군은 8천여 명에 이르렀다. 완벽한 승리였다.

　이날 왜 수군은 오전 6시 30분 정조停潮 때 발진했다. 조선 수군은 9 시 밀물 때 출전했다. 10시 10분 최대 유속은 4m/s였다. 10시 30분 왜 수군의 공세가 시작됐고 12시 21분 정조가 되었다. 13시쯤 썰물, 조류가 남동류로 바뀌자 조선 수군에 유리한 형세가 되었다. 이때 총공세를 폈다. 14시 40분 치열한 공방전이 벌어졌고 16시 30분 조류에 휩쓸린 왜 수군이 후퇴하기 시작했다. 조선 수군은 18시 30분 추격을 중지하고 18시 56분 다시 정조를 맞았다. 기진맥진한 조선 수군은 19시에 당사도로 후진했다. 바다는 깨진 적선의 잔해와 부유물로 어지러웠다.

"천행천행(天幸天幸), 차실천행(此實天幸)이다."

장군은 그렇게 일기에 적었다. 하늘이 내려준 불가사의한 대승이었다는 것이다. 장군은 대승을 거뒀지만 가슴 한켠이 아리고 쓰라렸다. 그즈음 토사곽란으로 고생을 많이 한 탓이기도 하지만 고단한 지난날들이 떠올랐기 때문이었다. 특히 4월에는 어머니의 임종은 고사하고 발상發喪도 못한 채 백의종군 길에 올라야 했다. 7월 18일 백의종군으로 도원수 권율權慄 진영인 초계에 머무르고 있을 때 원균元均이 칠천량해전에서 궤멸당했다는 청천벽력 같은 소식을 들어야 했다. 그때 선조와 조정에서는 또다시 장군을 부랴부랴 찾았다. 8월 3일 아침 일찍 선전관 양호梁護가 삼도수군통제사 재임명 교지와 선조의 편지를 가지고 왔다.

"그대의 직함을 갈고 그대로 하여금 백의종군하도록 하였던 것은 역시 이 사람의 모책이 어질지 못함에서 생긴 일이었거니와 그리하여 오늘 이같이 패전의 욕됨을 만나게 된 것이라 무슨 할 말이 있으리오."

선조가 이순신에게 이렇게 자존심을 내려놓고 자신을 책망하는 뜻을 보냈다는 것은 누란의 위기에서 믿을 수 있는 사람은 오로지 이순신이었기 때문이다. 한때는 군왕과 조정을 속이고 업신여긴다며 삭탈관직, 고문과 백의종군을 시켜 놓고 아쉬울 땐 찾을 수밖에 없는 주인공이 바로 이순신이었다.

그리고 8월 15일 선전관 박천봉을 보내 "지난 칠천량해전에서 패한 결과로 해전이 불가능할 경우 육지에 올라 도원수 권율을 돕도록 하라." 는 명을 내렸다. 선조의 변화무쌍한 변심에 장군은 갈피를 잡지 못했다.

회령포에 판옥선 12척을 숨겨놓았던 경상우수사 배설裵楔은 해전발발 전에 아프다는 핑계를 대고 신병치료차 전라우수영에 내려 곧바로 도주했다. 그는 임진왜란이 끝난 1599년 고향 선산에서 체포되어 처형당했다.

선조와 이순신의 애증(愛憎)

○
●
○

흔히들 우리는 선조와 이순신의 관계가 안 좋았다고 알고 있다. 대체로 그렇다. 하지만 애증愛憎이 교차된 사실도 기록되어 있다. 이순신이 노량해전에서 살았다고 해도 전 해에 선조의 명을 어긴 죄 때문에 죽음을 면치 못했을 것이라는 이야기는 의자살설擬自殺說을 뒷받침한다. 1598년 11월 19일 이순신 최후의 전투인 노량해전에서 투구를 벗은 채 지휘를 하다가 왜적의 조총 탄환에 왼쪽 가슴을 내주었다는 것이다. 하지만 이것은 정설은 아니다.

임진왜란 초 1592년~1593년 이순신은 바다에서 연전연승連戰連勝, 왜 수군을 수장시켰다. 이순신은 5월 7일 옥포대첩으로 가선대부종2품, 6월 7일 율포승첩으로 자헌대부정2품 하계, 7월 8일 한산대첩으로 정헌대부정2품 상계 품계를 받는 등 승승장구했다. 게다가 피난민을 구휼하는 일로 인해 백성들에게 인기도 높았다. 그러나 선조는 백성을 버리고 파천한 왕, 여차하면 압록강을 건너 명나라 요동 땅으로 건너가려 했던 무능한 군주로 알려져 있었다. 선조의 입장에서는 2보 전진을 위한 1보 후퇴의 '작전 상 후퇴'였는데 말이다.

선조도 처음에는 이순신에게 좋은 감정을 가지고 있었다.

임진왜란 발발 약 14개월 전인 1591년 2월 13일 이순신은 전라좌도 수군절도사^{정3품}로 임명되었다. 선조는 일개 종6품의 지방관인 정읍현감 이순신을 무려 7단계를 뛰어넘은 파격적인 조치로 발탁했다. 그의 나이 47세, 요즘으로 말하면 육군 소령 정도에서 졸지에 해군 소장이 된 것이다. 당시 조정에서는 종6품의 현감에서 정3품의 수사로 무려 일곱 품계를 뛰어넘은 파격적인 진출에 대해 세찬 반대 의견들이 있었다.

『선조실록』^{선조 24} 1591년 2월 16일자 기사이다.

"사간원이 아뢰기를, '전라좌수사 이순신은 현감으로서 아직 군수에 부임하지도 않았는데 좌수사에 초수(招授)하시니 그것이 인재가 모자란 탓이긴 하지만 관직의 남용이 이보다 심할 수 없습니다. 체차시키소서.' 하니, 왕이 답하기를, '이순신의 일이 그러한 것은 나도 안다. 다만 지금은 상규(常規)에 구애될 수 없다. 인재가 모자라 그렇게 하지 않을 수 없었다. 그 사람이면 충분히 감당할 터이니 관직의 고하를 따질 필요가 없다. 다시 논하여 그의 마음을 동요시키지 말라.'"

이틀 뒤인 『선조실록』 1591년 2월 18일자 기록이다.

"사간원이 아뢰기를, '이순신은 경력이 매우 얕으므로 중망(衆望)에 흡족할 수 없습니다. 아무리 인재가 부족하다고 하지만 어떻게 현령을 갑자기 수사(水使)에 승임시킬 수 있겠습니까. 요행의 문이 한번 열리면 뒤 폐단을 막기 어려우니 빨리 체차시키소서.' 하니, 왕이 답하기를, '이순신에 대한 일을 개정하는 것이 옳다면 어찌 개정하지 않겠는가. 개정할 수 없다. 두 번 다시 말을 꺼내지 말라(可勿更論)!'"

이렇게 이순신은 육군에서 해군으로 보직 변경이 됐고 그것도 몇 단계나 높은 특진이었으니 인사권자인 선조의 은혜라 할만하다.

그즈음 선조는 일본의 움직임이 심상치 않다는 생각을 가지고 내심 전쟁에 대한 우려를 하고 있었다. 그래서 전라좌수사 이순신李舜臣, 경상우수사 원균元均, 전라우수사 이억기李億祺 등을 남해안 요충지 방어 장수로 보내게 된 것이다.

1592년 적진포해전에서 왜선 13척을 분멸焚滅 시키고 돌아온 장군은 선조가 북쪽으로 몽진蒙塵했다는 소식에 깜짝 놀라 분루憤涙를 삼켰다. 우국충정을 그려낸 장군의 시조다.

천보서문원(天步西門遠) / 동궁북지위(東宮北地危)

고신우국일(孤臣憂國日) / 장사수훈시(壯士樹勳時)

서해어룡동(誓海魚龍動) / 맹산초목지(盟山草木知)

수이여진멸(讐夷如盡滅) / 수사부위사(雖死不爲辭)

나라님 행차는 서쪽 관문으로 멀어지고 / 동궁 전하는 북쪽 변경에서 위험에 처해 있다

외로운 신하는 날마다 나랏일 걱정하네 / 장사들은 공을 세울 때이다

바다에 맹세하니 어룡이 감동하고 / 산들에 맹서하니 초목이 알아준다

이 원수들을 다 죽일 수 있다면 / 비록 죽을지라도 사양하지 않으리

이순신은 피난 간 선조와 두 왕자의 안위를 먼저 걱정했다. 그리고 이때야말로 장수들은 죽음을 불사하고 나아가 공을 세워야 한다는 결기를 밝히고 있다. 일편단심, 선조와 두 왕자가 어서 빨리 도성으로 돌아오기를 학수고대하는 충직한 신하의 면모를 보였다.

1597년 2월 26일 선조와 이순신의 관계가 깨졌다.

"감히 변방의 장수가 왕명을 거역하다니 잡아다가 죽여야겠다."

선조는 대로大怒했다. '의인물용疑人勿用 용인물의用人勿疑' 즉 "의심스러운 사람은 쓰지 말고, 일단 썼으면 의심하지 마라."는 송나라 사필謝泌의 말인데 선조는 이순신을 끊임없이 의심했다. 아마도 두 사람에 대한 백성들의 평가를 듣고 난 후에 얻은 자격지심 때문이었을 것이다.

삼도수군통제사에서 삭탈관직된 이순신은 3월 4일 한양으로 압송돼 의금부에 갇혔다. 3가지 죄목에 해당됐기 때문이다. 그 첫째는 조정을 속이고 임금을 무시한 죄欺罔朝廷 無君之罪, 둘째는 가토 기요마사加藤淸正를 막지 않은 죄從賊不討 負國之罪, 셋째는 남의 공을 가로채고 무함誣陷하여 죄

에 빠뜨린 한없이 방자하고 거리낌이 없는 죄奪人之功 陷人於罪 無忌憚之罪였다.

『선조실록』 1597년 3월 13일 기사에 잘 나타나 있다.

"(중략) 이렇게 허다한 죄상이 있고서는 법에 있어서 용서할 수 없는 것이니 율(律)을 상고하여 죽여야 마땅하다. 신하로서 임금을 속인 자는 반드시 죽이고 용서하지 않는 것이므로 지금 형벌을 끝까지 시행하여 실정을 캐어내려 하는데 어떻게 처리할 것인지 대신들에게 하문하라."

이순신이 왕명을 거역한 것은 현장 지휘관으로서 판단 때문이었다. 그리고 이중간첩 요시라要時羅의 말만 믿고 출동할 수는 더더욱 없는 일이었다. 요시라의 반간계反間計라고 믿고 있었기 때문이었다.

진나라 때 병법의 달인 황석공黃石公은 다음과 같이 말했다.

"출정하고 군대를 동원할 때는 장수가 단독으로 행해야 한다. 진퇴에 조정이 견제하면 공을 이루기 어렵다出軍行師 將在自專 進退內御 則功難成."고 했다.

『손자병법』의 손무孫武도 비슷한 말을 했다.

"전쟁의 형세가 이길 수 없으면 임금이 반드시 싸우라고 해도 싸우지 않는 것이 옳다戰道不勝 主日必戰 無戰可也."

요시라의 첩보를 처음 접한 경상우병사 김응서金應瑞와 조정대신들은 이순신 탄핵에 열을 올렸다. 특히 윤근수尹根壽는 이순신을 대놓고 탓했고 대신 원균元均을 그 자리에 보내야 한다고 목청을 높였다.

급기야 선조는 성균관 사성인 남이신南以信을 한산도로 내려보내 진상을 파악하라고 했다. 남이신이 전라도에 도착하자, 이순신이 모함을 받고 있다면서 하소연을 하는 사람들을 만났다. 서인^{西人}인 남이신은 조정에 사실대로 보고하지 않았다.

다음은 1587년^{선조 20}부터 1607년^{선조 40}까지 임진왜란의 전말, 극복 과정, 전후 교섭 등을 기술한 책인 『선묘중흥지^{宣廟中興誌}』에 나온 기록이다.

> "가등청정^(加藤淸正)이 해도^(海島)에서 7일 동안이나 머물러 있었는데 만일 우리 군사가 쳐들어갔더라면 청정을 잡아올 수 있었을 것인데 순신이 머뭇거려 그만 호기를 놓쳤다."

류성룡의 『징비록』은 다음과 같이 기록하고 있다.

> "요시라는 다시 김응서를 찾아가 '청정이 벌써 상륙했는데 조선에선 왜 막아서 잡지 않았는지 매우 안타까웠다.'고 하고 조정에서는 이순신을 잡아와서 국문하기를 청했다. 좌의정 김응남^(金應南)도 '원균이 먼저 싸우러 나갔는데 순신이 구하지 않았다.' 급기야 1월 27일 이순신을 잡아오게 하고 대신 원균을 통제사로 삼았다."

『선조실록』 1597년 1월 27일자 기록이다.

> "서인의 거두인 윤두수^(尹斗壽)는 이순신이 조정의 명령을 받아들이지 않고 싸움에 나가기 싫어 한산도로 물러가 지키고 있는 바람에 큰 계책이 실현될 수 없었던 것이니 이에 대하여 신하들로서 누가 통분하지 않을 수 있겠습니까. 이순신은 조용한 것 같지만 거짓이 많고 앞으로 나서지 않는 사람입니다."

『선조실록』 1597년 2월 4일자 기사이다.

"사헌부에서 이순신은 나라에 막대한 은혜를 입어 순서를 뛰어넘어 한껏 높은 자리에 올랐음에도 불구하고 온힘을 다하여 싸우지 않고 바다 가운데서 군사를 끼고 앉아 이미 다섯 해를 보냈습니다. 마침내 적이 바다를 덮고 밀려와도 길목을 지켰다거나 선봉을 막아냈다는 말을 들어보지 못했습니다. 은혜를 배반하고 나라를 저버린 죄가 큽니다. 붙잡아다가 신문하고 법대로 국문하여 벌을 내려야 합니다."

전쟁 상황 판단을 할 때 '왜군을 한 번도 보지도 못한' 조정대신들의 탁상공론과 현지 지휘관의 상황 판단은 훨씬 다를 수 있을 것이다. 이래저래 장군은 닭이 울 때까지 잠을 못 이루는 번민의 나날을 보내야 했다.

당시 전라병마사인 원균은 저간의 돌아가는 사정을 익히 잘 알고 있었다. 원균은 1597년 1월 22일 재빨리 선조에게 '부산 앞바다에서 일거에 왜선을 제압하는 것이 가장 효과적'이라는 서장書狀을 올렸다. 선조는 5일 후 1월 27일 원균을 경상우수사로 임명했다. 선조에게 눈엣가시였던 이순신은 이렇게 앓던 이가 빠진 것처럼 시원하게 제거되었다.

왜란 초기 동인으로서 이순신을 두호했던 영의정 이산해는 당시 북인의 영수가 되었고 남인 류성룡과 갈라섰다. 그런 북인 이산해와 서인 윤두수, 윤근수 형제는 원균을 엄호했다.

"나는 이순신의 사람됨을 자세히 모르지만 성품이 지혜가 적은 듯하다. 임진년 이후 한 번도 거사를 하지 않았고, 이번 일도 하늘이 준 기회를 취하지 않았으니 법을 범한 사람을 어찌 매번 용서할 것인가. (삼도수군통제사를) 원균으로 대신해야겠다."

원균은 소원대로 삼도수군통제사가 되었고 그해 7월 16일 칠천량해전에서 조선 수군이 궤멸되는 수모를 겪고 전사했다. 선조는 급하게 이순신을 다시 찾았다.

"그대의 직함을 갈고 그대로 하여금 백의종군하도록 하였던 것은 역시 이 사람의 모책謀策이 어질지 못함에서 생긴 일이었거니와 그리하여 오늘 이같이 패전의 욕됨을 만나게 된 것이라 무슨 할 말이 있으리오尙何言哉."

선조는 백의종군 중이던 이순신을 다시 삼도수군통제사로 재임명한다는 「기복수직교서起復授職敎書」에서 미안감을 밝혔다. 모친 상중에 있는 이순신은 3년 동안 시묘살이를 해야 했지만 선조의 명에 따라 또다시 깨지고 찢긴 몸을 추슬러 일어서야 했다. 그 이듬해 이순신은 노량해전에서 순국했다.

선조는 명군의 수장 형개邢玠의 권유로 남해로 내려보낸 이순신 사제문賜祭文을 끝내면서 "실은 나는 그대를 버렸으나 그대는 나를 버리지 않았다. 이승, 저승 맺힌 원한을 무슨 말로 다 하리오."라고 회한의 뜻을 비쳤다. 이순신을 그렇게 핍박했던 선조는 이승과 저승을 달리한 장군에게 마지막 애도의 뜻을 표했다.

'아! 영웅은 외롭고 어려운 이름인가.'

이순신 죽음의 미스터리

○
●
○

충무공 이순신李舜臣 사후 호사가들은 그의 죽음을 둘러싸고 말이 많다. 자살설, 의자살설擬自殺說, 위장순국설僞裝殉國說, 은둔설 등이 그것이다. 한 사람의 죽음을 놓고 이러쿵저러쿵하는 것 자체가 불경이겠지만, 그가 죽음을 맞기 전 상황이 예사롭지 않다는 데서 나름대로 상상의 나래를 펴는 것이리라.

1598년 11월 19일 노량해전에서 장군이 전사한 뒤 80년 후 숙종 때 대제학 이민서李敏敍. 1633~1688 는 김 충장공의병장 김덕령 유사에서 "북을 치던 부관 송희립宋希立이 적탄을 맞고 쓰러지자 이순신은 스스로 투구를 벗고 돌격북을 치면서 싸움에 맞서다가 탄환에 맞아 죽었다李舜臣方戰 免冑自中丸以死."고 했다. 여기서 '면주免冑'는 투구를 벗었다는 뜻이다. 그는 또 통제사 충무이공 명량대첩비 비문에서 "이순신이 스스로 죽음을 택한 원인은 당파^{동인과 서인} 간의 대립과 항쟁으로 점철된 당쟁의 희생물^{黨禍}"이라고 했다.

그 후 1678년 편찬한 시문집 『서하집^{西河集}』 17권 「김장군전」에서 "의병장 김덕령이 옥사하자^{1596년 역모했다는 무고로 처형됨} 모든 의병들은 스스로 목숨을 보전할 수 없다고 생각했다. 곽재우는 군대를 해산하고 군직을 떠나 벽곡^{辟穀. 곡식을 끊고 솔잎, 대추, 밤 등으로 생식함}하며 은둔해 당화를 피했고, 이순신은 싸움이 한창일 때 갑옷과 투구를 벗고 적탄에 맞아 죽었다."고 했다.

또 숙종 때 좌의정인 판부사^{判府事} 이이명^{李頤命. 1658~1722}은 가승발^{家乘跋.} ^{집안의 역사기록}에서 "공은 용의주도하게 방비하여 자기 몸을 아끼지 않고 왜 몸을 버리고 죽어야 했을까. 세상 사람들이 말하되 공이 성공한 뒤에도 몸이 위태해질 것을 스스로 헤아리고 화살과 탄환을 맞으면서도 피하지 않았다고 했다^{當矢石而不避}. 어허! 참으로 슬프도다. 과연 그랬을까^{嗟乎或其然乎} ^今."라고 기록하고 있다. 훗날 이런 말에 따라 자살설과 의자살설^{擬自殺說}이라는 풍설이 뜬금없이 퍼져나갔다.

역시 민계식 전 현대중공업 대표이사도 『임진왜란과 거북선』에서 '자살형 전사'라고 서술하고 있다. 선조가 끊임없이 의심하는 상황에서 살아봤자 산 목숨이 아닐 것이라는 생각에서 갑옷을 벗고 왜적들에게 잘 보이도록 붉은 전포만 입고 독전^{督戰}의 북을 두드렸을 것이라는 상상에서이다.

이와 같은 자살설에 한 술 더 떠 위장순국설^{僞裝殉國說}까지 나오는 판이다. 죽음을 위장했다는 것인데 남천우 전 서울대 물리학과 교수는 『이순신은 전사하지 않았다』^{2008년 미다스북스}에서 위장전사를 주장했다. "1598년

11월 19일 전사했을 때 배 안에는 아들 회薈. 32세와 조카 완莞. 20세, 그리고 몸종 김이金伊밖에 없었다. 이순신은 살아남기 위해서 이들과 모의하여 전사한 것처럼 위장했다는 이야기다. 따라서 이순신이 아산 어라산에 실제로 죽어서 묻힐 때까지 15년 80일 동안 은둔 칩거하여 더 살았다는 것이다. 따라서 남해 충렬사 가묘20일, 묘당도 월송대 가묘2개월, 아산 금성산 묘15년는 모두 가매장한 것이 아니고 남의 눈을 속이기 위해서 고의로 만든 가짜 묘偽墓"라는 말이다. 과연 그랬을까. 보는 눈이 수도 없이 많았고 명나라 수군 도독 진린陳璘은 전투에도 같이 참전했는데 과연 위장 자살이 가능했을까.

『선조실록』 11월 23일자 기록이다.

"승정원에서 군문도감의 낭청(郎廳. 종6품 실무관)이 보고하는 바, '진린의 차관(差官)이 와서 이순신이 죽었다.'고 하자 선조는 '알았다'고 대답했다. 또 진린이 '이순신이 죽었으니 그 후임을 즉시 임명하여 달라고 요구하였다.'고 말하자 '알았다. 오늘은 밤이 깊어 말할 수 없다.'고 했다."

11월 30일 선조는 "이순신을 증직하고 관에서 장사를 도우라."고 했다. 12월 1일 비변사는 선조에게 "장례를 치러 주고 자식들에게 관직을 주었다."고 보고하고 12월 4일 이순신을 우의정으로 증직했다. 또 12월 11일에는 이순신의 영구가 남해에서 아산에 도착할 것이라고 선조에게 보고했다.

이순신 연구가 이종락 작가는 『이순신의 끝없는 죽음』에서는 이상한 점을 제기했다.

"1598년 11월 19일 장군이 남해 관음포에서 전사한 뒤 시신은 이락사로 옮겨 졌다가 충렬사로 다시 가매장되었다. 그리고 12월 11일 남해에서 아산으로 도착할 것이란 비변사의 보고도 있었다. 그런데 시신이 1599년 2월 11일 아산의 금성산 얼음목에서 반장(返葬, 객사한 사람을 고향에서 장사지냄)할 때까지 약 80일이 소요되었다. 남해 충렬사 가묘에서 최장 12일 안치되어 오다가 1598년 12월 1일 경 발상하여 아산으로 바로 이장하였다(약 8일 소요)고 전하므로 남는 60일의 공백 기간은 어떻게 되는가. 여기서 위장전사설의 근거가 된다."

이종락 작가는 또 "시신이 왜 고금도 묘당도로 갔을까?"를 제기한다.

1597년 7월 원균의 수군이 칠천량에서 궤멸되자 위기의식을 느낀 명나라 조정은 수군 도독 진린에게 5천 명의 수군을 붙여 조선에 파병했다. 명 수군은 목포 앞바다 고하도를 거쳐 1598년 7월 16일 고금도 묘당도에 도착하여 이순신 통제영과 함께 조명연합 수군의 본영으로 삼았다. 묘당도는 고금도와 좁은 해협 사이로 매립돼 연륙된 작은 섬이다. 현재 등자룡鄧子龍을 제향하는 옥천사가 있고 이순신의 사당 충무사 옆에는 관왕묘비가 있으나 관우關羽를 모신 사당은 일제 때 파괴되었다. 이곳 월송대月松臺 가묘 터에는 장군의 시신이 2개월 동안 가매장되었다고 설명되어 있다. 아마도 60일 동안의 공백은 이곳에서 초분草墳을 하기 위해서 이장된 것이 아닌가 생각된다. 완도군 청산도에서는 지금도 시신을 초분한다고 하는데 초분은 마을 밖 가묘에서 시신을 짚이나 이엉으로 덮고 3년 동안 부패시켜 조상의 불경스런 썩는 냄새를 없앤 다음 백골이 된 시신을 선영에 이장하는 풍습이다.

마침 이 궁금증을 풀어주는 대목이 발견되었다.

『선조실록』 31년^{1598년} 12월 11일자 기록이다.

"선조에게 예조판서가 말한다. '등총병(鄧總兵. 등자룡)의 치제관(致祭官. 임금이 죽은 부하의 제사를 관리하도록 한 관리)을 이미 차출하였으므로 곧 내려보낼 것입니다. 그러나 들건대 이순신의 상구(喪柩. 상여)가 이미 전사한 곳에서 출발하여 아산의 장지에 도착할 예정으로 등총병의 상구와 한 곳에 있지 않다고 합니다. 제사를 올리는 순위는 서로 구애된다고 생각되지 않아 이순신에게는 예조의 낭청(郎廳. 종6품 실무관)을 먼저 보냈고 등총병에게는 이축(李軸)을 오늘이나 내일 보내려고 합니다. 어떻게 하면 좋겠습니까.' 이에 선조는 '중국 장수를 먼저 장사 지내고 우리 장수는 뒤에 하는 것이 예의상 옳다. 등총병에게 먼저 치제관을 보내라.'고 하였다."

관음포전투에서 같이 전사한 이순신과 등자룡의 시신은 남해 충렬사에 함께 안치하였으나 장례 절차나 선영 운구 등 우선순위는 등자룡이 먼저였으므로 장군은 뒤로 밀렸다. 등 부총병의 시신이 한양을 향해서 운구되자 비로소 묘당도에 가매장된 장군의 시신이 아산으로 운구되었을 것이다. 선조는 2월 25일 한성에 도착한 등 부총병의 시신을 3월 6일 국장으로 장례토록 하고 몸소 거둥하여 극진하게 문상했다. 그 후 등자룡 시신은 명나라로 운구되었다.

다음은 명과 왜, 조선 3국의 전사설을 뒷받침하는 기록이다.

우선 이순신의 큰아들 이회가 현감역^{玄監役}에게 보낸 편지이다.

"각별히 고한 것에 답하여 글을 올립니다. 저는 머리를 조아리고 재배 드려 말
씀드립니다. 지난번에 길 가던 중에 직접 곡하시고 글을 지어 제문과 제물을
갖고 조문해 주시니, 애도의 감정이 너무도 극진하셨습니다. 이제 또 위문편지
를 엎드려 받고 부의와 약품도 받으니 슬픔과 감사함이 교차하여 문득 평소
에 사랑하신 정을 느꼈습니다. 저는 어둡고 완고한데도 죽지 않고 마지못해 세
월이 가는 것을 보며 사람들의 돌봐주심에 힘입어 상여를 무사히 빠르게 옮겨
왔습니다. 피눈물 흘리고 애가 끊기는 듯한 심정을 스스로 억제하지 못하겠습
니다. 삼가 글을 올립니다. 현감역 자리 앞으로.

1598년 12월 13일 죄인 이회 글을 올림"

이 편지는 아산으로 운구하던 중 조문한 현건^{玄健, 1572~1656}에게 감사
하다는 내용이다. 현건은 이순신 모친 초계 변씨의 친척으로 이순신과
는 선대부터 매우 돈독한 관계를 맺어온 사이다. 운구가 전라도 영암 땅
에 이르렀을 때 현건이 나와 조문했다. 그리고 제물 등을 보내왔다. 생
전의 이순신은 자신보다 나이가 훨씬 어렸지만 집안 형님뻘 되는 현건과
편지를 주고 받을 때 항상 존칭을 썼다. 이 편지로 인해 이순신의 은둔
설은 사실무근으로 밝혀진 셈이다. 장군이 피격 당했을 때 맏아들 이회
와 조카 이완이 임종을 하였고 송희립과 진린 등이 나머지 전투를 마무

리 하였다.

『선조실록』 1598년 11월 25일자 기록이다.

"진린(陳璘)의 게첩(揭帖)에서 '한창 왜적이 포위할 때 내 배는 큰 북을 치고 먼저 진격하고 등자룡(鄧子龍), 이순신(李舜臣) 두 장수가 좌우에서는 협공할 때 두 장수는 죽었다.'"

노량해전에 참전한 해남현감 류형柳珩. 1566~1615은 장군이 전사한 15년 후 "장군은 추격 중 왜적선의 선미에 엎드린 조총수로부터 6발의 총상을 입고도 전투를 지휘하였다."고 하였다.

왜의 시각을 담은『일본사日本史』의 기록이다.

"노량해전에서 이순신은 시마즈 요시히로(島津義弘) 군대를 선두에서 추격하다 선미에 엎드린 철포병(鐵砲兵)의 일제 사격으로 심장 왼쪽 가슴에 피탄하여 전사했다. 이 싸움에서 시마즈 함선 300척 가운데 250척이 침몰하고 겨우 50척이 빠져나왔다. 시마즈는 그의 아타케부네(安宅船)가 대파하자 다치바나 무네시게(立花宗茂)의 배로 옮겨 탔다."

다음은 정조 때 오경원吳慶元. 1764~?이 쓴 명과의 외교록인『소화외사小華外史』기록이다.

"등자룡이 큰 공을 탐내 선봉에 서서 분격하는데 뜻밖에 뒷배에서 화기를 잘

못 발사하여 등자룡 배의 돛에 불이 붙었다. 그러자 왜군들이 배에 올라타 등자룡을 칼로 마구 쳐 죽였다. 이순신은 나아가 앞서가던 진린이 포위되자 이를 구하려고 금빛 갑옷을 입은 왜장을 활로 쏘아 맞히니 왜병이 진린을 놓아주었다. 이순신이 와서 구출하여 진린은 탈출했으나 이순신은 총을 맞았다.”

이보다 훨씬 앞선 광해군 때 영의정 박승종朴承宗, 1562~1623 은 『충민사기忠愍祠記』에서 “진린이 26일 개선하여 한양에 올라오자 선조는 한강진까지 출영하였으며 이순신의 충렬忠烈에까지 이야기가 미치자 나는 얼굴에 눈물이 가득하였다.”고 말했다. 이때 진린은 선조에게 “성城을 버리고 군사를 잃은 무리들이 공신이라 자임하여 자기 방창房窓 아래에서 늙어 죽건만 이순신에게는 그 혁혁한 충렬과 큰 공에도 불구하고 스스로 몸을 버림에까지 이르니 이것이 어찌 하늘의 보답인가.” 하고 한탄하였다.

장군의 죽음과 관련 여러 설이 난무하는 것은 따지고 보면 이순신을 불신했던 선조라는 ‘거대한 절벽'이 자리 잡고 있었기 때문이었다.

이순신 인성 평가

○
●
○

'개관사정蓋棺事定'이라 했다. 관의 뚜껑을 닫은 후에야 고인에 대한 올바르고 정당한 평가를 할 수 있다는 말이다. 또 '호사유피虎死留皮 인사유명人死留名'이라는 말도 있다. 즉 "호랑이는 죽어서 가죽을 남기고 사람은 죽은 뒤 이름을 남긴다."고 한다. 사람이 떠나고 난 뒤에 그 사람에 대한 평가는 반드시 있게 마련이다. 불멸의 이순신과 관련한 명사들의 이야기를 종합해 본다.

이순신은 문무文武를 겸전한 사람이었다. 문과 무를 갖춘 양수겸장이었기에 무인이었지만 문인 못지않게 글을 남겼다. 『난중일기』『임진장초』『서간첩』 등은 1963년 국보 제76호로 등록되었고, 『난중일기』는 2013년 유네스코 세계기록문화유산에 등재되었다. 이순신은 후세에 글을 남김으로써 죽어서도 영원히 사는 불멸의 주인공이 됐다.

영조 때 실학자 남당 한원진韓元震, 1682~1751에 의하면 조선유학의 인격 함양법은 몸의 주인인 마음을 어떻게 다스리느냐의 문제로 귀결된다. 마음을 다스리는 방법으로 사물의 이치를 깊이 연구해 진리를 인식하는 궁리窮理, 순수한 마음의 힘을 기르는 존양存養, 그리고 힘써 진리를 실천하는 역행力行을 꼽고 있다. 이순신의 삶을 여기에 대입해 보면 그의 인격을 가늠해 보는 데 어려움이 없을 것이다.

이순신이 보여 준 충, 효, 애민, 창의, 소통 등 행위는 오늘날에도 본받을 만한 인격함양의 보고寶庫라고 할 수 있다. 교육부가 2015년부터 실시하는 인성교육진흥법의 인성 8대 요소는 예, 효, 정직, 책임, 존중, 배려, 소통, 협력이다. 공교롭게도 이 인성 8대 요소는 이순신의 인성 핵심 DNA에서 쉽게 찾아볼 수 있다.

요즘 이른바 문사철文史哲의 인문학을 강조하는 것도 인간 본연의 심성을 되찾자는 캠페인일 것이다. 이순신의 문무겸전 모델은 전인교육의 전형이라고 할 수 있다. 일찍부터 수신修身으로 준비된 인격을 갖추고 있었기 때문에 전장에서 부하들과 소통하면서 전투를 한 결과, 23전 23승의 불멸의 기록을 세웠다고 볼 수 있다. 그야말로 '인성이 실력'이 된 셈이다.

자신의 몸을 던져 나라와 백성의 평안을 찾았으니 인仁을 이룬 살신성인의 의인義人이라 하지 않을 수 없다. 그런 이순신의 곁에는 모함과 시기를 하는 사람들도 있었지만, 힘껏 도와주고자 하는 의인義人들도 꽤 많았다. 이런 배경으로 그는 순공망사殉公忘私, 사적인 일보다 대의를 우선시하는 고단한 삶을 살아야 했다.

인조 때 학자인 윤휴(尹鑴, 1617~1680)는 이순신의 성공을 도왔던 이들의 공에 대해 다음과 같이 기록했다.

"그 당시 군대에서 함께 이순신의 지업(志業)을 도왔던 사람들에 대해서도 역시 듣고 본 것을 엮어서 끝에 붙이는 바이다. 그리고 류성룡, 이원익, 정탁, 김명원, 이항복 등 여러 공들은 이 공(이순신)을 전후좌우에서 발탁시키고 붙들어 주어서, 세상의 못난 위인들로부터 비방과 비웃음을 받지 않고 끝내 지업을 성취하도록 하였다. 또한 이 어찌 어진 이를 돕고 덕 있는 이를 보필하고 충신을 현창하는 대신(大臣)의 일이자 인자(仁者)의 공이 아니겠는가."

인조-효종 때 경세가 김육(金堉)은 "이순신이 사력을 다한 것은 제갈량과 같다."고 했다. 이순신은 사후 45년이 지난 후인 1643년(인조 21년) 충무공 시호를 받았다.

숙종대왕은 아산 현충사 제문에 다음과 같은 글을 올렸다.

살신순절 고유차언(殺身殉節 古有此言)
망신국활 시견사인(亡身國活 始見斯人)

절개에 죽는단 말은 예부터 있지만
제 몸 죽여 나라 살린 것 이 분에게서 처음 보네

1598년 11월 19일 노량해전에서 이순신 장군이 전사하기 전 명 수군

도독 진린陳璘은 명나라 신종 황제에게 한 통의 편지를 올렸다.

"황제 폐하, 이곳 조선에서 전란이 끝나면 조선의 왕에게 명을 내리시어 조선 국 통제사 이순신을 요동으로 오라 하게 하소서. 신이 본 이순신은 그 지략이 매우 뛰어날 뿐만 아니라 그 성품과 또한 장수로 지녀야 할 품덕을 고루 지닌 바 만일 조선 수군통제사 이순신을 황제 폐하께서 귀히 여기신다면 우리 명국 의 화근인 저 오랑캐(훗날 청나라)를 견제할 수 있을 뿐 아니라, 저 오랑캐의 땅 모 두를 우리 국토로 귀속시킬 수 있을 것이옵니다."

진린은 1598년 이순신의 고금도 진영에 합류할 당시에는 갑질을 서슴 치 않았으나, 점차 이순신의 훌륭한 인품과 신통한 전략 구사를 꿰뚫어 본 뒤에는 이야李爺, 이씨 노인 라고 높여 불렀고, 사후에는 이순신의 공을 욕 일보천浴日補天이라고 극찬했다. 욕일보천은 해를 목욕시키고 하늘의 구멍 을 꿰맬 수 있을 정도의 위대한 공훈을 뜻한다.
『선조실록』 1597년 10월 20일자 기록이다.

"'명나라 경리(총사령관) 양호(楊鎬)는 이순신은 (원균의 칠천량 패전 후) 군량과 병선 을 조처하여 명량해전에서 승첩을 올린 데 대해 황상(明 神宗)에게 상문(上聞)하여 성단(聖斷)을 받아 포상하겠다.'고 하자 선조는 '우리의 도리로서 미안하여 사양 한다.'고 양호에게 말함으로써 성사되지 못했다."

1598년 4월 14일 남해에서 활약 중인 이순신이 보낸 치계馳啓, 파발보고서를 보고 경리 양호와 선조의 시각은 전혀 달랐다.

경리분부왈(經理分付曰)
이순신용력살적(李舜臣用力殺賊)
이차아심가희(以此我甚嘉喜)
급속장상고무(急速奬賞鼓舞)

경리(양호)가 말하기를
이순신이 그처럼 전력을 다해 왜적을 참살하고 있으니
나는 이를 매우 가상히 여겨 기쁘게 생각하고 있다
급히 명 황제의 포상을 요청하고 사기를 고무시킬 것이다

임진왜란 발발 1달 전 전라좌수사 이순신에게 『증손전수방략增損戰守方略』이라는 병법서를 보내주었던 류성룡柳成龍은 『징비록』에서 다음과 같이 회상하고, 이순신을 '군신軍神'이라고 결론지었다.

"이순신은 사람됨이 말과 웃음이 적고 단아한 용모에다 마음을 닦고 삼가는 선비와 같았으며 속에 담력과 용기가 있어서 자신의 몸을 돌보지 아니하고 나라를 위하여 목숨을 바쳤으니, 이는 곧 그가 평소에 이러한 바탕을 쌓아온 때문이었다. 이순신은 재주는 있었으나, 운수가 없어서 백 가지 경륜 가운데서 한 가지도 뜻대로 베풀지 못하고 죽었다. 아아. 애석한 일이로다."

소설 『홍길동전』을 지은 허균許筠 역시 한양 건천동에 살았는데, "류 성룡이 이순신을 등용한 것은 나라를 중흥시킨 큰 공로였다."고 높이 평 가했다. 그는 이순신의 파직 원인을 류성룡에 대한 반대파북인의 공격 때 문이라고 보면서 최악의 결정이라고 비판했다. 류성룡이 임진왜란 당시 에 실시했던 각종 군사훈련과 전술, 고기잡이와 둔전 활성화 등 경제 방 안 등은 이순신과 밀접한 관련이 있다.

조선 22대 정조대왕은 200여 년 동안 역사 속에 묻혀있던 이순신李舜 臣이란 세 이름자를 세상 바깥에 꺼내놓은 사람이다. 아버지 사도세자의 끔찍한 비극을 목도했던 정조는 여전히 당파 싸움에만 몰입하는 대소 신료들을 견제하면서 왕권을 강화해야 했다. 또 아버지 사도세자의 명 예를 찾아주어야 했다. 파당으로 흐트러진 조정의 의견을 한 군데로 모 아 진충보국盡忠報國에 힘을 쏟아야 했다. 그래서 그 표상으로 이순신 장 군을 택한 것이다.

"내 선조께서 나라를 다시 일으킨 공로에 기초가 된 것은 오직 충무공 한 분 의 힘, 바로 그것에 의함이라. 내 이제 충무공에게 특별한 비명을 짓지 않고 누 구 비명을 쓴다 하랴. 당나라 사직을 안정시킨 이성과 한나라 왕실을 회복시 킨 제갈량을 합한 분이 충무공이다. 이순신이 중국에 태어났다면 제갈공명과 누가 우세할지 자웅을 겨루기 어려웠을 것이다."

정조는 임진왜란 200주년을 맞은 해인 1792년 『이충무공전서李忠武公全 書』의 발간을 지시했다. 그리고 내탕금內帑金. 왕의 사적 금고을 내서 발간 비용을 지원한 결과 1795년 마침내 『이충무공전서』가 세상의 빛을 보게 되었다. 정조는 또 1793년 이순신 장군을 '일인지하 만인지상'인 영의정으로 추증했다. 1794년에는 대신들의 만류에도 불구하고 왕이 직접 지은 어제신도비를 세워 현재 충남 아산 어라산 이순신 묘소 앞에 있다. 또한 치제문을 직접 지어 통영 충렬사에서 제사하게 했다.

정조의 현양顯揚 사업 못잖게 이순신 장군을 세상에 다시 부활시킨 사람이 박정희朴正熙 전 대통령이다. 이순신 장군의 현창顯彰 사업을 1963년부터 시작했다. 6·25 한국전쟁을 겪은 정치판은 여야로 나뉘어 허구한 날 민생은 내팽개친 채 이전투구의 싸움에 골몰했고 국민들은 봄철 춘궁기만 되면 굶주림에 시달렸다. 단군 이래 보릿고개를 없애고 부국강병富國強兵을 이루겠다는 박 전 대통령은 이순신의 정신을 국민정신으로 삼고자 했다. 이순신의 멸사봉공滅私奉公, 선공후사先公後私, 애민愛民과 창의創意의 경세가적 리더십이 필요했다.

박 전 대통령은 일사불란하게 이순신 장군 현창에 힘을 기울였다. 1965년 4월 22일 남해 충렬사 경내 이순신 장군 가묘 옆에 기념식수를 시작으로 노량해전 전사지인 관음포 이락사李落祠 내에 친필휘호인 〈대성운해大星隕海〉 현판을 걸었다. 대성운해는 '큰 별이 바다에 떨어진다.'는 뜻이다. 이어 1967년에는 1706년숙종 32에 세워진 아산 생가 터의 조그만 사당인 현충사顯忠祠를 대대적으로 보수해 호국의 현장으로 바꾸어 놓았다. 또 한산도 이순신 진영을 새롭게 개축했다. 1968년 4월 27일 광화문에 장군의 동상을 세워 국가수호 지킴이로서 역할을 형상화시켰다.

한산해전에서 이순신 장군에게 크게 패했던 왜 수군 장수 와키자카 야스하루^{脇坂安治}는 다음과 같은 기록을 남겼다.

"내가 가장 두려운 자는 이순신이다. 그리고 내가 가장 미워하는 자도 이순신이다. 내가 가장 좋아하는 자도 이순신이다. 내가 가장 흠모하는 자도 이순신이다. 내가 가장 죽이고 싶은 자도 이순신이다. 내가 차를 함께 마시고 싶은 자도 이순신이다."

단재 신채호^{申采浩} 선생이나 노산 이은상^{李殷相} 같은 사람들은 공을 '성웅^{聖雄}'이라고 칭했다. 또 정인보^{鄭寅普} 선생은 "충무공 이순신은 명장이라기보다 성자^{聖者}이다."라고 존경했다.

소설 『토지』의 작가 고 박경리 선생은 "이순신은 우리 시대가 도달할 인격의 전형이다."라고 말한 바 있으며, 『소설 이순신』의 저자 박성부 씨는 "인간으로나 군인으로나 이만한 인물이 이 세상에 다시 태어날 가망은 없다. 그는 역사와 더불어 영원히 사는 인간 완성의 전형이다."라고 했다. 또 이순신 연구자 이내원 씨는 "이순신은 놓칠 수 없는 인성교육의 롤 모델이다. 그의 품성을 교육에 접목시켜 학생들에게 올바른 인성을 심어야 한다."고 밝히고 있다.

다음은 영국 해군준장, 조지 알렉산더 발라드의 평이다.

"이순신은 서양 사학자들에게 잘 알려지지 않고 있다. 이순신은 전략적 상황을 널리 파악하고 해군전술의 비상한 기술을 가지고 전쟁의 유일한 참 정신인 불굴의 공격 원칙에 의하여 항상 고무된 통솔 원칙을 겸비하고 있었다. 그의 맹렬한 공격은 절대로 맹목적인 모험이 아니었다. 영국인에게 넬슨(Nelson, 1758~1805)과 견줄 수 있는 해군 제독이 있다는 사실을 시인하기는 힘든 일이지만 이순신이 동양의 위대한 해군사령관이라는 것은 틀림없는 일이다."

1905년 러일전쟁 전승 축하연에서 일본 해군제독 도고 헤이하치로東鄉平八郎는 인터뷰하던 미국 기자에게 "나를 넬슨에 비하는 것은 가하나 이순신에게 비하는 것은 감당할 수 없는 일이다. 그는 10분의 1 전력을 가지고 명량鳴梁에서 승리한 군신軍神이다."라며 추앙했다.

또한 일본 해군준장 사토 데쯔라로는 다음과 같이 말했다.

"예부터 장군으로서 묘법을 다한 자는 한둘에 그치지 않는다. 해군장군으로서 이를 살펴보면 동양에서는 한국의 이순신, 서양에서는 영국의 넬슨을 들지 않을 수 없다. 불행히도 이순신은 조선에 태어났기 때문에 서양에 전하지 못하고 있지만 임진왜란의 문헌을 보면 실로 훌륭한 해군장군이다. 서양에서 이에 필적할 자를 찾는다면 네덜란드의 루이터 미첼(Ruyter Michiel, 1607~1678) 이상이 되어야 한다. 넬슨과 같은 사람은 그 인격에 있어서도 도저히 어깨를 견줄 수가 없다. 장군(이순신)의 위대한 인격, 뛰어난 전략, 천재적 창의력, 외교적인 수완 등은 이 세상 어디에서도 그 짝을 찾을 수 없는 절세의 명장으로, 자랑으로 삼는 바이다."

또한 한국전쟁 때 종군기자였던 윌리엄 웨어는 '세계를 바꾼 50인 군사 지도자'에서 이순신을 그 중 한 명으로 꼽았으며 일본의 『문예춘추』

에서도 '세계를 바꾼 10인의 군사 지도자'의 한 명으로 이순신 장군을 선정했다.

미 해군 역사가 조지 해거만은 이순신 장군을 '일본의 대륙침략을 300년 동안 멈추게 한 인물'이라고 평가했고, 미국 UCLA 대학 역사학과 마크 길버트 교수는 '히데요시의 범아시아 야망을 좌절시킨 인물'이라고 말했다. 또 리더십 전문가 짐 프리드먼은 '일본이 영국처럼 해가 지지 않는 제국을 만들 기회를 빼앗은 인물'이라고 말해 이순신이 존재했음으로 써 일본의 아시아 침략의 역사가 300년이나 미뤄질 수밖에 없었다고 평했다.

마지막으로 "이순신의 죽음은 마치 넬슨의 죽음과 같다. 그는 이기고 죽었으며 죽고 이겼다."는 일본의 석학碩學 토쿠토미 테이이찌로의 말처럼 나라의 안위가 위태로울 때마다 장군은 부활했다. 지금이 바로 그때가 아닐까.

진주성전투와 논개(論介)

○
●
○

논개(論介)

변영로

거룩한 분노는
종교보다도 깊고
불붙는 정열은
사랑보다도 강하다.
아, 강낭콩 꽃보다도 더 푸른
그 물결 위에
양귀비꽃보다도 더 붉은
그 마음 흘러라.

아리땁던 그 아미

높게 흔들리우며

그 석류 속 같은 입술

죽음을 입맞추었네.

아, 강낭콩 꽃보다도 더 푸른

그 물결 위에

양귀비꽃보다도 더 붉은

그 마음 흘러라.

흐르는 강물은

길이길이 푸르리니

그대의 꽃다운 혼

어이 아니 붉으랴.

아, 강낭콩 꽃보다도 더 푸른

그 물결 위에

양귀비꽃보다도 더 붉은

그 마음 흘러라.

　　진주성 촉석문 앞에는 수주 변영로卞榮魯. 1898~1961가 지은 「논개」 시비
가 푸르른 남강을 뒤로 하고 외롭게 서 있다. 성안에는 논개를 모신 사
당 의기사義妓祠가 있다. 논개의 넋인가, 흔들리는 촛불에 느릿한 국악 음
조가 애달프다. 남강 쪽으로 내려가면 왜장 게야무라 후미스케毛谷村文助

를 껴안고 강물로 뛰어들었다는 의암^{義岩}이 있다. 세월은 흘러 흘러 그 옛날 아리따운 모습은 간 곳 없고, 그 이름은 햇볕에 바래 역사가 되었고 그 기상은 달빛에 젖어 신화가 되었다.

논개는 진주목의 관기^{官妓}로 계사년 1593년^{선조 26} 임진왜란 이듬해 진주성이 일본군에게 함락되자 왜장을 유인하여 순국한 의기^{義妓}로 알려져 있다.

그로부터 200년 후 진주성을 찾은 다산 정약용^{丁若鏞}은 「촉석루 회고」에서 다음과 같이 노래 불렀다.

"오랑캐의 바다를 동으로 바라보며/ 숱한 세월 흘러/ 붉은 누각 우뚝이/ 산과 언덕을 베고 있네/ 그 옛날 꽃다운 물위론/ 가인의 춤추는 모습 비추었고/ 단청 매긴 기둥엔/ 길이 장사가 남아 있네/ 전장 터로 봄바람 불어/ 초목을 휘어 감고/ 황성에 밤비 내려/ 안개 낀 물살에 부딪히네/ 지금도 영롱한 영혼이/ 남아 있는 듯/ 삼경에 촛불 밝히고/ 강신제를 올리네."

비록 천민계급이었지만 사사로움을 떨치고 나라 사랑에 분연히 뛰어든 그 의기로움에 고개가 절로 숙여진다. 그때나 지금이나 명망가입네 하는 남정네들의 구질구질한 행각과 감히 비교하자니 논개는 참으로 의로운 기생이었다.

촉성문을 지나니 〈촉석루중삼장사기실비^{矗石樓中三壯士記實碑}〉가 길손을 맞이한다. 임진왜란 때 공을 세운 경상우도 초유사 김성일^{金誠一}, 단성현감 조종도^{趙宗道}, 종사관 이로^{李魯}를 기리기 위해 1963년에 세운 비다. 비문은 1960년 중재重齋 김황金榥이 찬하였는데 그 내용은 다음과 같다.

"선조 임진년(1592) 5월에 문충공 학봉 김성일은 영남초유사로 진양성에 이르러 충의공 대소헌 조종도와 정의공 송암 이로와 함께 촉석루에 오르다. 때는 왜란으로 강토에 선지피 낭자하니 벼슬아치는 모두 달아나고 군사와 백성은 흩어졌다. 성안이 텅 비어 쓸쓸하고 강물만 예전대로 아득히 흐르는데 멀리 눈을 들어 조국의 산하를 바라보니 오직 슬프고 분함에 마음 저리었다. (중략) 분연히 맹세하여 술 한잔 높이 들고 시 한 수를 읊었다. '촉석루 삼장사는 잔을 들고 굽어볼 제 뜻 있어 흐르는 물 웃는 가슴 이어지다. 세월도 강물이거니 넋은 길이 남으리라.'"

학봉 김성일은 퇴계 이황李滉 문하에서 류성룡과 동문수학한 사이다. 그런데 1591년 일본에 통신사로 다녀온 뒤 조정에 올린 상소에서 "도요토미 히데요시豊臣秀吉의 눈은 쥐와 같고 원숭이 같은 품새가 전쟁을 일으킬 만한 인물이 못 된다."는 보고를 했다. 왜란이 터지자 속죄하려는 듯 경상도 초유사라는 직책을 맡아 진주성 김시민金時敏의 관군과 곽재우郭再祐 의병을 물심양면으로 도왔다. 과로사한 탓에 병에 걸려 1593년 사망했다.

진주성전투는 임진왜란 중 내륙에서 벌인 가장 치열한 전투로 꼽힌다. 1593년 6월 2차 진수성전투로 진주성이 함락되자 성내 민관군 6만여 명이 왜군에게 도륙당해 진주성은 살육의 현장으로도 기억된다. 복수심에 불타던 논개는 이때 승전 축하연회에서 왜장을 유인, 살신성인을 한 것으로 보인다.

　임진왜란 당시 육전에서 가장 참혹한 전투로 꼽히는 진주성의 1, 2차 전투상황은 다음과 같다.

　1592년 9월 24일 왜군 2만여 명이 김해를 떠나 창원으로 진군함으로써 제1차 진주성전투의 서막이 올랐다. 적장은 하세가와 히데카즈長谷川秀一, 나가오카 다다오키長岡忠興, 기무라 시게치木村重玆, 가토 미츠야스加藤光泰 등이었다. 이들은 9월 25일 2대로 나뉘어 노현露峴과 안민현安民峴을 넘어 경상우병사 유숭인柳崇仁의 군사를 물리치고 9월 27일 창원을 점령하였다. 또 9월 26일부터 함안에 진출하여 사방을 분탕하였다. 계속 서진을 하던 왜군은 10월 5일 진주성 동쪽 15리 근방 임연대臨淵臺 등지로 나와 진주성에 접근하였다.

　적군에 의해 포위된 진주성 수성군守成軍은 목사 김시민金時敏의 군사가 3천7백여 명, 곤양군수 이광악李光岳의 군사가 100여 명으로 총 3천8백여 명에 지나지 않았다. 경상우도 초유사 김성일金誠一과 진주목사 김시민의 노력에 힘입어 수성군의 방어능력은 종전보다 크게 신장되었으나 적이 워낙 대군이었으므로 중과부적의 상황이었다.

　당시 성에 들어가지는 않았으나 각지에서 외원군外援軍이 쇄도하여 승첩을 거두는 데 기여하였다. 동쪽 방면은 삼가의병장 윤탁尹鐸, 초계가장 정언충鄭彦忠, 선봉장 심대승沈大承 등이, 서쪽 방면은 전라우의병장 최경회崔慶會, 전라좌의병장 임계영任啓英, 승의장 신열, 진주 한후장 정기룡鄭起龍 등이, 남쪽 방면은 고성가현령 조응도趙凝道, 진주복병장 정유경鄭惟

敬, 고성의병장 최강崔堈, 이달李達 등이, 북쪽 방면은 합천가장 김준민金俊民 등이 원근에서 호응하였다.

마침내 10월 5일 적의 선봉 1천여 명이 진주성 동쪽 마현馬峴의 북쪽 봉우리에 이르러 형세를 살피며 군세를 과시하였다. 10월 6일 이른 아침 적은 세 패로 나뉘어 개미처럼 산을 덮으며 내려왔다. 10월 7일 밤 달이 진 후 적이 수백 보에 달하는 죽편竹編. 대나무 다발을 동문 밖에 몰래 세워 앞을 가린 다음 빈 가마니에 흙을 담아 층층이 쌓아서 토루土壘. 흙 언덕를 만들었다.

10월 8일 적이 죽제竹梯. 대나무 사다리를 수천 개나 만들고 3층 산대山臺를 만들기 시작하였다. 김시민이 현자총통을 쏘게 하여 세 번 관통하자 왜적이 물러갔다. 김시민은 화구火具를 준비하고 성 위에 진천뢰와 질려포를 설치하는 한편, 큰 돌덩어리와 자루가 긴 도끼와 낫 등을 준비하였다. 또 물을 끓일 수 있도록 성벽의 여장女墻. 성가퀴에 가마솥을 많이 비치하였다. 이날 밤 적이 죽편을 많이 설치하여 성에 가까이 다가와서 흙을 점점 더 높이 쌓았다. 두 곳 산대는 4층 높이로 전면에 판자를 달아 조총 쏘는 구멍도 만들었다.

10월 9일 적은 산대에 올라 무수히 조총을 쏘았다. 성 안에서 현자전玄字箭을 세 번 놓으니 죽편을 꿰뚫고 또 큰 판자를 뚫으며 한 전은 적의 가슴을 뚫어 즉사케 했다. 그 후에는 적이 다시는 감히 산대에 오르지 못하였다.

10월 10일 새벽 2시경 적은 두 패로 나뉘어 침입하였는데, 만여 명의 한 패가 동문 쪽 성벽에 육박해 들어왔다. 목사 김시민은 동문 북격대北

隔臺에서, 판관 성수경은 동문 옹성擁城에서 사사射士를 거느리며 힘써 싸웠다. 진천뢰, 질려포를 놓고 혹은 큰 돌과 화철火鐵을 던지고, 짚을 태워 어지러이 던지며 끓인 물을 적에게 들이부었다.

바야흐로 성 동쪽 싸움이 무르익을 때, 또 만여 명 되는 한 떼가 어둠을 틈타 구북문舊北門 밖에 이르렀다. 최득량과 이눌, 윤사복尹思復이 죽음을 무릅쓰고 싸우며 고군분투했다. 한참 후 동방이 밝으려 할 때 적의 기세가 조금 누그러졌다.

이때 김시민이 왼편 이마에 총알을 맞고 숨을 거두었다. 곤양군수 이광악이 대신 북격대를 지키며 힘써 싸웠다. 진사시辰巳時. 오전 7시~11시가 되자 적이 비로소 퇴각했다.

'각적전성却敵全城' 즉 "적을 물리쳐 성을 온전히 지켜냄"으로써 '곡창지대' 호남으로 가는 길은 온전할 수 있었다. 김시민의 진주성대첩은 이순신李舜臣의 한산대첩, 권율權慄의 행주대첩 등과 함께 임진왜란 3대 대첩으로 꼽힌다.

참고로 1593년 1월 이여송李如松, 류성룡柳成龍 등 조명연합군이 평양성 수복에 성공하였다. 이를 계기로 왜적은 서울까지 밀려나게 되고, 다른 한편 강화협상을 하면서 4월 18일을 기해 서울을 내주고 남하했다. 왜군은 남하와 함께 모든 군사력을 집중하여 진주성을 공략하려는 계획을 추진하였다.

도요토미 히데요시豊臣秀吉는 2월 27일부터 수차례 진주성 공격 내용이 포함된 명령을 하달하였다. 4월 17일 가토 기요마사加藤清正에게 보낸 도요토미의 회신에는 "진주성을 공위攻圍하여 모조리 토멸하고 그 후에 전라도와 경상도를 정복하고 축성築城할 것. 그리고 한성에 집결한 병력을 인수하여 진주성을 공위하고 축산築山으로 압축하여 한 명도 남기지 말고 도살할 것"을 명령했다.

도요토미 히데요시는 1차 진주성전투의 참패에 대한 복수심에 불타고 있었다. 급기야 1593년 6월 15일 약 9만3천여 명에 달하는 왜군이 김해, 창원으로부터 대거 수륙으로 병진함으로써 2차 진주성전투의 서막이 올랐다. 적군을 지휘한 주요 장수는 가토 기요마사加藤淸正, 고니시 유키나가小西行長, 우키타 히데이에宇喜多秀家, 모리 히데모토毛利秀元, 고바야카와 다카카게小早川隆景 등으로 1차 전투 때와는 달리, 일본 전국 다이묘大名들이 앞장섰다.

왜군은 6월 16일 함안에 들어와 분탕하였고, 6월 18일부터 정진鼎津을 공격한 뒤 의령을 분탕하였다. 이후 점차 진주성 동쪽 방면으로 진출하였다. 이와 함께 군사를 단성, 삼가 및 남강변 등지로 진출시켜 원군援軍이 이르지 못하도록 진주 일원을 완전히 봉쇄하였다.

당시 진주목사 서예원徐禮元 휘하의 본주군本州軍은 대략 2천400여 명을 상회하는 정도였지만, 수성군의 전체 규모는 경상우도, 충청도의 관군과 전라도 의병을 주축으로 대략 7천여 명 정도였다. 남하하는 왜적을 따라 조선의 관군과 의병, 명군明軍도 뒤를 쫓아 내려와 있었다.

경상우병사 최경회, 충청병사 황진黃進, 창의사 김천일金千鎰, 거제현령 김준민金俊民 등은 진주성에 들어가 수성 태세를 갖추었다. 곽재우郭再祐는 적의 군세를 '천하에 능히 당해낼 수 없는 형세'로 파악하고 "차라리 자결할지언정 입성은 않겠다."면서 성 밖으로 나갔다. 그만큼 절대 불리한 형세였다. 곽재우 의병은 외곽에서 치고 빠지는 게릴라전으로 왜군을 괴롭혔다. 그러나 의병장 김천일과 최경회 등은 호남을 보장하기 위해서 이곳 전략 요해처를 포기할 수 없다면서 성을 사수하겠다는 결의를 다졌다.

도원수 권율權慄은 운봉에 주둔하며 사태를 주시하였다. 명군은 대구에 유정劉綎, 오유충吳惟忠, 남원에 낙상지駱尙志, 송대빈宋大斌, 상주에 왕필적王必迪 등이 각각 머물러 있으면서 조선 조정의 거듭되는 요청에도 불구하고 성을 비워야 한다는 공성론空城論을 주장하면서 방관하는 태도를 취했다.

진주 수성군은 왜군에게 포위된 뒤 외원군外援軍이 전무한, 문자 그대로 고립무원의 상태에 빠졌다. 6월 21일 적의 선봉이 진주성 동북쪽 산 위에 나타난 뒤, 6월 22일부터 교전이 시작되어 6월 29일 마침내 진주성은 함락되었다. 민관군이 혼연일체가 되어 저항했지만 역부족이었다. 이후 왜적은 진주성을 허물어 평지로 만들었다.

2차 진주성 싸움에서 왜군은 성을 함락시킨 후 남녀노소를 막론하고 살아있는 모든 것을 잔인무도하게 학살했다. 그리고 전리품으로 코와 왼쪽 귀를 베어 소금에 절여 본국으로 보냈다. 당시 왜군은 명군의 개입과 의병의 궐기 및 이순신李舜臣 수군의 제해권 장악으로 후방이 취약했다. 후방 보급로 확보가 시급했던 왜군은 진주성을 함락시킨 뒤 곡창지대인 전라도 진출을 꾀하고 있었다. 전라도를 병참기지로 삼아 다시 북상하려는 의도였다. 또한 명나라와 강화협상에서 유리한 고지를 차지하려는 속셈이기도 했다.

오늘날 진주성 안에는 진주박물관이 들어서 임진왜란 역사관으로서 역할을 다하고 있다. 현존하는 천자총통 2개중 한 개를 보존하는 것을 비롯해서 수많은 사료와 귀중한 유물들을 보관 전시하고 있다. 의기 논개의 혼이 진하게 배어 있는 진주성 탐방은 민관군민들의 충혼을 가슴에 새길 수 있는 곳이다.

진주성은 류성룡의 망전필위忘戰必危, 전쟁을 잊었을 때 그 결과가 어떠하다는 것을 실감할 수 있는 체험 현장으로도 손색이 없다.

종교전쟁

○
●
○

1592년 4월 13일 왜군 선봉장 고시니 유키나가^{小西行長}는 1만8천 명의 병사를 이끌고 부산포에 기습 상륙했다. 흰 비단에 붉은색 십자가가 그려진 깃발을 앞세우고 나타났다. 그것은 영락없는 중세의 십자군 표시와 같았다. 그러나 조선에서는 그 깃발이 무엇을 뜻하는 것인지 아무도 몰랐다. 십자가 깃발을 앞세우고 전쟁에 나가는 것은 템플기사단이나 프리메이슨들이 흔히 이용했던 전형적인 기독교 우월의 과시 전략이었다.

제1군 대장이었던 고니시 유키나가^{小西行長}는 독실한 천주교 신자였다. 1584년 영세를 받은 고니시의 세례명은 아우구스티노이다. 그의 집안도 모두 천주교로 개종했다. 아버지의 세례명은 요나단, 어머니는 막달라, 대마도^{對馬島} 성주 소 요시토시^{宗義智}의 부인인 딸은 마리아였다.

일본 최고의 지배자였던 오다 노부나가^{織田信長}가 1543년 규슈^{九州}에 상류한 예수회Jesuite 신부 프란시스 사비에르Francis Xavier의 전도를 받고 천주교를 허용했다. 사비에르는 가고시마에서 전도 활동을 펼쳤다. 그는 일본에 오기 전 이그나티우스 로욜라 교황을 알현하고 교황청을 중심으로 세계 종교를 통합해야 한다는 의견을 전달해 승인을 받았다. 마침 마틴 루터 등의 종교개혁으로 새로 생긴 프로테스탄트 개신교는 구태하고 부패한 천주교의 최대 경쟁적 관계로 떠올랐다. 천주교 가톨릭 예수회는 일본을 지명하고 개신교보다 먼저 선점先占 전략을 펼치기 시작했다.

1543년 천주교 예수회 신부들이 탄 포르투갈의 선박은 일본으로 향했다. 예수회 창립 멤버 6인중 한 명인 프란시스 사비에르 신부는 일본 막부의 정치인, 군인, 상인들과 친분을 쌓았다. 그리고 포르투갈 상인을 통해 일본에 첨단무기인 조총鳥銃을 전수했다. 오다 노부나가는 조총부대를 앞세워 일본 통일을 꾀했다. 임진왜란이 끝난 1600년 일본 인구 2천5백만 명 중 60여만 명이 천주교신자가 되었다. 조선을 침략한 20여만의 왜군 가운데 상당수가 가톨릭신자였다.

임진왜란 배후에 천주교 예수회가 있다는 가설을 증명하는 자료가 하나둘씩 나오고 있다. 천주교가 포교에 열을 올린 것은 캘빈, 루터 등이 종교개혁을 일으키자 불안한 나머지 서둘렀다는 배경 아래서이다.

선교사들은 비단 종교 활동만 한 것이 아니었다. 서세동점西勢東漸의 상황에서 서양문물을 일본에 전해 주는 역할도 했다. 세스페데스Cespedes 신부는 조선에 발을 들여놓기 전에 이미 도요토미 히데요시豊臣秀吉와 몇몇 장수들에게 조선 침략에 대한 조언을 바쳤다. 오다 노부나가의 후계자로 일본을 통일한 히데요시는 예수회 신부들을 만나 "명과 조선을 정복하여 전역에 교회당을 세우고 그들 백성들을 천주교인으로 만들겠다."고 호언장담하면서 1592년 임진왜란을 일으켰다. 도요토미 히데요시는 조선 침공 때 천주교 신자인 고니시 유키나가를 제1선봉장으로 앞세운 것도 우연한 일이 아니었다.

실제로 고니시 유키나가小西行長 군대에 종군한 세스페데스 신부는 1592년 12월 27일 남해안 웅천왜성鎭海으로 들어옴으로써 조선 땅을 처음으로 밟은 서양인 사제司祭가 되었다. 조선에 전도를 시도하였으나 실패하였다. 그러나 포로로 끌려간 조선인들 가운데에는 천주교에 귀의한 자들이 다수 있었고, 도요토미 히데요시 이후 1611년 도쿠가와 이에야스德川家康의 천주교 박해 때에는 21명의 조선인 천주교 신자가 순교하였다.

왜장 고니시 유키나가 외에 제3군 대장 구로다 나가마사黑田長政, 고지마 쥰겐, 야마쿠사 다네모토, 소 요시토시 등이 모두 일본의 기리시단吉利支丹. Christian으로 잘 알려진 장수들이다.

기리시단 부대는 십자가 군기軍旗를 앞세우고 조총으로 무장해 선봉에 선 것이다. 고니시 유키나가가 1592년 4월 13일 십자가 깃발을 휘날리며 부산에 들어온 장면을 류성룡柳成龍은 『징비록』에서 "왜선이 대마도에서 우리 바다로 오며 바다를 뒤덮듯 했다. 그 끝이 보이지 않을 정도였다."고 서술했다.

개신교 선교사 귀츨라프의 『항해기』에서 "임진왜란 당시의 일본 장군들은 전부 그리고 사병들도 대부분이 천주교인이었다."라고 썼다. 『대영백과사전』의 일본인 역사편에서 블린클리는 "부산에 상륙한 25만의 왜군 중 최소한 10% 이상이 천주교인이었다."고 기록하고 있다.

예수회가 교황을 위해 충성을 다하는 조직이라는 사실을 안 도쿠가와 이에야스는 임진왜란이 끝난 후 1600년 일본 내에서 천주교인들의 씨를 말리기 시작했다. 이로써 260년간 계속된 기리시단의 박해로 천주교인 영주와 신자들이 반란을 일으켰으나 에도 막부시기에 조직적 학살로 이어져 박해가 끝난 19세기에는 2만 명으로 크게 줄었다.

예수회 신부 루이스 프로이스Luis Frois는 오다 노부나가와 도요토미 히데요시를 만나며 30여 년을 일본에서 체험하거나 전해들은 사실을 기록한 『일본사日本史』에서 조선을 "이교도異敎徒"라고 기술했다. 그리고 "고니시는 성모聖母를 위해 전쟁을 승리로 이끄는 영웅" "도요토미는 하느님이 쓰시는 칼" "임진왜란을 하느님의 성전聖戰"이라고 적었다. 그는 또 『일본사日本史』에서 "히데요시는 인물됨이 하찮았지만 신부들은 '하나님의 칼과 채찍'이라 꼬드겨 그들의 목적을 위해 이용했다. 왜란 때 제1군 선봉장 고니시는 세례를 받고 예수회를 광신하는 자였던 바 히데요시가 임진왜란 때 고니시를 제1군 선봉장으로 신임한 것은 예수회이기 때문이었다."고 서술하고 있다. 예수회의 조선 진출 야욕과 맞물려 임진왜란이 일어났다는 추정이 가능한 대목이다.

루이스는 다음과 같이 『일본사』를 맺는다.

"이리하여 7년에 걸친 조선전쟁에 마침내 종지부를 찍게 되었다. 이 전쟁은 우리 천주교도들의 커다란 노고와 비용 지출 위에 지속되어 왔던 것으로 천주교도 영주들에게는 자신의 영지를 안전하게 지켜낼 수 있다는 유리한 측면도 있다. (중략) 하느님은 진실로 선하신 분이므로 성스러운 주님의 영광을 위해, 예수 그리스도 십자가의 적들로부터 얻을 수 있는 거대한 승리에 관한 가장 기쁜 소식을 이제 머지않아 접하게 될 것으로 믿는다. 1598년 10월 3일 나가사키에서. 성스러운 주 하느님의 심부름꾼이."

가톨릭 예수회의 열렬한 신자였던 고니시와 쌍벽을 이루며 불구대천의 앙숙처럼 지냈던 가토 기요마사加藤淸正는 불교신자였다. 가토는 일련종日蓮宗의 신도였다. 제1 선봉대인 고니시의 군대가 십자가를 내세웠다면 제2군 가토의 군사들은 남묘호렝게교南無妙法蓮花經라는 치帜.깃발를 앞세워 조선 침공을 했다. 가토 휘하의 군사들은 어깨에 '나무묘법연화경南無妙法蓮花經'이라는 띠를 맸다. 이처럼 두 사람은 서로 믿는 종교가 다른 이교異敎의 사상으로 사사건건 배척하고 반목질시하면서 경쟁했다.

1588년 도요토미 히데요시豊臣秀吉는 일본을 통일한 후 규슈 북쪽 옥토沃土인 구마모토熊本를 가토에게, 남쪽 지역의 우토宇土성과 그 인근지역을 고니시에게 하사했다. 가토는 쌀 수확이 25만 석이나 되는 영주가 됐으나 고니시의 영지는 거의 산지山地이고 천초도天草島라는 기독교인들의 섬이었다. 임진왜란 때 도요토미 히데요시는 견원지간犬猿之間의 두 장수의 경쟁적 야심을 잘 이용해 조선 한양 선점先占과 선조의 포획을 부채질했다.

도요토미 히데요시가 병사한 이후 1600년 9월 15일 도쿠가와 이에야스德川家康의 동군東軍과 풍신수길 측의 서군西軍이 세키가하라關原 전투에서 맞붙었을 때 가토는 동군에, 고니시는 서군에 가담해 서로 다른 길을 택했다. 결국 도쿠가와의 동군이 승리하자 패장이 된 고니시는 목을 내놓아야 했다. 당시 관례대로 할복을 해야 했지만 기리시탄 신자로서 할복자살을 택하지 않았다. 대신 10월 1일 교토에서 천적이었던 가토에게 참수당했다. 가토는 그 후 규슈의 구마모토熊本 성의 영주로서 1611년 50세로 사망할 때까지 떵떵거리며 살았다. 승자였던 그는 메이지明治 시대에는 일본 국민의 숭배대상이었으나 고니시는 이름조차 잊혀지고 말았다.

제3군 수장인 구로다 나가마사黑田長政 역시 천주교 신자였다. 그는 조선 땅에서 5천500개의 코를 베었다. 초창기에는 칼로 벤 머리首級를 챙기기에 급급했으나 정유재란 때 히데요시의 명령에 의해 수급 대신 코와 귀 베기가 자행되었다. 왜군 1명당 코 한 되씩의 책임량을 할당받자 산 자와 죽은 자, 남녀노소를 불문하고 귀와 코를 베어 소금에 절여 일본으로 보냈다. 심지어 산모와 갓난아기의 코까지 베었다.

『징비록』의 기록이다.

"이때에 적이 3도를 짓밟아 지나가는 곳마다 여사(廬舍, 오두막집)를 모두 불태우고 백성을 살육하였으니 무릇 조선 사람을 보기만 하면 모조리 코를 베어서 공(功)으로 삼고 겸하여 시위하였다."

'왜倭 십자군'은 조선에서 야만적 죄악을 저질렀다. 진주성이 함락되자 남은 군관민 6만 명의 코와 귀를 벤 다음 창고에 넣어 불태워 죽였다.

1614년光海君 6 이수광李睟光이 펴낸 최초의 백과사전인 『지봉유설芝峯類說』에는 "조선시골 장날 장터에는 왜병들이 산 사람의 코를 잘랐기 때문에 흰 천으로 얼굴을 가린 코 없는 사람이 많았다."고 기술하고 있다.

다음은 종군승려 교낸^{慶念}의 『조선일일기^{朝鮮日日記}』이다.

"역사상 이처럼 참혹한 전쟁이 없었다. 약탈과 살육 후 이들은 집에 불을 지르
니 검붉게 타오르는 불꽃과 검은 연기가 하늘을 뒤덮고 조선 사람들의 울부
짖는 소리가 온 마을을 뒤덮었다. 산 사람, 죽은 사람, 어린아이 노인, 여자 할
것 없이 닥치는 대로 귀를 자르고 코를 베니 길바닥은 온통 피바다가 되었다.
귀와 코를 잘려 피투성이가 된 사람들의 울부짖는 소리가 산천을 진동했다.
왜군들은 조선 사람들의 머리, 코, 귀를 대바구니에 담아 허리춤에 차고 다니
면서 사냥했다."

아비규환^{阿鼻叫喚}, 생지옥이 따로 없었다. 전쟁이 끝난 뒤 왜장 오오고
우치 히데모토^{大河內秀元}는 귀와 코가 잘린 자가 18만 명으로 기록하고 있
으나 한일 역사교사 공동연구팀은 코 수령증^{鼻請取狀} 즉 군공증^{軍功証}을
계산한 결과 약 12만 명으로 보고 있다.

일본 JR 교토역에서 동쪽으로 얼마 되지 않는 히가시야마 시치죠^{東山}
^{七條} 부근 도요토미 히데요시의 위패가 안치된 도요쿠니진자^{豊國神社}가 있
다. 그 정문 앞에 조그만 봉분이 귀무덤, 즉 이총^{耳塚}이 있다. 이 무덤은
히데요시 생전인 1597년 9월 28일 조선출병에서 전승과 자신의 영광을
기리기 위해 만든 것이다. 전쟁이 끝난 뒤 조선과의 화의를 시도하던 도
쿠가와 이에야스 시대에는 조선통신사가 오면 반드시 이총에 들러 무덤
앞에서 향을 피우고 제향^{祭享}하여 죽은 이들의 넋을 위로하도록 했다.

1898년 도요토미 히데요시 사망 300주년이 되는 해 거국적인 축제가 벌어졌는데 이 귀무덤은 히데요시의 혼이 깃든 전승 기념물로서 '성덕 聖德의 유물'로 찬양되었다.

'원수를 사랑하라'는 기독교의 박애 博愛 정신과 중생을 제도하려는 석가모니의 불성 佛性인 불교가 전쟁 도구로 이용됐을 때 얼마나 비참하고 허망한 것인가를 잘 보여 주고 있다.

노예전쟁

O

●

O

임진왜란은 1592년 4월 13일 왜군의 부산포 기습상륙으로부터 1598년 11월 왜군이 울산왜성가토 기요마사과 순천왜성고니시 유키나가에서 철군할 때까지의 7년 전쟁을 말한다. 임진왜란의 역사적 의미는 다양한 해석이 가능하겠지만 역사상 유례없는 노예전쟁이라고 말하는데 이의를 달 사람은 없을 것이다.

즉 임진왜란은 왜군의 영토 확장의 성격을 띠기보다는 인적 수탈에 더 많은 무게를 둔 전쟁이었다. 그들의 군사편제와 전략을 살펴보면 이러한 사실은 더욱 분명해진다.

일본은 조선 침공 전에 이미 군사편제를 전투부대와 특수부대로 이원화하여 효율적으로 전쟁을 수행하였다. 3개의 편대로 나누어진 전투부대는 속전속결速戰速決로 북진하여 점령지를 확대하였고, 특수부대는 후방에서 전투병력과는 다른 별도의 임무를 수행하였다. 즉 도서부, 금속부, 공예부, 포로부, 보물부, 축부로 짜여진 6개 특수부대는 조선의 인적, 물적 자원을 약탈하여 일본으로 수송하는 것이 그 주된 임무였다. 도서부는 조선의 서적을, 공예부는 자기류를 비롯한 각종의 공예품을, 포로부는 조선의 학자, 관리 및 목공, 직공, 토공 등 장인匠人과 노동력을 가진 젊은 남녀의 납치를, 금속부는 조선의 병기, 금속활자를, 보물부는 금은보화와 진기한 물품들을, 축부는 조선의 가축을 포획하는 일을 수행하였다.

노예전쟁의 희생양이 된 조선인 포로들의 실상에 대해서 알아본다.

피로인被虜人은 일본으로 끌려간 노예를 말한다. 노예로 끌려간 조선인은 약 10만여 명으로 추산되는데 규슈 남단 가고시마鹿兒島에 상륙한 노예만 해도 3만7백여 명으로 기록된다.

1597년 정유재란 때 참전한 일본 규슈 안요지安養寺 주지 교낸慶念이 쓴 종군일기 『조선일일기朝鮮日日記』에는 당시의 참상이 적나라하게 담겨져 있다. 종군승從軍僧 교낸은 당시 일본 사람들에게 '적국赤國'이라 불리던 전라도에 속했던 남원, 전주 그리고 경상도 진주, 하동, 울산, 부산포 등지를 주로 다녔다.

다음은 교낸의 『조선일일기』의 한 부분이다.

"11월 19일 울산에는 일본에서 건너온 노예상인들이 있었는데 이들은 본진의 뒤를 따라다니면서 남녀노소를 가리지 않고 돈을 주고 사서 줄로 목을 묶어 오리처럼 몰고 앞으로 가는데 잘 걷지 못하면 몽둥이로 패면서 몰아세우거나 뛰게 하였다."

왜군들이 약탈, 살육, 방화하고 있는 마을에 온 일본 노예상인들은 왜장(倭將)에게 돈을 주고 조선인을 사냥하여 노예로 끌고 가는 인신매매꾼들이었다. 규슈 나고야성(名護屋城)으로 가는 길목에 있는 부산포는 노예사냥꾼과 조선인 노예들이 득실거리는 노예시장이 연일 벌어졌다.

일본인 승려 교낸은 최소한 종교적 양심을 가진 자로서 조선의 참상을 애석하게 바라봤다.

"지옥의 아방(阿防)이 사자(死者) 죄인을 다루는 것 같구나! 낮에 길에서 돌아다니는 젊은 조선 남자는 무사들에게 붙잡혀서 개처럼 목에 줄을 매어 노예상인에게 팔려갔다. 이들 노예들은 다시 원숭이처럼 목에 줄을 연이어 매어 줄 끝을 말이나 소달구지 뒤에 연결하고 뒤따라가게 하였다. 이때 노예는 무거운 짐을 지거나 이고 소달구지에는 봉래산(蓬萊山)과 같이 짐을 가득 실었다. 이들이 배가 정박하고 있는 부두 내부 깊숙이 들어가 도착하면 소는 바로 죽여 가죽을 벗기고 잡아먹었다."

건장한 젊은 장정(壯丁)들과 아리따운 여인네들은 노예시장에서 몸값이 더 올랐는데 일본과 멀리는 유럽까지 팔려나갔다. 특히 일본 규슈에서 온 왜장과 상인들이 이 노예장사 돈벌이에 열중하였는데 진중의 왜장은 40냥을 받고 포로로 잡은 조선 남녀를 일본 상인에게 매매하였고, 미녀는 30냥을 더 받았다고 한다. 조선인 노예는 포르투갈 상인에게 1인당

2.4 scudo스쿠도에 팔려나갔다. 1스쿠도는 포르투갈 화폐단위로 쌀 두 가마에 해당한다. 이때 아프리카 흑인노예가 1인당 170 scudo인 것에 비하면 조선인 노예 값은 터무니없는 가격으로 당시 국제 노예 값의 폭락을 가져왔다고 한다. 그 수는 6만으로 보고 있으며 덤핑 투매현상이 일어난 것이다.

정유재란 때 왜군과 일본 노예상인에 의해서 일본에 붙잡혀간 피로인은 거의 다 하삼도경상. 충청. 전라도 사람들로서 왜란 초기인 임진왜란 때의 10배가 되었다. 이들 노예들은 일본 농민 대신에 농사를 짓거나 동남아시아 노예로 팔려갔다. 이때 조선 노예들은 네덜란드 동인도회사에서 대부분 사갔다. 네덜란드 동인도회사는 일본에 서양제 화승총火繩銃을 전해 준 대가로 노예를 독점하다시피 했다. 이 노예들은 유럽 전역의 수도원농장으로 팔려갔다.

또 다른 노예들은 포르투갈령 마카오에서 다시 유럽으로 가서 전 세계로 팔려 나갔다. 심지어 이탈리아 피렌체까지 간 노예도 있었다. 당시 이탈리아 피렌체 출신 카를레티 신부는 일본 여행 중 단돈 1 scudo에 조선인 노예 5명을 사서 인도 고아로 데리고 갔다가 4명은 그곳에서 풀어주고 한 명만 피렌체로 데리고 갔다. 그 이름이 안토니오 코레아Antonio Corea다. 화가 루벤스는 이 낯선 동양인을 그려 '한복을 입은 남자'라고 이름 지었다. 이 작품은 1997년 미국 석유재벌 폴게티가 127억 원에 사들여 LA 폴게티 박물관에 전시되어 있다. 한 조선인 남자는 전쟁이란 격랑激浪에 휘말려 망망대해 조류를 타고 지구 반대편까지 실려갔다. 그리고 다시 그림 속 남자로 이국 박물관에 박제되어 나타난 것이다.

포르투갈 신부 루이스 프로이스Luis Frois의 『일본사日本史』에 나오는 한국 여인의 언급 부분이다.

"요새(要塞)에는 대략 300여 개의 방이 있다. 일본 병사들로부터 겁탈을 피하기 위해 귀족 여인들 중 몇몇은 주전자와 냄비 밑에 붙어 있는 숯검정으로 얼굴에 먹칠을 해서 자신들의 아름다움을 감추었다. 또 일부는 그들이 포위당했을 때 높은 하늘을 향해 고통스럽게 울부짖고 고래고래 소리를 질렀다. 귀족들의 자녀들은 모친의 교육에 따라 절름발이 행세를 하거나 입이 돌아간 척했는데 마치 불구자인양 위장하기 위해서였다."

또한 조선 여인들은 남장을 하거나 노파로 위장하여 자신들의 정절貞節과 자식을 보호하기 위한 눈물겨운 사실도 기록해 놓았다.

왜군 포로로 4년 간 오사카, 교토에 있었던 수은 강항姜沆, 1567~1618은 『간양록看羊錄』에서 다음과 같이 밝히고 있다. 영광의 의병장이었던 그는 1597년 이순신李舜臣 진영을 찾아 남행하다가 왜군에게 잡혔다.

"그곳(전남)에는 전선 600~700척이 수리에 걸쳐 가득 차 있었고 그 배에는 조선 남녀와 왜병이 반반씩 있었다. 배마다 조선 포로들의 통곡과 절규의 소리는 바다와 산을 진동시켰다."

정유재란이 끝날 무렵 이시타 미쓰나리石田三成가 다테 마사무네伊達正宗에게 보낸 편지에는 경상도 사천 지방에서 잡은 포로의 수가 3만5천여 명이라고 기록되어 있다. 이 사천 지방이 바로 진주목에 속한 관요官窯가 있던 곳으로 제7군 대장 모리 테루모토毛利輝元가 이 지역 도공들을 끌고 간 것으로 보인다. 기술이 있는 도공들은 각 번의 다이묘大名 휘하에서 도자기를 굽는 일에 종사했다.

잡혀간 노예들은 주로 규슈 지방을 중심으로 하여 일본 전역에 분산시켰는데 이 중 학자나 공예가들은 관작과 녹봉, 토지를 주어 대우했다. 공예 중에서도 일본에 큰 영향을 준 것은 도자기 제작기술이다. 당시 다도茶道를 숭상했던 일본은 다기茶器의 대부분을 중국과 조선으로부터 수입했기 때문에 이를 보완하기 위해 포로로 잡은 도공陶工들로 하여금 자기를 제작하도록 했다.

일본 사쓰마번사에 따르면 구시키노의 시마비라하마에 박평의朴平意와 그 아들 정용貞用을 비롯한 43명의 남녀가 도착했고, 그곳의 아래 가미노가와 하구에 김해金海를 비롯한 남녀 10명, 그리고 규슈의 남단 가고시마에 남녀 20명이 도착한 것으로 기록되어 있다.

그 대표적인 사람이 정유재란 때 남원에서 끌려간 심당길沈當吉이 있다. 임진왜란 때 제4군 대장 시마즈 요시히로島津義弘에 의해 일본으로 끌려간 조선인 도공으로 사스마도기薩摩燒를 만들어 심수관가沈壽官家를 개창한 심당길은 청송 심씨로 남원근교에서 박평의朴平意와 함께 피랍된 것으로 알려져 있다. 심당길은 박평의와 함께 도자기의 원료인 백토白土를 발굴하여 오늘날의 사쓰마야끼를 개창하였다. 사쓰마번주는 이들에게 사무라이급士班의 예우를 하였으며, 이들이 구워낸 도자기에 사쓰마의 번명藩名을 붙여 사쓰마도기라고 명명하였다. 심수관가의 제14대 심수관은 작가 시바 료타로司馬遼太郎가 쓴 『고향을 잊을 수가 없소이다』의 주인공으로 널리 알려졌으며, 1988년 일본인으로는 처음으로 대한민국명예총영사로 임명되었다.

남해안의 일본왜성을 축조할 때 조선 사람을 동원한 것은 이미 알려진 사실이다. 웅천왜성 축성에 동원된 조선 사람들 가운데 남녀 120명은 나중에 일본으로 강제로 끌려갔다. 이들은 일본 히라도죠平戶城의 코오라이마찌高麗町에 모여 살게 되었다. 일본인들은 이 코오라이마찌를 도오진죠唐人町라고 했다. 당인唐人은 조선인을 말한다.

일본으로 잡혀간 조선 포로들은 크게 세 가지 형태의 삶을 살았다. 첫째, 일본에 남아 영구히 거주한 경우다. 이는 일본인의 방해로 조선으로의 송환 기회를 얻지 못했거나 일본인과 결혼하여 자식을 낳고 살게 되었던 경우로서 대부분의 포로들은 이에 해당했다. 둘째, 왜군 장수와 상인이 결탁하여 조선인을 포로로 잡아 노예로 팔아버린 경우다. 일본 상인들은 조선인 포로들을 포르투갈 노예상인들에게 팔아 넘겼다. 이들은 처음부터 노예사냥을 목적으로 조선에 출정해서 남녀노소를 막론하고 사로잡아 나가사키長崎로 끌고 간 뒤 포르투갈 상인과 총, 비단 등으로 교환했다. 당시 조선인 납치 매매 실상이 어떠했는지는, 일본과 마카오 관할 천주교 교구의 주재 신부였던 루이스 세르꾸에이라 Luis Cerqueira가 1598년 9월 4일에 쓴 글을 통해서 살펴볼 수 있다.

"배가 들어오는 항구인 나가사키에 인접한 곳의 많은 일본인들은 포로 장사인 포르투갈 사람들의 의도에 따라 조선 사람들을 사려고 일본 여러 지역으로 돌아다녔을 뿐만 아니라, 조선인이 이미 잡혀 있는 지역에서 그들을 구매하는 한편 조선인들을 포획하기 위하여 조선으로 갔다. 그리고 일본인들은 포획 과정에서 많은 사람들을 잔인하게 죽였고, 중국 배에서 이들을 포르투갈 상인들에게 팔았다."

셋째, 포로 송환의 임무를 맡은 관리였던 포로 쇄환사刷還使 들을 통하거나 탈출을 감행하여 조선으로 귀환하게 된 경우이다. 이들 가운데는 여러 번 탈출을 시도하다 실패하여 목숨을 잃은 경우도 있었으며, 상소를 써서 일본의 정세를 본국에 알리려고 남다른 노력을 기울인 이들도 있었다. 『간양록看羊錄』을 남긴 강항姜沆이 대표적인 인물이다.

강항은 조선의 관리이자 선비로서 포로생활 중 후지와라 세이가藤原惺窩, 1561~1619와 교유하면서 조선 주자학을 전수했다. 후지와라는 훗날 일본 주자학의 비조鼻祖로 꼽히는 인물이 되었다. 포로가 된 강항의 신세는 '외로운 양치기看羊'와 다를 바 없었다. 『간양록』은 역사 저술가인 고 신봉승 선생이 작사하고 가왕歌王 조용필이 노래를 불러 다시 태어났다.

이국땅 삼경이면 밤마다 찬서리고
어버이 한숨 쉬는 새벽달일세
마음은 바람 따라 고향으로 가는데
선영 뒷산의 잡초는 누가 뜯으리
어야어야어야 어야 어~~야
어야어야어야 어야어야

피눈물로 한 줄 한 줄 간양록을 적으니

님 그린 뜻 바다 되어 하늘에 달을 세라

어야어야어야 어야 어~~야

조선 패싱(Passing)

○

●

○

역사를 잊은 민족에게 미래는 없다. (A nation that forgets its past has no future)

_영국 수상 윈스턴 처칠(1874~1965)

단재 신채호申采浩, 1880~1936 선생은 『조선상고사』에서 "역사를 잊은 민
족은 재생할 수 없다."라고 말했다. 오늘의 우리 처지를 보면 역사는 반
복된다는 생각도 들고, 역사에 가정은 없지만 오늘날은 임진왜란과 병자
호란 때의 '오래된 미래'처럼 느껴지기도 한다. 특히 외교와 안보상황이
그렇다는 것이다.

1592년 4월 30일 선조는 왜군을 피해 한성을 떠나 몽진蒙塵, 임금이 먼지를 뒤
집어쓰고 피난 감 길에 올랐다. 천신만고 끝에 5월 7일 평양성에 도착했다. 그
러나 6월 2일 고니시 유키나가小西行長의 제1군과 구로다 나가마사黑田長政

의 제3군이 선조의 뒤를 바싹 쫓아오자 6월 11일 다시 평양성을 버리고 피신, 6월 22일 의주에 가까스로 도착했다. 그리고 여차하면 압록강 건너 명나라로 내부內附, 망명할 참이었다. 그리고 제일 먼저 명나라에 구원군을 요청했다.

7월 10일 명나라 조승훈祖承訓은 5천여 명의 선발대를 이끌고 압록강을 건너와 17일 평양성을 공격했으나 패하고 요동으로 물러갔다. '왜적 따위'를 우습게 본 '대국의 천군天軍'이 가진 오만하고도 안하무인적인 자세 때문이었다. '부지피부지기不知彼不知己 매전필태每戰必殆' 즉 "적을 모르고 아군조차도 모르는 싸움에서는 반드시 위태롭다."는 것은 『손자병법』에 나와 있는 명언이다.

한편 가토 기요마사加藤清正의 제2군은 7월 24일 함경도 산악 험지를 거쳐 여진족이 있는 두만강 언저리까지 북진했다. 강 건너 여진마을을 습격했으나 만만치 않은 응전을 받고 이내 철수했다. 그 즈음 임해군과 순화군 두 왕자가 왜군에 투항한 순왜順倭인 국경인鞠景仁의 밀고로 가토 군에게 사로잡혔다. 조선의 운명은 언제 꺼질지 모르는 절체절명의 풍전등화風前燈火 형세였다.

이런 상황에서 명나라 조정에 애걸복걸한 결과, 1593년 1월 7일 명 제독 이여송李如松은 본진 5만여 명을 이끌고 압록강을 건너왔다. 그리고 패장 조승훈과 '전시재상' 류성룡柳成龍 등 조선군과 연합으로 평양성을 공격, 마침내 함락시켰다. 명군은 불랑기포佛郎機砲, 멸로포滅虜砲, 호준포虎蹲砲 등 화포를 발사하여 기선을 제압했다. 승기勝機를 잡은 이여송은 그 여세를 몰아 개성을 거쳐 벽제까지 남하했다. 그러나 1월 27일 경기도 고양의 여석령礪石嶺에 매복해 있던 왜군의 기습을 받아 벽제관碧蹄館 전투에서 대패하고 말았다. 겁을 잔뜩 집어먹은 명군은 개성으로 물러났다가 멀찌감치 평양으로 후퇴했다. 이때 류성룡은 이여송에게 후퇴해서는 안 되며 전열을 정비한 후 한양의 왜군 총본부를 쳐부숴야 한다고 애원하며 간청했다. 그러나 소귀에 경 읽기였다.

조승훈의 1차 평양성 패배로 왜군 세력이 생각보다 만만치 않음을 간파한 명나라 병부상서국방장관 석성石星과 경략 송응창宋應昌은 유격 심유경沈惟敬을 고니시 유키나가에게 보내 평양 강복산에서 강화협상을 시작하였다. 밀고 당기는 우여곡절 끝에 1592년 9월 1일부터 50일 동안 휴전협정을 맺기로 결정했다. 그 후 이여송이 1월 벽제관전투에서 패배한 뒤 4월 8일 용산에서 두 번째 강화회담이 열렸다. 그런데 이 두 회담에서 심유경과 고니시 사이에 어떤 이야기가 오갔는지 조선 조정은 까마득히 모르고 있었다. 다만 류성룡 등 몇몇 대신은 조선강토를 가지고 찧고 까불며 '암거래'를 하고 있다는 것을 어렴풋이 감지하고 있었다.

존명사대尊明事大 정신이 뼛속까지 박힌 선조는 왜란 초, '항왜원조抗倭援朝' 즉 "왜에 대항하여 조선을 돕는다."는 기치를 내건 명나라 장군에게 조선의 외교권外交權과 군통수권軍統帥權을 모두 넘겨주었다. 그랬기에 명과 일본 사이의 강화협상에서 조선의 존재감은 없었다.

1593년 6월 28일 진주성 2차 공방전이 한창일 때 명나라 사신 사용재謝用梓와 서일관徐一貫은 고니시 유키나가를 따라 규슈 나고야성名護屋城에서 도요토미 히데요시를 만났다. 히데요시는 명나라 사신에게 화건 7조和件7條를 제시했다.

첫째, 명 황제의 왕녀를 일본천황에게 시집보낸다.

둘째, 감합(勘合)무역(조공형식 제한무역)을 부활한다.

셋째, 일, 명 양국의 대신은 우호의 서사(誓詞)를 교환한다.

넷째, 조선 8도 중 북 4도와 한성(서울)은 조선에게 돌려주고 남 4도(경기, 충청, 전라, 경상)는 일본에 할양한다.

다섯째, 북 4도를 돌려주는 대신 조선의 왕자와 대신을 일본에 인질로 보낸다.

여섯째, 포로로 잡은 두 조선 왕자(임해군, 순화군)를 돌려보낸다.

일곱째, 조선의 대신은 일본을 배반하지 않을 것을 맹세한다.

명나라와 일본의 강화목적은 명군은 싸우지 않고 서둘러 전쟁을 끝내는 것이고 일본은 전쟁을 확대하지 않고 조선 남부 4도를 할양받아 조선 지배를 위한 전초기지로 삼는다는 것이었다. 도요토미 히데요시의 화건 7조는 명 황제가 결코 받아들일 수 없는 것임을 알고 명 사신 심유경沈惟敬과 왜장 고니시 유키나가, 군승 겐쇼玄蘇는 화건 7조 대신에 일본의 항복문서를 위작僞作하여 명 황제神宗에게 바쳤다. '외교는 국제 관계에서 거짓을 허용한다.'는 관례대로였다.

그러나 이역만리 떨어진 곳의 사정을 잘 모르는 명 황제 신종神宗은 '항복한' 도요토미 히데요시豊臣秀吉를 일본 왕으로 임명한다고 하자 1596년 9월 2일 히데요시는 화가 머리끝까지 올라 강화교섭을 결렬시켰다. 그리고 이듬해 1월 조선 남부 4도를 점령하기 위하여 정유재란을 일으켰다. 히데요시는 명나라에 대한 보복조치로 조선 땅, 특히 전라도赤國 지방에 대한 보복살육전을 벌여 피의 쑥대밭으로 만들었다. 남원성이 함락되었고 백성을 향한 분탕질과 노략질이 자행되었다. 특히 백성들의 수급首級 대신 코와 귀를 잘라 전과戰果로 보고했다. 왜병 1인당 3개 이상씩 할당을 했는데 조선 관군과 명군은 물론이고 수훈을 세우기 위해 일반 백성들의 코와 귀까지 무자비하게 잘라갔다. 이 역시 교토京都의 도요토미 히데요시 위패가 안치되어 있는 도요쿠니진쟈豊國神社 건너편에 귀무덤, 이총耳塚으로 남아있다.

1597년 7월 5일 심유경沈惟敬과 고니시 유키나가의 강화협상 사기 연출이 들통나자 심유경은 경남 의령에서 명나라 장수 양원楊元에게 체포되어 목이 잘렸다.

이보다 앞선 1594년 3월 명나라 황제 특사인 선유도사宣諭都司 담종인譚宗仁은 "왜군을 절대 토벌하지 말고 조선군을 모두 해체해 고향으로 돌려보내라."는 「금토패문禁討牌文」을 이순신李舜臣 장군 앞으로 보내왔다. 왜적이 남해안 곳곳에 성을 쌓고 진을 치고 있는 마당에 청천벽력 같은 소리였다.

1594년선조 27 조선 대표 의승장義僧將 사명대사四溟大師 유정惟政은 단신으로 서생포왜성에 가서 가토 기요마사加藤淸正와 4차례 걸쳐 휴전을 위한 강화회담을 벌였다. 그러나 가토는 조선 남부 4도 할양 등 무리한 요구를 했으므로 결렬되었다. 1594년 명과 화의가 어느 정도 진척되자 1595년 6월 28일 히데요시의 명령으로 부산포, 죽도, 가덕도 왜성 등 몇 개를 남겨두고 나머지는 불태우고 왜군은 일본으로 철수했다.

1595년선조 28 2월 10일 『선조실록』은 다음과 같이 기록했다.

"명의 유격장군 진린(陳璘)이 1월 12일 죽도(김해)왜성에 도착한 뒤 이곳에서 하루 숙식(宿食)한 후 13일 아침에 출발하여 오후 1시에 고니시 유키나가가 있는 웅천 왜성에 도착했다. 여기서 명의 대표인 진린(陳璘), 담종인, 유대무와 고니시 유키나가, 현소, 죽계 등 일본대표는 상호 철군을 위한 화의(和議)를 시작했다."

이때 시종수행원인 접반사接伴使로 따라 간 이시발李時發이 쓴 당시의 상황 기록을 보면 죽도왜성 및 웅천왜성의 모습을 생생하게 엿볼 수 있다.

"정월 12일 죽도의 진영에 있는 소장이 배 위에 와서 보고 식사를 청하여 그대로 그곳에서 잠을 잤다. 그 진영의 넓이가 평양성 정도나 되었고 삼면이 강에 임해 있었으며 목채가 토성으로 둘러싸였고 그 안에 석성을 쌓았다. 웅장한 누각은 현란할 정도로 화려하고 크고 작은 토우(土偶)가 즐비하게 늘어 서 있었다. 1만여 명의 병사를 수용할 만한 크기였다. 성 밑에는 크고 작은 선박들이 줄지어 있었고 그들에게 붙어사는 우리 백성들은 성 밖에 막을 치고 곳곳에서 둔전(屯田)을 일구거나 물고기를 잡아 생활하였다."

선조는 1593년 10월 1일 한성으로 돌아왔지만 백성은 버려져 왜군들에 의지해 먹고사는 등 처참한 모습이다. 백성의 민생안정은 물론, 외교권과 군사작전권 모두 없는 선조의 조정은 그저 제3자의 관찰자로서 명과 왜의 강화협상을 지켜보고 있을 수밖에 없었다. 양측이 무슨 꿍꿍이속을 가졌는지 귀동냥하는 형편이었으니 참으로 난감하기 짝이 없었다. 나라의 운명이 타인에 의해서 찢고 까불어지는 형국이었다.

오늘날 이 상황을 생각하면 '조선 패싱'의 기시감旣視感 을 여실히 느낄 수 있다. 조선 패싱은 구한말과 그 이후에도 여러 번 있었다.

겨우 명맥만 유지하는 조선은 청, 일, 러시아, 미국, 영국, 독일 등 열강들의 먹잇감이었고 한국전쟁 때 한국은 휴전회담의 당사자도 아니었다. 한반도 주인으로서 나라의 정체성과 국민의 권리를 찾기 위해서는 오로지 주변정세를 주도면밀하게 살피면서 자강하려는 자세를 가져야 할 터인데, 그런 지도층은 찾아보기 힘들다.

어제의 친구가 오늘의 적이 되고 어제의 적이 오늘의 친구가 되는 변화무쌍한 시대다. 일단 지금 상황에서는 안미일安美日, 즉 '안보는 미국, 일본과' 공고히 하고, 핵위협을 가하는 주적主敵과 적성국에 대한 정보공유와 공수攻守 전략을 튼튼히 해 나가야 할 것이다.

대한민국은 해방 이후 70년 동안 모진 역경을 헤치고 '30−50 클럽1인당 국민소득 3만 달러 이상, 인구 5천만 명 이상인 나라'에 곧 진입할 것으로 보여 일본, 미국, 독일, 영국, 프랑스, 이탈리아 등과 어깨를 나란히 할 것이다. 그러나 아직 외교안보와 경제민주화 등에서 갈 길이 멀다. 지정학적으로 중, 러, 미, 일 등 주변 열강의 눈치를 보지 않을 수 없는 상황이다. 그렇다고 핀란다이제이션Finlandization, 핀란드가 스스로 소련에게 굴욕을 택한 외교술의 재현을 우리 땅에서 볼 수는 없는 일이다. '역사는 현재와 과거와의 끊임없는 대화'라는 영국 역사학자 E. H. 카의 말을 상기하면서 오늘날의 문제는 우리가 지긋지긋하게 겪어온 질곡의 역사 속에서 그 답을 찾아야 할 것 같다.

승자(勝者)와 패자(敗者)

○
●
○

1592년 임진왜란壬辰倭亂 과 1597년 정유재란丁酉再亂 을 일으킨 7년 전쟁의 왜군 총지휘관인 도요토미 히데요시豊臣秀吉, 1536~1598 는 우리에게는 당연히 불구대천不俱戴天 의 원수怨讐 이다. 하지만 그는 1905년 을사늑약을 성사시켜 1910년 한일합방의 토대를 닦은 이토 히로부미伊藤博文 와 함께 일본 최고의 영웅으로 숭앙받는 인물이다.

이토 히로부미가 1909년 10월 26일 하얼빈 역에서 안중근安重根 의사義士 에게 저격당해 숨진 것처럼 도요토미 히데요시도 이순신李舜臣 장군에 의해 7년 내내 '괴로움'을 당하다가 병사하고 말았다.

조선을 빌려 명나라를 치겠다는 히데요시의 정명가도征明假道 책략은 한낱 물거품이 되고 말았다. 대신 명나라와 일본 사이의 다리가 되었던 조선반도는 시체가 산을 이루고 피바다가 된 시산혈해屍山血海 의 대참극

무대가 되었다.

만고萬古의 역사를 보더라도 가까이 있는 나라치고 원수怨讐가 되지 않은 나라가 없었고 측근에 의해서 비극적인 삶을 마감한 영웅들도 헤아릴 수가 없다.

7년 동안의 왜란에서 승자는 누구이고 패자는 누구일까.

도요토미 히데요시는 원래 이름이 하시바 히데요시羽柴秀吉였다. 그러다가 1582년 오다 노부나가織田信長가 부하의 배신으로 자결하자 그 권력을 받은 히데요시는 1585년 천황으로부터 관백關白으로 임명됐다. 그리고 1586년에는 풍신豊臣이라는 성姓을 하사받아 도요토미 히데요시가 됐다. 그는 1587년 규슈 정벌을 끝으로 일본 전국을 통일했다.

승승장구하던 도요토미 히데요시는 1588년 교토京都에 새 저택인 주라꾸테이聚樂第에서 전국 다이묘大名.영주들과 함께 천황에게 충성맹세를 했다. 그는 스스로 천황太陽의 신하라는 뜻에서 '태양의 아들'이라고 칭했다.

히데요시는 유교나 불교보다 신도神道가 우월하다고 했고 신사神社를 중요시하였다. 그래서 유럽에서 전파된 기독교가 발붙일 땅이 없었다. 칼을 찬 무사 한 사람이라도 어딜 가나 신사를 세우고 신국의 정신이 붉은 태양처럼 세상에 널리 뻗어갈 것을 굳게 믿었다. '신국인神國人 절대 우위론'이나 '일본 절대 불패론不敗論' 등은 신도 우위사상에서 비롯된다. 이와 같은 사상은 곧 대륙정벌론大陸征伐論이나 정한론征韓論으로 구체화되었다.

임진왜란만 하더라도 '명나라를 치러 갈 테니 조선은 길을 빌려달라征明假道.'는 명분을 세웠다. 그러나 약육강식弱肉强食의 정글링 법칙대로 약한 조선을 먼저 삼킨 후 명나라와의 일전은 기회를 보아서 한다는 속셈이 있었다. 일본 역사상 정한론자들은 끊임없이 조선을 호시탐탐虎視眈眈 노렸다.

도요토미 히데요시가 대륙침공의 야욕을 구체적으로 드러낸 것은 1585년경부터였다. 1587년 일본 국내 통일의 마지막 단계에 이르러 규슈 정벌을 끝마치고 대마도주對馬島主인 소 요시토시宗義智에게 조선 침공의 뜻을 표명했다. 그러나 조선 사정에 밝은 소 요시토시는 이 계획이 무모한 것을 알고 조선에게 통신사를 파견해 줄 것을 요청했다. 소 요시토시는 자신의 가신인 다치바나 야스히로橘康廣를 일본 국왕사國王使로 삼아 1587년 조선으로 파견했다. 일본 사신은 조총 등으로 무장한 군대의 위세와 일본 국내 사정의 변화를 설명하고 조선 통신사의 파견을 요청했다. 그러나 일본 사신이 부산에 도착하였을 때 서계書契, 공식외교문서의 서사書辭가 종래와 달리 오만불손하다고 해서 조정에서는 상종 못할 오랑캐로 취급해 버렸다.

이즈음 충북 옥천에서 은거해 있던 중봉 조헌趙憲, 1544~1592은 "일본 사신이 와서 명나라를 칠 테니 길을 비켜달라고 떼를 쓴다."는 말에 분개해 도끼를 들고 한양 대궐문 앞에서 부복伏하며 상소문을 올렸다. 일본 사신을 베어 죽여야 하고 일본을 정벌해야 한다는 주장이었다. 선조에게 상소를 받아들이지 않으려면 자신을 도끼로 찍어달라는 극한 표현이었다. 이를 '지부상소持斧上疏'라 하는데 중봉의 소는 일 만 자가 넘었다 해서 '만언소万言疏'라 부르기도 한다. 조헌趙憲은 왜란이 발발했을 때 700여 명의 의병들을 모아 금산전투에서 장렬하게 산화했다.

결국 조정에서는 '수로미매水路迷昧' 즉 "일본으로 가는 바닷길을 잘 모른다."는 군색한 이유로 통신사 파견을 거절했다. 전쟁이 일어나면 대마도는 쑥밭이 되는 것을 알고 전쟁을 막아보려고 했던 소 요시토시는 1588년 10월과 1589년 6월 두 차례에 걸쳐 조공과 함께 조선 통신사의 파견을 간청해왔다. 그리고 앞서 왜구의 앞잡이가 되어 노략질한 조선인을 잡아 보내왔다. 이에 조정은 1590년 3월 황윤길黃允吉을 정사正使로, 김성일金誠一을 부사副使, 허성許筬을 종사관從事官으로 하는 통신사 일행을 파견했다. 그리고 이들은 그 이듬해인 1591년 정월 일본의 답서를 가지고 돌아왔다. 일본의 답서에는 종래의 외교관례에 따르지 않는 무례한 구절과 정명가도征明假道를 뜻하는 글이 있어 침략의 의도가 드러났다.

이어 3차 일본 사신 일행이 조선 통신사보다 한 달 늦게 입경하여 '일본이 가도입명假道入明하리라.'는 통고에 조정은 그제서야 놀라 그 해 5월 일본의 서계書契 내용과 함께 왜정倭情을 소상하게 명나라에게 알리는 한편, 일본 침공에 대비하기에 이르렀다. 그러나 때는 늦어도 너무 늦은 상황이었다.

'정명가도征明假道'니 '가도입명假道入明'이니 하는 말은 선조와 조정으로서는 결코 받아들일 수 없는 불경한 말이었다. "명나라를 치러 갈테니 조선은 길을 빌려달라."는 말은 존명사대尊明事大와 '소중화小中華'라는 자부심을 가지고 있던 선조와 조정대신들에게 씨가 먹히지 않는 도발적 언사였다. 하늘을 대신하여 백성을 다스린다는 황제가 있는 천자天子의 나라, 조선의 상국上國인 명나라를 치러간다니 도요토미 히데요시가 미친 게 분명하다고 판단했다.

히데요시는 통일된 일본 내 반대세력인 규슈지역 다이묘^{大名}들을 잠재우려는 책략으로 조선 침략을 구상했다. 또 그때까지 일본에는 히데요시에게 견주어 세력이 만만치 않은 대영주^{大名}들이 웅크리고 있었다. 이들은 훗날 1598년 8월 18일 도요토미 히데요시의 사후에 힘의 공백 상황에서 동군과 서군으로 나뉘어 1600년 세키가하라전투를 벌여 또 한 차례 전국통일 전쟁을 했다.

전국시대 일본을 통일한 히데요시도 1598년 사망을 앞두고 인생무상의 허무함을 담은 소회를 '사세구^{辭世句. 임종시}'에서 밝혔다. 당시 나이 63세였다.

이슬처럼 떨어져 이슬처럼 사라지는 내 몸이구나!
나니와(難波. 오사카의 옛 지명)의 일은 꿈속의 또 꿈이었구나!

천하통일을 이룬 영웅의 인생도 여느 삶과 다르지 않았다.

일본 전국시대^{戰國時代} 무사들은 도요토미 히데요시에게 충성을 다하여 출전하여 전투에서 승리한 뒤 공명^{功名}을 세워 입신출세하는 게 목적이었다. 그래서 석고^{石高. 쌀 생산량}가 많은 영지^{領地}를 가진 일국일성^{一國一城}의 영주^{領主}가 되는 게 꿈이었다. 무사들은 전투에서 자기의 목숨을 아깝게 여기지 않았다. 햇볕 아래 이슬처럼, 바람에 날리는 벚꽃처럼 미련 없이 버렸다. 버리는 자 앞에 두려움이 있을 수 없었다. 그래서 사무라이들은 강했다.

일본 무사^{武士}가 할복자살을 할 때 먼저 '사세구^{辭世句. 유언장}'를 써서 남기고 작은 칼인 와끼자시脇差. 협차 로 배를 가르는 하라기리切腹. 절복 를 한다. 이때 고통 없이 빨리 죽도록 다른 무사가 카타나刀. 큰 칼로 목을 쳐주는 가이샤꾸介錯를 한다. 일종의 안락사이다. 이때 사무라이는 바람에 날리는 사꾸라櫻 꽃잎처럼 목숨을 버렸다고 하고, 바닥에 떨어진 머리를 쓰바끼椿 즉 동백꽃이라고 했다. 주군을 위해서 목숨을 한낱 꽃잎처럼 가볍게 날려버릴 수 있음을 보여 준다. 목숨을 꽃에 비유해서 아름답게 미화한 대목, 그것이 바로 할복의 예와 미덕을 존중하는 전국주의 시대 사무라이들의 충성심 표현이었다.

포로로 잡혀갔다가 돌아온 강항姜沆 은 『간양록看羊錄』에서 "도쿠가와 이에야스德川家康 는 전쟁 후유증과 영주들의 동요를 막기 위해 죽은 히데요시의 배를 가르고 소금을 넣어 방부처리한 뒤 관복을 입혀 관속에 뉘여 놓았다. 또 때로는 통나무 위에 앉혀놓기도 했다."고 기술했다. 그런데 히데요시의 죽음이 외부로 알려지자 '새로운 권력'인 도쿠가와 이에야스는 대로회大老會에서 사망을 공식 선포하고 1598년 조선에서 왜군의 철수를 명령했다.

시마즈 히사미찌島津久通 는 왜란이 끝난 뒤 1670년에 쓴 『정한론征韓論』에서 "신공神功 황후의 삼한三韓 정벌 이래 조선은 일본의 조공국朝貢國 이었다. 그러나 조선이 조공을 이행하지 않아 히데요시秀吉 가 출병하였다."고 밝히고 있다. 시마즈 히사미찌는 임진왜란 때 강원도후에 경상도 사천 를 장악했던 왜장 시마즈 요시히로島津義弘 의 후손인데, 요시히로는 1595년 3월 조선의 호랑이 고기虎肉 를 염장처리하여 도요토미 히데요시에게 바치기도 했다.

임진왜란^{1592~1593}을 일본에서는 당시 천황의 연호에 따라 분로쿠 노 에키^{文祿の役}, 정유재란^{1597~1598}을 게이초 노 에키^{慶長の役}라고 한다. '혼내준 다'는 뜻을 담은 역^役은 우리의 해석으로는 정벌^{征伐} 또는 난^亂으로 불러 도 무방할 듯하다. 세종 때 이종무^{李從茂}의 대마도 출병을 '대마도 정벌'이 라고 부른 것과 같은 맥락이다.

전쟁의 또 다른 당사자인 중국은 어떻게 불렀을까. 명나라는 임진왜 란을 신종^{神宗}의 연호를 따서 '만력의 역^{萬曆之役}'이라고 부른다. 또는 '항왜 원조^{抗倭援朝} 전쟁'으로도 부른다. 즉 '왜군에 맞서 조선을 도운 전쟁'이라 는 뜻이다. 중국이 6·25 전쟁을 미국에 대항해서 조선^{북한}을 도운 '항미 원조^{抗美援朝} 전쟁'이라고 명명한 것과도 같은 맥락이다.

아무튼 1597년 정유재란 전 도요토미 히데요시는 고바야카와 히데아 키^{小早川秀秋}에게 "다 죽이고 다 불태우고 적국^{赤國, 전라도}을 완전히 텅 비워 라."고 명령했다. 남해바다에서 이순신 장군에게 연전연패한 후 제해권 을 빼앗긴 데 대한 분풀이였다. 또 곡창지대인 전라도를 확보함으로써 왜군 20여만 명의 먹거리를 공급할 요량이었다.

도요토미 히데요시는 동해지방의 영주인 오다 노부나가^{織田信長}의 말단 부하가 되었을 때 겨울에 친방^{親方, 오야가타 사마}인 노부나가의 짚신을 가슴에 품었다가 내놓는 등 충성심이 강한 하급 무사, 즉 아시가루 노부시^{足輕 野武士}였다. 풍신^{豊信}이란 성을 얻기 전이었으므로 그의 이름은 하시바 히데 요시^{羽柴秀吉}였다. 그는 오다 노부나가를 만나서 절대 신임을 얻었고 출세 가도를 달렸다. 당시 농민 출신의 히데요시는 원숭이처럼 생겼다고 해서 '사루^猿'라고 불렸다. 천하를 통일한 히데요시는 불평이 많고 반골기질이 강한 규슈 남쪽지역의 다이묘大名들을 선봉장으로 조선 침략에 동원했다. 1591년 8월 전국 영주大名들에게 조선 침략을 위한 총동원령을 내리고 1592년 2월 초순 규슈에 전진기지인 나고야성名護屋城을 축조했다. 3월 26일 교토에서 이곳에 온 히데요시는 1593년 7월 11일 진주성 승전보勝戰譜를 받고 8월 20일 교토로 돌아갈 때까지 1년 6개월 동안 체류하면서 조선 침략전쟁을 총지휘했다.

히데요시는 부산포에서 이틀 만에 들어오는 급행통신연락선 하야부네早船를 통하여 조선에 있는 왜장들의 현지 전쟁 상황을 보고받고 명령했다. 성격이 급한 히데요시는 직접 조선에 건너가 지휘하려 했으나 조선의 바다는 이순신李舜臣이 제해권制海權을 장악하고 있으므로 만약 대선大船인 아타케부네安宅船를 탄 히데요시가 발견되면 필사의 공격을 받을 것이 우려된다는 도쿠가와 이에야스德川家康의 극력 만류로 끝내 조선 땅을 밟지 못했다. 왜군 지휘부도 이순신 장군이 지휘하는 조선 수군이 거북선과 판옥선 및 총통 등 우세한 무기로 왜 수군을 누르고 있다는 사실을 알고 있었다.

1598년 8월 18일 도요토미 히데요시가 갑자기 병사했다. 이어서 11월 19일 조선의 방패였던 이순신李舜臣이란 큰 별이 노량 관음포 앞바다에 떨어졌다. 전방급 신물언아사戰方急 愼勿言我死! 즉 "싸움이 한창 급하다. 내가 죽었다는 말을 하지 마라."는 유언을 남긴 채 홀연히 사라졌다. 그리고 조선, 명나라, 왜 등이 참전한 동북아 7년의 국제전은 대단원의 막을 내렸다.

그동안 은밀하게 세력을 규합해 오던 여진족은 후금에 이어 청나라를 세우고, 1644년 환관의 발호와 농민반란으로 국정이 마비된 명나라를 멸망시켰다. 조−명−일 7년 동북아 삼국전쟁의 혼란한 틈을 타서 어부지리를 톡톡히 챙긴 셈이다. 이후 역사는 승자인 청나라에 의해서 다시 쓰여졌다. 안타깝게도 조선은 그 이후 청나라에 의해서 짓밟혀지는 수모를 면치 못했다.

연보 & 사진

| 이충무공 연보 |

- **을사년 1545(인종 1) 탄생**
  3월 8일, 자시(子時) 서울 건천동(乾川洞, 현 서울 중구 인현동 1가 32-2번지 추정) 출생.
  12세 이후 한양을 떠나 외가가 있는 아산(牙山)으로 이사함.
- **을축년 1565(명종 20) 21세**
  전 보성(寶城) 군수 방진(方震)의 딸과 혼인함. 방진에게 무예를 배움.
- **병인년 1566(명종 21) 22세**
  10월, 무과급제를 위한 공부를 시작함.

  2월, 맏아들 회(薈) 태어남.
- **신미년 1571(선조 4) 27세**
  2월, 둘째아들 울(蔚) 태어남.
- **임신년 1572(선조 5) 28세**
  8월, 훈련원(訓鍊院) 별과시험에 응시, 낙마로 다리가 골절됨.
- **병자년 1576(선조 9) 32세**
  2월, 식년(式年) 무과에 응시하여 병과(丙科)에 합격(10년 수련).
  12월, 함경도 동구비보(童仇非堡, 압록강 상류지) 권관(權管)이 됨.
- **정축년 1577(선조 10) 33세**
  2월, 셋째아들 염(苒)이 태어남.(후에 면(葂)으로 개명)
- **기묘년 1579(선조 12) 35세**
  2월, 훈련원 봉사(奉事)가 됨.
  10월, 충청병사(忠淸兵使)의 군관(軍官)이 됨.
- **경진년 1580(선조 13) 36세**
  7월, 전라좌수영의 발포(鉢浦) 수군만호(水軍萬戶)가 됨.
- **신사년 1581(선조 14) 37세**
  12월, 군기 경차관(軍器敬差官) 서익(徐益)의 모함으로 파직됨.
- **임오년 1582(선조 15) 38세**
  5월, 훈련원 봉사로 복직됨.
- **계미년 1583(선조 16) 39세**
  7월, 함경도 남병사(南兵使)의 군관(軍官)이 됨.
  10월, 건원보(乾原堡, 함경도 경원) 권관(權管)이 됨.
  11월, 훈련원 참군(參軍)으로 승진함.
  11월 15일, 부친이 사망함(향년 73세).
- **갑신년 1584(선조 17) 40세**
  1월, 부친의 부음을 듣고 분상(奔喪)함.
- **병술년 1586(선조 19) 42세**
  1월, 사복시(司僕寺) 주부(主簿)가 됨. 재직 16일만에 조산보(造山堡) 만호(萬戶)로 이임됨(류성룡 추천).
- **정해년 1587(선조 20) 43세**
  8월, 녹둔도(鹿屯島) 둔전관을 겸함.
  10월, 북병사 이일(李鎰)의 무함으로 파직되어 백의종군(白衣從軍)함.
- **무자년 1588(선조 21) 44세**
  1월, 시전(時錢)부락 여진족 정벌의 공으로 백의종군이 해제됨.
- **기축년 1589(선조 22) 45세**
  1월, 전라관찰사 이광(李洸)의 군관 겸 전라도 조방장(助防將)이 됨.

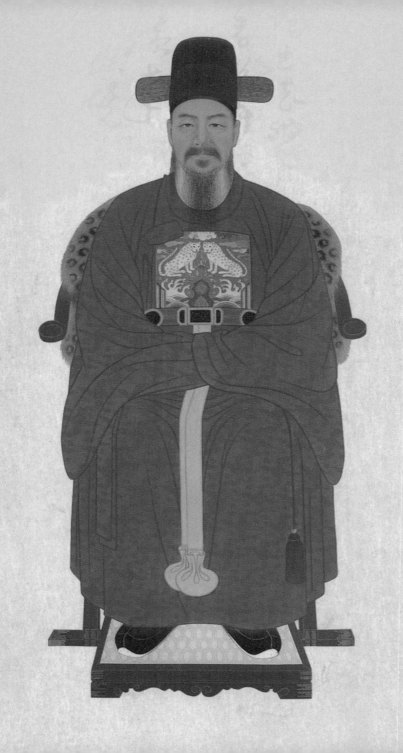

11월, 선전관(宣傳官)을 겸함.
12월, 정읍현감(井邑縣監)이 됨.
- **경인년 1590(선조 23) 46세**
7월, 고사리진(高沙里鎭) 병마첨절제사(兵馬僉節制使)로 임명되나 대간의 반대로 무산됨.
8월, 만포진(滿浦鎭) 수군첨절제사(水軍僉節制使)로 임명되나 대간의 반대로 정읍현감에 유임.
- **신묘년 1591(선조 24) 47세**
2월, 진도군수(珍島郡守), 가리포진(加里浦鎭) 수군첨절제사(水軍僉節制使)에 제수되었다가 전라좌도 수군절제사(水軍節制使)가 됨. 왜(倭)의 침략에 대비, 병기를 정비하고 거북선을 제작함.
- **임진년 1592(선조 25) 48세**
1월, 본영 및 각 진에서 무예훈련함.
2월, 전선을 점검하고 발포, 사도, 여도, 녹도, 방답진을 순시함.
3월, 거북선에서 총통 발포를 시험함. 경강선 점검.
4월 12일, 거북선에서 지자(地字), 현자(玄字)포를 시험함.
4월 13~14일, 임진왜란이 일어남.
4월 27일, 출전하라는 왕명이 내려짐.
5월, 옥포, 합포, 적진포해전에서 왜선 44척 격파. 가선대부로 승차.
5월 29일, 사천해전에 거북선 처음 사용.
6월, 당포, 당항포, 율포해전에서 왜선 67척 격파. 자헌대부로 승차.
7월, 견내량, 안골포해전에서 왜선 79척을 격파함. 정헌대부로 승서.
9월 1일, 부산포해전에서 왜선 1백여 척을 격파함.(녹도만호 정운 전사)
- **계사년 1593(선조 26) 49세**
2~3월, 웅포해전을 치름(7차)
5월, 참전 기간에 중단한 일기를 다시 쓰기 시작함. 정철총통 제작.
7월 15일, 본영을 여수에서 한산도로 옮김.
8월 15일, 삼도수군통제사가 됨. 진영에서 둔전, 포어(捕魚), 자염(煮鹽), 도옹(陶瓮) 등을 시행하고 군량을 비축함.
11월 29일, 장계를 올려 진중에 무과 설치를 청함.
- **갑오년 1594(선조 27) 50세**
1월, 본영 격군 742명에게 주연을 베풂.
3월, 2차 당항포해전에서 왜선 31척을 격파함.
4월, 진중에서 무과 실시. 어영담 병사(病死)함.
9월 29일, 1차 장문포해전에서 왜선 2척 분멸함.
10월, 의병장 곽재우, 김덕령과 작전을 모의함. 영등포와 장문포의 왜적을 공격함.
10월 4일, 2차 장문포해전.
- **을미년 1595(선조 28) 51세**
1월, 맏아들 회 혼례.
2월, 원균이 충청병사로 이직함. 도양 둔전의 벼 분급.
5월, 두치, 남원 등의 식량 운반. 소금 굽는 가마솥 제작.
7월, 삼도수군을 견내량에 모아 결진함.
8월, 체찰사 이원익이 진영에 내방함.
9월, 충청수사 선거이에게 시를 주고 송별함.
10월, 명 사신 양방형이 부산에 감. 기상이변.
11월, 체찰사 이원익이 떠남.

- **병신년 1596(선조 29) 52세**
  1월, 심안둔의 부하 5명 투항함. 청어를 잡아 군량 5백 섬 구함.
  2월, 흥양 둔전의 벼 352섬 수입. 둔전 벼 점검.
  4월, 장사를 가장한 부산의 정탐 왜병 4명을 효수함. 명나라 사신 이종성이 달아남. 씨름시합에 성복이 1등함.
  5월, 여제를 지냄. 화살대 150개 제작.
  7월, 귀순 왜병이 광대놀이 함. 명나라 사신의 배신(陪臣)에게 배 3척을 보냄.
  윤8월, 무과시험장을 엶. 체찰사 이원익과 순회 점검함.
  10월, 여수 본영에 모친을 모셔와 구경시켜 드림.
  겨울, 고니시 유키나가(小西行長)가 부하 요시라를 시켜 간계를 부림.
- **정유년 1597(선조 30) 53세**
  가토 기요마사(加藤淸正)가 온다는 허위 정보에 출동하지 않음. 이산해, 김응남 등의 주장으로 탄핵됨. 서인과 대간들이 치죄 주장.
  2월 26일, 원균의 모함으로 한양으로 압송됨.
  3월 4일, 옥에 갇힘. 옥중에 정사신(鄭士信)의 위로 편지 받음.
  4월 1일, 정탁의 신구차(伸救箚)로 특사됨.
  4월 3일, 한양을 출발 과천, 수원, 오산, 평택을 거쳐 아산의 어라산 선영에 도착함.
  4월 11일, 모친상을 당함(향년 83세).
  4월 13일, 해암(蟹巖)에서 모친의 유해를 봉견함.
  4월 19일, 장례를 못 치르고 백의종군길 떠남.
  6월 8일, 초계의 도원수 권율의 막하로 들어감(광덕, 공주, 은진, 여산, 삼례, 전주, 임실, 남원, 승주, 구례, 하동, 단계, 삼가를 경유함).
  7월 15일, 왜적의 기습을 받아 원균이 패사함. 이억기, 최호 전사함.
  7월 16일, 칠천량해전에서 조선 수군이 패망함.
  8월 3일, 삼도수군통제사에 재임명 교지를 받음.
  8월 30일, 벽파진에 진영 설치.
  9월, 조정에서 육전을 명하나 "아직 신에게는 12척의 전선이 있으니 죽을힘을 내어 싸우면 할 수 있다."고 장계함.
  9월 15일, 장병들에게 '필사즉생(必死則生) 필생즉사(必生則死)'로 전쟁을 독려함.
  9월 16일, 명량해전에서 13척의 전선으로 왜선 133척과 싸워 31척을 격파함(왜선: 『난중일기』133척, 『징비록』300척, 「명량대첩비」500척). 왜장 마다시(馬多時) 죽음.
  10월, 왜적들이 명량해전 패배에 대한 보복으로 아산 고향에 방화하고 이를 대항하던 셋째아들 면(葂)이 전사함.
  29일, 목포 보화도(고하도)를 진영으로 삼음.
  12월, 선조가 상중에 소식(素食)을 그치고 육식하기를 명함.
- **무술년 1598(선조 31) 54세**
  2월 18일, 고금도로 진영을 옮기고 경작하여 군비를 강화함.
  7월 16일, 명나라 도독 진린(陳璘)과 연합작전을 세움.
  7월 24일, 절이도해전에서 송여종이 포획해온 적선 6척과 적군의 머리 69급을 진린 장군에게 보냄.
  10월 2일, 왜교(倭橋)전투에서 명 육군 제독 유정(劉綎)과 협공. 왜적의 피해도 컸지만 병선 20여 척이 해를 입음.
  11월 18일, 도요토미 히데요시(豊臣秀吉)의 죽음으로 왜군이 철수하려 하자 더욱 고삐를 침. 여수 좌수영과 묘도(猫島)에 진을 침.
  11월 19일, 뇌물을 받은 진린이 왜선을 통과시킴. 노량에 왜선이 집결하여 소서행장(小西行長) 구출을 위한 대규모 전투가 벌어짐. 노량해전에서 적탄을 맞고 전사함. 운명 전에 "전쟁이 한창 급하니 나의 죽음을 말하지 말라."고 유언함. 맏아들 회, 조카 완, 송희립 등이 독전하여 왜선 5백여 척과 싸워 2백여 척을 격퇴시킴.

- 기해년 1599(선조 32)
  2월, 아산 금성산 선영에 장사 지냄. 우의정에 추증됨.
- 갑진년 1604(선조 37)
  선무공신 1등에 책록되고, 덕풍부원군에 추봉, 좌의정에 추증됨.
- 계축년 1613(광해 5)
  충렬사(통영), 충민사(여수), 현충사(아산)에 배향됨.
- 계미년 1643(인조 21)
  '충무(忠武)'의 시호를 받음.
- 을묘년 1795(정조 19)
  『충무공 이순신전서』가 간행됨. 이후 7차례 간행됨(누락 요약본 보완).
- 을해년 1935
  조선사편수회에서 『난중일기초(亂中日記草)』 간행(초고 해독본).
- 계사년 1953
  설의식(薛義植)의 『이순신수록 난중일기초(李舜臣手錄 亂中日記抄)』(수도문화사) 간행.
- 경자년 1960
  이은상(李殷相)의 『이충무공전서(李忠武公全書)』 국역주해본 간행.
- 임인년 1962
  12월, 『난중일기』『임진장초』『서간첩』 등 국보 제76호 문화재지정. 문화재명 '이충무공난중일기부서간첩 임진장초(李忠武公亂中日記附書簡帖壬辰狀草)'
- 정미년 1967
  12월 31일, 『난중일기』 도난 사건 발생.
- 무신년 1968
  1월 9일, 학생의 제보로 『난중일기』 절도범 체포, 『난중일기』 회수.
  이은상(李殷相)의 『난중일기(亂中日記)』(현암사) 번역본 간행.
- 을유년 2005
  『난중일기』『임진장초』『서간첩』 해독본 국가기록유산 웹에 게재.
- 무자년 2008
  『충무공유사』 현충사 간행. 새로운 일기 32일치 발굴.
- 경인년 2010
  4월, 정본화된 『교감완역본 난중일기』 간행(민음사).
- 신묘년 2011
  12월, 『교감완역 난중일기』를 러시아어 번역 지원 선정함(한국문학번역원).
- 계사년 2013
  2월, 『교감완역 난중일기』를 베트남어 번역 지원 사업에 선정함(한국문학번역원).
  6월, 1955년 『난중일기』 최초 한글 번역본 발굴(홍기문 번역), 유네스코 세계기록유산에 난중일기 등재.
- 갑오년 2014
  7월, 홍기문의 난중일기를 반영한 『증보 교감완역 난중일기』 출간(도서출판 여해).

난중일기(亂中日記) 국보 제76호

『난중일기』는 충무공이 임진왜란이 일어난 해인 1592년 1월 1일부터 전사하기 이틀 전인 1598년 11월 17일까지 7년간의 진중 생활을 기록한 일기이다.

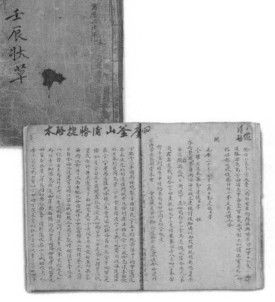

임진장초(壬辰狀草) 국보 제76호

『임진장초』는 충무공이 임진왜란 당시에 겪었던 주요 전투 상황과 수군 운영과 관련된 여러 가지 문제 등을 조정에 보고한 문서인 장계(狀啓)를 다른 사람이 옮겨 적은 것을 말한다. 1592년부터 1594년까지 총61편의 장계가 수록되어 있으며, 해전에 대한 보고는 출동부터 전투 상황과 결과를 눈에 보이듯이 생생하게 그리고 있다. 특히 전투 중 공로를 세웠거나, 죽거나 부상을 입은 사람은 장수뿐만 아니라 병졸이나 천민들까지 모두 기록되어 있다. 임진왜란 당시 충무공아래에서 같이 싸웠던 일반 백성들의 모습까지 살펴볼 수 있는 귀중한 책이다.

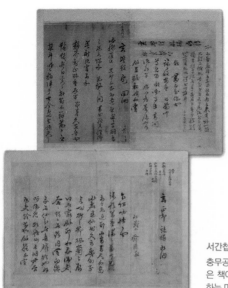

서간첩(書簡帖) 국보 제76호
충무공이 현건과 현덕승 두 사람에게 보낸 편지 6편을 묶
은 책이다. 개인적인 편지글인데도 편지마다 전란을 걱정
하는 마음이 담겨 있다.

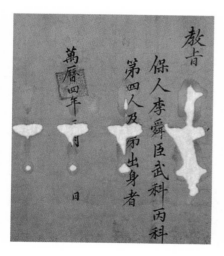

무과급제교지(武科及第敎旨) 보물 제1564-7호
충무공이 1576년 식년무과(式年武科)에 급제하
여 받은 합격증이다.

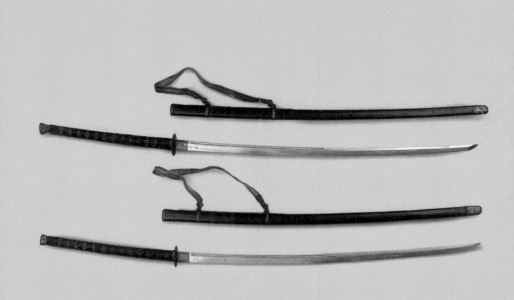

충무공장검(忠武公長劍) 보물 제326호

충무공이 1594년 4월 한산도 진중에 있을 때 장인 태귀련과 이무생이 만들어 바친 칼이다. 칼의 길이가 무려 197.5센티미터에 달하고, 무게는 4킬로그램이 넘어, 전장에서 실제로 쓴 것이 아니라 곁에 두고 마음을 가다듬으려고 사용한 것으로 보인다. 두 칼날에 왜적을 무찌르고자 하는 장군의 기상이 담긴 친필 글씨가 새겨져 있다. 칼자루 안쪽에는 칼을 만든 날짜와 장인의 이름이 새겨져 있다.

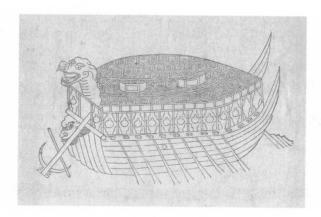

거북선(龜船)

거북선은 임진왜란 때 이순신 장군이 만들어 일본군을 쳐부순 특수 전투함이다. 『난중일기』를 보면 거북선은 1592년 2월 전에는 완성되었고, 늦어도 전쟁이 일어나는 4월에는 화포사격 연습까지 마쳐 실전에 배치될 만반의 준비가 되어 있었음을 알 수 있다. 거북선의 가장 큰 특징은 배 위를 덮개로 덮었다는 것이다. 이 때문에 배 안의 군사들을 보호할 수 있었다. 또 안에서는 밖을 볼 수 있으나 밖에서는 안을 볼 수 없어 종횡무진으로 적진 깊숙이 돌격할 수 있었다.

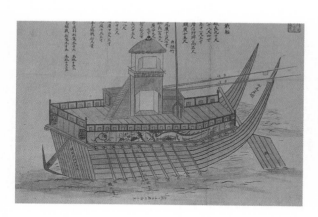

판옥선(板屋船)

판옥선은 임진왜란 당시 주력 전투함으로 배 위에 널빤지로 집을 지은 것처럼 보여 판옥선이란 이름이 붙었다고 한다. 갑판을 이중으로 구성해 1층에는 격군이, 2층 상갑판에는 전투병이 각각 나누어 탑승하여 전투의 효율을 높이는 동시에, 높아진 선체 때문에 적이 배 위로 뛰어 오르지 못하게 하는 효과까지 노리게 된 혁신형 전함이었다.

이충무공 전서(李忠武公全書)

정조의 명으로 충무공의 일기, 장계, 시, 편지 등 각종 글이나 임금이 내린 각종 문서와 행록, 행장, 시장, 등 제3자가 쓴 글들까지 모두 모아 1795년 간행한 책이다. 정조는 이 책을 인쇄할 때 개인돈까지 내려주었다. 특히 이 전서에 수록된 거북선 그림과 해설은 거북선에 관한 가장 오래되고 자세한 자료로 거북선 연구에 매우 중요한 의미가 있다.

이충무공묘소(李忠武公墓所) 사적 제112호

1598년 11월 19일 노량해전에서 돌아가신 충무공의 유해는 삼도수군통제영인 고금도에 일단 모셨다가 이듬해인 1599년 운구되어 2월 11일 아산군 음봉면 금성산에 장사되었다가 전사 16년 뒤인 1614년 현재의 아산시 음봉면 어라산에 부인 상주 방씨와 합장되었다. 1959년 5월 22일 사적 제112호 이충무공묘소로 지정되었다.

부산진순절도(釜山鎭殉節圖) 보물 제391호
조선 후기의 화가 변박(卞璞)이 임진왜란 최초의 전투인 부산진 전투의 장면을 그린 기록화. 1592년 4월
13일 부산앞바다에 도착한 고니시 유키나가(小西行長)의 일본군은 이튿날 아침 6시 경에 상륙하여 성을
공격하였는데, 이때 부산첨사 정발(鄭撥)이 군민을 지휘하며 분전하다가 순절하였다.

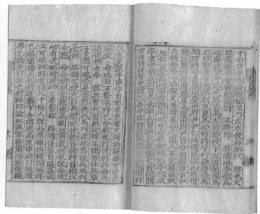

징비록(懲毖錄)

류성룡(柳成龍, 1542~1607)이 임진왜란이 끝난 뒤 벼슬에서 물러나 저술한 수기이다.
임진왜란 7년간의 전쟁 기사로 임진왜란의 원인과 전황을 자세히 기술하고 있다.

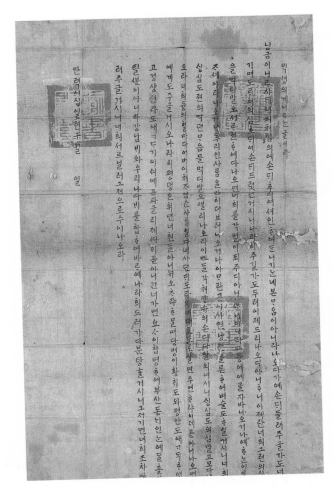

선조의 한글 교서(宣祖國文敎書) 보물 제951호

임진왜란 당시 의주에 피난 가 있던 선조가 1593년 9월에 내린 교서이다. 당시 조선은
의병의 봉기와 명군의 지원 등으로 평양 경성 등 실지를 회복하였고, 일본군은 남하하
여 부산 동래 등지에 주둔하고 있었다. 이때 포로가 되어 일본군에 협조하던 백성들이
적지 않았는데, 선조는 이들을 회유하기 위해 읽기 쉬운 한글로 교서를 내린 것이다.

천자총통(天字銃筒) 보물 제647호
조선시대 사용되었던 총통들 가운데 가장 큰 것이다.
가정 을묘년(1555)에 만들었다고 새겨져 있다.

지자총통(地字銃筒) 보물 제862호
천자총통 다음으로 큰 화기 1557년(명종12)에
청동으로 만들었다.

현자총통(玄字銃筒) 보물 제885호
진주성전투 당시 사용되었는데 공서기계를
파괴하는 데 사용되었다. 경남 남해군 노량
앞바다에서 출토되었다.

승자총통(勝字銃筒) 보물 제 648호
총신을 길게 하여 사정거리를 늘이고 명중률을 높였다.

조총(鳥銃)

화약통(火藥筒)
나무로 만들고 거북문양을 정교하게 조각하였다. 휴대용 화약통이다.

도요토미 히데요시 초상(豊臣秀吉肖像)
임진왜란을 일으킨 일본 최고 권력자 도요토미 히데요시의 초상이다.

프로이스 서간집
예수회 소속의 포르투갈 신부 프로이스(1532~1597)가 일본 내의 여러 사실을
교황청에 알린 보고서이다.

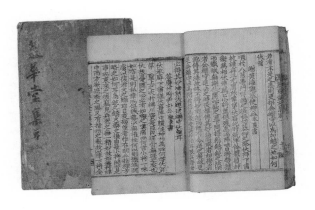

모하당집(慕夏堂集)
임진왜란 때 가토 기요마사(加藤淸正) 휘하의 좌선봉장으로 조선을 침입했다가
귀순한 사야가, 곧 후의 김충선(金忠善)의 문집이다.

서산대사 휴정 진영(西山大師 休靜眞影)
임진왜란 때 승병장으로 활약한 서산대사 휴정(1520~1604)의 진영이다.

권응수 초상(權應銖 肖像)

무신이자 의병장으로 공을 세운 권응수(1546~1608)가 1604년 선무공신에
녹훈되었을 때 공신도감에서 그려 하사한 초상이다. 무신을 상징하는 호랑이의
문양이 흉배에 베풀어져 있다.

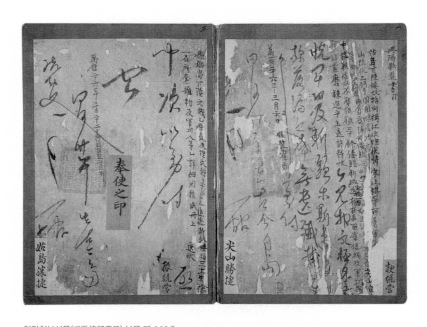

임란첩보서목(壬亂捷報書目) 보물 제 660호

1598년 정유재란 때 흥양현감 최희량이 삼도수군통제사와 전라감사에게 올린 보고서이다.
이 보고를 받았음을 확인하는 삼도수군통제사 이순신의 친필 제김(題音)과 수결이 있다.

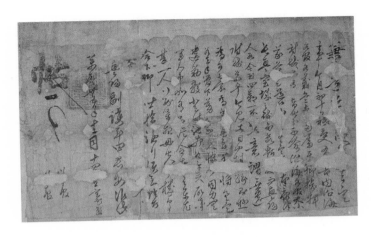

이순신 의병차정첩자(李舜臣義兵差定帖子) 전라남도 유형문화재 174호
정유재란 때 흥양에서 의병을 일으킨 신군안이 수군통제사 이순신으로부터 받은 의병장 임명장이다.

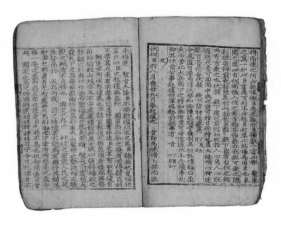

망우당집(忘憂堂集)
의병장 곽재우(郭再祐, 1552~1617)의 문집이다.

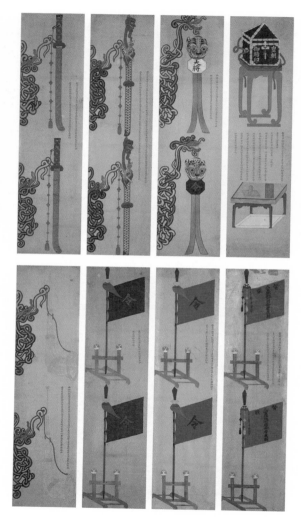

충무공 팔사품도(忠武公八賜品圖)
임진왜란 때 이순신의 뛰어난 무공이 전해지자 명나라 신종이 이순신에게 내린
8종류의 선물을 그림으로 그린 것이다.

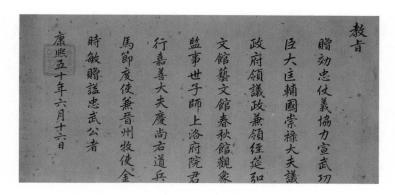

김시민 사시교지(金時敏賜諡教旨)

제1차 진주성전투의 대승을 이끈 진주목사 김시민(1554~1592)에게 1711년(숙종 37) 6월 영의정을 추증하면서 '충무 忠武'라는 시호(諡號)를 내리는 교지이다.

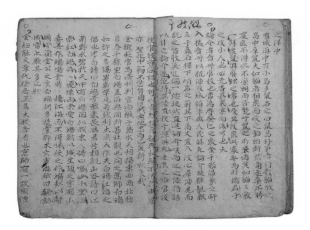

어우야담(於于野談)

문신이자 문인인 어우당 류몽인(1559~1623)이 지은 수필 성격의 설화집, 제2차 진주성 전투 직후 일본군 장수를 붙잡고 남강에 투신 자결한 논개의 이야기는 이 책에서 처음으로 소개되었다.

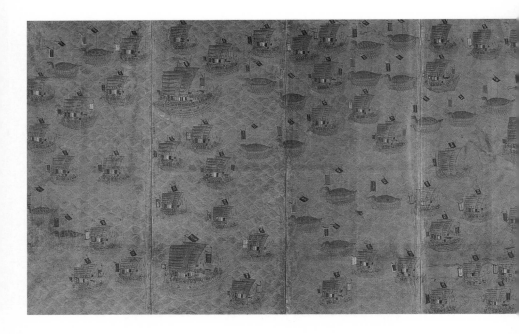

수군 조련도(水軍操練圖)

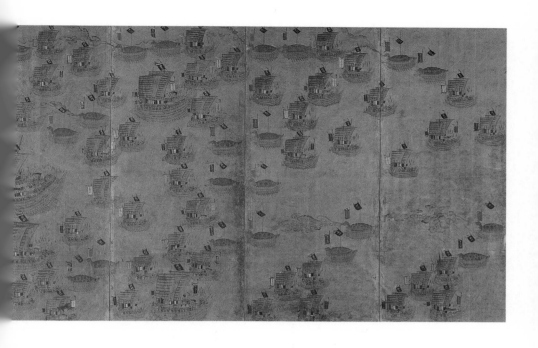

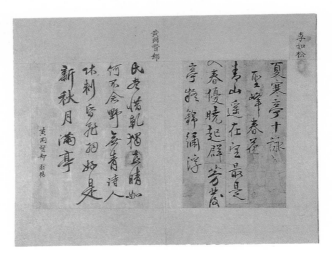

임진 명장첩(壬辰明將帖)

임진왜란 때 원군으로 참전했던 이여송 등 명나라 장수들의 글씨를 엮은 서첩이다.

석성 초상(石星肖像)

임진왜란 때 명나라 병부상서이던 석성의 초상화이다. 석성은 조선에 지원군을 파견하는 데 공이 컸고, 후에는 심유경(沈惟敬)을 기용하여 강화회담을 주도하였다.

진주성도(晉州城圖)

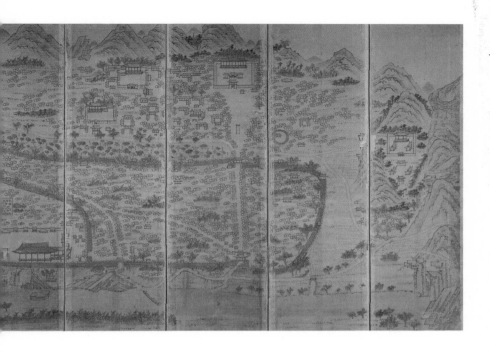

[참고자료]

1. 김동철, 『환생 이순신, 다시 쓰는 징비록』, 한국학술정보, 2016.
2. 노승석, 『이순신의 리더십』, 여해고전연구소, 2014.
3. 노승석, 『개정판 교감완역 난중일기』, 도서출판 여해, 2016.
4. 고정일 역해, 『난중일기』, 동서문화사, 2014.
5. 류성룡 저, 김흥식 역, 『징비록: 지옥의 전쟁, 그리고 반성의 기록』, 서해문집, 2003.
6. 박균섭, 「이순신을 기술하는 방식: 창의, 인성교육 시론」, 『한국교육사학』38, 2016.
7. 『이충무공전서』(영인본), 서울, 성문각, 1989.
8. 이민웅, 『임진왜란 해전사 연구』, 서울대학교 박사학위논문, 2001.
9. 임용백, 『충무공 정신을 통한 인성 및 이념교육』, 꿈빛출판사, 1996.
10. 임원빈, 「명량해전의 승리요인과 이순신 리더십」, 『2017년 충무공 학술세미나』, 해군사관학교 해양연구소.
11. 임원빈, 『이순신 승리의 리더십』, 한국경제신문, 2014.
12. 정옥자, 『우리가 정말 알아야 할 우리 선비』, 현암사, 2002.
13. 제장명, 『이순신 파워인맥』, 행복한 나무, 2008.
14. 조신호, 「이순신 리더십의 성격과 교육적 가치」, 대구가톨릭대학교 박사학위논문, 2015.
15. 조인복, 『이순신전사연구』, 서울 명양사, 1964.
16. 이순신 역사연구회, 『이순신과 임진왜란』1~4, 비봉출판사, 2014.
17. 박기봉, 『충무공이순신전서』, 비봉출판사, 2006.
18. 정순태, 『이순신의 절대고독』, 조갑제 닷컴, 2014.
19. 김태훈, 『그러나 이순신이 있었다』, 일상이상, 2014.
20. 이종락, 『이순신의 끝없는 죽음』, 도서출판 선인, 2013.
21. 한준, 『임진년 그곳에 이순신이 있었네』, 도서출판 기사임당, 2016.
22. 유종문 편역, 『조선왕조실록』, 아이템북스, 2017.
23. 이성무, 『당쟁사 이야기』, 아름다운날, 2014.

24. 유일석 옮김, 『논어』, 새벽이슬, 2008.
25. 다산연구회, 『정선 목민심서』, 창비, 2016.
26. 국사편찬위, 『조선왕조실록 국역본』
27. 한국문화연구회 편, 『조선왕조오백년실록』, 늘푸른소나무, 2012.
28. 류성룡 저, 김시덕 역해, 『교감 해설 징비록』, 아카넷, 2013.
29. 박기현, 『류성룡의 징비』, 가디언, 2015.
30. 송복, 『류성룡, 나라를 다시 만들 때가 되었나이다』, 가디언, 2014.
31. 노성환, 『일본에 남은 임진왜란』, 제이앤씨, 2011.
32. 박찬영, 『화정』, 리베르, 2015.
33. 이광훈, 『조선을 탐한 사무라이』, for books, 2016.
34. 신봉승, 『일본을 답하다』, 도서출판 선, 2007.
35. 전국역사교사모임, 『처음 읽는 일본사』, ㈜휴머니스트 출판그룹, 2015.
36. 신동명 외, 『왜성의 재발견』, 산지니, 2016.
37. 이한우, 『선조, 조선의 난세를 넘다』, 해냄출판사, 2007.
38. 민계식 외, 『임진왜란과 거북선』, 행복한에너지, 2017.
39. 김시덕, 『그림이 된 임진왜란』, 학고재, 2014.
40. 노기욱, 『명량 이순신』, 전남대학교출판부, 2014.
41. 전라남도, 『백의종군로』, 2015.
42. 전라남도, 『명량가는 길』, 2015.
43. 통영시립박물관, 『임진왜란』, 2016.
44. 해사해양연구소, 『충무공 이순신과 한국해양』(제3호), 2017.
45. 리쭝우, 신동준 편역, 『난세를 평정하는 중국통치학』, 2003.
46. 서기원, 『난세의 위대한 만남 유성룡과 이순신』, 도서출판 선, 2015.

국립중앙도서관 출판예정도서목록(CIP)

(우리가 꼭 한번 만나야 하는) 이순신 : 이순신 리더십 특강
/ 글: 김동철. — 서울 : 선, 2018
    p. ;   cm

한자표제: 李舜臣
ISBN 978-89-6312-576-3 03910 : ₩25000

이순신
리더십[leadership]

325.24-KDC6
658.4092-DDC23   CIP2018010664

우리가
꼭 한번
만나야 하는
이순신

글 김동철 | **발행인** 김윤태 | **발행처** 도서출판 선 | **편집 · 교정** 김창현 | **북디자인** 디자인이즈
등록번호 제15-201 | **등록일자** 1995년 3월 27일 | **초판 1쇄 발행** 2018년 4월 30일
주소 서울시 종로구 삼일대로 30길 21 종로오피스텔 1218호 | **전화** 02-762-3335 | **전송** 02-762-3371

값 25,000원
ISBN 978-89-6312-576-3 03910